D1462118

Lucille Teasdale
et
Piero Corti :
Un rêve pour la vie

Michel Arseneault

Lucille Teasdale
et
Piero Corti :
Un rêve pour la vie

ÉDITION DU CLUB QUÉBEC LOISIRS INC.
© Avec l'autorisation des Éditions Libre Expression
© 1997, Éditions Libre Expression
Dépôt légal — Bibliothèque nationale du Québec, 1998
ISBN 2-89430-318-1
(publié précédemment sous ISBN 2-89111-754-9)

Imprimé au Canada

À Carmen Quesnel
et à Jean-Paul Arseneault.

Préface

QUE PUIS-JE DIRE, moi qui suis resté ici après que Lucille s'en est allée?

Je peux seulement confirmer ce qu'écrit Michel Arseneault à la fin de ce livre, que les faits qui y sont relatés sont véridiques, et les documents cités, authentiques, comme le sont aussi les dialogues rapportés.

Puis je voudrais me retirer, laisser cette histoire si vraie, si bien écrite, produire son effet. Lequel? Faire connaître Lucille avec ses rêves juvéniles, sa constante et courageuse lutte de femme moderne contre le mal qui nous environnait dans ce coin tourmenté d'Afrique, ce mal qui, à partir d'un certain terrible jour, s'est insidieusement installé en elle.

C'est le matin, il est tôt. Je me trouve dans notre hôpital de Lacor, où toute chose porte sa trace. Nos collaborateurs, dont la plupart désormais sont des Africains, entrent déjà dans les divers services pour commencer leur journée. Ils savent qu'elle désirait que le travail continue exactement de la même façon après sa disparition, et, quand l'un d'eux passe devant moi, ses yeux semblent me le dire.

Comme ils entrent, d'autres personnes sortent; ce sont les réfugiés de la nuit qui s'étaient mis à l'abri de nos fragiles murs pour se protéger des violences nocturnes. Faire connaître Lucille, c'est une façon de faire connaître ces gens et aussi de faire connaître l'hôpital avec sa réalité qui nous a tant coûté à tous, collaborateurs proches et lointains, en Italie et au Canada.

9

Il y a quelques années, alors que la guerre civile était à son apogée et que, contraints par les événements, nous étions sur le point de renoncer (tous les autres hôpitaux de la région avaient été abandonnés), ce sont les paroles de mon frère, le père Corrado, qui nous avaient déterminés à continuer. «N'oubliez pas que des milliers de personnes, chaque année, trouvent à l'hôpital de Lacor un lieu où elles peuvent envisager leur avenir avec au moins un peu d'espérance, et que même celles qui ne retrouveront pas la santé sauront qu'il y a dans ce monde des gens pour s'intéresser à elles et pour essayer de résoudre, au moins en partie, leurs angoissants problèmes.» Sans prétendre assumer les difficultés psychologiques de tous ceux qui vivent près ou loin de Gulu, l'hôpital de Lacor est un lieu de référence pour que chacun puisse considérer sa propre situation d'un œil nouveau et espérer voir enfin le bout du tunnel...

Autre chose encore : l'hôpital de Lacor est un établissement qui fonctionne et se maintient malgré la désastreuse guerre qui perdure depuis 1986, et cela peut stimuler les autres, les encourager à persévérer.

Au-delà d'une histoire personnelle, ce sont donc toutes ces pressantes réalités que je souhaite que ce livre fasse connaître.

Dans les moments où l'absence de Lucille me pèse le plus cruellement, je peux parler d'elle longuement et, pour peu que quelqu'un m'écoute, retrouver un peu de paix et l'envie de continuer notre travail...

Merci à tous.

Piero Corti.

Prologue

*En règle générale, on est
en salle d'opération
comme on est dans la vie ;
il faut se connaître, analyser
ses défauts et ses qualités,
et savoir dominer ses pulsions
par une froide réflexion.*

Jean-Pierre BEX,
*Principes et techniques de base
de la chirurgie moderne.*

L E BRUIT des tirs de mortier, régulier et lugubre comme un
glas, a réveillé tout l'hôpital vers deux heures. Puis les
premières rafales de mitraillette ont retenti. L'Armée de résistance du Seigneur, une guérilla qui sème la terreur et la mort au
nom du Saint-Esprit, ne devait plus être très loin. J'avais beau
savoir que l'hôpital, le plus important du nord de l'Ouganda,
n'avait jamais été pilonné, je n'étais pas rassuré. L'établissement n'était plus un sanctuaire depuis un bon moment.
Des hommes armés de fusils d'assaut l'avaient déjà investi à
quelques reprises et en étaient repartis après avoir pillé, violé
et pris des otages.

J'ai vu arriver l'aube avec soulagement, en ce 13 mars
1996. Le calme était revenu. Alors que les premiers rayons du
soleil dissipaient le brouillard, il y eut une dernière déflagration.
À quelques mètres de l'entrée de l'hôpital, une passante venait

11

de marcher sur une mine. Immédiatement transportée au service des urgences, elle allait être amputée des deux jambes. Un simple pas avait fait basculer sa vie, la condamnant presque assurément à la mendicité, si elle survivait.

Au petit déjeuner, j'ai retrouvé les docteurs Lucille Teasdale et Piero Corti, dont la présence dans la chambre voisine de la mienne m'avait tranquillisé pendant cette nuit de violence. Piero avait pris des somnifères et n'avait pas trop mal dormi. Lucille, par contre, n'avait pas fermé l'œil. Elle pestait contre cette longue et cruelle guerre d'usure qui ensanglantait le pays où elle avait choisi de vivre depuis trente-cinq ans.

— Et toi, m'a-t-elle lancé, un peu agacée, vas-tu me vouvoyer jusqu'à ma mort?

J'avais fait sa connaissance trois ans auparavant, alors que je préparais une série de reportages sur sa vie. Je l'avais interviewée longuement, elle et ses proches. Elle m'avait parlé de ses amours et de sa famille, de la médecine et des malades, du sida et de l'Afrique. J'avais lu ses lettres et assisté à ses colères. Je pouvais, bien sûr, la tutoyer. Mais de sa mort, de sa mort imminente, je ne voulais pas entendre parler.

Même si elle avait dépassé l'âge de la retraite, Lucille se préparait, comme tous les matins, à aller travailler. Après avoir enfilé sa blouse blanche, son «sarrau» comme elle l'appelait toujours, elle rejoindrait les malades qui l'attendaient au service des consultations externes. Ils seraient sûrement nombreux, car des familles entières de «personnes déplacées» recherchaient la protection de l'hôpital quand les affrontements menaçaient leur hameau. Piero retrouverait Lucille après m'avoir reconduit à la piste d'envol de Gulu, à quelques kilomètres de là.

J'avais d'abord envisagé de me rendre à Kampala, la capitale, en jeep, mais le voyage était déconseillé. Dans les jours précédents, des convois entiers de véhicules, pourtant sous la protection de l'armée ougandaise, avaient été attaqués par les maquisards. Un Cessna remplacerait la jeep. C'était plus sûr, à condition que le pilote ne traîne pas trop longtemps à basse altitude.

— Nous, m'a dit Lucille sur le pas de la porte, c'est sûrement la dernière fois que nous nous voyons.

Je ne pouvais me résigner à lui dire adieu. Je l'ai plutôt invitée à passer me voir à Paris et l'ai serrée dans mes bras. J'ai réalisé alors à quel point son corps, qui ne pesait plus que trente-trois kilos, était frêle et fragile. Elle m'a demandé de ne pas pleurer. J'ai obéi. Piero avait fait démarrer le véhicule et je me suis assis à côté de lui. Lucille nous tournait déjà le dos et se dirigeait, les épaules légèrement voûtées, vers ses malades.

J'ai pensé alors que l'Afrique, la guerre et son combat sans répit contre ce qu'elle appelait «ma maladie» avaient fait de cette femme dépourvue d'états d'âme, animée d'une volonté de fer, un inébranlable roc. J'ai compris, en remontant le fleuve de sa vie, à quel point je me trompais.

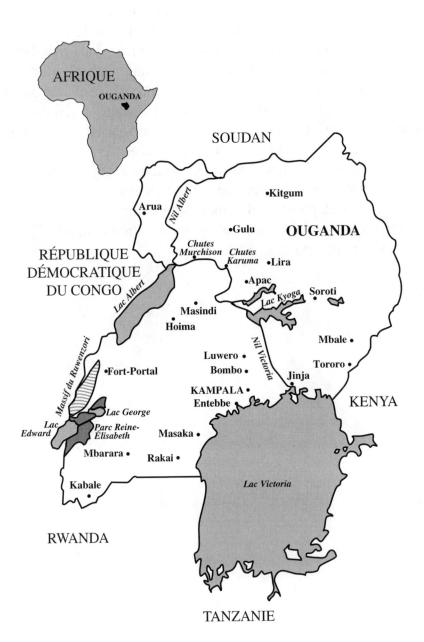

AFRIQUE

OUGANDA

SOUDAN

•Kitgum

Arua•

Nil Albert

•Gulu   OUGANDA

Chutes
Murchison   Chutes
              Karuma   •Lira

RÉPUBLIQUE
DÉMOCRATIQUE
DU CONGO   Lac Albert   •Apac

                                            Lac Kyoga   Soroti
                                                          •

                              •Masindi
                        Hoima•

Massif du Ruwenzori   Nil Victoria

                        •Fort-Portal   Luwero•   •Mbale
                                            Bombo•   Tororo•
                                                          Jinja•

                    Lac George   KAMPALA •
Lac   Entebbe •   KENYA
Edward   Parc Reine-
            Élisabeth   Masaka•

Mbarara •   Rakai•

Kabale
  •   Lac Victoria

RWANDA

TANZANIE

1

La chance et le courage

*Le jeune opérateur ne doit pas trop
s'imposer avec agressivité.*

Jean-Pierre BEX,
*Principes et techniques de base
de la chirurgie moderne.*

L A «VACHE VOLANTE», un Fairchild de l'armée de l'air italienne, survolait le Sahara en mugissant. Parti la veille
de la base de Pise, l'avion avait passé la nuit sur le tarmac de
l'aéroport du Caire avant d'entamer, ce 1er mai 1961, sa re-
montée du Nil. Après une deuxième escale à Khartoum, au
Soudan, l'appareil devait se poser à Entebbe, capitale du
protectorat britannique de l'Ouganda, sur les rives du lac
Victoria. C'est là qu'en descendraient ses deux seuls passagers,
Lucille Teasdale et Piero Corti.

Le nez collé au hublot, Lucille suivait les méandres du
fleuve, tentait de deviner l'immensité du désert au loin. Du
doigt, elle invita Piero à regarder par la fenêtre. Il s'avança.
Affolées par le vacarme venu du ciel, des gazelles détalaient
en ordre dispersé. Piero se redressa, regarda Lucille en écar-
quillant les yeux. Il songeait aux fusils de chasse, entre autres
sa nouvelle Winchester 375, soigneusement emballés dans ses

15

bagages. Il se rendait en Ouganda pour y monter un hôpital, certes, mais il n'y avait pas que le travail, dans la vie ! Il rêvait déjà de gros gibier, de safari, de chasse à l'éléphant.

La «vache volante» transportait un moteur d'hélicoptère destiné au contingent de Casques bleus que Rome venait de dépêcher au Congo. Après la proclamation de l'indépendance, l'année précédente, une guerre de sécession avait éclaté au Katanga, la province du cuivre. L'O.N.U. n'avait pas encore abandonné tout espoir d'y rétablir la paix, même si le Premier ministre, Patrice Lumumba, venait d'être assassiné.

L'Ouganda, croyait Piero, était à l'abri de tels événements. Les Britanniques s'apprêtaient à repartir, au terme d'une longue période de transition débouchant sur une indépendance négociée. L'administration coloniale avait commencé très tôt à former une élite : des étudiants ougandais avaient été envoyés à l'université de Londres dès les années quarante. Les Britanniques avaient aussi mis en œuvre une ambitieuse stratégie industrielle : après la culture du café et du coton, principales sources de devises étrangères, on exploitait désormais des mines de cuivre. Il était impensable que ce pays connaisse des troubles semblables à ceux du Congo belge. Pas l'Ouganda, la «perle de l'Afrique» chère à Churchill !

Attaché au strapontin de la «vache volante», Piero se faisait moins de souci pour l'avenir de l'Ouganda que pour celui des caisses de bois qu'il avait sous les yeux. Elles renfermaient, malgré leur air banal, ses ambitions les plus secrètes, ses rêves les plus fous. Les douaniers n'y verraient que deux tonnes de matériel médical, mais Piero savait, lui, qu'il y avait là de quoi s'inventer un destin.

Il n'avait pas eu de mal à persuader des médecins milanais de lui faire don du matériel. Comment auraient-ils pu le lui refuser ? Il parlait de l'hôpital, de son hôpital, avec une telle conviction, une telle confiance, qu'on ne pouvait s'empêcher de le voir émerger au milieu des herbes à éléphant. Pour l'instant, bien sûr, il ne s'agissait que d'un dispensaire où œuvraient une poignée d'infirmières, mais une vraie clinique y verrait bientôt le jour.

Il n'avait jamais été question pour Piero d'expédier le matériel médical par bateau. Il avait trente-cinq ans et il ne voulait plus perdre de temps. Il était de ceux qui paressaient avant d'agir — il l'admettait volontiers —, et l'heure était venue de foncer. Il s'était adressé à l'armée de l'air italienne pour transporter le matériel jusqu'à Entebbe. Il est vrai qu'il s'était réclamé du cardinal Giovanni Battista Montini, archevêque de Milan, qui avait donné son aval au projet. Le futur Paul VI avait même béni la «vache volante» avant son envol.

Après les matériaux, il ne restait plus à Piero qu'à réunir les collaborateurs. Le premier serait une femme.

Toujours penchée vers le hublot, Lucille fixait l'horizon à travers les pales des hélices. Piero en profita pour l'épier. Son regard glissa sur ses cuisses, que camouflait un pantalon kaki, avant de remonter jusqu'à la taille, très fine, et de s'aventurer jusqu'à la poitrine. Piero se dit que sa collègue, décidément mignonne, ne faisait pas ses trente et un ans. Elle semblait en tout cas plus méditerranéenne que lui, blond Lombard aux yeux bleus. Il l'avait trouvée très attirante dès leur toute première rencontre, en 1955, mais il avait vite dû admettre que ce n'était pas une femme pour lui…

Il avait fait sa connaissance à Montréal, à l'hôpital Sainte-Justine, l'hôpital francophone pour enfants, où il avait entrepris, lui l'éternel étudiant, une spécialité en pédiatrie, sa troisième, après la neuropsychiatrie et la radiologie. Lucille y faisait sa chirurgie. Piero, comme tant d'autres, l'avait d'abord remarquée pour sa beauté manifeste. Racée, séduisante, Lucille avait même été élue Miss Médecine par les étudiants de sa faculté quelques années auparavant. Quand *Le Petit Journal*, «le plus grand hebdomadaire français d'Amérique», avait cherché une universitaire pour illustrer sa une du 21 octobre

1951, il publia une photo de Lucille en train de donner une injection à un lapin.

«Quand on parle d'étudiantes, précisait la légende, trop de gens ont l'idée de jeunes filles pédantes et livresques au visage rébarbatif. La plupart des demoiselles qui ont la chance et le courage d'aller à l'université présentent de magnifiques personnalités, et il fait bon de les voir au travail, que ce soit pour étudier les mœurs des lapins ou les complexités de la littérature.»

Il est vrai qu'il fallait de la chance. Quand Lucille s'était inscrite à la faculté de médecine de l'université de Montréal, en 1950, les «demoiselles» n'étaient que huit sur cent dix étudiants. Et, cinq ans plus tard, alors que Lucille entamait son internat à l'hôpital Sainte-Justine, elle était la seule jeune femme à vouloir se consacrer à la chirurgie. Il lui faudrait désormais du courage. Car Lucille s'était persuadée que, pour être reconnue et estimée en tant qu'interne, elle se devait d'être parmi les meilleurs. Un homme pouvait se contenter d'être bon, mais pas une femme, surtout si elle était jolie. Pour s'imposer, elle devait donc être exceptionnelle. Pour atteindre cet objectif — et d'autres encore —, Lucille ne voyait qu'un moyen : consacrer à l'exercice de la médecine tout son temps et toutes ses énergies.

Même si elle en avait eu le loisir, elle aurait peu fraternisé avec les autres internes de l'hôpital Sainte-Justine, car elle était trop timide. Elle se contentait de les rejoindre parfois à la cantine, en fin de soirée, pour griller une cigarette en les regardant jouer au billard. Elle s'était tout de même liée d'amitié avec quelques collègues comme la Française Gloria Jeliu ou l'Haïtien Roger Gervais, des étrangers qui l'impressionnaient, l'intimidaient même, par leur érudition. Entre deux consultations, ils pouvaient refaire le monde ! Aux yeux de Lucille, les internes canadiens ne faisaient pas le poids. Ils ne parlaient qu'argent, voitures et femmes... Ayant toutefois l'impression de ne pas pouvoir faire beaucoup mieux, Lucille se réfugiait dans le silence.

Elle travaillait beaucoup trop, seize heures par jour, souvent sept jours par semaine, ce qui n'était pas raisonnable. Elle effectuait deux fois plus d'opérations que les autres internes de chirurgie. L'hôpital ne comptait que deux équipes : celle du docteur Edmond Dubé, comprenant quatre chirurgiens et deux internes, et celle du docteur Joseph Rivard, composée de cinq chirurgiens et d'un seul interne, Lucille. Il n'est pas étonnant qu'elle se soit déjà évanouie en salle d'opération.

Mais Lucille, de garde le mardi, le jeudi, le samedi et un dimanche sur deux, ne voyait aucune façon de s'en sortir. Elle s'en était ouverte dans une lettre à son amie Gloria quand celle-ci quitta Montréal pour s'installer à Boston, où elle effectuait un stage.

«Ainsi va la vie avec ce sacré métier qui me colle à la peau et me cloue à l'hôpital, écrivit-elle. J'en ai souvent par-dessus la tête : je rouspète, je traîne ma carcasse de huit heures à minuit presque chaque jour. Malgré ça, je n'arrive pas à tout faire, et mon travail n'est pas aussi bien fait que je le voudrais.»

À l'hôpital Sainte-Justine, Piero croisait rarement Lucille, qui se trouvait moins souvent dans les corridors que dans les salles d'opération. Cette jeune femme qui dissimulait sous un bonnet de chirurgien une chevelure déjà grisonnante l'intriguait. Elle s'était laissé approcher une seule fois, en 1955. Ils sortaient tous les deux de l'hôpital. Elle allait faire ses emplettes de Noël, rue Sainte-Catherine, et il avait proposé de l'accompagner. Elle avait accepté. Ils avaient beaucoup ri, notamment de ses fautes de français (entre autres, Piero prononçait le *c* à la fin du mot «estomac»). Lorsque, à la fermeture des magasins, Piero, les bras chargés de cadeaux, l'avait raccompagnée jusqu'à sa chambre, elle l'avait invité à entrer. La conversation, fluide, s'était faite torrentielle. Saoulée par ses propres paroles, elle lui avait parlé de son père et même de sa mère, lui avait avoué ses doutes et ses difficultés, lui avait confié ses sentiments pour l'homme qui l'avait aimée et celui qu'elle essayait d'oublier. Elle lui avait même parlé de la foi qu'elle avait perdue, des églises où elle ne mettait plus les pieds, et du sens de l'absolu qu'elle avait néanmoins conservé.

Envoûté par cette soudaine intimité, Piero s'était approché d'elle. Du bout des doigts, il avait effleuré son visage, caressé ses yeux. Quand elle les rouvrit, le charme s'était rompu. Piero avait bredouillé une vague excuse, puis était ressorti, confus. Il avait le sentiment que Lucille lui avait parlé comme à quelqu'un qu'on connaît depuis toujours. Il se trompait. Elle lui avait parlé comme à quelqu'un qu'on ne reverra plus jamais. Ils gardèrent désormais leurs distances. Quand ils se croisaient parfois dans les corridors, ils étaient loin de s'imaginer qu'ils survoleraient ensemble, quatre ans plus tard, les dunes et les oasis du Soudan.

La «vache volante» se posa à l'aéroport de Khartoum en secouant ses deux passagers engourdis par le bruit et la fatigue. Quand la porte s'ouvrit, Lucille fut stupéfiée par la chaleur qu'il faisait sur la piste d'atterrissage. Quarante-cinq degrés Celsius! Elle convertit en degrés Fahrenheit : cent treize degrés. À Montréal, on ne la croirait jamais!

Lucille et Piero se mirent rapidement à l'abri dans l'aérogare. Des éclats de voix attirèrent leur attention. Le pilote, dont l'uniforme étriqué soulignait le physique trapu, discutait ferme avec son mécanicien.

— Pas question d'attendre, dit le premier en enfonçant bien sa casquette. Dès qu'on aura fait le plein, on décolle.

— Attendez plutôt la tombée de la nuit, plaida le mécanicien. Il est presque treize heures. Il fait beaucoup trop chaud pour décoller!

— J'ai dit non!

— Je vous déconseille de partir, dit le mécanicien en haussant le ton. On risque d'avoir des ennuis mécaniques. Le système de réversion des hélices peut nous lâcher. Je viens de le tester. Il ne fonctionne que deux fois sur trois.

Piero, qui avait obtenu son brevet de pilote pendant son service militaire dans l'armée de l'air, comprenait trop bien de quoi il s'agissait : le système qui permettait de modifier l'orientation des pales pour effectuer des atterrissages courts était défectueux. Il expliqua la situation à Lucille, et ils décidèrent de remonter à bord. Les risques de devoir freiner brusquement entre Khartoum et l'aéroport international d'Entebbe étaient finalement peu élevés. Et il fallait accompagner le matériel médical jusqu'à destination.

— Ça y est! fit le capitaine en apprenant que le plein était terminé, on est prêts à décoller.

— Si c'est comme ça, dit le mécanicien en lui tendant papier et stylo, vous allez signer ici. Vous assumez l'entière responsabilité en cas d'accident. Et on glisse cette feuille de papier dans la boîte noire.

Le pilote lui arracha le stylo.

— Je signe tout ce que tu veux, cracha-t-il, mais on fout le camp.

Se sentant soudain observé, il jeta un regard agacé sur Lucille et Piero et leur fit signe du menton.

— Allez, m'sieur dame! En voiture!

Ils suivirent l'officier qui, malgré la chaleur accablante, se dirigea vers l'appareil au pas de course. Dans la cabine, pilote et copilote commencèrent à faire tourner les moteurs. Derrière, Lucille et Piero échangèrent des regards inquiets. L'avion commença à avancer lentement sur la piste, puis, accélérant tout à coup, s'arracha du sol dans un fracas peu rassurant.

L'appareil avait atteint une soixantaine de pieds d'altitude quand le voyant d'incendie s'alluma sur le tableau de bord. Il fallait atterrir d'urgence! Rapidement — il n'avait pas eu le temps de rentrer le train d'atterrissage —, le pilote réussit à poser l'appareil qui, roulant à très grande vitesse sur le tarmac, fut violemment secoué par les aspérités de la piste.

Derrière, Lucille et Piero se demandaient ce qui se passait. Dans le hublot, le paysage défilait à vive allure, et on apercevait déjà le bout de la piste. De toute évidence, le pilote freinait de toutes ses forces, mais cela ne suffisait pas. Il fallait absolument faire appel au système de réversion des hélices, pensa Piero.

Un nouveau bruit, un hoquet qui trancha sur la cacophonie ambiante, lui fit comprendre que les pales avaient changé d'orientation. L'appareil finit par s'immobiliser. Lucille se sentit soulagée jusqu'au moment où elle vit des nuages de fumée noire par le hublot. Une fois la porte ouverte, Lucille et Piero s'empressèrent de descendre pour constater que les roues avaient pris feu, le pilote ayant freiné trop brusquement. Les membres de l'équipage arrachèrent leurs blousons pour étouffer les flammes. Apercevant les pompiers de l'aéroport qui accouraient, le pilote, par de grands gestes nerveux, leur intima l'ordre de ne pas «arroser» l'appareil, craignant que la mousse ignifuge n'abîme le train d'atterrissage et ne cloue l'avion au sol. Car il n'abandonnait pas tout espoir de repartir rapidement.

Heureusement, tous étaient sains et saufs. Le mécanicien expliqua à Lucille et à Piero pourquoi le voyant du tableau de bord s'était allumé. En faisant tourner les moteurs à plein régime avant le décollage, le pilote avait fait fondre une pièce des tuyères d'échappement, ce qui avait déclenché l'alerte.

Ébranlée par cette mésaventure, Lucille était atterrée à l'idée de repartir à bord du même appareil, avec le même casse-cou aux commandes. Elle s'en ouvrit à Piero, qui proposa aussitôt de lui acheter un billet d'avion Khartoum-Entebbe sur une ligne commerciale. Lucille répondit qu'elle allait y réfléchir. Elle se demandait comment elle avait fait pour en arriver là, sur le tarmac d'un aéroport au confluent du Nil blanc et du Nil bleu, si loin d'un autre fleuve dont elle connaissait mieux les berges, le Saint-Laurent.

À Montréal, après six années d'internat à l'hôpital Sainte-Justine, à l'hôpital Maisonneuve et à l'Hôtel-Dieu, Lucille devait subir un examen final qui lui permettrait normalement d'obtenir sa «maîtrise de spécialité», le diplôme qui la ferait chirurgienne. Il y avait toutefois une condition préalable : elle devait effectuer un stage dans un hôpital étranger. Quand elle y réfléchissait bien, elle se rendait compte que c'était cette anodine exigence de la faculté de médecine qui l'avait poussée à cette longue errance.

Tenue de quitter le Canada, Lucille avait d'abord songé aux États-Unis. Mais la vingtaine d'hôpitaux américains auxquels elle avait soumis sa candidature l'avaient tous rejetée. Elle s'expliquait mal leur décision car elle avait obtenu de bons résultats à l'université, acquis une solide expérience et obtenu une excellente lettre de recommandation d'un chirurgien qui avait dirigé son travail, Pierre-Paul Collin, lui-même formé aux États-Unis. Pourquoi les Américains lui fermaient-ils alors leurs portes ? Si la plupart des hôpitaux avaient utilisé des formules alambiquées, l'un d'eux lui avait écrit franchement pourquoi on ne voulait pas d'elle : «Nous n'avons aucune intention de recruter des femmes.» Cela avait au moins le mérite d'être clair.

Avait-elle eu tort de se moquer de ceux qui l'avaient mise en garde ? Une mère, lui disait-on, ne mettrait jamais la vie de son enfant entre les mains d'une femme ! «Au contraire ! répliquait Lucille. Les femmes sont destinées à faire de la chirurgie : c'est de la couture !» Elle s'était dit que de telles prédictions tenaient d'un bavardage auquel les hôpitaux, surtout américains, seraient insensibles. Elle avait ri. S'était-elle leurrée ? La chirurgie demeurerait une chasse gardée où elle ne serait tout au plus que tolérée.

Si la rebuffade américaine l'avait ébranlée, elle ne l'avait pas mise en colère. Les femmes étaient absentes de grands secteurs du monde du travail (au Québec, elles n'avaient commencé à exercer la médecine que dans les années trente), et elles avaient moins de droits. Les Canadiennes ne pouvaient même pas signer un chèque sans l'autorisation de leur mari ou de leur père! Lucille devait-elle s'insurger parce qu'elle était, pour une fois, visée directement? La femme de tête acceptait ce refus, qui était même prévisible, mais la femme de cœur ne pourrait jamais s'y résigner — cela était trop injuste.

L'aversion de Lucille pour l'injustice était irrépressible. Très jeune, elle avait été confrontée aux inégalités sociales de Montréal. Elle avait grandi dans l'est de cette ville qu'un parlementaire britannique avait déjà comparée à l'East End londonien tant il était miséreux, mais elle avait été pensionnaire dans le plus huppé des collèges catholiques. Elle avait fait des études de médecine, une marque évidente d'ascension sociale dans la société canadienne-française, mais avait fait du bénévolat dans une clinique fréquentée par les déshérités du plateau Mont-Royal. Elle s'intéressait peu à la politique; les femmes, de toute façon, n'avaient obtenu le droit de vote qu'en 1940. Mais, très tôt, Lucille avait eu la conviction de pouvoir faire quelque chose contre la plus patente des injustices : la maladie. Elle se destina donc à la médecine, une profession qu'elle assimilait à une cause et à un combat, et qui répondait à une soif d'engagement et à une quête d'absolu. C'était pour elle une façon idéale de réconcilier la femme d'action avec la femme d'esprit, la femme de tête avec la femme de cœur.

Face à l'injure américaine, la colère serait inutile. Lucille devait riposter sur un autre terrain et, pour un médecin québécois, il n'y en avait qu'un : la France. Elle demanda conseil à une neurologue d'origine française de l'hôpital Sainte-Justine, Annie Courtois, qui lui permit de décrocher non pas un, mais deux postes! On lui proposait de devenir médecin résident à Marseille, où elle pourrait passer, dès septembre 1960, huit mois au vieil hôpital de la Conception, où était mort Rimbaud, avant de «monter» à Paris, aux Enfants-Malades, où tant de médecins étrangers rêvaient de travailler.

Dès son arrivée à Marseille, Lucille envoya une carte postale à Piero pour lui donner sa nouvelle adresse. Depuis son retour en Italie, en 1958, il lui avait écrit des lettres empreintes de nostalgie où il faisait état de ses projets d'avenir. Il lui avait décrit ses récentes expéditions en Afrique et en Asie, lui avait fait part de ses intentions d'exercer là-bas, mais lui avait aussi expliqué qu'il regrettait l'amitié qui n'avait jamais vu le jour entre eux. Lucille lui inspirait encore et toujours beaucoup de tendresse. Et il se demandait, inquiet, si elle avait souvenance des confidences qu'elle lui avait faites dans sa chambre de l'hôpital Sainte-Justine.

«Dis-moi que le souvenir du soir qui m'a permis de caresser tes yeux n'est pas l'un des plus mauvais», lui avait-il écrit.

Lucille n'avait pas toujours répondu à ses lettres. Par manque de temps, mais aussi parce qu'elle ne savait pas si elle voulait s'engager davantage avec cet homme qui, un soir d'hiver, l'avait troublée. Elle s'empressa toutefois d'accepter le rendez-vous qu'il lui proposait pour la semaine suivante, même si elle ne savait pas très bien pourquoi il tenait à la voir au plus vite.

Piero lui avait donné rendez-vous dans un restaurant du Vieux-Port de Marseille. Elle le trouva beau, son hâle accentuant sa blondeur ainsi que le bleu de ses yeux. Il commanda, un peu brusque, de la bouillabaisse et un bordeaux, pressé de raconter le périple de sept mois qu'il venait d'effectuer en Afrique tropicale et en Inde. Il avait d'abord rejoint son frère Corrado, missionnaire jésuite à Fort-Archambault, au Tchad, où il avait participé à son premier safari. Il s'était ensuite rendu au Congo belge, en Ouganda et au Kenya, avant de pousser une pointe jusqu'en Inde, à la recherche d'un hôpital, d'une clinique, d'un endroit où il pourrait faire sa vie.

Au Tchad, l'ampleur de la tâche lui avait semblé au-delà de ses forces : il aurait fallu mettre sur pied un hôpital de brousse à partir de rien. Dans l'est du Congo, le racisme de certains colons belges, et même de certains missionnaires catholiques, l'avait dégoûté. Au Kerala, dans le sud de l'Inde, où il avait exercé dans un hôpital pendant deux mois, l'extrême chaleur, l'humidité, la densité de la population — l'une des plus grandes de l'Inde — lui avaient fait comprendre qu'il supporterait mal ce pays. Mais dans le nord de l'Ouganda, en pleine savane, près d'une petite ville de garnison appelée Gulu, il était tombé, un peu par hasard, sur un dispensaire où œuvraient quelques missionnaires italiennes, des sœurs de Vérone, qui étaient infirmières et sages-femmes. Il y aurait sûrement assez de travail là pour deux médecins. En fait, renchérit Piero, il y en aurait tellement que Lucille pourrait même voir des patients jour et nuit!

Que venait-elle faire là-dedans? Lucille l'écoutait attentivement, mais elle avait du mal à le suivre. Ses idées s'embrouillaient. Était-ce le vin? Ou le torrent d'images et de mots? Piero croyait lui parler de médecine et de savane, de missions et de safaris. Il lui parlait en réalité de ses rêves, de ses idéaux de jeunesse. Il ne soupçonnait pas qu'il remuait en elle de lointains souvenirs. Quel âge avait-elle quand elle avait annoncé à son père qu'elle deviendrait médecin pour aller «aux Indes»? Treize ans, pas plus. Lucille avait fait une croix sur cette utopie pour s'accrocher à son projet de devenir chirurgienne, déjà ardu, mais tout de même plus raisonnable.

Piero lui demanda si elle se plaisait à Marseille. Les collègues étaient tous très sympathiques, mais elle lui avoua qu'elle ne se sentait pas très utile.

Piero repoussa légèrement son assiette et posa les coudes sur la table.

— Pourquoi ne viendrais-tu pas avec moi en Ouganda, alors?

Lucille ne put s'empêcher de rire, puis, constatant que Piero restait de glace, elle lui demanda, à voix basse :

— C'est sérieux?

— Tout ce qu'il y a de plus sérieux : tu opérerais, et je serais ton anesthésiste.

Il la regarda droit dans les yeux, sans insister toutefois. Il ne devait pas l'apeurer. Pas une seconde fois. Il n'avait plus droit à l'erreur, plus de temps à perdre. Il avait besoin d'elle. L'hôpital aussi.

Il lui expliqua qu'elle pourrait se joindre à lui pendant un mois ou deux, histoire de mettre sur pied une salle d'opération, puis revenir à Marseille. Il n'était pas question toutefois pour son futur hôpital, précisa Piero, de lui verser un salaire. Il lui paierait cependant le billet d'avion, et elle serait logée et nourrie.

— De toute façon, dit Lucille, je n'aurais pas accepté de salaire.

— Réfléchis à mon offre.

Elle y réfléchissait déjà! Tout à coup, l'Afrique devenait possible. La Méditerranée, qu'elle apercevait par la fenêtre, n'était plus, entre les deux continents, une mer mais une passerelle. Elle fouilla longuement, maladroitement, dans son sac pour en extirper cigarettes et briquet. Pendant qu'elle en glissait une entre ses lèvres, Piero s'empara du briquet et en fit jaillir une flamme qui illumina son visage.

— Si tu viens, dit-il en souriant, je te paierai même les cigarettes.

Lucille sourit en exhalant sa première bouffée. Comment avait-il pu deviner qu'elle ne pouvait pas refuser?

Elle s'expliquait mal pourquoi Piero lui inspirait confiance. Peut-être était-ce parce qu'il avait fait sa neuropsychiatrie, une branche «intellectuelle» de la médecine qu'elle tenait en haute estime. Ou parce qu'il était au moins aussi volontariste qu'elle. Non seulement lui inspirait-il confiance, mais la confiance qu'il semblait avoir en elle la rendait plus sûre d'elle-même. Comment refuser de le suivre, pour un mois ou deux, en Ouganda?

À l'aéroport de Khartoum, le pilote de la «vache volante» attendait, impatient mais résigné, la fraîcheur de la nuit, comme le mécanicien le lui avait demandé avant le départ raté de l'après-midi. De toute façon, il n'avait plus le choix : il fallait maintenant changer les pièces endommagées par les flammes. On les avait trouvées facilement. Il avait suffi de les subtiliser à un vieux Constellation abandonné sur le tarmac.

Lucille se demandait encore si elle allait repartir avec les militaires italiens ou prendre un vol commercial.

— Toi, tu repars avec eux ? demanda-t-elle à Piero.

— Il le faut, répondit-il, ne serait-ce que pour dédouaner le matériel à Entebbe. Mais sens-toi libre de…

Une évidence s'imposa à Lucille tout à coup : même si elle était libre de ne pas l'accompagner, la réponse allait de soi.

— Si tu y vas, j'y vais aussi.

Piero connaissait le nom de cet étrange mélange de peur et de détermination, de faiblesse et de force. Dans son adolescence, il avait beaucoup entendu parler du courage.

2

L'air des Alpes

*N'oubliez pas que chez
pratiquement tout anesthésiste,
notamment de sexe masculin,
existe un regret plus ou moins
marqué et avoué de n'avoir pas
fait de chirurgie.*

Jean-Pierre BEX,
*Principes et techniques de base
de la chirurgie moderne.*

ALLONGÉ à l'ombre du vieux figuier, Piero remarqua que la canicule, qui s'éternisait en ce mois d'août 1943, avait déjà roussi le chêne et le châtaignier. Besana, une ancienne station de villégiature de l'aristocratie milanaise, pouvait être aussi torride que le chef-lieu de la Lombardie. Par grande chaleur, l'adolescent flânait volontiers dans le jardin du domaine familial, que dominait une ancienne filature de soie transformée, au début du siècle, en demeure bourgeoise. C'est là qu'il avait vu le jour, à l'étage, dans la chambre qui faisait l'angle. Tout de suite après sa naissance, son père s'était appliqué à calligraphier son prénom et sa date de naissance — «Pietro, 16 septembre 1925» — sur le côté intérieur du volet de la fenêtre qui donnait sur les Alpes. C'était le cinquième nom inscrit sur le volet de bois, où cinq autres suivraient.

Enfant, Piero avait aimé jouer dans ce jardin qu'il avait cependant été empêché d'explorer à sa guise. Comme il était de santé fragile — une pneumonie avait failli l'emporter à l'âge de sept ans —, ses parents l'avaient envoyé, dès sa huitième année, dans un pensionnat de Stresa, à une centaine de kilomètres de Milan, où l'air des montagnes, espéraient-ils, fortifierait ses poumons. La séparation lui avait semblé normale ; ses aînés, à peine plus âgés, fréquentaient tous des pensionnats des environs. Ainsi en allait-il de l'éducation des enfants dans les bonnes et grandes familles.

Préoccupés de sa santé, ses parents n'avaient pas hésité à gâter leur si blond et si pâle garçonnet. Il n'y avait là rien de très étonnant de la part de sa mère, Irma Corti (née Bestetti), une femme douce et affable qui aurait pu être l'auteur d'un proverbe lombard qu'elle avait constamment à la bouche : «*Semm al mund per vütass!*» («On est au monde pour s'entraider!»)

Mais un tel traitement de faveur avait de quoi surprendre de la part de son père, Mario Corti, un homme réputé pour sa sévérité et plutôt enclin à considérer que la jeunesse manquait de vaillance. Le regard sombre, le sourcil facilement réprobateur, il faisait preuve d'une autorité naturelle dont les origines étaient moins aristocratiques que religieuses. Chaque soir, en véritable patriarche, il bénissait ses enfants une fois qu'ils étaient au lit, d'un geste ample et lent. Sa rigueur — il portait un complet en tout temps — était une qualité qu'il essayait d'inculquer à ses enfants, surtout aux plus âgés de ses fils. «Si vous êtes persuadés d'avoir raison, disait-il, ne changez pas d'avis.»

Il traitait cependant le frêle Piero avec une sincère bienveillance. Se faisant véritablement du souci pour lui, il l'invitait souvent à prendre soin de sa santé et à ne pas trop se fatiguer. Était-ce pour cela que le gamin avait tendance à réfléchir si longuement avant d'entreprendre quoi que ce soit? Si cela passait pour une marque de sérieux, c'était également la façon idéale pour Piero de masquer un défaut qui, à Stresa, fit de lui un élève médiocre : il était paresseux. On lui pardonnait toutefois facilement, car il était beau.

Les martinets semblaient avoir déserté le jardin. Celui-ci était certes moins grand que celui de la comtesse, tout à côté, mais idéal pour écouter le chant des fauvettes, «la voix de l'été», disait Eugenio, le frère aîné de Piero. Depuis qu'Eugenio s'était porté volontaire pour combattre sur le front russe, Piero le voyait peu souvent. On ne pouvait imaginer deux frères plus dissemblables qu'Eugenio, déjà adulte, l'air sévère dans son uniforme de sous-lieutenant, et Piero, encore adolescent, jeune rêveur aux mèches blondes. Eugenio voulait être écrivain depuis toujours, tandis que Piero, à dix-sept ans, venait de terminer le lycée, au Collegio San Carlo de Milan, et ne savait toujours pas ce qui l'attendait. Il hésitait encore entre la médecine, peut-être même la chirurgie, et la prêtrise.

Les mains sous la nuque, Piero continuait de rêvasser. Il songeait aux copains — surtout à Enrico Citterio —, à qui il aurait quémandé une cigarette s'ils avaient été là. Aux voitures sport. Aux filles qu'il côtoierait dès la rentrée à l'université de Milan et aux chamois des Alpes qu'il traquerait pour essayer de les oublier.

Il ne se l'expliquait pas très bien mais il était persuadé que la chasse lui permettait de sublimer sa sexualité. Après la poursuite et la mise à mort de l'animal, Piero rentrait à la maison le cœur léger, le corps rompu. Très jeune, il s'était appliqué avec sérieux et diligence à cette activité. Il avait longtemps accompagné le vieillard qui passait pour le plus expérimenté des chasseurs de Besana. Il l'avait observé en apprenti. Il avait appris à débusquer le chamois sur les sentiers alpins, au-delà du Resegone, la montagne au sommet en dents de scie. Depuis le début de la guerre, toutefois, la chasse avait été interdite, et Piero devait se contenter de lever la perdrix, le faisan et le lièvre dans la chasse privée des parents d'Enrico, son camarade de lycée.

Une première déflagration arracha Piero à sa rêverie. La détonation, sourde et lointaine, venait du sud. Étaient-ce les canons de la défense antiaérienne? Il se tourna vers Milan, à une trentaine de kilomètres, où s'élevaient maintenant des colonnes de fumée. Il se précipita dans la maison pour y prendre les jumelles avec lesquelles il avait l'habitude d'épier les oiseaux. Sa mère, qui raccommodait, leva distraitement la tête. Voyant l'empressement de son fils, elle devina que quelque chose n'allait pas.

— Que se passe-t-il?

— Je ne sais pas, dit Piero en ressortant de la maison. Je crois qu'ils sont en train de bombarder Milan.

— Miséricorde! s'exclama-t-elle.

Pendant que les sirènes des usines des environs hululaient, Piero recommença à scruter le ciel. Soudain, il entendit le bruit d'un moteur. Au-dessus de Besana, à très basse altitude, volait un appareil militaire. Atteint par les tirs de la D.C.A., le quadri-moteur anglais — les cercles concentriques sur sa carlingue ne laissaient subsister aucun doute — tentait désespérément de gagner la Suisse. C'était donc cela : les Alliés, pour la troisième fois depuis le début de la guerre, pilonnaient Milan! Mario Corti rejoignit son fils et lui demanda les jumelles, qui ne lui furent, hélas, d'aucune utilité : on ne distinguait plus, au-dessus de la ville, qu'un immense nuage gris.

Mario Corti était inquiet. Les choses allaient de mal en pis, surtout depuis que Mussolini, désavoué et arrêté par ses propres lieutenants, avait été libéré par des parachutistes allemands. L'Italie perdrait sûrement la guerre. Sa famille la perdrait-elle aussi? Ses deux fils aînés, Eugenio et Achille, étaient déjà sous les drapeaux, et dans quelques mois leurs cadets, Giovanni et Piero, seraient eux aussi conscrits. Les deux usines qu'il dirigeait, les *Manifatture Riunite Corti,* qui produisaient jadis du lin et du chanvre, fabriquaient maintenant, à l'exception des uniformes, tous les produits de coton de l'armée italienne, depuis les tentes jusqu'aux étuis de masque à gaz. Rien d'offensif, certes, mais on pourrait l'accuser d'avoir profité du fascisme et de la guerre. Si jamais des communistes italiens, appuyés par une Armée rouge qui envahissait progressivement l'Europe centrale, cherchaient à régler leurs comptes à leurs «ennemis de classe», ils pourraient même lui reprocher d'avoir animé la section locale du Parti populaire, la future Démocratie chrétienne. Mario Corti redoutait moins la défaite militaire de l'Italie que la sanglante guerre civile qui pouvait s'ensuivre et où les siens se verraient pourchassés comme des traîtres à la classe ouvrière et des réactionnaires.

Il est vrai qu'il était issu de deux vieilles et distinguées familles du nord de l'Italie. Quand il fit faire leur généalogie, il découvrit que les Corti, originaires de Côme, avaient un blason familial sorti tout droit de la tradition chevaleresque : un heaume dominait un bouclier où figuraient une aigle noire (la valeur) et un lion rouge (la force). La famille de sa mère, Peppina Ratti, était originaire de la Gênes du XIIIe siècle. Les Ratti avaient donné un fils à l'Église, Achille, cousin germain de sa mère, qui était devenu pape en 1922 sous le nom de Pie XI. La famille avait fait fortune dans la soie, une tradition qui se poursuivait avec Mario Corti.

Suivi de Piero, Mario rejoignit sa femme, restée à l'intérieur. Elle se faisait de plus en plus de souci pour ses proches qui habitaient le centre de Milan. Normalement, ils abandonnaient la ville chaque soir pour se mettre à l'abri, comme la vaste majorité de la population, dans les environs immédiats. Mais si d'aventure ils avaient commis l'imprudence d'y rester aujourd'hui un peu plus tard que d'habitude ?

Mario chercha à la rassurer.

— Mais non, dit-il. Tu sais bien qu'ils sont sains et saufs. Ce sont plutôt nos locataires qui m'inquiètent. J'ai essayé de les appeler, mais le téléphone ne fonctionne plus.

Mario Corti toisa son fils. Dans quelques semaines, il aurait dix-huit ans, mais il ne faisait pas son âge. Sa blondeur le faisait paraître imberbe. Ni très grand ni très costaud, il avait toutefois fière allure. Était-ce l'intransigeance de l'adolescence qu'on lisait dans son regard, la conviction d'être droit ou un soupçon de courage? Son père avait encore du mal à ne plus voir en lui le garçon si frêle dont le diminutif enfantin avait fait oublier le vrai prénom, Pietro. Mais il se rendit à l'évidence : le fils dont il doutait parfois du sérieux était maintenant un homme. C'est pour cela même qu'il allait lui confier une mission.

— Demain, dit-il à Piero, si les bombardements sont terminés, tu iras à Milan avec ton frère Giovanni.

Piero n'avait pas besoin d'explications. Il savait très bien ce qui préoccupait son père. Vu la volatilité de la lire depuis l'arrivée au pouvoir du Parti fasciste, Mario Corti avait investi le capital de ses deux usines dans l'immobilier. Leur avenir, et celui d'un millier de salariés, dépendait d'une demi-douzaine d'immeubles milanais : place San Camillo De Lellis, près de la gare centrale; rue Filodrammatici, près de la Scala; rue Carducci, dans les beaux quartiers.

Sans rien ajouter, son père consulta sa montre et la remit dans la poche de son gilet. Il commença à s'éloigner, puis se retourna vers son fils.

— Et, Piero…

— Oui, papa.

— Sois prudent.

Le bombardement allié se termina dans la nuit. Au matin, Piero et Giovanni partirent à bicyclette pour Milan. À la périphérie de la ville, ils croisèrent des colonnes de rescapés effarés qui, ayant pour la plupart tout perdu, cherchaient un abri dans les campagnes environnantes. Arrivant du nord, Piero et Giovanni firent leur entrée dans une ville déserte et dévastée. Ils se dirigèrent d'abord vers la place San Camillo De Lellis, dont l'église de briques avait été légèrement endommagée. Les immeubles avoisinants étaient cependant intacts et leurs locataires étaient tous sains et saufs.

Se frayant un chemin entre les cratères que les obus avaient creusés dans la chaussée, Piero et Giovanni atteignirent le cœur de la ville, où le va-et-vient des pompiers et des secouristes, qui s'affairaient encore à dégager corps et cadavres des décombres fumants, avait remplacé le tohu-bohu des voitures et des tramways. La cathédrale, orgueil des Milanais, n'avait pas été touchée, mais ses flèches gothiques, soudain bizarrement vaniteuses, dominaient un champ de bataille où des blessés erraient, hagards, à la recherche d'un proche ou d'un toit. Rue Filodrammatici, les immeubles semblaient également intacts, même si à la Scala, tout à côté, durement atteinte par les obus, retentissait le lancinant adagio des sirènes. Les efforts des pompiers semblaient dérisoires devant les nombreux foyers d'incendie.

Piero et Giovanni n'en croyaient pas leurs yeux : de part et d'autre de la rue Manzoni, les immeubles flambaient. Ceux qui avaient échappé aux flammes n'étaient plus que tas de gravats, amoncellements de pierres et de plâtre. Empruntant ce corridor bordé de feu, ils parvinrent à l'immeuble dont leur père était propriétaire et constatèrent avec stupeur que ses quatre étages s'étaient effondrés.

Des voisins leur racontèrent par bribes ce qui s'était passé, et Piero et Giovanni finirent par comprendre que neuf hommes, femmes et enfants qui s'étaient réfugiés dans l'abri antiaérien au sous-sol avaient été tués. Au matin, des secouristes les avaient arrachés aux décombres, et leurs corps étaient encore là, à côté, sous des draps. Bouleversé par leur mort, Piero se taisait, comme s'il eût craint d'être trahi par sa propre voix. Il laissa Giovanni bredouiller leurs condoléances et leurs messages. Comme ils devaient rentrer à Besana au plus tôt pour mettre leur père au courant, ils repartirent.

On avait déjà dénombré un millier de morts, et les cadavres des victimes attendaient, çà et là, un drap, une bâche, un linceul. L'âcre parfum de la mort qui flottait dans l'air commençait à incommoder Giovanni. Mais Piero restait impassible : il avait déjà vu et senti les chairs et les viscères humains. Un chirurgien de Besana qui savait que le lycéen songeait à faire des études de médecine l'avait déjà invité à passer le voir au bloc opératoire.

Piero avait assisté aux opérations en observateur attentif. Il ignorait encore les noms savants que portent les muscles et boyaux qui, rassemblés autour des os, constituent un homme. Mais, face au corps, il avait déjà un regard froid, clinique. S'il faisait un jour de la chirurgie, cela pourrait lui être utile.

3

Mosaïque

Pour devenir un grand chirurgien,
il faut avoir une vision complète
de l'ensemble des problèmes
posés par le malade.

Jean-Pierre BEX,
Principes et techniques de base
de la chirurgie moderne.

L'UNION JACK flottait, fier et souverain, sur l'aérogare
d'Entebbe. Sur la piste d'atterrissage, d'où l'on pouvait
apercevoir les eaux bleuâtres du lac Victoria, soufflait un vent
doux. Après un vol de nuit exténuant mais sans anicroche,
Lucille et Piero poussèrent un soupir de soulagement. Ils étaient
enfin en Ouganda.

Mais pour combien de temps? Piero s'y voyait mettre sur
pied un hôpital dont il rêvait de faire l'œuvre de sa vie. Mais
combien de mois, d'années, y passerait-il vraiment? En Italie,
des copains s'étaient gentiment moqués de lui : ce fils à papa
friand de voyages, ce touche-à-tout de la médecine se lasserait
vite de l'Afrique. Loin de s'en offusquer, Piero soupçonnait
qu'ils avaient raison. C'est pourquoi il avait cherché une collègue qui réussirait à l'épauler dans sa vie professionnelle, et

peut-être même à l'aimer. Lucille ne s'était engagée qu'à passer un mois ou deux en Ouganda, mais Piero se disait qu'il arriverait peut-être à la faire changer d'avis…

À l'aéroport, ils étaient attendus par un missionnaire de Vérone, le frère Toni Biasin, qui les conduirait à Kampala, la principale ville du pays, à vingt-cinq kilomètres d'Entebbe. Le frère Toni leur expliqua qu'il était un peu, au dispensaire de Gulu, un frère à tout faire : menuisier, maçon, électricien et plombier, et parfois même, ajouta-t-il en souriant, chauffeur. Pendant qu'il chargeait les valises dans une vieille Peugeot blanche, Lucille observa cet homme d'une soixantaine d'années au visage parcheminé par le soleil (il avait toujours refusé de porter le casque colonial britannique). Bien qu'il fût d'apparence chétive, ses doigts enflés, bleutés avaient manifestement beaucoup servi. Le frère Toni était de ces religieux qui priaient le marteau à la main.

Dans la voiture, il leur rappela que tout médecin étranger ayant l'intention d'exercer en Ouganda devait d'abord effectuer un stage à l'hôpital universitaire de Mulago. Lucille et Piero, qui l'ignoraient, restèrent interloqués.

— Et combien de temps dure ce stage ? demanda Piero.

— De un à trois mois, répondit Toni.

— De un à trois mois ! s'exclama Lucille. Mais je ne suis là que pour deux mois tout au plus. Aussi bien faire demi-tour tout de suite !

À Gulu, ils devaient être logés et nourris, mais à Kampala Piero n'avait pas prévu de long séjour à l'hôtel. Il s'inquiétait aussi du matériel médical immobilisé à l'aéroport. Il avait dit aux douaniers qu'il le reprendrait dans quelques jours, pas dans un mois ! Cela commençait mal.

— Inutile de se faire du souci pour l'instant, dit-il. Attendons plutôt de voir ce qu'on nous dira à Mulago.

Lucille aurait voulu faire preuve du même sang-froid, du même optimisme, mais le vol de nuit l'avait épuisée, la conduite à gauche la désorientait, et les cadavres de chiens qui bordaient la route étroite la révulsaient. Percevant sa déception, le frère Toni préféra changer de sujet. Il essaya plutôt de savoir d'où elle et Piero étaient originaires. Il n'arrivait toutefois pas à saisir comment un médecin italien avait pu aboutir à Montréal.

Piero sourit.

— C'est grâce à Staline !

C'est une histoire qu'il prenait plaisir à raconter tellement elle lui semblait sortie tout droit d'un roman d'espionnage. C'est Agatha Sidlauskas, une amie lituanienne ayant immigré au Canada, qui lui avait d'abord parlé de Montréal. Il avait fait sa connaissance après la guerre en Italie, où elle était une jeune psychologue bien en vue. C'est elle qui avait été appelée à examiner, à la fin des années quarante, une fillette qui prétendait que la Vierge Marie lui apparaissait. Intrigué par ce cas, dont la presse avait abondamment parlé, Piero avait voulu rencontrer la psychologue qui avait vu la jeune fille.

Agatha, qui devint vite son amie, parla un jour à Piero du dilemme qui la torturait. Elle était l'assistante du directeur du laboratoire de psychologie expérimentale de l'université catholique de Milan, le frère Agostino Gemelli, par ailleurs président de l'Académie pontificale des sciences. Elle avait fait sa connaissance dans les années trente, à l'époque où elle était encore étudiante à Milan. Quand elle rentra en Lituanie, alors enclavée entre l'Allemagne nazie et l'Union soviétique, le frère Gemelli lui écrivit une lettre de recommandation qui lui permit de décrocher un poste de réceptionniste à l'ambassade d'Italie à Kaunas. Ce petit boulot lui permettrait de gagner sa vie pendant qu'elle terminait sa thèse.

Après que Moscou eut annexé les pays baltes, en juin 1940, elle fut amenée dans un bureau de police. Deux officiers du Commissariat du peuple aux Affaires intérieures, le futur K.G.B., l'interrogèrent et la menacèrent pendant cinq heures. Elle finit par accepter de coopérer avec eux, les «libérateurs» de la Lituanie, en les tenant informés de tout ce qui se passait à l'ambassade d'Italie, l'État fasciste qui venait de déclarer la guerre à la France et à la Grande-Bretagne, deux pays alliés de l'U.R.S.S.

Agatha, refusant d'espionner pour Moscou, raconta tout à l'ambassadeur d'Italie, Angiolo Cassinis, qui lui proposa de fuir la Lituanie en sa compagnie. Le 29 août 1940, elle quitta donc Kaunas dans la voiture blindée de l'ambassadeur. Après deux jours et deux nuits, ayant traversé la Pologne et l'Autriche, elle parvint enfin à Milan, où le frère Gemelli lui trouva une chambre à la résidence universitaire.

Elle devint rapidement son assistante. Mais au fil des années et des tracasseries dont l'université garde le secret, leurs relations tournèrent au vinaigre. Elle avait écrit un livre, *Psicologia della età evolutiva*, que le frère Gemelli s'appropria en manœuvrant pour que son nom figure avant celui de l'auteur. Dans l'introduction, il remercia tout de même Agatha Sidlauskas pour sa «précieuse collaboration». Quand l'ouvrage parut en traduction française sous le titre *Psychologie de l'enfant à l'homme*, il ne mentionnait même plus le nom de la personne qui l'avait écrit! Se sentant injustement traitée, Agatha éprouvait par ailleurs un grand sentiment de culpabilité face au frère Gemelli. À son retour en Italie, il avait beaucoup fait pour elle. Quelle ingratitude pour son bienfaiteur!

C'est ce dilemme qui la poussa à fuir l'Italie pour le Canada. Malheureusement pour elle, ses diplômes italiens y étaient sans valeur. Elle se fit donc femme de ménage et recommença des études de psychologie avant de devenir finalement professeur de psychologie de l'enfant à l'université d'Ottawa. Restée en relation avec Piero, c'est donc elle qui lui conseilla de faire sa pédiatrie à l'hôpital Sainte-Justine de Montréal.

— Vous voyez! conclut Piero en se tournant vers le frère Toni. C'est la faute à Staline!

— Dommage que le K.G.B. ne t'ait pas prévenu qu'on parlait français à Montréal! ajouta Lucille.

Et Piero raconta encore une fois une gaffe qui faisait toujours rire Lucille. Pour mieux se préparer à travailler à Sainte-Justine, un hôpital francophone, il avait fait quatre mois d'anglais en Angleterre... Dans la voiture, les trois passagers rirent de sa bourde, ce qui acheva de balayer toute trace de mauvaise humeur.

Lucille et Piero se firent déposer à l'hôtel, où ils prirent chacun une chambre. Ils profitèrent de l'après-midi pour déambuler dans les rues de Kampala. Entre la poste et la gare, les grands magasins et les grandes banques, ils furent frappés par la modernité de la ville. Un détail toutefois jurait avec la joliesse des avenues bordées de fleurs. Perchés çà et là sur des lampadaires, des marabouts, des charognards dont le profil rappelle celui du vautour, attendaient leur proie.

Dès le lendemain matin, Lucille et Piero se rendirent à Mulago. Cet hôpital universitaire ne ressemblait à aucun de ceux qu'ils avaient vus auparavant. Un incontestable air de *country club* se dégageait de ses pavillons de style colonial sagement alignés autour d'une pelouse rectangulaire. Si le soleil avait délavé les murs extérieurs, d'un jaune aussi pâle que la lumière de Kampala, l'ensemble fleurait bon l'eucalyptus. À l'ombre des jacarandas en fleurs, des vendeurs veillaient sur des étals de mangues et d'ananas. Des infirmières en uniforme bleu, dossiers médicaux sous le bras, sillonnaient la pelouse dans tous les sens. Assis aux fenêtres grandes ouvertes, des patients prenaient le frais. Bien que Lucille n'ait jamais mis les pieds dans un hôpital africain auparavant, elle se sentit tout de suite en pays de connaissance. Ici, elle savait où était sa place, quel était son rôle, et son importance.

Son accent écossais les obligea à tendre l'oreille, mais Lucille et Piero n'eurent aucun mal à comprendre le médecin qui les rejoignit. Son sourire leur fit tout de suite oublier la sévérité de ses lunettes. Il proposait déjà de leur faire visiter l'hôpital quand il se rappela, vaguement confus, qu'il avait oublié de se présenter.

— Je suis Denis Burkitt.

Depuis longtemps installé à Kampala, le professeur Burkitt avait longtemps passé pour un original parmi quelques-uns de ses compatriotes. (On trouvait environ neuf mille Britanniques en Ouganda en 1961.) Pendant des années, il avait été obsédé par un mal étrange, une mystérieuse tumeur maligne qui frappait surtout les enfants de quatre à huit ans. Qu'était donc ce lymphome qui défigurait tant de ses jeunes patients ? Il avait entrepris de les photographier systématiquement et s'était aperçu que les petits malades à la mâchoire difforme développaient tôt ou tard d'autres tumeurs, cette fois à l'abdomen. Frappé par le fait que des enfants de toutes les races pouvaient être atteints, Burkitt réussit à démontrer en 1958, à une époque où la médecine doutait encore que ce fût possible, que ces tumeurs étaient attribuables à un virus. C'était ce cancer d'origine virale, identifié à Mulago, qu'on appelait désormais le lymphome de Burkitt.

L'histoire de l'hôpital se mêlait à celle de l'Ouganda. Les Britanniques l'avaient fondé en 1913 pour combattre les maladies vénériennes, surtout la syphilis. Ces maladies avaient-elles vraiment été introduites en Ouganda par les porteurs du journaliste britannique Stanley qui, après avoir retrouvé l'explorateur Livingstone, avait atteint le lac Victoria en 1875 ? Il s'agissait peut-être d'une légende à ajouter à la longue liste des calamités — peste bovine, variole, famine — que les futurs Ougandais imputèrent aux premiers Européens, présentés tour à tour comme des sorciers maléfiques et des descendants d'une peuplade mythique, les Bacwezis.

Au fil des décennies, Mulago avait réussi à faire oublier l'opprobre de ses origines. L'hôpital était désormais rattaché à la faculté de médecine du collège Makerere, un maillon de l'université de l'Afrique de l'Est que les Britanniques avaient mis sur pied pour desservir l'Ouganda et les colonies voisines

(Kenya, Tanganyika, Zanzibar). Les malades, qui avaient jadis boudé Mulago par crainte de passer pour syphilitiques, ne craignaient plus aujourd'hui de s'y faire soigner, bien au contraire. Sous des poutres apparentes qui leur donnaient un air rustique, les pavillons débordaient de patients. Il y régnait néanmoins une atmosphère d'optimisme. La construction d'un nouvel hôpital, que les Britanniques souhaitaient léguer à leur protectorat à la veille de l'indépendance, avançait rapidement, et nul ne doutait que Mulago se hisserait, en matière de soins et de recherche, au premier rang des hôpitaux d'Afrique noire.

Lucille et Piero accompagnèrent Burkitt au bloc opératoire. Il leur expliqua que les médecins étrangers étaient tenus de faire un stage dont la durée variait en fonction de leur expérience. Lucille et Piero répondirent qu'ils avaient fait, à eux deux, quatre spécialités et avaient exercé dans des hôpitaux au Canada, en Italie et en France.

Burkitt s'apprêtait à opérer un garçonnet présentant une tumeur à la mâchoire, un lymphome de Burkitt, justement. Il expliqua qu'il lui ferait une petite incision au cou pour découvrir l'artère carotide externe, celle qui conduit le sang vers le visage, et y injecter du cyclophosphamide, un anticancéreux.

— En trois ou quatre jours, expliqua Burkitt, la tumeur sera réduite de moitié. Et au bout d'une semaine, avec un peu de chance, tout devrait être rentré dans l'ordre.

— Est-ce qu'on sait quel virus exactement déclenche la tumeur? demanda Lucille.

— Non, mais j'ai des collègues, Epstein et Barr, qui travaillent là-dessus.

Après cette première intervention chirurgicale, très simple, Burkitt demanda à Lucille de décrire les opérations qu'elle avait elle-même effectuées. Depuis le début de son internat, expliqua-t-elle, elle en avait fait des centaines, certaines fort complexes, et avait travaillé aux côtés de chirurgiens qui l'avaient initiée aux techniques de pointe. Elle avait notamment secondé le docteur Collin, qui avait opéré une atrésie de l'œsophage, une des premières interventions du genre jamais réalisées au Canada, dès 1956. Il s'agissait de reconstituer le tube digestif d'un bébé. Depuis le perfectionnement d'une technique américaine et l'amélioration des soins postopératoires — on savait enfin combien de sang et de sérum donner aux nouveau-nés —, les enfants qui souffraient de cette malformation congénitale n'étaient plus condamnés à mourir.

Légèrement en retrait, Piero observait la scène. Comme il avait souvent pu le vérifier, Lucille ne parlait pas de chirurgie, elle la célébrait ! Ses connaissances théoriques et son expérience pratique semblaient difficiles à remettre en cause. À cela s'ajoutait un incontestable enthousiasme, parfois innocent mais jamais naïf.

— Bon, conclut Lucille, vous savez l'essentiel. Cet après-midi, qu'est-ce qu'on fait ?

La réponse de Burkitt ne se fit pas attendre.

— De toute évidence, leur dit-il, vous n'avez pas besoin de rester ici. Il ne vous servira à rien de me regarder opérer alors que vous avez tant à faire dans le Nord. Non, montez plutôt à Gulu. Ils ont sûrement besoin de vous là-bas.

Il les salua, leur souhaita bonne chance, puis leur tourna le dos. Sans interrompre sa marche, il se retourna brièvement vers eux pour leur dire :

— Si quelqu'un s'avisait de faire quelque remarque que ce soit, dites-leur que c'est Burkitt qui vous envoie !

Lucille et Piero en furent ravis. Leur stage de un à trois mois avait duré à peine quelques heures ! Ils apprirent la bonne nouvelle au frère Toni, qui proposa de passer les prendre dès le lendemain matin pour les emmener à Gulu.

Il fallait partir tôt car le voyage de trois cent vingt kilomètres était long et fatigant. Il fallait compter au moins sept heures jusqu'à l'embarcadère d'Atura, en amont des puissantes chutes Murchison, où il fallait prendre un bac pour gagner l'autre rive du Nil Victoria, et presque deux heures supplémentaires avant d'arriver à Gulu. La vieille Peugeot ne permettait pas d'aller très vite, d'autant plus qu'elle était, comme toujours, très chargée; chaque voyage à Kampala servait à ravitailler le dispensaire en médicaments et en vivres.

Le lendemain matin, une voiture remplie de valises et de cartons quitta donc Kampala. Les maisons de la ville et les huttes de la campagne disparurent progressivement pour faire place à une végétation étonnante. Dans la savane, pudique prairie, se dressaient des arbres fiers et fantasques. Lucille n'en avait jamais vu ni même imaginé d'aussi extravagants : jacarandas, frangipaniers et flamboyants, dont le tronc était si noir et les fleurs si écarlates, si éclatantes qu'on aurait dit un feu d'artifice dans la nuit.

De moins en moins de voitures circulaient sur la route, où marchaient toutefois de plus en plus de gens. Leurs chaussures à la main, des nuées d'écoliers en uniforme couraient dans tous les sens, tandis que des femmes balançaient de lourdes cruches d'eau sur leur tête. Malgré leur charge, elles portaient la *gomesi*, l'élégante robe dont les manches courtes, en bouffant au-dessus des épaules, formaient un petit pic qui leur donnait un air de fée. C'était à cette tenue qu'on reconnaissait, en règle générale, les femmes mariées, expliqua le frère Toni.

Il habitait en Afrique depuis une trentaine d'années. Originaire des environs de Venise, ce fils d'ingénieur s'était installé en Ouganda dans les années trente. Il avait bâti à Gulu, annonça-t-il sans préambule, une cathédrale. Lucille était dubitative. On n'apercevait plus aucun bâtiment, ni même aucune hutte...

Les missionnaires de Vérone, principalement des Italiens, œuvraient chez les Acholis du nord de l'Ouganda depuis le début du siècle. Venant du Soudan, ils avaient remonté le Nil blanc pour s'installer à Gulu, où leur arrivée avait provoqué des tensions avec les Britanniques, qui cherchaient à consolider leur empire, qui s'étendait «du Caire au Cap», du nord au sud du continent. Ces catholiques italiens ne pouvaient que gêner les missionnaires protestants, qui méprisaient parfois davantage l'Église de Rome que le «paganisme» des Acholis.

Le frère Toni, qui n'était pourtant pas un homme véhément, s'enflammait encore pour l'un des protagonistes de cette épopée, le fondateur de sa congrégation, le père Daniele Comboni. Il en parlait avec une telle familiarité, l'appelant toujours par son prénom, qu'on aurait cru qu'il l'avait connu personnellement. En réalité, le père Comboni avait quitté l'Italie pour le Soudan, alors condominium anglo-égyptien, en 1857. Avec une poignée d'autres prêtres qui survécurent aux épidémies et aux épreuves, le jeune aventurier de vingt-six ans créa des «villages de liberté». Des Noirs pouvaient y échapper aux négriers, qui raflaient esclaves, bétail et ivoire dans toute la région. Devenu le premier évêque d'Afrique centrale, le père Comboni, depuis longtemps miné par la maladie, mourut à Khartoum, le 10 octobre 1881. Un missionnaire canadien, le père Arthur Bouchard, qui l'avait secondé au soir de sa vie, écrivit en Italie pour annoncer la disparition de celui qui avait fondé, à Vérone, l'Institut des missions africaines : «Tous les Africains pleurent leur évêque et l'appellent père, pasteur et ami.»

L'expansionnisme européen donnait déjà lieu à une frénétique ruée vers le cœur du continent africain, dont le dépeçage fut consacré à la conférence que Bismarck convoqua à Berlin en 1884. Munis de cartes approximatives, les négociateurs européens tracèrent les frontières de leurs colonies en fonction de leurs intérêts et de leur ignorance, séparant peuples frères et réunissant tribus ennemies.

Au gré des découpages successifs, une cinquantaine de groupes ethniques parlant presque autant de langues — Acholis, Alurs, Bagandas, Banyoros, Kakwas, Karamojongs, Lugbaras, Madis... — furent ainsi réunis sur le territoire de l'Ouganda.

Cette mosaïque était d'une complexité qui, vu la petite taille du pays, ne cessait d'étonner. On y trouvait même une minuscule communauté de juifs noirs, les Abayudayas, à Mbale, dans l'est du pays.

La diversité s'était aussi exprimée au niveau politique. Dans le Nord, par exemple, les Acholis s'étaient dotés de chefferies, de petites entités qui réunissaient jusqu'à quinze mille habitants, alors que leurs voisins du Sud, les Bagandas, avaient créé un royaume centralisé. Ces différences n'avaient pas cependant empêché les peuples de l'Ouganda de troquer, qui du poisson séché, qui du bétail, pendant des siècles.

L'arrivée des premiers Européens accentua le clivage ethnique. Pour assujettir le pays, les Britanniques s'appuyèrent sur les Bagandas, qui, une fois armés, leur permirent de conquérir de vastes territoires. Les tensions furent accentuées par les missionnaires anglicans et catholiques, qui arrivèrent après Stanley et Livingstone. Une véritable guerre civile déchira alors la tribu des Bagandas, départagée entre les deux Églises, jusqu'à la victoire de la minorité protestante à la bataille de Mengo, en 1892.

Le conflit entre protestants et catholiques refit surface au début de la Deuxième Guerre mondiale, alors que les autorités britanniques internaient tous les missionnaires italiens, y compris le frère Toni, parce que citoyens d'un pays ennemi. Beaucoup moins flagrant en 1961, le clivage religieux se manifestait néanmoins à presque tous les niveaux, depuis les partis politiques et les journaux jusqu'aux écoles et aux hôpitaux. Il était impensable, par exemple, qu'un hôpital catholique recrute un médecin protestant.

Ces tensions expliquaient l'étrange nom du dispensaire où Lucille et Piero s'apprêtaient à travailler. Lorsque les pères de Vérone avaient présenté les plans de la modeste clinique au commissaire du district de Gulu, le Britannique qui en était alors l'administrateur colonial, il les avait repoussés du revers de la main.

— Ce sont les plans d'un hôpital dont je ne veux pas ! s'était-il exclamé.

Les Britanniques s'opposaient à la construction d'un établissement catholique et privé qui concurrencerait l'hôpital public qu'ils s'étaient éreintés à édifier au centre de Gulu. Les autorités finirent toutefois par donner le feu vert au projet, à une condition : l'établissement devait être construit à l'extérieur des limites de la ville. Le diocèse accepta donc de faire construire un dispensaire *vers* Lacor, un hameau situé à onze kilomètres de Gulu. En réalité, on avait déjà trouvé l'emplacement idéal : *vers* Lacor, certes, mais pas du tout *à* Lacor. C'était même plus près de Gulu que de Lacor, là où un gros ruisseau, l'Oyitino, coulait paresseusement entre une bambouseraie et une plantation d'eucalyptus. Pour permettre à l'administrateur colonial de sauver la face, on donna cependant au dispensaire un nom composé : *St. Mary's* — il s'agissait donc clairement d'un établissement catholique et privé — et *Lacor* — comme il avait été, plus ou moins, entendu...

Parvenue au quai d'Atura, la Peugeot fut embarquée à bord d'une barque traversière pour franchir le Nil Victoria, qui marquait les limites du territoire acholi. Peuplé d'éleveurs contraints de se tourner vers la culture du millet après que leur bétail eut été raflé, ce pays avait longtemps subi les razzias des marchands d'esclaves. Décimée par une épidémie de «maladie du sommeil», qui sévissait encore dans certaines zones, sa population subsistait autant qu'elle résistait.

Les Acholis furent longtemps considérés par les Britanniques comme une «race martiale», parce que grands de taille. L'armée, les *King's African Rifles*, la force coloniale commune aux pays de l'Afrique de l'Est, était souvent la seule perspective d'avenir pour les jeunes du Nord, car l'administration britannique avait développé le Sud. On y trouvait de grandes plantations de thé et de canne à sucre que les Bagandas avaient la réputation de diriger d'une main de fer.

Appuyé au bastingage du ferry, le frère Toni brossa un tableau sommaire de l'histoire des Acholis. Un détail avait frappé Lucille : la «maladie du sommeil». Elle s'était remémoré le manuel de médecine tropicale qu'elle avait potassé avant de partir. Au siècle dernier, les hommes de Stanley, partis de la côte atlantique, avaient répandu la maladie jusqu'aux rives du lac Victoria. Les mouches des savanes qui s'étaient infectées en suçant le sang des porteurs malades avaient propagé ce que les médecins appelaient désormais la trypanosomiase africaine. Lucille en connaissait déjà les symptômes : après la fièvre, l'enflure de la rate et un début de paralysie générale, des accès de sommeil aboutissaient parfois à la mort. Elle se dit qu'elle n'aurait pas pu grand-chose contre les périls qui avaient menacé les Acholis, mais contre la trypanosomiase, si. Contre les forces de l'histoire, elle ne pouvait rien; contre la maladie, elle verrait bien.

De l'autre côté du Nil, la route devint plus poussiéreuse, plus rougeâtre. Aux huttes carrées du Sud succédèrent des cases rondes qui, sous un toit de branchages séchés, étaient aussi ocre que le sol. Le frère Toni tourna à gauche et entama les cinq derniers kilomètres qui leur permirent d'arriver aux grilles de l'entrée du dispensaire, des grilles blanches portant en leur centre deux croix de Malte rouges.

Lucille ne put s'empêcher de sourire, moins parce qu'elle se sentait soulagée d'arriver que parce qu'elle se trouvait bête. Sans se l'avouer, elle avait imaginé une clinique enfouie dans les hautes herbes où elle ne serait parvenue qu'à grands coups de machette! Et voilà que le dispensaire et les pavillons qui l'entouraient, modestes certes, mais fleuris et coquets, lui semblaient fort bien tenus.

L'accueil que lui réservèrent les religieuses, principalement des infirmières, sages-femmes et enseignantes, fut courtois mais réservé. Les plus âgées d'entre elles — quelques-unes portaient encore le casque colonial par-dessus leur coiffe — s'étonnèrent quelque peu de voir le docteur Corti accompagné d'une si jolie jeune femme. Piero avait pourtant prévenu l'évêque de Gulu, Mgr Giovanni Cesana, mais celui-ci n'avait pas jugé bon ou avait oublié d'en parler aux religieuses. L'arrivée de deux médecins, toutefois, les comblait d'aise, car, chaque fois que l'une d'elles devait se faire soigner, elle devait traverser l'Ouganda du nord au sud pour aller jusqu'à Kampala !

La sœur Anna Pia De Marchi prit Lucille par le bras et l'entraîna vers la résidence des religieuses, un modeste pavillon entouré d'une véranda bordée de fleurs, où on lui avait préparé une chambre. Piero serait hébergé dans un autre bâtiment, encore inoccupé mais plus spacieux car réservé au futur directeur de l'hôpital.

Ses valises à peine défaites, Piero rejoignit Lucille et l'invita au dispensaire, qu'il tenait à lui montrer avant la tombée de la nuit. Elle le suivit à l'hôpital, qui tenait en un seul pavillon d'une quarantaine de lits, abritant, sous un toit de tôle ondulée, le service des consultations externes et une maternité.

Lucille parcourut la véranda d'un bout à l'autre en jetant un œil fureteur par les fenêtres. Le service des consultations externes était, bien entendu, désert, mais, à la maternité, quelques nouveau-nés dormaient dans des lits sous lesquels leurs mères, ayant déroulé des nattes de papyrus, s'étaient allongées. Dans une cour égayée par des bougainvillées, quelques femmes faisaient la cuisine. Une douce et fade odeur de manioc flottait dans la nuit qui tombait.

— L'admission à l'hôpital ne coûte pas cher, mais les proches des malades doivent cuisiner pour eux, expliqua Piero.

La tournée de l'hôpital terminée, il commença à montrer du doigt les endroits où apparaîtraient les futurs pavillons. Médecine, radiologie... La construction de ceux-là était déjà avancée. Pédiatrie, chirurgie... Le diocèse n'avait pas encore trouvé le financement nécessaire, mais cela ne devrait pas poser de problème. Le laboratoire, la banque de sang... Il était peut-être encore un peu trop tôt pour y penser, mais cela viendrait sûrement. Pendant que Piero, enthousiaste, continuait d'échafauder des projets, Lucille l'interrompit pour lui faire remarquer qu'il n'y avait pas de lit de chirurgie, ce lit étroit qui permet au chirurgien de se rapprocher de l'opéré. Une voix les surprit.

— On devrait pouvoir arranger cela, dit le frère Toni. Le dispensaire, vous savez, est encore un chantier. Demain matin, je vous emmènerai à la cathédrale, et vous allez voir de quoi nous sommes capables.

Le lendemain matin, après le petit déjeuner, le frère Toni entraîna Lucille et Piero en direction d'un vaste terrain si bien entretenu qu'on aurait dit un terrain de golf. Au milieu de majestueux acajous s'élevait, subtile comme un arc de triomphe, une cathédrale, une vraie cathédrale de style néoclassique — un million de briques fabriquées dans des fours traditionnels — qui avait surgi, non pas en trois siècles, mais en trois ans, dans les années quarante, du sol ougandais.

Le frère Toni ouvrit l'une des portes latérales et les invita à observer le plafond. Ses motifs géométriques en trompe-l'œil encadraient une fresque représentant saint Joseph.

— On se croirait en Italie! s'étonna Lucille.

— Détrompez-vous, dit le religieux. Ici, c'est l'Afrique. Rien n'est italien sauf l'orgue. Le marbre de la dalle est faux. Faux aussi, le marbre des colonnes corinthiennes du baldaquin, comme le marbre des stations du chemin de croix. Tout a été fabriqué et peint ici, à Gulu.

— L'architecte était italien, alors?

— Quel architecte? demanda en riant le frère Toni.

— Un architecte a bien dû suivre l'exécution des travaux!

— Disons que papa a bien voulu jeter un œil sur les plans que je lui ai envoyés par la poste…

— Et la main-d'œuvre? Combien d'ouvriers ont travaillé sur le chantier?

— Beaucoup.

Le religieux, qui avait été contremaître sur ce chantier, n'osa pas lui raconter le fond de l'histoire. Il ne comprenait pas, à l'époque, pourquoi ses meilleurs ouvriers refusaient d'être payés. Il finit par découvrir le pot aux roses : en guise de pénitence, l'évêque donnait aux hommes qu'il confessait non pas des prières à réciter mais des journées de travail à faire sur le chantier de la cathédrale !

Piero conclut qu'on avait donc dû former des maçons, des charpentiers, des menuisiers et même des ébénistes, autant d'ouvriers qui pourraient être mis à contribution pour l'hôpital. Un bâtisseur d'utopie devait d'abord être un constructeur…

4

Le quatrième enfant

En principe, lors d'une intervention,
il faut s'en tenir aux règles
habituelles, mais il faut savoir
s'en dégager si besoin est.

Jean-Pierre BEX,
Principes et techniques de base
de la chirurgie moderne.

EN CE DIMANCHE ensoleillé et glacial de février 1942, les adolescentes marchaient deux par deux en direction de l'église. Bien qu'encore à jeun pour la communion, elles trottinaient, sautillaient presque, pour le plaisir d'entendre la musique de leurs pas sur la neige cristalline. De hautes dunes formaient, entre le pensionnat Sainte-Émilie et l'église du même nom, une blanche haie d'honneur pour les jeunes filles en noir. C'est en les longeant que Lucille, sans réfléchir, donna un coup de pied sur une motte de neige.

Les religieuses lui avaient pourtant souvent dit que ces brusques mouvements du pied, peu distingués chez une jeune fille, ne seraient plus tolérés. Ce matin-là, Lucille n'y avait pas pensé. À treize ans, elle avait souvent la tête ailleurs, rêvant à ses passions d'adolescente, la médecine et les livres.

— Lucille ! Tu ne veux pas m'obéir, petite tête forte ? Très bien. Pour ta punition, tu seras privée de sortie.

En entendant la voix de la sœur Marie-Joseph, Lucille se sentit soudain envahie par le froid. Elle devait respect et obéissance aux religieuses, mais elle savait que, cette fois-ci, elle devait passer outre à l'interdiction. Convaincue de son bon droit, elle rétorqua :

— Je n'ai rien fait de mal, ma sœur. Le dimanche, on a le droit d'aller à la maison.

Piquée par son impertinence, la religieuse desserra la mâchoire.

— On verra bien.

À la fin de la messe, les dernières paroles de l'officiant retentirent aux oreilles de Lucille comme un signal de départ. Elle qui d'ordinaire était si obéissante, elle s'échappa de l'église et, sans regarder une seule fois derrière elle, courut jusqu'à l'arrêt du tramway qui la ramenait habituellement à la maison pour les retrouvailles familiales grâce auxquelles elle oubliait, l'espace de quelques heures, sa claustration chez les sœurs des Saints-Noms-de-Jésus-et-de-Marie.

La famille Teasdale habitait alors au rez-de-chaussée d'une maison en pierre et en briques rouges de la rue Cadillac, à quelques encablures du fleuve Saint-Laurent, dans un nouveau quartier appelé Guybourg. Les deux garçons dormaient sur le canapé-lit du salon, les cinq filles partageaient la plus grande des deux chambres, et les parents occupaient la seconde. Le quartier, enclavé entre le port de Montréal, la voie ferrée, les raffineries et un vaste terrain du ministère de la Défense, que le voisinage appelait «l'Ordonnance», était si petit et si pauvre que garçons et filles allaient à la même école, Saint-Herménégilde. Il n'y avait tout simplement pas assez d'enfants pour justifier la construction d'une seconde école dans la paroisse.

Habituée à les côtoyer en classe, Lucille n'hésitait pas à se mesurer aux garçons sur leur terrain de prédilection, la patinoire. Grisée par la vitesse que lui donnaient ses patins noirs, enhardie par le bâton, qui lui donnait le sentiment d'être plus forte, Lucille adorait le hockey. Sur la glace, elle était redoutée. Il est vrai que sa réputation la précédait : elle avait déjà cassé une dent à un garçonnet du même âge. Ces deux-là en venaient si souvent aux coups que la mère de Lucille, préoccupée par le manque de féminité de sa fille de sept ans, était convaincue d'avoir mis au monde un garçon manqué. Elle aurait tellement voulu que Lucille suive l'exemple de sa sœur aînée, Yolande, qui l'aidait si volontiers à la maison, au lieu de subir l'influence de ses frères Gérald et Robert. Elle avait tout essayé pour développer des qualités plus féminines chez Lucille, mais sans succès. Le jour où elle lui avait offert, quand elle était encore toute jeune, une jolie poupée dans un mignon landau, la fillette avait immédiatement balancé la poupée pour remplir de cailloux le landau et le transformer en camion-benne! Si ses frères et sœurs riaient de ses frasques, sa mère désespérait parfois de Lucille.

Il est vrai que Juliette Teasdale était une femme triste.

Depuis sa tendre enfance, elle se considérait comme une victime des circonstances de la vie. Orpheline de mère, elle avait été élevée par la mère de son père, propriétaire de la principale épicerie de Longue-Pointe, qui portait son nom : Sanscartier.

En 1922, à vingt-huit ans, elle avait épousé René Teasdale, un livreur qui travaillait pour son père. Âgé de vingt-quatre ans, c'était un jeune homme sérieux et avenant, qui avait déjà réussi à s'offrir une automobile et qui caressait le projet d'ouvrir la première épicerie de Guybourg, un quartier en train de naître aux limites de Longue-Pointe.

Au début de leur mariage, Juliette sembla heureuse. Au magasin, les affaires allaient rondement. Après quelques années, cependant, elle sombra dans une mélancolie qu'elle n'arrivait pas à secouer. Pessimiste et abattue, elle glissait parfois dans une dépression qui l'amenait même à menacer, pas toujours sur le ton de la boutade, de se suicider.

Ses enfants s'évertuaient à éviter de contrarier leur mère, facilement irritée. Ils la vouvoyaient, faisaient semblant de ne pas sentir la fumée des cigarettes qu'elle fumait en cachette, n'invitaient jamais leurs copains à la maison et ânonnaient leurs prières avant de se coucher. Par-dessus tout, ils devaient éviter les «dégâts». Obsédée par la propreté, leur mère avait même fait recouvrir de planches la pelouse du jardin pour que les enfants, après y avoir joué, ne salissent rien en rentrant.

Pour élever ses sept enfants, Juliette ne pouvait pas compter sur l'aide de son mari, qui ne rentrait du magasin que tard le soir. C'est qu'on ne se contentait pas d'acheter, chez René Teasdale; on lui demandait aussi souvent conseil, car il était connu et respecté dans le quartier. Il était juge de paix et, à l'église de la paroisse, le marguillier chargé de la quête. C'était donc un homme, comme le déplorait sa femme, souvent absent du foyer.

Et ces sept enfants, quelle source de tracas! Lucille surtout. Sa mère lui répétait qu'elle était «lente comme la mort enveloppée dans une catalogne», une expression qui laissait la fillette perplexe. Elle savait qu'une catalogne était un tapis de vieux tissus, mais que pouvait bien signifier cette étrange expression? D'autres paroles, moins ambiguës, la hanteraient longtemps. Un beau jour, Lucille entendit sa mère expliquer à une amie la raison de la tristesse qui l'habitait. Elle avait été heureuse, lui confia-t-elle, «jusqu'au quatrième». Jusqu'au quatrième enfant, Lucille, par qui le malheur était arrivé.

Lucille avait été bouleversée. Pourrait-elle un jour lui rendre le bonheur dérobé, se montrer digne d'elle et de son amour?

La sœur Marie-Joseph s'était empressée de téléphoner au père de Lucille pour tout lui raconter : bien qu'interdite de sortie, sa fille avait fait fi de sa punition et s'était enfuie. Il fallait donc la renvoyer au couvent au plus tôt.

Quand Lucille rentra, quelques minutes plus tard, elle trouva la maison étrangement silencieuse. Les odeurs qui émanaient de la cuisine annonçaient les retrouvailles dominicales, mais, de toute évidence, quelque chose n'allait pas. Son père l'accueillit, le visage moins dur que déçu, la voix plus grave que d'habitude.

— Qu'est-ce que tu fais là ? demanda-t-il.

— Mais, papa, c'est dimanche ! s'exclama Lucille en enlevant son manteau.

— Lucille, la sœur Marie-Joseph m'a tout raconté.

— Mais, papa, dit-elle en souriant, ce n'est pas pour un coup de pied sur une motte de neige qu'on va m'empêcher de venir à la maison ! On ne se fait pas punir pour ça !

Mais son père commençait déjà à enfiler son lourd paletot.

— Allez, Lucille, je vais te reconduire au couvent.

Elle comprit enfin ce qui se passait et le supplia :

— Tout ça pour une niaiserie pareille ?

Son père la fixa et son regard se voila. Il se demandait comment sa fille pouvait un instant croire qu'il ne comprenait pas ce qui se passait.

— Lucille, je sais aussi bien que toi que ce sont des vétilles, mais, au pensionnat, ce sont les sœurs qui commandent.

Il ne voulait surtout pas provoquer son renvoi, alors que son souhait le plus cher était que ses enfants fassent des études complètes, un privilège dont il estimait avoir été injustement privé.

Il était issu d'une famille de cultivateurs de Saint-Henri-de-Mascouche qui avait fui, en 1911, la misère des campagnes pour un avenir urbain. À Montréal, son propre père s'était trouvé du travail comme homme à tout faire à l'hôpital psychiatrique Saint-Jean-de-Dieu, à Longue-Pointe, qui était si imposant avec ses trois mille patients qu'on le surnommait «le village». Comme ses six frères et sœurs, René avait dû laisser l'école très jeune, pour devenir livreur à l'épicerie Sanscartier, où il avait appris la boucherie. S'il ne se plaignait jamais de son métier, il entrevoyait un meilleur avenir pour ses enfants, ses fils surtout. S'ils devenaient avocats ou notaires, ils seraient mieux considérés, pourraient profiter davantage de la vie, et seraient même assurés de pouvoir envoyer leurs propres enfants à l'université. Pour des études, il fallait être prêt à tous les sacrifices. Ne disait-on pas : «Qui s'instruit s'enrichit»?

Lucille s'était résignée à suivre son père, qui la reconduisit jusqu'au pensionnat, où elle entra par la porte réservée aux élèves. La sœur Joseph, qui l'attendait, l'emmena au parloir, qui empestait l'encaustique.

— Tu resteras ici jusqu'à ce soir, en réflexion, dans le silence le plus complet.

La religieuse tourna les talons, ferma la porte à clef et s'éloigna d'un pas aussi raide que sa coiffe empesée.

En temps normal, Lucille ne détestait pas les religieuses, contrairement à sa grande copine, Françoise Lahaise. Un jour, l'une d'elles avait demandé à Françoise de combien de doigts était doté l'être humain.

— Vingt, ma sœur, avait répondu l'écolière, déclenchant le fou rire dans la classe.

— Arrêtez vos sottises!

— Mais, ma sœur, on a dix doigts aux mains et dix aux pieds!

— Vous expliquerez cela à la directrice!

Lucille se disait que ces femmes faisaient leur travail et que certaines d'entre elles étaient moins douées que d'autres pour l'enseignement.

Un jour, des religieuses qui rentraient de Chine et qui étaient venues visiter les élèves avaient réussi à l'émerveiller. Auréolées d'héroïsme, ces missionnaires de l'Immaculée-Conception leur avaient parlé de leur travail auprès de petites Chinoises abandonnées par leurs parents, qui leur préféraient des garçons. Des fillettes abandonnées par leurs deux parents?

Lucille était horrifiée par tant de cruauté et d'injustice. Elle était toutefois captivée par les récits des religieuses. Et quand, à l'issue de la rencontre, elles avaient récité une prière en chinois, elle avait été subjuguée par ce fragment d'Orient. Grâce à ces missionnaires, l'Asie cessait d'être une abstraction.

Lucille admirait son père. L'été, elle l'accompagnait au stade Delorimier pour applaudir les Royaux de Montréal. Il raffolait du baseball, le sport américain pour lequel la ville se passionnait depuis la fin du siècle dernier — surtout depuis que le Franco-Américain Napoléon Lajoie était devenu, à Philadelphie, l'un des meilleurs frappeurs de l'histoire. Ses fils aimaient moyennement ce sport, mais Lucille savourait ces moments passés dans les gradins, moins pour le privilège de siroter du Coca-Cola entre deux manches que pour le sentiment d'avoir son père à elle seule. Tenue à distance par sa mère, elle s'accrochait à son père, qui la gâtait volontiers. C'est pendant un match de baseball que, avec la candeur de ses treize ans, elle lui révéla ce qu'elle voulait faire dans la vie.

— Médecin? demanda son père.

— Oui, médecin, confirma sa fille. Pour aller aux Indes.

— C'est bien, répondit M. Teasdale.

Il avait dû feindre de ne pas être surpris. Sa fille voulait être médecin! C'était une profession nouvelle pour les femmes. Il eût été comblé si elle lui avait annoncé qu'elle voulait être infirmière... Il n'y croyait guère — elle ne pouvait pas décider de sa vie à treize ans —, mais il était ravi de savoir qu'elle envisageait de faire des études. Il n'aurait peut-être pas dû s'en étonner. Malgré les petits accrochages avec les religieuses, Lucille était une bonne élève. Elle obtiendrait sûrement son certificat à la fin de son cours de «lettres-sciences», les quatre premières années du cycle secondaire, et aboutirait probablement, contrairement à la vaste majorité des jeunes filles, dans un collège classique, où elle obtiendrait son baccalauréat. Mais il ne voulait surtout pas lui donner l'impression qu'il exerçait des pressions sur elle. Il avait toujours cherché à inculquer à ses enfants le sens du libre arbitre. C'était à elle de faire son chemin. Tant mieux si elle visait haut. Il tenterait de l'épauler comme il le pourrait. Apprenant que leur petite sœur voulait faire sa médecine, Gérald et Robert lui offrirent pour son anniversaire un squelette de laboratoire qu'elle surnomma «Bozo».

Quand, le temps de sa punition écoulé, Lucille fut enfin autorisée à sortir du parloir, Françoise la rejoignit aussitôt, désirant tout savoir de la dernière correction que les religieuses qu'elle détestait tant avaient administré à sa copine. En vitesse, Lucille lui raconta tout. Les deux filles n'avaient pas le droit de s'adresser la parole, car les religieuses avaient tenu à séparer ces deux «têtes fortes». «Vous préféreriez peut-être qu'on soit des têtes faibles?» avait déjà répliqué Françoise. Malgré les interdits cependant, les deux amies réussissaient à se parler de temps en temps. Elles se communiquaient leurs sentiments, leurs rêves. Lucille songeait sans répit à la médecine, et Françoise, à la poésie.

Les deux écolières s'écrivaient des lettres ardentes où, regrettant de ne pas pouvoir, parce que trop jeunes, rallier les Canadiens qui combattaient en Europe, elles espéraient que l'Allemagne envahisse le Canada! Ainsi pourraient-elles enfin assouvir, malgré leur jeune âge, leur soif de dévouement. Mue par les idéaux quasi chevaleresques d'un scoutisme qui recrutait enfin des filles, Lucille se sentait appelée à combattre la maladie, au même titre que le mal. Françoise, quant à elle, se voyait, poétesse héroïque, exhorter les hommes à prendre le chemin des champs d'honneur.

«Après les batailles, écrivit-elle à Lucille, lorsqu'ils se seraient bien battus, qu'ils auraient démontré la valeur du Canada, il me semble que je saurais trouver d'uniques et simples mots pour dire qu'ils sont des héros.»

Si, la semaine, les deux copines se contentaient de conversations de couloir et de billets échangés à la récréation, le dimanche, elles se retrouvaient de plus en plus souvent dans la famille de Françoise, où elles donnaient libre cours à leurs épanchements.

Le père de Françoise, le docteur Guillaume Lahaise, était aliéniste à l'hôpital Saint-Jean-de-Dieu, où il avait traité le poète Émile Nelligan. Lucille vouait une admiration secrète au docteur Lahaise. Sa feuille de route l'impressionnait; il avait étudié à l'Institut Pasteur à Paris, travaillé comme pathologiste à San Francisco, et s'était initié à la psychiatrie à Danvers, au Massachusetts. Mais l'homme l'épatait pour autre chose : sous le pseudonyme de Guy Delahaye, il avait publié des recueils de poésie qui l'avaient émue. En réalité, Lucille était fière d'être liée à la famille d'un poète, des gens si cultivés.

Dans leur joli pavillon mansardé où les étagères débordaient de disques et de livres, Lucille et Françoise passaient des heures à écouter de la musique symphonique : les *Rhapsodies hongroises* de Liszt, *Tannhäuser* de Wagner, la *Marche turque* de Mozart. Mais, surtout, elles lisaient. Assises sur la véranda, distraites uniquement par le bruit du vent dans les érables, elles déclamaient à tour de rôle des poèmes d'Alphonse de Lamartine, de Victor Hugo et de Guy Delahaye, dont *Les Phases*.

> *Aimer pour en souffrir, n'en rien dire;*
> *Et souffrir pour aimer, le cacher;*
> *Croire à l'indifférence et sourire.*

Françoise se confiait volontiers à Lucille et ne comprenait pas pourquoi celle-ci restait si discrète. Elle soupçonnait que son silence dissimulait un tumulte intérieur. «Tu as déjà dit, lui écrivit-elle, que lorsqu'on en avait trop à se dire, on ne disait rien.» Françoise avait deviné juste. Lucille en avait trop à dire. Les mots risquaient de trahir l'ampleur de son tourment, des rapports si ambigus qu'elle entretenait avec sa mère. «Aimer pour en souffrir, n'en rien dire.» Elle aimait sa mère, même si elle se sentait cruellement privée d'affection maternelle.

«Et souffrir pour aimer, le cacher.» Elle ne pouvait pas toute-fois lui montrer ce manque… «Croire à l'indifférence et sourire.» Lucille apprendrait à le supporter. Le silence serait une leçon de stoïcisme.

Il régnait chez les Lahaise une liberté intellectuelle totale. Passionnée de livres, Françoise prenait un malin plaisir à s'attaquer à des ouvrages trop difficiles pour elle, surtout s'ils étaient à l'Index. Emballée par la philosophie, elle avait essayé d'emprunter, à la bibliothèque centrale de la Ville de Montréal, *Prolégomènes à toute métaphysique future qui pourra se présenter comme science,* de Kant. On lui avait expliqué qu'elle devait préalablement obtenir une autorisation de l'archevêché. Devinant qu'on ne la lui accorderait jamais, Françoise avait donc acheté l'ouvrage, dont la simple possession pouvait entraîner l'excommunication. Hélas pour elle, après en avoir lu une vingtaine de pages, elle dut admettre qu'elle n'y comprenait rien. C'est ce côté frondeur qui avait tout de suite plu à Lucille, qui, sous des airs timides, avait un côté batailleur.

Quand elle rentrait au pensionnat après un week-end chez les Lahaise, elle constatait le dénuement de son milieu. Ce n'était pas uniquement une question d'argent, mais aussi et surtout une question de culture. On ne lisait guère plus chez les Teasdale que dans les familles ouvrières du quartier. Même les livres que lisait Lucille la mettaient en garde contre la lecture! Ses parents lui avaient offert des *Brigitte,* l'intermi-nable série de Berthe Bernage sur l'heureuse destinée d'une adolescente parisienne. Dans *Brigitte, jeune fille et jeune femme,* Lucille avait pu lire: «Quand maman a dit: "Brigitte, ce livre-là ne te convient pas", je n'y toucherais pour rien au monde. Et quand une page de tel livre permis me cause un malaise moral, je m'arrête.» On n'était jamais trop prudent, et les religieuses qui enseignaient à Lucille ne lui avaient offert qu'un seul livre, *La Cuisine pratique dans la famille et à l'école*…

La musique? La famille Teasdale n'en écoutait pas. Les plus jeunes arrachaient parfois un *Partons, la mer est belle* au piano, mais personne ne savait véritablement en jouer. Le piano était moins un instrument de musique qu'un meuble, un symbole de l'ascension sociale à laquelle on aspirait.

Entre les livres de recettes et les recueils de poésie, entre le piano et la musique symphonique, Lucille avait l'impression de nager entre deux eaux. Elle avait quitté un milieu sans réussir à s'intégrer à un autre. Elle était maintenant étrangère aux deux, condamnée à un perpétuel exil.

La mère de Lucille lui faisait suivre des cours de piano. L'écolière avait convaincu son jeune professeur de musique, la sœur Georges-de-Notre-Dame, qu'elle n'avait pas l'oreille musicale et qu'elle ne parviendrait jamais à apprendre à jouer de cet instrument. Elle lui avait donc proposé un marché : elle apprendrait volontiers à faire des gammes, histoire de satisfaire aux exigences de sa mère, si, en contrepartie, son professeur acceptait de jouer pour elle. À ses côtés, sur le banc noir, Lucille aimait à observer les mains de la musicienne caressant le clavier et elle se laissait bercer par le doux martèlement des cordes. Son professeur jouait pour elle seule.

Lucille se confia à la sœur Georges. Elle lui parla de son manque d'assurance. Chez les guides, on lui avait donné «Hirondelle courageuse» comme totem. Le sobriquet évoquait une qualité dont elle faisait déjà preuve, la vivacité, et une autre qu'elle devait chercher à acquérir, la confiance en elle. Et elle lui parla aussi de sa mère. Elle souffrait de son manque d'affection, et elle se demandait si sa mère l'aimait.

Lucille rêvait d'épouser, devenue adulte, un homme avec qui elle pourrait vivre et travailler vingt-quatre heures sur vingt-quatre. Au sujet de sa future vie familiale, elle annonça un beau jour à son professeur qu'elle avait pris une grande décision.

— Je n'aurai qu'un seul enfant, claironna-t-elle.

— Et pourquoi donc ? demanda la sœur Georges.

— Pour ne pas avoir à diviser mon affection entre plusieurs.

Outre cette enseignante, une autre femme compta beaucoup dans la vie de la jeune Lucille : Jeanne Marcelle Dussault, un médecin qui avait accepté de rencontrer son groupe de guides. Lucille avait été ébahie. Elle avait enfin la preuve qu'on pouvait être femme, canadienne-française et médecin! Mme Dussault était même célèbre. On avait parlé d'elle dans les journaux, et Lucille avait découpé la photo de cette brune dont le regard franc et volontaire inspirait le respect.

«Le docteur Jeanne Marcelle Dussault, précisait la légende, une jeune Canadienne française de Thetford Mines, en plus d'être la première femme médecin des Cantons-de-l'Est, est également la seule femme qui étudie présentement à l'école de psychiatrie enfantine au *Catholic University of America*, à Washington.»

Inspirée par son exemple, Lucille redoubla d'ardeur dans ses études, d'autant plus qu'elle s'était persuadée qu'elle avait mauvaise mémoire. Pour compenser, elle mettait les bouchées doubles. Elle travaillait tant et mangeait si peu qu'il lui arriva une fois de perdre connaissance. Il ne fallait pas toutefois que la chose fût ébruitée, et elle fit promettre à Lise, sa sœur cadette, inscrite au même pensionnat, de ne pas en souffler mot à ses parents. Surtout pas à sa mère, qui avait menacé de l'envoyer dans un sanatorium si sa santé continuait de se dégrader.

Lucille était inlassablement encouragée par Françoise.

«Souris, même si, au fond de toi, la douleur devient atroce, lui écrivit-elle. Plus tu souffriras, plus tu comprendras les autres.»

Toujours aussi passionnées et idéalistes, les deux amies méditèrent un jour un passage de *L'Aiglon* d'Edmond Rostand sur «le dédain de ceux qui peuvent vivre satisfaits». Elles se jurèrent de ne jamais «vivre satisfaites». Lucille ignorait encore que ces paroles d'adolescente la poursuivraient toute sa vie.

5

La liberté

*La chirurgie doit être parfaite ou
elle devient insupportable.*

Jean-Pierre BEX,
*Principes et techniques de base
de la chirurgie moderne.*

À BÂBORD comme à tribord, son nom s'étalait en énormes majuscules entre ses deux cheminées : LIBERTÉ. Dans le port de New York, au môle 88, le célèbre transatlantique français, un des derniers rescapés de l'ère des grands paquebots, s'apprêtait à appareiller pour Le Havre, en ce mois de septembre 1960. Lucille s'était empressée d'y retenir une place quand elle avait appris qu'un poste l'attendait à Marseille. Elle mettrait peut-être cinq jours à gagner la France, mais, tant pis, c'était moins cher que l'avion.

Son père l'avait conduite de Montréal à New York dans sa nouvelle Buick, dont le coffre débordait de valises renfermant tout ce dont Lucille avait besoin pour un long séjour en France, à commencer par le squelette Bozo et les cartons de cigarettes canadiennes que les collègues s'étaient cotisés pour lui offrir. (Elle fumait les mêmes que son père, des Sweet Caporal.) Pendant le trajet, son père, respectueux de ses choix et ne voulant pas s'immiscer dans sa vie professionnelle, ne l'avait pas interrogée sur ses projets. Il n'en était pas moins fier de sa fille. Lucille, la seule de ses sept enfants à avoir terminé ses études, s'embarquait pour l'Europe! Certes, une autre de ses filles, Huguette, vivait déjà à l'étranger, ayant épousé un militaire américain stationné au Japon, où elle enseignait le français, mais ce n'était pas tout à fait pareil. Lucille ne suivait personne; elle faisait son propre chemin.

Parvenus à New York, le père et la fille passèrent une nuit à l'hôtel, une dernière nuit sous un même toit, comme à l'époque où Lucille était encore toute jeune. Le lendemain, ils se rendirent jusqu'au port de l'Hudson où attendait la *Liberté*. Dans le grand hall de la Compagnie générale transatlantique, leurs adieux furent peu expansifs; ce n'était pas le genre de la famille. Ils se reverraient, après Marseille, après Paris, dans un an et demi environ.

Oui, Lucille était plus libre que jamais. Pendant la croisière de cinq jours, toutefois, elle ne se mêla à personne et passa des journées entières à lire dans sa cabine. La *Liberté*, un navire allemand lancé à Hambourg en 1928 et attribué à la France à la fin de la Deuxième Guerre mondiale, effectuait une de ses toutes dernières traversées de l'Atlantique Nord. Environ mille sept cents passagers se trouvaient à son bord, mais Lucille se sentait seule. Son billet, pour le moins original, n'arrangeait pas les choses. Elle se baladait entre la première classe, où elle avait retenu une cabine parce que l'idée d'en partager une avec des inconnus l'indisposait, et la classe touriste, où elle prenait tous ses repas puisque c'était tout ce qu'elle pouvait se permettre. Sur ce paquebot, elle errait donc entre deux classes, deux milieux, comme à Montréal.

Il est vrai que tous ces étrangers, des Français surtout, l'intimidaient. Bien sûr, toute sa culture la prédisposait à la France, mais elle craignait que sa solitude sur la *Liberté* ne préfigure celle qui l'attendait dans l'Hexagone.

Après avoir débarqué à la gare maritime du Havre, Lucille passa aux douanes, où l'on confisqua ses cigarettes canadiennes. Elle eut beau expliquer que des amis les lui avaient offertes en prévision de son long séjour en France, rien n'y fit. Leur importation en de telles quantités était interdite, et on la mit à l'amende. Vexée, Lucille prit alors le train pour Paris, où elle se promena dans une capitale grise et pluvieuse, avant de prendre une correspondance pour Marseille.

En descendant à la gare Saint-Charles, elle découvrit une ville méditerranéenne dont le charme la séduisit. À l'hôpital de la Conception, on ne trouvait plus, comme à l'époque de sa fondation, dans les années 1840, «les meilleures conditions hygiéniques». Au contraire. Révoltés par l'insalubrité de leur résidence, les internes l'avaient carrément mise à sac peu de temps auparavant. Leurs locaux étaient donc flambant neufs, ce qui emballa Lucille qui, à l'instar de sa mère, ne supportait pas la saleté.

Les jeunes médecins français l'adoptèrent d'autant plus rapidement qu'elle était l'une des rares femmes médecins de cet hôpital, la seule en tout cas à faire de la chirurgie. Avides de faire connaître les traditions des carabins à la jolie Canadienne, ils eurent tôt fait de lui donner rendez-vous dans une salle tapissée de dessins et de gravures érotiques pour faire revivre une coutume qui remontait au Moyen Âge et dont elle ignorait tout.

Après s'être cotisés pour le cognac, ils chantèrent à tue-tête des refrains grivois, dont *La Chanson de Lourcine* :

> *De l'hôpital vieille pratique,*
> *Ma maîtresse est une putain*
> *Dont le vagin syphilitique*
> *Empeste le Quartier latin...*

Lucille n'avait jamais entendu de chansons de salle de garde chez les étudiants de la très catholique université de

Montréal, mais les airs paillards ne l'offusquaient pas; elle n'était pas pudibonde ou «scrupuleuse», comme on disait dans sa famille. Toutefois, les regards suggestifs qui accompagnaient parfois ces refrains lui donnaient le sentiment de ne pas être nécessairement à sa place dans ce repaire de fiers gaillards.

À l'hôpital de la Conception, le professeur Pierre Salmon, chirurgien spécialiste de la luxation congénitale de la hanche, dont elle devint l'assistante, la prit tout de suite sous son aile. Si cette chirurgie ne la passionnait pas — ce mal était presque inconnu au Canada —, elle devait reconnaître cependant que «le patron», comme elle l'appelait, lui témoignait une grande confiance. Il lui avait même demandé de l'assister à sa clinique privée, une occasion pour elle de mettre un peu d'argent de côté. Il est vrai qu'elle avait désormais le temps d'exercer ailleurs qu'à l'hôpital, car elle était de garde une seule journée par semaine, soit le mercredi. Elle pourrait donc facilement étudier en prévision de l'examen de spécialité qui la consacrerait enfin chirurgienne.

Lucille donna pour la première fois de ses nouvelles à sa famille dans une lettre à sa sœur Lise datée du 25 novembre 1960.

«Les enfants m'appellent madame, les infirmières, mademoiselle, les internes et plusieurs médecins, miss, et, enfin, le patron, quand il a besoin de moi, dit : "Allez me chercher ma Canadienne!" Même que la première fois qu'il a dit ça, comme il faisait froid, un interne a pensé qu'il s'agissait d'un manteau qu'il a cherché partout avant qu'on lui dise qu'il s'agissait d'une personne!»

Personne ne l'appelait donc «docteur». Était-ce parce qu'une jeune femme ne pouvait pas porter ce titre, ou parce que Lucille ne dégageait pas l'autorité, le prestige qui y étaient associés? C'était sûrement cela. Elle ne méritait pas d'être appelée ainsi. Malgré son diplôme de l'université de Montréal, la mention *cum laude* et ses cinq années d'internat, elle ne suscitait aucune déférence. Minée par un incommensurable manque de confiance en elle, Lucille se demandait quel type de chirurgien elle ferait. Son examen de spécialité, se disait-elle, révélerait enfin sa vraie nature d'incompétente, de méprisable, de vile usurpatrice.

Lucille se ressaisit. Dresser un tel réquisitoire contre elle-même était absurde. Mais elle n'y pouvait rien. La simple évocation de l'examen de spécialité lui rappelait un épisode peu glorieux sur lequel elle n'aimait pas revenir.

Fraîchement sortie du collège classique, elle s'était trouvée dans l'obligation, comme tous les bacheliers qui n'avaient pas fait suffisamment de sciences, de compléter une année de propédeutique surnommée P.C.B. (physique, chimie, biologie) avant d'entrer en première année de médecine. On pouvait toutefois éviter cette année préparatoire en réussissant un concours qui avait lieu en août, quelques semaines avant la rentrée universitaire. Lucille n'avait aucune intention de se présenter à cette épreuve; les examens du baccalauréat l'avaient épuisée et elle avait décidé, quitte à prolonger ses études d'une année, de faire la P.C.B. avant de s'inscrire en médecine. Elle se rendit donc à la faculté, où elle se présenta à l'accueil.

— Première année? lui demanda distraitement la secrétaire.

— Oui, répondit Lucille.

La secrétaire examina son bulletin avant de lui demander son nom et ses coordonnées. Après avoir tout consigné, elle lui rendit son relevé de notes et lui annonça qu'elle était autorisée à se présenter au concours.

— Quel concours? demanda Lucille.

— Vos notes ne sont pas tout à fait assez bonnes pour vous inscrire en première année de médecine sans d'abord présenter l'examen de sciences, expliqua la secrétaire.

Lucille finit par comprendre son erreur : au lieu d'aller à la faculté des sciences, où elle aurait pu s'inscrire en P.C.B., elle s'était rendue à la faculté de médecine! Adieu les vacances!

Elle fit équipe avec Françoise Lahaise, l'amie d'enfance qui souhaitait elle aussi, en se présentant à cet examen, entrer en première année de médecine. Elles consacrèrent donc leur été à la biologie et à la biochimie, une matière que Lucille abhorrait. Comme elle n'y entendait rien, elle décida de tout apprendre par cœur.

Le jour du concours enfin arrivé, une soixantaine d'étudiants se présentèrent à l'examen oral, qui visait à sélectionner les vingt meilleurs candidats. Les étudiants défilaient par ordre alphabétique, et Lucille, dans les «T», dut faire le pied de grue toute la journée. Chaque fois qu'un candidat sortait de la salle d'examen, elle en profitait pour lui demander quelles questions avaient été posées. Une question de biochimie, constata-t-elle, revenait particulièrement souvent, un problème auquel elle ne comprenait absolument rien. Elle se replongea donc dans son manuel pour en mémoriser des paragraphes entiers.

Quand son nom fut finalement appelé, elle entra, nerveuse, et s'assit devant les trois examinateurs, qui ne lui posèrent qu'une seule question, celle dont elle venait d'apprendre par cœur la réponse, une réponse qu'elle ignorait complètement quelques heures plus tôt. L'examen terminé, elle savait qu'elle n'avait pas brillé, mais elle se consola en se disant qu'elle avait au moins pu répondre.

Quand les résultats furent annoncés, sa réaction fut mitigée : elle s'était classée dix-neuvième sur vingt candidats admis, ce qui l'emballa, mais son amie Françoise était arrivée vingt et unième. Lucille savait trop bien dans quelles circonstances elle avait passé l'examen. Elle avait certes réussi un beau coup, mais avait la désagréable impression d'avoir raflé sa place à Françoise, qui ne put entreprendre ses études de médecine qu'un an plus tard. Lucille était surtout obligée de reconnaître qu'elle avait été acceptée de justesse, ce qui n'avait rien pour améliorer sa confiance en elle.

Si les origines de son manque d'assurance lui semblaient difficiles à cerner, Lucille faisait remonter ses angoisses professionnelles à une opération qui avait mal tourné. Cette expérience l'avait si profondément blessée qu'elle avait envisagé d'abandonner la chirurgie.

Elle s'en rappelait tous les détails. On avait amené à l'hôpital Sainte-Justine une fillette qui s'était fracturé le cubitus, l'un des deux os de l'avant-bras. L'intervention avait paru trop complexe à la jeune interne, qui avait tout de suite téléphoné au chirurgien de garde pour lui demander de venir au plus vite.

En principe, chaque opération se faisait sous la responsabilité directe d'un chirurgien, car l'interne ne pouvait être tenu responsable d'une faute professionnelle. Si ce dernier était incapable de poursuivre l'intervention, c'était donc au chirurgien de prendre la relève. En pratique, toutefois, on demandait souvent aux internes d'opérer seuls. Cette fois-ci, Lucille sentait qu'elle avait besoin d'aide, et c'est ce qu'elle tenta d'expliquer au chirurgien de garde.

— Débrouille-toi, se fit-elle répondre.

— Mais c'est un cas très compliqué.

— Aucune importance. Tu vas t'en tirer.

Elle était persuadée qu'il se trompait. Pourquoi ne venait-il donc pas à son aide? Il ne pouvait quand même pas la soupçonner de vouloir se défiler! Elle travaillait sans répit, glanant quelques heures de sommeil à gauche et à droite. Elle avait même donné la consigne aux infirmières de la réveiller en tout temps pour qu'elle puisse assister aux interventions du docteur Collin, dont la technique l'épatait. Pourquoi alors le chirurgien de garde s'était-il, lui, défilé? Était-il encore en consultation avec un adulte?

Puisque les chirurgiens pédiatriques étaient moins bien rémunérés que les autres, l'hôpital Sainte-Justine, pourtant un hôpital pour enfants, avait mis sur pied un service pour adultes pour leur permettre d'arrondir leurs fins de mois. Aux yeux de Lucille, ce système, à l'instar de la médecine québécoise des années cinquante en général, était d'une injustice flagrante. D'abord, pourquoi un chirurgien devait-il être mieux payé pour traiter un adulte? Le degré de difficulté ne variait pas selon les âges, mais selon les cas. Les honoraires semblaient être fixés, comme le prix des aliments, à la livre : plus le patient était lourd, plus il rapportait… C'était absurde! Ensuite, pourquoi un chirurgien rémunéré par un hôpital pour enfants devait-il se consacrer à autre chose qu'aux interventions sur des enfants? Ce n'était pourtant pas le travail qui manquait. Et pourquoi patients riches et patients pauvres étaient-ils traités si différemment? Alors que les nantis pouvaient s'offrir la médecine privée et le chirurgien de leur choix, les démunis devaient se contenter de la médecine publique et d'un interne qui s'exercerait sur eux. Le système lui semblait injuste et immoral.

Ce sujet amenait Lucille à s'exprimer ouvertement. Elle n'hésitait pas alors à se moquer gentiment des médecins qui se préoccupaient davantage de leur compte bancaire que de leurs patients.

— La médecine est si passionnante, disait-elle sur un ton provocateur, que les médecins devraient payer pour avoir le privilège de pratiquer.

Dans les réunions de médecins, c'était du plus bel effet. Car si elle n'avait pas beaucoup d'humour, Lucille ne manquait pas d'esprit et avait le sens de la formule.

En l'absence du chirurgien de garde et furieuse de s'être laissée piéger, Lucille avait opéré la fillette blessée, mais, au moment de suturer, elle doutait déjà du succès de l'intervention. Quelques jours plus tard, constatant que la petite n'avait recouvré ni motricité ni sensibilité, elle se rendit à l'évidence : l'opération avait été un fiasco. En acceptant d'intervenir alors qu'elle aurait dû refuser, elle avait failli à son devoir. Elle le regrettait surtout pour la fillette, qui dut être réopérée quelques jours plus tard, cette fois avec succès. (La difficulté provenait vraisemblablement du fait que la fracture du cubitus avait été aggravée par une luxation de la tête du radius, le second os de l'avant-bras.)

Ses supérieurs ne lui en avaient pas tenu rigueur. Ils savaient la raison du gâchis. Les priorités du chirurgien de garde, très pris par les patients adultes, étaient bien connues. Mais ce revers avait plongé Lucille dans une grave crise d'angoisse. Elle s'était dit que la chirurgie était trop lourde de responsabilités et qu'elle ne pourrait jamais les assumer. Le chirurgien, le médecin que le malade voyait en dernier ressort, était l'ultime rempart de la médecine. S'il ne pouvait rien pour le patient, elle devait s'avouer vaincue.

Au lieu d'abandonner la chirurgie, toutefois, Lucille prit la résolution inverse : elle persévérerait et se hisserait, grâce à des efforts acharnés, à la hauteur de ses propres exigences. Sa chirurgie serait parfaite. Ce serait peut-être le seul domaine où elle se sentirait sûre d'elle un jour, mais elle y parviendrait, coûte que coûte. La confiance qu'elle éprouverait alors en tant que chirurgienne finirait peut-être même par déteindre sur la femme. Mais de cela aussi, elle doutait.

Quelque temps après son arrivée à Marseille, Lucille appela Françoise de Gasquet, la sœur d'Annie Courtois, la neurologue française de l'hôpital Sainte-Justine qui lui avait parlé de l'hôpital de la Conception. Françoise s'empressa de l'inviter à passer à la maison.

Les Gasquet habitaient sur la Canebière, qui stupéfia la Canadienne : comment une avenue si célèbre pouvait-elle être si petite ? Elle n'était pas au bout de ses surprises car les Gasquet, qui l'adoptèrent, lui firent découvrir la Provence, que Lucille connaissait uniquement grâce aux livres d'Alphonse Daudet, de Marcel Pagnol et de Jean Giono. Sur leur bateau, le *Diamant bleu*, ils l'emmenèrent même jusqu'au château d'If pour lui montrer la cachette du comte de Monte-Cristo. Lucille, qui avait toujours rêvé de voyages et de contrées lointaines, réalisait là un de ses plus chers souhaits.

Un collègue de l'hôpital de la Conception, qui avait fui l'Algérie et sa guerre, s'empressa, lui aussi, de lui servir de guide. Il l'invita au restaurant, au cinéma. On pouvait voir en version intégrale à Marseille des films censurés à Montréal : *La Dolce Vita* de Frederico Fellini, *Les Liaisons dangereuses* de Roger Vadim. Un beau jour, au volant de sa deux-chevaux Citroën, il lui révéla qu'il était marié, exhiba une photo de ses enfants et expliqua que les choses n'allaient plus très bien avec sa femme. Quand il tenta de l'embrasser, Lucille se rebiffa. Elle n'était pas sainte nitouche — elle s'était plutôt montrée entreprenante par le passé — mais ses idées étaient claires : elle ne voulait pas s'engager avec un homme marié. Elle rompit alors tout lien avec lui, et apprit, elle qui adorait Édith Piaf, les paroles de la toute dernière chanson que la chanteuse venait d'enregistrer, *Non, je ne regrette rien*.

Malgré les balades en deux-chevaux, elle pensait de plus en plus souvent à un autre homme. Depuis que Piero était venu à Marseille pour lui demander de se joindre à lui en Ouganda, elle n'avait cessé de réfléchir à sa proposition d'aller passer un mois ou deux en Afrique. Elle lui reparlerait de tout cela à Milan, où elle accepta son invitation de séjourner entre Noël et le jour de l'An. Comment refuser une place à la Scala?

Piero alla la cueillir à la gare de Milan le lendemain de Noël. Il la conduisit dans un hôtel non loin de la place San Camillo De Lellis, où il lui avait retenu une chambre. Il n'avait pas voulu l'héberger à Besana, lui dit-il, parce que la maison débordait déjà d'invités : toute la famille s'y était donné rendez-vous pour Noël. En réalité, Piero craignait qu'une telle invitation ne fût considérée par Lucille comme un excès de familiarité.

Elle était curieuse de rencontrer les membres de cette famille dont Piero lui parlait tant et dont il semblait encore si proche. Les pensionnats que ses frères et sœurs avaient fréquentés dans leur enfance ne semblaient pas, contrairement à ce qui s'était passé pour sa propre famille, les avoir éloignés les uns des autres. Piero, qui vouait un respect sans bornes à ses parents, parlait de sa famille comme de la source même du bonheur. Lucille en eut un aperçu quand Piero l'invita à dîner, le soir même, à Besana.

Il avait neigé sur le nord de l'Italie et Lucille pouvait apercevoir derrière la grille du jardin des Corti une neige lourde et humide s'accrochant aux feuilles du grand palmier. De la neige sur un palmier? Elle ne savait pas que cela fût possible et elle en fut éblouie.

L'entrée de la maison familiale, d'un jaune encore inondé de soleil, se trouvait au bout d'une longue allée couverte de gravier. Piero avait à peine ouvert la porte que sa mère vint embrasser Lucille.

— Soyez la bienvenue! dit-elle en français pendant que Piero faisait de rapides présentations.

Quand Mme Corti eut refermé la porte derrière eux, Lucille eut l'impression d'avoir pénétré chez la comtesse de Ségur… Des domestiques en robe noire et tablier blanc s'affairaient dans la grande salle à manger qui jouxtait l'entrée. Un parfum de *panettone* — Lucille n'avait jamais vu de brioches aussi énormes — flottait dans l'air. Des cris et des rires d'enfants éloignés donnaient une idée de l'immensité de la maison.

— Mais laissez-moi vous débarrasser! dit la mère de Piero.

Lucille enleva son manteau mais eut un moment d'hésitation : devait-elle le tendre à la mère de Piero ou à la bonne qui venait de les rejoindre? Piero saisit le manteau pour le remettre à la domestique, qui s'éclipsa aussitôt.

Une nuée d'enfants, étrennes à la main, déboulait déjà l'escalier qui donnait sur l'entrée pour voir qui venait d'arriver, tandis que leurs parents, non moins curieux mais tout de même plus réservés, attendaient Piero et Lucille au salon. Il n'était pas question pour eux de rater le clou de cette réunion familiale. Piero allait enfin leur présenter la chirurgienne qu'il souhaitait convaincre de l'accompagner en Afrique. Qui pouvait donc être cette *Americana* dont il avait tant vanté les qualités professionnelles à ses parents et les charmes à ses frères? Ces derniers étaient intrigués. Comment Piero qui, à trente-cinq ans, commençait à faire figure de vieux garçon, réussirait-il à convaincre une jolie chirurgienne de le suivre dans la brousse?

Lucille fut invitée à passer au salon, où le père de Piero, un peu guindé dans son complet trois-pièces, lui tendit une main ferme et franche avant de se livrer à une série de présentations moins solennelles que confondantes. Eugenio, l'aîné, et Vanda étaient mari et femme. Achille et Giovanni, deux autres frères de Piero, avaient épousé Paola et Mariuccia — à ne pas confondre avec la sœur de Piero, qui portait le même prénom. Il avait aussi deux autres sœurs : Pina, qui avait marié Galeazzo Riva, et Angela, la cadette, qui était toujours célibataire…

Lucille, n'arrivant plus à suivre, se sentait de plus en plus mal à l'aise. Tous ces gens qu'on lui présentait dans un joyeux tintamarre étaient souriants et sympathiques, mais elle ne pouvait s'empêcher de se demander si elle était bien à sa place dans cette maison ancienne aux murs ornés de portraits de défunts aristocrates à perruque. Une grande huile sur bois retint son attention.

— Une *Vierge et l'Enfant* du XVIe siècle, laissa tomber le père de Piero avant d'inviter tout le monde à passer à table.

Ne cherchant pas à deviner les mystères du plan de table, Lucille s'assit à l'endroit qu'on lui indiqua, devant une exhibition de cristal et d'argent, alors que les domestiques commençaient à faire valser les plats de service entre les convives.

Malgré leur prévoyance et leur accueil attentionné, les Corti l'intimidaient. Un gouffre la séparait d'eux. Ils vivaient entourés d'œuvres d'art de la Renaissance, passaient aisément d'une langue à l'autre, savaient quelle fourchette utiliser pour quel plat, et, surtout, étaient irrémédiablement heureux. Que faisait-elle parmi eux ? Ils ne tarderaient pas à s'apercevoir qu'elle manquait cruellement de confiance en elle. Elle se vit soudain comme une Nord-Américaine inculte qui aurait mieux fait de se contenter de faire des appendicectomies, une minus habens face à Piero, le médecin du noble, du majestueux, de l'impérial cerveau !

Lucille se ressaisit. Rien de ce qu'avaient dit ou fait les Corti n'aurait dû provoquer chez elle une telle réaction. Mais elle savait très bien ce qui se passait : elle s'abandonnait au mépris d'elle-même.

Son silence fit comprendre à Piero que quelque chose n'allait pas. Il fallait amener la conversation sur le terrain de la médecine ou, mieux encore, de l'Afrique. Il fallait lui parler, à Lucille et à toute la famille, du seul Corti qui manquait aujourd'hui à l'appel, Corrado.

C'est de lui, son plus jeune frère, que Piero se sentait le plus proche. Corrado avait fait des études de médecine avant de bifurquer vers la prêtrise, pour le plus grand bonheur de sa mère qui commençait à désespérer de donner un jour à l'un de ses fils la soutane qu'elle avait confectionnée il y avait long-temps déjà.

La vie religieuse n'était cependant pas, chez Corrado, synonyme d'un retrait de la vie active.

— La contemplation dans l'action! se plaisait-il à rappeler en citant saint Ignace.

Aspirant à devenir jésuite, il avait très tôt été envoyé à Fort-Archambault, au Tchad, où Piero et deux de leurs frères, Achille et Giovanni, l'avaient rejoint pour un safari en 1958. C'est au cours de ce safari, alors qu'ils traînaient tous les deux sur un sentier, que Piero avait confié ses projets à Corrado.

— Je veux m'installer en Afrique. J'y songe depuis déjà longtemps.

— Pour y faire quoi? demanda Corrado.

— De la médecine, évidemment. Je voudrais établir un hôpital. C'est une promesse que je suis tenté de faire à Dieu.

— À Dieu?

— Si je ne le faisais pas, j'aurais l'impression de gaspiller ma vie, de ne rien faire d'utile. J'ai déjà trop perdu de temps.

— Et tu es bien certain que tu le ferais pour Dieu? Tu ne le ferais pas pour toi, par hasard?

— Pour moi?

— Tu ne le ferais pas pour te créer un petit empire sur lequel tu pourrais régner en maître et seigneur?

Piero se dit que Corrado, comme c'était souvent le cas, avait posé la bonne question. Ce n'était pas vraiment à Dieu qu'il avait promis de monter un hôpital, mais à une femme.

C'est à l'université de Milan que Piero avait fait la connaissance de Benedetta Bianchi-Porro, une étudiante en médecine qui rêvait de dévouement et de missions lointaines. Hélas, un jour, de mystérieux troubles avaient provoqué chez elle d'atroces douleurs et une paralysie partielle. Incapable d'en identifier la cause, son médecin avait conclu à l'hystérie. Ayant assimilé quelques rudiments de neurologie, Benedetta réussit toutefois à identifier elle-même la cause du mal : une tumeur s'était attaquée à son système nerveux central, à son cerveau et à sa moelle épinière.

Elle avait été opérée, et l'intervention, qui avait tourné à la catastrophe, l'avait laissée sourde, muette et paraplégique. Piero était passé la voir la veille de son départ pour Gulu. Il lui avait fait part d'un serment qui tenait en deux phrases. Pour elle, il exercerait en Afrique. Vu sa maladie, il travaillerait pour deux.

Avant de quitter l'Italie, Piero avait commencé à fréquenter la sœur cadette de Benedetta, Manuela. Âgée de vingt-cinq ans, elle était ballerine à la Scala. Même si Piero avait presque dix ans de plus qu'elle, ils projetaient de vivre ensemble. Piero s'interrogeait toutefois sur la profondeur du sentiment qui les liait. Il se sentait très attaché à sa famille, à sa sœur surtout, et commençait à se demander ce qu'il éprouvait vraiment pour Manuela. Une chose était claire cependant : la présence de Manuela à Milan ne suffirait pas à le retenir en Italie.

Tel que promis, Piero invita Lucille à l'accompagner à la Scala, à la première de *Cendrillon* de Prokofiev, le 27 décembre 1960. Il lui fit remarquer que ce ballet réunissait des danseuses célèbres, Carla Fracci, Liliana Cosi, Vera Colombo, et une ballerine beaucoup moins connue, Manuela...

Ravie d'être invitée à la Scala, Lucille ne s'interrogea pas trop sur les liens unissant Piero à cette jeune femme, ni sur la facilité avec laquelle il avait obtenu des places pour un soir de première. Entre deux actes, elle lui confirma que, bien sûr, elle l'accompagnerait en Ouganda. Rien ne l'obligeait à rester à Marseille. Elle pourrait bien s'absenter un mois ou deux. Même Cendrillon avait pu aller au bal.

6

La femme de l'écran

C'est le chirurgien qui a porté l'indication opératoire, qui réalise le geste le plus difficile, qui a, donc, la plus grande part de la responsabilité.

Jean-Pierre Bex,
Principes et techniques de base de la chirurgie moderne.

L A SŒUR ANNA PIA sortit en trombe de la maternité. Où étaient donc Lucille et Piero? Depuis qu'ils étaient arrivés en Ouganda, un mois et demi plus tôt, ils ne dérogeaient guère à l'horaire de travail qu'ils s'étaient fixé : à partir de huit heures, ils effectuaient ensemble une tournée complète de tous les patients déjà admis. La sœur Anna Pia, qui exerçait en Ouganda comme infirmière et sage-femme depuis une dizaine d'années, n'avait jamais vu de médecins aussi fervents. Novices en médecine tropicale, ils n'hésitaient pas à s'interroger l'un l'autre pour tester leurs connaissances. Lequel était le maître et lequel était l'élève? Impossible à dire. Mais ce jeu les poussait à faire un examen plus exhaustif, à poser un diagnostic plus précis. Le patient était-il acholi? L'un rappelait à l'autre qu'il risquait davantage de souffrir d'anémie à hématies falciformes, une maladie souvent mortelle, même si elle prémunissait contre la malaria. Le patient habitait-il les environs de Palabek ou d'Atiak ? Il risquait alors d'être atteint de troubles provoqués par la «maladie du sommeil».

En prévision des interventions chirurgicales, qui devaient commencer sous peu, Lucille avait expliqué aux infirmières les rudiments du travail en salle d'opération : comment installer le malade pour éviter qu'il «tourne»; comment se déplacer pour éviter de créer des courants d'air porteurs de bactéries; comment tendre les différents instruments au chirurgien : le marteau, fermement et dans le creux de la paume, mais le porte-aiguille, tout doucement et du bout des doigts.

Si aucun cas de chirurgie ne s'était présenté jusqu'à maintenant, la sœur Anna Pia croyait que l'heure était peut-être venue. Elle trouva Lucille au service des consultations externes.

— Docteur Lucille, c'est pour une mère dont le travail a commencé il y a un peu plus de vingt-quatre heures. Un premier bébé. La présentation semble anormale : transversale, tête à gauche. J'ai l'impression qu'il faudrait opérer.

Lucille savait ce que cela signifiait : une césarienne. Sa première opération en Ouganda serait une césarienne ! Elle qui n'en avait jamais fait ! Pendant un bref instant, elle songea à se défiler. Mais elle dut se rendre très vite à l'évidence : elle était la seule chirurgienne de l'hôpital.

La sœur Anna Pia l'amena au chevet de la patiente. Lucille l'examina. Il n'y avait aucun doute possible : cette femme avait besoin d'une césarienne basse. Lucille se précipita dans sa chambre pour y consulter son *Traité de technique chirurgicale*. En cherchant la table des matières, elle aperçut le nom de l'éditeur : «Masson et Cie, Éditeurs, Libraires de l'Académie de Médecine, 120, boulevard Saint-Germain, Paris (VIᵉ)».

Comme la France, quittée il y a six semaines, lui semblait loin déjà ! Et comme l'idée même d'un boulevard Saint-Germain lui semblait incongrue ! Elle alla au chapitre intitulé : «L'hystérotomie transpéritonéale segmentaire ou césarienne basse». Elle scruta les huit figures illustrant les différentes étapes de l'intervention — incision, décollement, extraction, etc. — avant de lire les explications. Incision et décollement du péritoine viscéral : «très facile à faire». Extraction du fœtus et délivrance : «lorsque la tête est accouchée, l'extraction du fœtus est des plus aisées». Suture de l'utérus en deux temps : «toujours très satisfaisant».

Lucille respirait. Rien de tout cela ne semblait finalement très compliqué. Elle arriva alors aux «incidents opératoires et complications postopératoires», sur lesquels les manuels concluaient inéluctablement.

«Au cours de l'intervention, de petits incidents peuvent la rendre moins aisée [...] quelques difficultés à extraire l'enfant [...] éviter la déchirure de l'utérus [...] possibilités de blessures de la vessie [...]. très graves si elles passent inaperçues.»

Lucille referma le traité de chirurgie, se dépêcha de retourner à la maternité et commença à s'inquiéter. Ses craintes cependant ne l'empêcheraient pas d'agir. Seule l'action réussissait à faire taire en elle la voix du doute. Elle enfilait déjà ses sabots, son bonnet, sa blouse et son masque. Pendant que la sœur Anna Pia l'aidait à mettre ses gants, bien ajustés, pour qu'ils ne fassent pas de plis au bout des doigts, elle révisait mentalement les étapes de l'intervention qui l'attendait : incision, décollement, extraction, etc.

Dans la salle d'accouchement, sous un drap blanc, une femme que Piero avait déjà anesthésiée respirait lentement et profondément. Lucille s'approcha du lit. Piero haussa les sourcils en guise de salutation. Le dos droit, la tête penchée en avant, Lucille tendit les bras vers le ventre bombé. En exécutant des gestes de la main, elle commença à demander à la sœur Anna Pia la série d'instruments dont elle aurait besoin.

— Bistouri.

L'incision de la paroi abdominale — il fallait faire une «tranchée» à travers la peau — était facile à réaliser.

— Ciseaux mousse.

Après l'incision du péritoine, Lucille repéra facilement la tête de l'enfant, qui bombait l'utérus. Une troisième incision permit à la tête du bébé d'émerger et, tout doucement, Lucille lui glissa le bout du pouce dans la bouche, alors que l'index et le majeur s'insinuèrent sous le menton. Retenant ainsi la tête de l'enfant, elle le délivra de l'utérus d'un geste ferme mais prudent. C'était un garçon. Lucille le confia immédiatement à une aide-infirmière ougandaise et s'adressa à nouveau à la sœur Anna Pia :

— Catgut numéro deux, grommela-t-elle.

Lucille commença à suturer. Pendant qu'elle se livrait à ce travail routinier — elle s'était longtemps exercée à faire des nœuds sur des barreaux de chaise avant d'en faire sur ses patients —, elle se laissa aller au découragement. Quelle catastrophe ! pensa-t-elle. L'enfant était noir !

Elle avait appris et même déjà constaté que les bébés, à la naissance, étaient couverts de *vernix caseosa*, une matière grasse qu'on comparait à du saindoux et qui donnait à tous les enfants, même noirs, un aspect blanchâtre. Ce n'est qu'une fois débarrassés de cet enduit qui s'étalait en une couche épaisse que les nouveau-nés exhibaient leur véritable couleur. Pourquoi alors celui-ci était-il si foncé dès la naissance ? Elle avait sûrement trop tardé à intervenir, commis une erreur quelconque. Peut-être l'avait-elle asphyxié, provoquant chez lui des dommages cérébraux. Survivrait-il ? Lucille croyait avoir raté sa première opération en terre africaine. Elle redoutait d'avoir failli à l'enfant, à sa mère, à son devoir et à l'hôpital. Elle fit un dernier point de suture et se tourna, l'air contrit, vers la sœur Anna, qui souriait.

— Félicitations ! dit la sœur Anna Pia.

— Mais sa couleur ? demanda Lucille.

— Noir ? C'est plutôt rare, mais il n'y a là absolument rien d'anormal. C'est probablement parce que la mère a accouché avec un peu de retard, et que la pigmentation de la peau du bébé avait déjà commencé…

Lucille se sentit extrêmement soulagée : au lieu d'avoir provoqué la mort, elle avait aidé une mère à donner la vie. Si le petit pleurait maintenant à pleins poumons, c'était grâce à elle. À la première ligne du registre qui servirait de «livre de bord» à la salle d'opération, elle inscrivit la date, le 10 juin 1961, le type d'opération qu'elle venait de réaliser, les noms de ceux qui l'avaient assistée et, tout au bout, ses initiales.

Lucille s'attarda longtemps à la maternité dans les jours suivants, gardant un œil attentif sur la mère qu'elle avait opérée. Elle voulait la retenir le plus longtemps possible à l'hôpital, car elle avait lu dans son traité de technique chirurgicale que les complications pouvaient survenir plusieurs jours après l'intervention, surtout les «très graves» possibilités de blessures de la vessie. Mais elle dut finalement constater que tout se passait bien et qu'elle pouvait donner son congé à la patiente.

Apprenant qu'elle pouvait enfin quitter l'hôpital, la jeune mère enveloppa le nouveau-né dans un châle et le glissa dans son dos. Elle rejoignit Lucille, enserra délicatement sa main droite dans les siennes, et inclina respectueusement la tête en exécutant la lente et gracieuse génuflexion des femmes acholis. Elle se releva et, d'un sourire aussi sincère que sa gratitude, lui dit merci dans sa langue :

— *Apwoyo.*

Lucille répétait à tous ceux qui voulaient l'entendre qu'elle était là pour rendre service : il s'agissait de donner un coup de pouce à Piero, de mettre sur pied un service de chirurgie, de faire profiter de son expérience. Mais elle sentait que le travail en Ouganda — les remerciements qu'elle venait de recevoir en étaient la preuve — était extrêmement gratifiant. Même s'ils devaient payer pour se faire soigner, les patients lui remettaient parfois un cadeau en signe de reconnaissance. C'est ainsi qu'elle recevait régulièrement en présents des poules. Ce qu'elle faisait en Ouganda était de toute évidence apprécié, même si la vie à Gulu, un gros bourg où il ne se passait pas grand-chose, se réduisait pour elle au travail et à presque rien d'autre.

C'est un peu par hasard qu'elle fit la connaissance d'un officier britannique chargé de l'entraînement du bataillon ougandais des *King's African Rifles*, Malcolm Carmichael. Beau garçon, solide, sympathique, Malcolm avait tout de suite plu à Lucille. Il passait souvent la prendre en fin de journée la semaine pour l'emmener siroter un gin tonic au British Club, où se réunissait chaque soir une petite colonie anglaise. Le samedi, ils allaient y danser, et, le dimanche, ils y participaient à un inéluctable *chicken curry meal*, le poulet à l'indienne qui rappelait à tous que l'Ouganda n'était qu'un des maillons de la chaîne impériale.

Pendant ces sorties, Piero restait seul à l'hôpital. À la lumière d'une lampe — l'alimentation électrique était coupée à vingt-deux heures —, il en profitait pour rédiger son courrier. Même si ses copains italiens avaient prédit qu'il n'y ferait pas long feu, Piero était de plus en plus enclin à croire qu'il ferait sa vie en Ouganda. C'est ce qu'il se résigna un beau jour à écrire à Manuela. Sans toutefois oser énoncer les conséquences logiques de sa décision. S'il demeurait en Afrique, comment pourrait-il l'épouser? Que ferait une ballerine dans la brousse?

Il écrivit aussi à la sœur de Manuela, Benedetta, maintenant aveugle. Il réfléchissait alors longuement aux mots qui lui seraient relayés, une lettre à la fois, par sa mère qui communiquait avec elle en morse. Du bout du doigt, elle tapotait le creux de la paume, qui avait conservé un rien de sensibilité. Hésitant entre la gravité qui sied aux ultimes paroles et la légèreté qui convient aux nouvelles qui viennent de loin, il inscrivait les mots sur le papier à lettre aussi précautionneusement que s'il les eût gravés dans le marbre.

Il annonça ainsi à Benedetta qu'il avait tenu son premier engagement : il exerçait désormais la médecine en Afrique. Sa deuxième promesse était aussi sur le point d'être réalisée : «Je ne sais pas si je travaille pour deux, lui écrivit-il. Mais depuis que Lucille est là, elle et moi travaillons au moins pour trois!»

Piero relut sa dernière phrase. C'est bien Lucille qui lui permettait de tenir parole. Par son travail infatigable et son dynamisme, elle commençait déjà à faire parler d'elle dans les environs, et les patients se présentaient au service des consultations externes en nombre de plus en plus grand.

S'il écrivait à Benedetta, Piero tenait toutefois à faire croire à son entourage, et d'abord à Lucille, qu'il correspondait avec sa copine Manuela. À ses yeux, elle était la *donna dello schermo* (la femme de l'écran), celle à qui Dante fait mine de faire la cour pour dissimuler son trouble face à sa bien-aimée Béatrice. Car, à force de travailler et de vivre avec Lucille, il avait vu à quel point il tenait à elle. Leur communion d'idées lui semblait de plus en plus évidente. À lui et aussi à quelqu'un d'autre…

C'est le frère Toni qui, le premier, aborda le sujet, à l'occasion d'une partie de chasse :

— Piero, il y a une chose que je ne comprends pas. Comment faites-vous pour laisser Lucille sortir avec cet Anglais ? Ce ne serait pas plutôt à vous de sortir avec elle ? Elle ne vous plaît peut-être pas ? Vous ne pourriez pas faire un petit effort… ? Vous vous rendez compte, j'espère, qu'elle est très bien sous tous rapports…

Piero sourit. Il ne s'attendait pas à ce qu'un religieux le poussât dans les bras d'une jeune femme, mais il souriait surtout d'avoir naïvement cru que les liens qui se tissaient entre Lucille et lui échappaient à leur entourage. Le frère Toni lui révéla que les religieuses priaient même en cachette pour que la Providence retienne Lucille à Gulu…

Bien sûr que Lucille lui plaisait. Depuis qu'il l'avait revue à Marseille pour l'inviter à Gulu, il était persuadé qu'ils étaient faits l'un pour l'autre. Mais comment l'en convaincre ? Il avait déjà réussi l'exploit de l'attirer en Afrique. Il ne devait pas maintenant l'effaroucher, car elle s'enfuirait aussi vite que la gazelle qui flaire le chasseur. Piero se dit qu'il valait mieux être patient. Le temps jouerait en sa faveur. La présence de Malcolm venait toutefois tout compliquer.

De son côté, Lucille commençait à trouver que son copain manquait d'envergure. Il ne semblait parler que des bourdes de ses hommes, qui manquaient d'expérience de combat. À peine quelques-uns avaient participé à l'écrasement des Mau-Mau, au Kenya, où s'était illustré l'un des deux seuls officiers supérieurs ougandais des *King's African Rifles*, un colosse appelé Idi Amin Dada. Elle songeait à mettre un terme à leurs relations quand Malcolm lui apprit qu'il était muté. Elle annonça ce transfert à Piero, qui dut dissimuler à quel point il était ravi. Il trouva le courage d'écrire une dernière lettre à Manuela. Entre eux, c'était fini.

Requinqué par cette double rupture, Piero travaillait de plus belle. Un jour, Lucille lui demanda de développer quelques radiographies de poumons. Il s'enferma dans la chambre noire et se mit à l'œuvre. Le vieil appareil que lui avait donné un hôpital milanais l'irritait au plus haut point. Sans minuterie permettant de déterminer le temps d'exposition, il était difficile d'obtenir de bons résultats. Mais il avait appris à se débrouiller. Quand il eut terminé, il sortit de la chambre noire d'un pas leste et rejoignit Lucille, qu'il s'étonna de trouver avec une aiguille plantée dans le bras, en train de donner son sang à une patiente allongée près d'elle.

— Nous sommes du même type sanguin, expliqua-t-elle. Nous n'avions pas de sang A négatif à portée de la main, et c'était urgent.

Ému par cette scène insolite d'un médecin donnant de son propre sang à une malade, Piero lui demanda de le retrouver à la chambre noire. Ses radios étaient prêtes.

Quelques minutes plus tard, Lucille se glissa dans la petite pièce dont la lumière rouge et sirupeuse colora leurs blouses blanches, soudain incandescentes. Piero alluma le panneau lumineux. Lucille tendit la radio des poumons vers la lumière blanche et commença à se sentir épiée. Son regard s'accrochait aux bronches souches et lobaires, aux zones d'ombre que les rayons X avaient mises en évidence, pendant que Piero, tout doucement, se rapprochait d'elle. À la fenêtre, le papier noir qui bloquait les rayons du soleil retenait toutefois sa chaleur, et Lucille commença à avoir chaud. Piero se taisait mais elle l'entendait respirer. Il se rapprocha encore d'elle, très légèrement, et elle ne recula pas. Voilà. Ils avaient franchi le point de non-retour. Piero ne pouvait dès lors que l'embrasser, et Lucille, s'abandonner à sa caresse en laissant choir la radio.

Piero savait plaire aux femmes. Il les charmait sans faire aucun effort. Rieur, jovial, il aimait taquiner. S'il se fâchait facilement, il retrouvait tout aussi rapidement sa bonne humeur. Dans les hôpitaux où il avait exercé, il n'échappait pas à l'attention des infirmières, même s'il remarquait à peine l'intérêt qu'il pouvait susciter. Car il éprouvait moins le besoin de séduire que celui de posséder, pour toujours. Il ne cherchait pas l'aventure mais une femme qu'il pourrait faire sienne.

C'est ainsi qu'il sentit, après le baiser de la chambre noire, que sa vie basculait. Il aimait Lucille, il le savait. Il devait maintenant la persuader de rester. Il fallait faire vite, car elle devait rentrer à Marseille dans une dizaine de jours. Il lui parlerait de tout cela samedi prochain, à la première d'une série de fêtes que des copains de Gulu, toujours à l'affût d'un prétexte pour se réunir, avaient organisée pour le départ de Lucille.

Le samedi venu, Piero ne trouva pas le temps de lui en parler. À la fête, ils dansèrent beaucoup, mangèrent un peu, et burent peut-être trop, surtout Lucille, qui s'assoupit dans la voiture au retour. Quand ils furent arrivés à l'hôpital, Piero la prit dans ses bras pour la faire descendre car elle feignait de dormir. Mais, au lieu de l'emmener à sa chambre, il l'emmena chez lui. Il la posa sur son lit, elle ouvrit les yeux, et ils firent l'amour pour la première fois.

Le lendemain, ils durent ruser pour sauver les apparences. Ils se retrouvèrent la nuit suivante et la nuit d'après, toujours en catimini. Piero avait l'impression d'avoir enfin trouvé une femme qu'il pourrait aimer et épouser, et il devait à tout prix la retenir à l'hôpital. C'est alors qu'il apprit qu'il devait, lui, quitter l'Ouganda au plus tôt : son père venait d'être hospitalisé d'urgence pour une opération et il tenait absolument à ce que

Piero, ni plus ni moins son médecin depuis plusieurs années, soit à ses côtés. L'intervention chirurgicale aurait lieu dans trois jours, et la convalescence, si tout se passait bien, durerait trois semaines.

— Je peux te demander de rester à l'hôpital un peu plus longtemps que prévu? demanda-t-il à Lucille. Il me semble que nous ne pouvons pas laisser l'hôpital sans médecin.

— Les sœurs se débrouillent très bien, répondit-elle, mais nous ne pouvons pas priver l'hôpital de ses médecins. Quand on commence à offrir un service, on ne peut pas l'interrompre comme ça du jour au lendemain.

— Alors, c'est oui? demanda Piero.

— Sans problème, dit Lucille. J'enverrai un télégramme à Marseille pour les prévenir de mon retard. Va retrouver ton père, et ne te fais pas de souci pour l'hôpital.

— Merci, dit Piero. Oh! Lucille, une dernière chose. Si tu veux, j'irai voir l'évêque demain pour lui demander de nous marier la veille de mon départ.

Lucille, estomaquée, n'était pas certaine d'avoir bien compris.

— Quoi?

— Oui, nous marier, disons lundi. Je pourrais expliquer à l'évêque que nous nous aimons et que nous voulons nous marier. Il sera sûrement ravi. De toute façon, lui et les autres n'attendent que ça! Ce ne sont pas des imbéciles; ils soup-çonnent bien qu'il y a quelque chose entre nous.

Abasourdie, Lucille ne savait si elle devait rire ou se mettre en colère.

— Mais tu es complètement cinglé!

— Non. Je suis réaliste. Nous venons de passer deux mois ensemble, et nous nous sommes entendus à merveille. Il me semble que cela augure plutôt bien, non?

Il cherchait la femme idéale depuis des années, celle qui vivrait à ses côtés et partagerait une même passion, une femme qui œuvrerait avec lui pour réaliser un projet commun. Pour lui, cette femme ne pouvait être une autre que Lucille. Il concéda qu'il était peut-être un peu abrupt, mais qu'elle s'en était sûrement déjà aperçue.

— Piero, tu ne peux pas me demander de te marier comme ça. C'est trop rapide ! C'est absurde !

— Si tu ne me connais pas après quatre mois, tu ne me connaîtras jamais. Nous sommes ensemble vingt-quatre heures sur vingt-quatre ! Tu sais très bien à quoi tu t'engagerais en m'épousant. Alors, ou tu acceptes de vivre avec moi ou tu refuses.

— Et moi ? demanda Lucille.

— Je t'aime, Lucille.

Déstabilisée, elle se contenta de le regarder. Ce n'était pas la réponse qu'elle voulait entendre. Elle voulait savoir ce qu'il adviendrait de ses projets à elle, de sa carrière à elle, de sa vie à elle. À toutes ces questions, Piero ne pouvait répondre. Elle avait imaginé son avenir tout autrement : retour à Marseille, stage à Paris, examen de spécialité, diplôme de maîtrise, pratique hospitalière et privée en chirurgie infantile à Montréal. Devait-elle tout sacrifier pour un homme ? Lucille évita de revenir sur le sujet. Son silence fit comprendre à Piero qu'il n'avait pas besoin de prendre rendez-vous avec l'évêque. Moins attristé que furieux contre lui-même, il partit retrouver son père en Italie, tel que prévu. Il s'en voulait d'avoir été si maladroit. Il n'arrivait pas toutefois à comprendre comment Lucille ne pouvait pas voir qu'ils étaient faits l'un pour l'autre.

Lucille pouvait envisager de partager ses jours et ses nuits avec un homme comme Piero. Il était peut-être même le mari dont elle avait rêvé adolescente, celui avec lequel elle pourrait vivre et travailler vingt-quatre heures sur vingt-quatre. Peut-être. Mais elle ne voulait pas s'engager tête baissée dans une relation amoureuse. Elle n'avait plus vingt ans.

7

« Les Indes »

Il faut trouver une attitude
intermédiaire entre l'excès
de familiarité et la condescendance
hautaine. Un peu de distance
n'empêche pas de manifester
sa sympathie.

Jean-Pierre BEX,
Principes et techniques de base
de la chirurgie moderne.

À LA TOMBÉE DU JOUR, à l'heure où la plupart des étudiants quittaient en tramway le verdoyant campus de l'université de Montréal, Lucille se dirigeait vers le laboratoire d'histologie pour son rendez-vous quotidien avec François Laroche, le camarade avec qui elle faisait équipe depuis le début de son cours de médecine, deux ans auparavant, en septembre 1950. Au-delà des cours d'anatomie, une matière qui lui donnait tant de fil à retordre, et de génétique, une discipline qui la passionnait, Lucille avait progressivement élargi leur champ de discussion à l'ensemble des sujets qui lui tenaient à cœur, depuis la littérature jusqu'à sa quête d'engagement. Car la médecine, loin d'être une fin en soi, était pour elle surtout un moyen de soulager, voire de partager la souffrance d'autrui.

Lucille et François devinrent inséparables. Ils se voyaient même le samedi, car, membres d'une association qui portait le nom de Laennec, le médecin breton qui inventa le stéthoscope et passait pour «le prince des cliniciens», ils faisaient du bénévolat dans une clinique catholique de la rue Saint-Hubert et recueillaient des médicaments pour les expédier vers des continents qu'on commençait à peine à appeler le Tiers-Monde. Lucille parlait du nombre de médecins par mille habitants en Asie avec une telle fougue qu'elle réussit à convaincre François de s'engager dans cette voie. Lui aussi commença à songer «aux Indes».

Tous les deux âgés de vingt-trois ans, Lucille et François n'osaient pas s'imaginer sous les traits d'Albert Schweitzer, qui venait de recevoir le prix Nobel de la paix, mais le médecin, organiste et théologien alsacien qui avait fondé l'hôpital de Lambaréné, au Gabon, était la quintessence du dévouement dont ils rêvaient.

C'est sans trop s'en rendre compte que Lucille et François commencèrent à se «fréquenter». Ils allèrent voir un film, puis un deuxième. Combien de fois virent-ils *L'Aigle à deux têtes,* le drame de Jean Cocteau sur les amours d'une reine solitaire, incarnée par Edwidge Feuillère? Un sentiment encore indéfinissable était né entre les deux étudiants que tant de choses rapprochaient.

À la faculté de médecine, la discrétion et la timidité de Lucille la faisaient parfois passer pour hautaine. Sans être spontanément chaleureuse, la jeune étudiante savait toutefois faire preuve d'empathie. Ses sourires, d'une luminosité rare, confirmaient l'absence de toute condescendance. Elle passait pour l'une des plus jolies filles de la faculté. Elle s'habillait pourtant de façon on ne peut plus conservatrice — jupe grise, chemisier blanc et blazer marine — et ne se maquillait jamais. Cela ne l'empêchait pas de s'attirer des lettres d'admirateurs qui lui citaient des vers enflammés d'Arthur Rimbaud, voire même de Charles Baudelaire, dans l'espoir d'obtenir un rendez-vous avec elle.

François était plutôt du genre à lui envoyer des vers du poète latin Horace, qu'il traduisait lui-même en français («Ne cherche pas à savoir ce que sera demain…») D'une allure dégingandée qu'accentuaient les complets amples qu'il affectionnait, il avait un regard sombre et perçant qui étonnait chez un si jeune homme. Mû par une conception intellectuelle de la foi (il avait fait ses études chez les jésuites du collège Brébeuf à Montréal), ce fils de notaire avait très tôt aspiré à devenir médecin. Intelligent, sérieux, il n'était pas de ceux qui dérobaient parfois des souris de laboratoire pour les libérer à l'heure du déjeuner dans la cantine de l'université…

C'est à l'issue d'une représentation de *Fédérigo,* une pièce de théâtre de deux jeunes dramaturges québécois, René Laporte et Jean Coutu, que François déclara à Lucille qu'il était amoureux d'elle. Sa volonté de donner le meilleur d'elle-même, de se dépasser, de concilier ses actions et ses idéaux, l'avait séduit.

Lucille avait énormément confiance en François. Elle lui avait même révélé qu'elle avait perdu la foi… Tant de choses lui semblaient irrationnelles dans l'Église catholique. Pourquoi fallait-il être à jeun trois heures avant de communier ? Comment un péché dit capital pouvait-il tenir à une bouchée de pain avalée à la mauvaise heure ? Ce n'était qu'un détail, bien sûr, mais Lucille ne pouvait plus adhérer à ces rites et à ces croyances, même si elle ressentait en leur absence un terrible vide. François avait tenté de la réconforter en faisant valoir que de pieuses figures de l'histoire de l'Église avaient douté. Lucille n'avait pas été convaincue. Mais elle avait au moins l'impression d'être écoutée par François qui, quoique très catholique, semblait la comprendre. Était-elle amoureuse de lui ? La question venait s'ajouter aux interrogations qui la tourmentaient déjà.

Avait-elle les qualités nécessaires pour être un bon médecin ? Tiendrait-elle seulement le coup ? Elle n'avait aucun mal à voir les difficultés qui l'attendaient. Elle médecin ? Si peu de femmes l'étaient! Elle s'en était ouverte à François, qui avait cherché à l'encourager.

«Si Dieu t'appelle, lui écrivit-il, n'hésite pas, ne te demande pas — comme tu es si souvent portée à le faire — si tu en es capable : s'Il t'a appelée, Il te donnera la force de le faire. Lucille, que tu l'aies voulu ou non, tu es appelée, je crois, à de grandes choses.»

François ne réussissait malheureusement pas toujours à l'empêcher de sombrer dans une désespérance à laquelle elle avait du mal à s'arracher. Car elle commençait à mieux voir en quoi elle ressemblait à sa mère. Se confiant encore à François, elle essaya de lui expliquer pourquoi sa mère la plongeait dans une telle affliction.

— Elle est pessimiste, irritable, impatiente.

— Mais ne regarde pas seulement le mauvais côté des choses, lui conseilla François. Regarde aussi ce qu'elle t'as donné.

— Mais je ne peux pas!

— Et pourquoi donc?

— Parce que je suis comme elle : pessimiste, irritable, impatiente!

Lucille, qui se sentait pourtant rejetée par sa mère, constatait qu'elle lui ressemblait sous plusieurs aspects importants. Ne partageaient-elles pas toutes les deux un même souci quasi maniaque de la propreté? Un défaut plus fondamental inquiétait toutefois Lucille : elle considérait que sa mère avait été incapable d'aimer ses enfants. Avait-elle hérité également de ce travers?

François comprit que Lucille, la femme de tête, volontaire et raisonneuse, cachait une femme dont le besoin d'affection était insatiable. C'est elle qui fut la première, après l'une de leurs sorties, à embrasser François, légèrement décontenancé par sa fougue. Ils continuèrent d'échanger ainsi des baisers jusqu'au jour où ils échangèrent des bagues de fiançailles. Lucille commença alors à se demander sérieusement si elle pourrait faire sa vie avec lui. Elle n'osa pas lui dire qu'il n'y aurait de place dans sa vie que pour un homme, un médecin, qui serait étroitement associé à son rêve de toujours. S'il acceptait de s'expatrier avec elle, «aux Indes» ou ailleurs, elle réussirait peut-être à concilier famille et travail. Elle en toucha mot à sa meilleure amie, Michèle Asselin, dans une lettre datée du 7 avril 1952.

«François est l'homme idéal pour une fille de mon genre qui aurait choisi le mariage. Mais voilà, je n'ai pas choisi le mariage. [...] Si je n'ai pas tout de suite enlevé toute illusion à François, c'est que justement nous avons entrevu la possibilité d'aller pratiquer ensemble, soit aux Indes, soit ailleurs. Je crois que, là-bas, il serait possible d'être à la fois épouse, mère et médecin-missionnaire...»

Michèle, la confidente à qui elle disait tout, pouvait comprendre. Lucille avait l'impression de la connaître depuis toujours. Elles avaient fait leur cours classique ensemble, de 1945 à 1950, au collège Jésus-Marie d'Outremont, le plus prestigieux des collèges pour jeunes filles de l'île de Montréal. Après la période consacrée aux études, elles se donnaient chaque soir rendez-vous pour écouter *Adagio* à Radio-Canada, une émission de musique classique qui favorisait leurs épanchements.

En temps normal, Lucille ne laissait rien paraître de ses émotions. Dans ses bulletins mensuels, son comportement était considéré comme irréprochable. Conduite générale : «presque excellente». Application : «excellente». Initiative : «excellente». Urbanité : «excellente». Lucille n'avait eu qu'un seul petit accrochage avec les religieuses. Pendant une période d'étude, une surveillante l'avait réprimandée parce qu'elle lisait et tricotait en même temps. Lucille avait essayé de se défendre mollement : elle pouvait très bien lire et jeter un œil distrait sur son ouvrage, auquel elle ajoutait des mailles machinalement. Mais la religieuse était sortie de ses gonds :

— Sachez que les communistes arrivent! Et quand ils seront là, mademoiselle, ils s'appuieront sur des jeunes filles comme vous, réfractaires à la discipline et à l'autorité, pour détruire l'Église!

Lucille en était restée bouche bée.

Sous ses allures de collégienne à l'«urbanité» irréprochable, elle se sentait toutefois désemparée face au gouffre qui se creusait entre son milieu d'origine et celui qui l'accueillait. Malgré la démocratie de l'uniforme, son collège abritait des jeunes filles riches, distinguées, sûres d'elles. Lucille avait quitté sa classe sociale mais n'avait pas réussi à se faire une place dans son nouveau milieu. Elle sentait d'ailleurs qu'elle n'y arriverait pas. Jamais, dit-elle un jour à Michèle, elle ne deviendrait une «bourgeoise».

Une religieuse qui avait deviné son trouble lui écrivit un jour une longue lettre.

«C'est vrai, vous êtes "providentiellement" placée à mi-chemin entre votre milieu social et celui de vos compagnes. Pourquoi? Pour servir l'un et l'autre. Votre richesse d'âme vous élève d'emblée au-dessus des jeunes filles égoïstes et inertes à qui le sentiment de solidarité ne dit rien du tout.»

Surprise de se voir si avantageusement comparée à ses camarades, Lucille avait poursuivi sa lecture.

«Parce que vous êtes restée fièrement vous-même, sans morgue, mais sans capitulation, parce que vous n'avez rien abdiqué de ce qui faisait votre véritable supériorité, tout en cherchant à préciser votre idéal, elles se sont inclinées devant vous et vous ont tacitement reconnue comme "un chef". Soyez-le jusqu'à la fin.»

Émue, Lucille n'avait pas très bien compris : elle, «un chef», un modèle? Elle manquait pourtant tellement d'assurance.

«Ce sentiment de responsabilité à l'égard de tous les hommes, vos frères, doit s'exercer surtout envers les chers vôtres. Vous êtes sortie de leurs rangs, oui, mais pour y retourner, enrichie d'un amour très grand et d'une compréhension pleine de sympathie. C'est votre culture qui vous éloigne d'eux, mais c'est elle aussi qui vous permettra de les deviner, de les aider. N'attendez pas qu'ils vous comprennent, ils ne le peuvent pas. Mais allez quand même vers eux avec tout votre cœur et mettez à leur service les dons que vous avez reçus.»

Lucille en avait été ébranlée. L'enseignante s'était adressée à elle comme à une femme investie d'une mission. Elle n'avait pourtant alors que dix-sept ans. Cette lettre d'encouragement ne l'avait pas empêchée d'éprouver une étrange solitude, que son admission à l'université n'avait rien fait pour arranger.

Les vacances estivales venues, François rentrait dans sa famille, à Saint-Jérôme, et écrivait régulièrement à Lucille, qui passait l'été à Repentigny, à quelques minutes de Montréal, où sa famille possédait un chalet. À plusieurs reprises, il l'invita à passer un week-end à la maison de campagne de ses parents, au lac de l'Achigan. Lucille, soulignait-il, n'aurait sûrement aucun mal à convaincre son père de lui réciter des passages des *Lettres de mon moulin*... Déclamés par Me Laroche, dont la voix de baryton convenait si bien au timbre et au rythme du français provençal, les contes de Daudet emballaient Lucille, qui se sentait transportée du nord de Montréal au sud d'Avignon.

«M. Seguin n'avait jamais eu de bonheur avec ses chèvres.

«Il les perdait toutes de la même façon : un beau matin, elles cassaient leur corde, s'en allaient dans la montagne, et là-haut le loup les mangeait...»

Alphonse Daudet lui permettait de s'échapper un moment là-haut, dans un monde littéraire où elle avait de plus en plus envie de se réfugier. Car François attendait désormais un engagement ferme. Il l'avait demandée en mariage. Lucille, qui l'appréciait en tant qu'ami et compagnon, s'était résignée à se demander ce qu'elle ressentait vraiment pour lui. Leurs baisers assouvissaient ce qu'elle appelait pudiquement, comme ses dictionnaires médicaux, «l'instinct», mais elle n'était pas véritablement amoureuse de lui. Alors elle refusa.

En faisant ses adieux à François, elle faisait une croix sur «les Indes», cette chimère d'adolescence qui devait lui permettre de concilier mariage et médecine. Puisqu'elle ne pouvait avoir les deux, elle renoncerait au mariage. Dans une de ses dernières lettres, François laissa éclater sa colère :

« À quoi t'engageais-tu chaque fois que tu m'embrassais ? À rien, bien sûr. Alors que pour moi t'embrasser, c'était exprimer ma fidélité, ma volonté d'être toujours à toi… Temporairement, je ne porterai plus ta bague. Je ne la remettrai à mon doigt, en signe de fidélité ininterrompue, que lorsque tu m'auras prouvé que tu peux m'aimer. Mais, depuis aujourd'hui, je doute que tu sois capable d'aimer vraiment. »

L'amoureux éconduit disait-il vrai ou cherchait-il à se venger ? Lucille était-elle incapable de l'aimer, lui, ou incapable d'aimer ? Était-elle, jusqu'au bout, la fille de sa mère ? Elle ne pouvait pas lui en vouloir. Au contraire, elle croyait que François méritait mieux qu'elle. Sentant qu'il n'y avait pas d'autre issue, elle regrettait toutefois de le faire souffrir ainsi. Car elle savait trop bien ce que c'était que d'être quittée.

Elle l'avait été par Jacques Asselin. C'était le frère de Michèle et l'amour de ses vingt ans. Brun, les yeux bleus, carré, sportif même, plutôt fanfaron, il se savait assez intelligent pour se permettre de faire le pitre. Il avait immédiatement plu à Lucille. Était-ce son physique ou sa désinvolture ? Son assurance, peut-être ? En tout cas, elle l'avait aimé tout de suite. Bohème, anticatholique féroce, c'est lui qui l'avait initiée à Jean-Paul Sartre et à Simone de Beauvoir, à Arthur Koestler et à Henry de Montherlant. Ils se donnaient rendez-vous dans les bars de la rue Ontario, les moins chers de Montréal, ce qui permettait à Lucille d'insister pour payer sa bière. Mais surtout ils se laissaient aller à rire, comme il arrivait peu souvent à Lucille, à rire pour rien, à rire pour rire.

Jacques ne savait pas très bien encore ce qu'il voulait faire dans la vie. Inscrit à l'École normale de Montréal, il passait ses étés en forêt, où il travaillait comme chaîneur dans une équipe d'arpentage de la Commission des eaux courantes du Québec. Une véritable aventure attendait les arpenteurs cet été-là : la baie James. Pour atteindre cette lointaine mer intérieure, ils s'étaient embarqués à bord de canots et avaient recruté des guides de la tribu des Cris. À une soixantaine de kilomètres de leur destination, un jeune membre de l'équipe avait été emporté par les eaux blanches de la rivière Nottaway. Ses camarades n'avaient retrouvé son cadavre que vingt jours plus tard.

Jacques écrivait régulièrement à Lucille, qui attendait impatiemment ses missives venues du Nord. Dans une de ses dernières lettres, il lui avait décrit, malgré la mort de son camarade de travail, la beauté de la rivière Nottaway : «On voudrait toujours avancer jusqu'au prochain tournant pour découvrir d'autres beautés, d'autres images de la vie.» Avancer pour découvrir d'autres beautés? Comme il était différent d'elle! L'eau lui ravissait un coéquipier, et Jacques en voyait néanmoins la beauté.

À son retour à Montréal, Jacques avait recommencé à voir Lucille avec plus d'assiduité. Il la trouvait «d'une finesse exquise», «quasi idéale», mais ne pouvait s'empêcher, dans cette relation qui naissait, d'avoir l'étrange impression de la priver de bonheur. «Je tache ton ciel», lui avait-il écrit, ignorant que son ciel était déjà gris. Ne devinant pas à quel point Lucille était amoureuse de lui, Jacques lui avait annoncé, six mois après le début de leur relation, que c'était fini entre eux :

«Je me trouve hideux. Mais, tu me comprends, je ne puis plus te voir. J'ai été heureux avec toi. Je ne le suis plus. Et je ne sais pas pourquoi. Mais je n'y puis rien. C'est ma nature de détruire. Adieu. Tu te consoleras. On se console bien vite de la perte d'un chien, même s'il fut aimé.»

Ils avaient alors tous les deux vingt et un ans.

Lucille avait aimé Jacques Asselin comme aucun autre et elle avait eu du mal à l'oublier. Leur séparation l'avait plongée dans une douce mélancolie que l'échec de sa relation avec François ne fit qu'aggraver.

Pour sortir de sa torpeur, Lucille donna un grand coup : à vingt-trois ans, elle s'enrôla dans les cadets de l'air. Après les avoir renvoyées chez elles à la fin de la Deuxième Guerre mondiale, l'aviation canadienne recrutait de nouveau des femmes. En devenant officière réserviste, Lucille pourrait désormais assumer ses frais de scolarité, jusqu'alors payés par son père. Cela lui permettrait aussi de voir du pays, et même peut-être de voyager jusqu'aux bases qu'Ottawa maintenait encore en Europe, notamment à la frontière franco-allemande.

Lucille devint un *flight cadet* dont le matricule, 203207W, précisait la particularité : «W» pour *Woman*. Les cinquante jeunes filles ne seraient cependant pas traitées sur le même pied que les garçons. D'abord, il était hors de question pour elles de faire partie du personnel navigant. Qui plus est, elles ne toucheraient que leur solde (cent soixante-dix dollars par mois), alors que les garçons, outre cette rémunération, voyaient leurs frais de scolarité entièrement assumés par le ministère de la Défense. En contrepartie, il est vrai, ces derniers s'engageaient à travailler pendant cinq ans dans l'armée de l'air à la fin de leurs études, une obligation qu'il était impossible d'étendre aux filles puisqu'elles pouvaient en tout temps se marier, ce qui les libérait de toutes leurs obligations légales.

De leur côté, les jeunes filles suivaient dix semaines d'entraînement militaire pendant l'été à la base aérienne de London, en Ontario. En y mettant les pieds, Lucille déchanta vite : le français était interdit. Les Canadiens français n'étaient même pas autorisés à parler leur langue à l'extérieur des cours ! Lucille était stupéfiée. Elle avait été particulièrement irritée par l'arrogance d'une poignée étudiantes qui ignoraient jusqu'à l'existence d'universités de langue française au Québec. Elles pouvaient ne pas savoir. Mais devaient-elles s'en vanter ?

Il fallait faire quelque chose. Lucille en parla d'abord à Colette Dion, une camarade de l'université de Montréal avec qui elle s'était liée d'amitié et qui maîtrisait l'anglais. Ensemble, elles réussirent à rallier les autres Québécoises à leur cause et obtinrent un rendez-vous avec l'officier qui souhaitait les empêcher de parler leur propre langue.

— *Sir*, dit Colette Dion, nous estimons que l'interdiction de parler français est injuste.

— Vous n'êtes pas sans savoir que l'anglais est la langue de l'armée de l'air.

— Peut-être, rétorqua Colette, mais le Canada est un pays bilingue. Même à la Chambre des communes, on parle français. Alors pourquoi nous interdire de le parler entre nous?

— C'est pour vous aider à mieux apprendre l'anglais, dit l'officier.

— Mais comment des Canadiennes françaises vont-elles enseigner l'anglais à d'autres Canadiennes françaises?

— Bon, ça suffit! conclut l'officier. Parlez français entre vous si cela vous amuse, mais pas dans les cours.

Lucille essayait souvent de répéter la phrase qu'on lui avait conseillé de dire pour apprendre à prononcer le *th* anglais : «*Thirty-three men came into my room last night. I threw out thirty-two and kept the thirty-third.*» (Trente-trois hommes sont entrés dans ma chambre hier soir. J'en ai chassé trente-deux et j'ai gardé le trente-troisième.) Mais cette langue lui donnait décidément beaucoup de mal. Il est vrai que la présence d'aviateurs français qui s'entraînaient alors à la base aérienne de London, la France faisant encore partie du commandement militaire intégré de l'Otan, donnait parfois aux Québécoises l'occasion de parler autre chose que l'anglais…

À l'issue de cette formation de dix semaines où elle apprit notamment le maniement des armes, Lucille fut envoyée à la base de Saint-Jean, au sud de Montréal, où elle travailla à l'infirmerie. Les recrues étant en parfaite santé, son travail consistait surtout à les vacciner, à soigner quelques rhumes et à éloigner les drôles qui feignaient un malaise pour s'approcher de la belle étudiante en médecine.

L'été suivant, toutefois, mutée à la base de Summerside, dans l'île du Prince-Édouard, Lucille fut mise en présence d'*airwomen* qui la ramenèrent à une réalité plus dure et plus triste. Pour singer leurs camarades masculins, des femmes jouaient aux cartes le torse nu en s'enivrant. Lucille avait connu des ouvriers qui, le samedi venu, buvaient jusqu'à l'inconscience. Cela la désolait. À cette base, elle avait cependant l'impression de côtoyer non pas des pauvres mais des misérables déterminées à s'abaisser. Leur manque de dignité éprouvait son courage et sapait sa résistance.

Lucille était pourtant bien entourée. Les infirmières tentèrent de l'intégrer à leur cercle. Le médecin de la base, le meilleur avec qui elle eût jamais travaillé, prodiguait volontiers des conseils. Des recrues masculines lui faisaient une cour empressée. Mais Lucille, se sentant de plus en plus abattue, ne pouvait que garder ses distances. Elle écrivit à son amie Michèle Asselin, qui passait l'été à Gethsémani, sur la Côte-Nord, où elle enseignait à des Amérindiens montagnais. Elle lui parla de ses difficultés, à commencer par son manque d'assurance, qu'elle attribuait à sa mère.

«Je n'arrive pas à surmonter la gêne et la sensation d'impuissance qui me cloue dans ma chambre pendant mes heures de loisir : impuissance à apprendre l'anglais, à me lier d'amitié. [...] Tu sais comme moi que j'ai toujours manqué de confiance en moi. [...] Michèle, c'est affreux, je suis maintenant convaincue que je ne pourrai jamais faire un médecin, même médiocre.»

Michèle lui répondit aussitôt :

«Lucille, je le crierais sur les toits : Dieu t'a donné des possibilités rares. Ne regarde pas seulement le mauvais côté de ta vie; vois plutôt ce que tu as reçu, ce que tu as. Ta mère, ta mère! Mais ta mère va mourir et ta vie sera perdue! C'est tant mieux si tu t'aperçois que tu lui ressembles. Aussi jeune, tu peux tout de suite réagir et faire le bonheur des autres, contrairement à ce qu'elle a fait. De grâce, ne t'accable pas d'introspections douloureuses, pernicieuses. Marche!»

Lucille décida de marcher. Elle demanda et obtint son transfert de la base de Summerside. À la fin de l'été, elle avait accumulé assez d'argent pour assumer elle-même ses frais de scolarité, mais son père insista pour continuer de la défrayer. Ayant donc moins besoin d'argent, elle décida qu'elle ne retournerait plus jamais à aucune base de l'armée de l'air et qu'elle se consacrerait plutôt aux études.

Après sa quatrième année de médecine, déjà interne à l'hôpital Sainte-Justine, elle commença à passer chaque mois d'août dans une colonie de vacances pour enfants infirmes que l'hôpital entretenait au lac Pierre, tout près de Saint-Alphonse de Joliette, au nord-est de Montréal. Responsable des services médicaux, elle prodiguait des soins à des centaines d'enfants handicapés, mais peu malades. Un photographe de *La Presse* de Montréal avait réussi à la convaincre de se laisser embrasser par un garçon en fauteuil roulant.

«La reconnaissance n'est pas toujours un vain mot, précisait la légende de la photo. Le docteur Lucille Teasdale, prêtée par Sainte-Justine au camp d'été des enfants infirmes, en sait quelque chose. Mlle Teasdale reçoit ici le baiser réconfortant du jeune Serge Guilbault, douze ans, qui a perdu les deux jambes lors d'un tragique accident survenu à Lachine, l'an dernier, et qu'elle avait elle-même traité lors du séjour que le garçon fit à l'hôpital.»

Lucille recevait moins de reconnaissance de sa propre mère. Cette dernière l'appelait constamment à son chevet pour son arthrose. Elle ne pouvait que lui prescrire un analgésique et constater qu'elle souffrait, en fait, d'un mal encore plus difficile à soigner. Elle n'avait plus besoin de l'ausculter ni de lui conseiller d'autres analyses. Sa mère était hypocondriaque. Lucille était chirurgienne, pas psychiatre, et se sentait impuissante. Certes, sa mère n'allait pas bien. Surtout depuis que ses enfants s'étaient définitivement éloignés du foyer. De plus en plus souvent seule, elle continuait de perdre goût à la vie et répétait inlassablement :

— Je serais bien mieux morte ! Si je n'avais pas peur de paraître devant le bon Dieu, j'irais me jeter au bout du quai !

Sa mère réécrivait sa propre histoire en la noircissant chaque fois un peu plus. Si c'était à refaire, disait-elle, elle n'aurait plus d'enfants. Son dépit et sa frustration semblaient sans bornes. Face à la dépression qui la guettait, elle avait baissé les bras. Une grimace triste travestissait son visage, que Lucille se mit à détester.

En mai 1956, Lucille reçut une lettre de Barisal, au Pakistan oriental. François lui annonçait qu'il réalisait, lui, son vieux rêve d'exercer «aux Indes». Il œuvrait dans la mission catholique d'une région ravagée par les inondations et la famine. Deux ans plus tard, il lui envoya une toute dernière missive, un aérogramme dont le timbre représentait un sablier qui la replongea dans un passé dont les blessures se cicatrisaient mal.

«Non, bien sûr, l'éloignement n'a rien changé à notre amitié, et j'ai encore aussi vivace qu'autrefois le sentiment de notre profonde intimité, le sentiment de te connaître comme Dieu te connaît, de toute éternité. Je connais ta parfaite honnêteté, je connais le désespoir de la prunelle de ton œil.

«Quelqu'un m'a dit que tu aimais trop ardemment. Moi, je sais surtout que tu as beaucoup souffert, et je crois à ta grande volonté de sincérité, d'honnêteté, de pureté. Je voudrais bien t'encourager et t'aider à te surpasser, à être plus entièrement fidèle à ce qu'il y a en toi de meilleur.

«Avec ta capacité de compatir à la souffrance des autres, il me semble que tu pourrais être d'un grand secours. Qu'est-ce qui rend ta vie triste? Tu es faite pour de grandes choses; mais tu n'as pas trouvé à quoi, à qui te donner. Ta vie est-elle faite pour une croix?»

Lucille ne pourrait pas lui répondre. François appartenait, comme les autres, au passé. Elle n'aimerait plus, ne se laisserait plus aimer. Elle s'isolerait, se confinerait dans l'atmosphère contrôlée et aseptisée de l'hôpital, où elle se consacrerait aux malades pour mieux s'oublier. Aux patients, elle pouvait tendre sans cesse la main, mais avec tous les autres, comme elle l'écrivit à Michèle, elle garderait ses distances.

«Les gens me font peur. Il est trop difficile de me découvrir, de me livrer. Tant pis pour moi. Je veux désormais me suffire à moi-même; pour cela, j'ai mes études, mes livres. Peut-être arriverai-je un jour à étouffer toute la sensibilité et la sensualité qui me font la vie impossible.»

Pour la consoler, Michèle lui envoya une citation du père Antonin-Gilbert de Sertillanges qui lui semblait destinée.

«Les faibles pensent à ce qu'il leur faudrait pour agir et pour vivre. Les forts pensent à agir et à vivre avec ce qu'ils ont.»

Lucille ne se reconnaissait pas dans cette description des faibles : elle agissait et elle vivait. Mais était-elle forte pour autant? Elle pensait à agir, certes, mais avait du mal à accepter de vivre avec ce qu'elle avait. Elle en déduisit qu'elle était peut-être forte et faible à la fois.

8

Sept roses

Il faut savoir «fuir en avant».

Jean-Pierre Bex,
*Principes et techniques de base
de la chirurgie moderne.*

Piero descendit à l'aéroport de Linate, à Milan, où son frère Giovanni était venu l'attendre. Les nouvelles n'étaient pas bonnes. Leur père se faisait du souci pour l'opération qu'il devait subir, et il serait ravi de le savoir de retour. Sur la route de Besana, Giovanni essaya de changer de sujet.

— Et alors, cette fille que tu nous a présentée à Noël, la Canadienne... Comment va-t-elle ? Tu n'en parles pas.

— Que veux-tu que je te dise ? demanda Piero. Elle travaille bien et fort.

— Oui, ça, tu nous l'a déjà écrit. Mais encore ? Vous vivez ensemble depuis deux mois ! Es-tu amoureux d'elle ? Vas-tu la demander en mariage ?

— C'est déjà fait, soupira Piero.

— Félicitations !

— Pas trop vite, interrompit Piero. Elle m'a dit non. Pas vraiment non, mais, bon, pas vraiment oui non plus.

— Comment ça, non ? demanda Giovanni. Elle te connaît depuis des années. Vous vous êtes rencontrés au Canada, non ?

Elle est allée te retrouver en Afrique. Elle a passé deux mois avec toi. Elle a rencontré toute ta famille. Et elle ne veut pas t'épouser?

— J'ai commencé par lui faire la cour, bredouilla Piero, et je l'ai demandée en mariage il y a quelques jours, mais, bon, peut-être un peu brusquement.

— Mais comment t'y es-tu pris? Je ne suis pas allé à l'université aussi longtemps que toi, mais vais-je devoir te faire la leçon? En tout cas, ne retiens qu'une seule chose de cette conversation : si tu ne réussis pas à épouser cette fille, tu es et seras, aujourd'hui et pour toujours, un imbécile!

Giovanni, qui avait fixé la route, jeta un coup d'œil sur son frère, et ils éclatèrent de rire.

Lucille rejoindrait Piero en Italie, où elle s'arrêterait pour quelques jours, car elle devait de toute façon passer par Rome pour rentrer à Marseille. À l'hôpital de Lacor, elle fit ses adieux aux religieuses et aux aides-infirmières qui l'avaient épaulée depuis son arrivée. Pour la remercier, Anna Pia lui offrit une sculpture en ébène, que Lucille refusa.

— C'est contre les principes des guides! dit-elle en riant. J'étais là pour rendre service. Je ne peux rien accepter en échange.

Elle ne lui dit pas qu'un retour à Gulu n'était pas totalement exclu, car sa liaison avec Piero était restée secrète. Malgré ses interrogations sur sa vie amoureuse, Lucille quittait l'Ouganda rassérénée : elle était fière de l'expérience acquise. Elle s'était prouvé à elle-même qu'elle pouvait être à la hauteur. Elle confia l'hôpital à Gianni Busatto, un médecin italien qui avait accepté de prendre la relève jusqu'au retour de Piero, et elle partit pour Rome.

Lucille et Piero passeraient trois jours dans la capitale italienne avant de se rendre à Milan et à Besana. Ils repartiraient ensuite chacun de leur côté : Lucille pour prendre ses affaires à Marseille et monter à Paris, Piero pour rentrer en Ouganda.

Piero se présenta à l'aéroport Leonardo Da Vinci à l'aube, deux heures avant l'arrivée du vol de Lucille, sept roses rouges à la main. Il attendit son amie avec fébrilité car son court séjour en Italie allait être déterminant, pour un mariage éventuel et pour l'avenir de l'hôpital. Quand une voix féminine annonça l'arrivée du vol en provenance de Nairobi, Piero piaffait déjà d'impatience, et il se sentit pâlir en apercevant Sonia Busatto, épouse de Gianni, le médecin qui le remplaçait à l'hôpital. Elle avait pris le même vol que Lucille.

— *Ciao,* Piero! Quelle surprise! Ça va?

— Oui, oui, ça va, bredouilla-t-il.

— Mais que fais-tu à Rome? demanda Sonia en apercevant les fleurs.

— Je suis venu accueillir... euh... Lucille...

— Bon, alors, je te laisse, dit-elle en devinant ce qu'il tramait. J'ai une correspondance pour Venise dans quelques minutes. Tu salueras Lucille de ma part... *Ciao!*

Elle était déjà loin quand Piero aperçut Lucille qui franchissait la douane et semblait scruter les visages de la foule qui se pressait aux arrivées, à la recherche de Piero. Elle ne le repéra pas du premier coup d'œil, mais comprit que l'homme en veste de bonne coupe, c'était lui. Elle avait failli ne pas le reconnaître, tellement elle était habituée à le voir en blouse blanche! Malgré les dix heures du vol de nuit, malgré le poids des bagages, elle était souriante, radieuse. Elle s'approcha de lui, et ils échangèrent de brèves salutations avant de s'embrasser avec plus d'amitié que de fougue.

— Si tu veux que je t'aide à porter tes valises, plaisanta Piero, tu vas devoir m'aider à porter les fleurs.

Il lui tendit les roses, qu'elle s'empressa d'accepter. Dans le taxi, il lui expliqua qu'il avait retenu deux chambres dans un hôtel du centre historique de Rome, et qu'il lui avait préparé un petit programme — Colisée, son et lumière au Forum, jardins et fontaines de Tivoli, la plage d'Ostia —, si cela pouvait l'intéresser...

Lucille n'avait jamais vu Piero aussi attentionné, et elle se dit qu'il n'était pas dénué de charme. À l'hôtel, elle constata qu'un second bouquet de sept roses l'attendait dans sa chambre. Si elle avait pu douter un instant des sentiments de Piero, elle devait s'ouvrir les yeux : il était amoureux. Il avait traversé la moitié de la péninsule italienne pour l'accueillir à Rome !

Il n'était peut-être pas l'homme dont elle avait rêvé, mais elle l'aimait. Maintenant elle le savait, oui, elle l'aimait. Elle se demandait cependant si elle devait permettre à ce sentiment d'éclore en elle ou l'étouffer, car épouser Piero l'obligerait à faire une croix sur quantité de choses : sa carrière canadienne, sa famille, ses amis, sans parler des distractions, le cinéma, le théâtre, les concerts, dont elle profitait somme toute peu souvent mais qu'elle appréciait néanmoins. Et son examen final ? Il est vrai qu'elle n'avait pas besoin de diplôme de maîtrise pour faire de la chirurgie dans un hôpital de brousse. Cela signifierait toutefois que ses longues années d'internat ne seraient jamais sanctionnées par l'université.

En revanche, Lucille ne s'était jamais mieux entendue avec qui que ce soit. Elle et Piero partageaient le même idéal humanitaire, la même conception de la médecine. L'Afrique, et non «les Indes», permettrait peut-être ainsi à Lucille de réaliser son rêve de jeunesse : une vie de médecin, d'épouse et de mère.

Piero avait tenu à lui montrer la place du Capitole, tracée par Michel-Ange. Qui avait mieux que lui fait le lien entre la Rome des Césars et celle des papes ? C'était hélas pourquoi l'Italie des vieilles pierres provoquait chez Piero un vague sentiment d'étouffement : tout avait déjà été dit, écrit, peint, sculpté, construit, érigé. Comment surpasser Michel-Ange ? Il ne restait plus qu'à ployer respectueusement le genou devant les millénaires, alors que l'Afrique restait à bâtir. Voilà pourquoi Piero s'y sentait libre. Il prit Lucille par la main et ils se baladèrent à l'ombre des colonnes du temple de Saturne.

Le lendemain, ils prirent le train pour Besana, où toute la famille Corti, qui voyait d'un bon œil le mariage éventuel de leur fils à l'*Americana*, les attendait de pied ferme, bien qu'officiellement personne ne fût au courant de rien... Sa famille commençait à craindre que Piero, tout de même âgé de trente-cinq ans, ne fût condamné au célibat. Giovanni avait donc alerté tout le monde : il ne fallait rien dire, mais il fallait entourer le couple de toutes les attentions. Piero pensa que, s'il ne réussissait pas à convaincre Lucille, sa famille saurait peut-être, elle, la conquérir.

Les parents de Piero accueillirent Lucille comme leur propre fille, et celle-ci se sentit, cette fois-ci, tout à fait à l'aise. Poursuivant son offensive touristique, Piero emmena Lucille au lac de Côme. Elle n'avait jamais vu un tel lac. Piero avait beau dire qu'il mesurait plus d'une centaine de kilomètres et que c'était l'un des plus grands d'Italie, Lucille le trouvait mignon. Encaissée dans les Alpes, cette étendue d'eau bleue semblait si sage, si docile, qu'elle ne pouvait résister à son charme suranné. Les pavillons Belle-Époque ressemblaient à des maisons de poupée posées autour d'un miroir. Sous un ciel de carte postale, Lucille se sentit métamorphosée. La femme parfois froide et raisonneuse cédait sa place à une autre, à «la vraie Lucille», écrivit-elle plus tard à Piero.

Le lendemain, il la reconduisit à la gare de Milan, où elle devait prendre le train pour Marseille. Sur le quai, il sentit tout à coup le temps lui filer entre les doigts. Depuis l'arrivée de Lucille en Italie, il n'avait pas une seule fois prononcé le mot «mariage», n'ayant pas voulu risquer de la brusquer encore une fois, mais il n'y avait plus de temps à perdre. Comme le train s'apprêtait à partir, il lui demanda si elle avait réfléchi à sa proposition. Lucille ne répondit pas. Malgré le brouhaha du quai, il scruta son visage à la recherche d'une lueur, d'un espoir. Sereine mais silencieuse, Lucille se contenta de le regarder dans les yeux. Un contrôleur annonça la fermeture des portes et, secouée par le sifflet, Lucille trouva enfin les mots, les seuls qu'elle pouvait alors lui destiner :

— Je te promets qu'un jour nous nous reverrons à Gulu.

Elle l'embrassa rapidement et monta dans le train. Les portes se refermèrent. Piero aurait voulu la suivre du regard tandis qu'elle gagnait son compartiment, mais le train filait déjà sur les rails. Piero fit demi-tour, triste et tourmenté. Elle n'avait pas dit non, mais sa réponse ne lui inspirait rien de bon. Elle avait dit «un jour». Mais quand? Et dans quelles circonstances? En amants, en époux, en camarades de travail? Sentant qu'il était peut-être à blâmer, car il avait été vraiment trop gauche à Gulu, Piero se mit en colère et rentra à Besana à toute vitesse. Il se rappela que Lucille lui avait déjà reproché de conduire trop vite. Tant pis!

Dans le train de Marseille, Lucille réfléchissait aussi. Entre deux tunnels, elle regardait défiler les plages de la Riviera italienne, partiellement submergées par de récentes inondations. Mais c'est la mer qui attirait son regard. De l'autre côté de la Méditerranée se trouvait l'Afrique, qu'elle essaya en vain de deviner au loin. Son avenir l'attendait peut-être là-bas, de l'autre côté de la Grande Bleue, aux côtés de Piero. Mais combien de fois au juste lui avait-il dit «je t'aime»?

À l'hôpital de la Conception, on l'accueillit à bras ouverts. Collègues et copains lui firent comprendre qu'elle leur avait manqué, et, pour la punir de cette trop longue absence, menacèrent de lui chanter la redoutée *Chanson de l'hôpital Saint-Louis* :

> *À l'hôpital Saint-Louis,*
> *Dans la fosse aux tumeurs...*

— Non! Pitié! supplia Lucille en riant.

Elle était ravie d'être de retour, ne serait-ce que pour la camaraderie. Mais, très rapidement, elle fut obligée d'admettre qu'elle pensait souvent, même constamment, à Piero. Elle s'imaginait ce qu'il dirait de ce qu'elle voyait, faisait, entendait. (Les chansons grivoises lui déplaisaient sûrement, en tout cas!) Piero s'insinuait entre elle et le monde extérieur, et toute sa perception du monde se trouvait enrichie de cette autre sensibilité, plus idéaliste, plus optimiste, qui se superposait à la sienne. Lucille devait se rendre à l'évidence : Piero lui manquait terriblement. Même le cinéma l'ennuyait. En compagnie de Françoise de Gasquet, elle était allée voir *Aimez-vous Brahms?*, qu'elle avait trouvé idiot. Après le film, Françoise lui avait demandé si ses parents n'allaient pas être déçus d'apprendre que Lucille vivrait si loin d'eux. Elle ne s'était jamais posé la question, qui lui sembla des plus incongrues.

Une idée surgit soudain en elle : et si elle ne le revoyait plus jamais? Ne plus jamais revoir Piero? Cette pensée lui fut insupportable. Ne plus jamais l'étreindre, ne plus travailler à ses côtés? Elle devait se rendre à l'évidence : elle l'aimait comme elle ne croyait plus pouvoir aimer. Elle lui téléphona donc à Besana, où il était sur le point de repartir pour l'Ouganda. C'était oui! Oui au mariage, et oui à l'Afrique! Elle retournerait à Gulu, ferait sa vie avec lui, l'épouserait. Elle n'avait qu'une seule condition : ils devaient se marier le plus vite possible. Elle voulait vivre son amour au grand jour, sans avoir à se dérober au regard des religieuses.

Piero était fou de joie! Il se chargerait des préparatifs.

Lucille vivait un bonheur comme elle n'en avait jamais connu et, transportée de joie, s'abandonnait à une douce obsession : Piero. Pour avoir l'impression d'être plus près de lui, elle recommença à aller à la messe, moins par conviction que parce qu'elle pouvait penser à lui pendant une heure entière sans être distraite par quoi que ce soit. Quand un plastiquage, revendiqué par le Front de libération national algérien, endommagea un immeuble de Marseille devant lequel elle passait régulièrement, une peur nouvelle surgit en elle : et si elle devait par malheur être empêchée de revoir Piero?

Elle ne pouvait se l'imaginer, car elle ne voyait plus que le bonheur, la relation idyllique où pointait une seule véritable inquiétude : la maternité. Son désir d'avoir un enfant était immense, mais une crainte sourde et profonde l'habitait. Ses futurs enfants éprouveraient-ils pour elle les mêmes sentiments qu'elle avait éprouvés pour sa mère? Elle préférerait renoncer à la maternité plutôt que d'avoir des enfants qui la détesteraient. Elle craignait encore et toujours de ressembler à sa mère, qu'elle considérait comme égoïste, mais elle se dit que Piero saurait l'en protéger. Elle commença à lui écrire une série de lettres, notamment un aérogramme daté du 3 octobre 1961 et dont la franchise le bouleversa.

«Piero, mon amour, dis-moi que tu sauras me défendre contre moi-même et contre mes fantômes, que tu sauras me guérir de mon pessimisme morbide et de mes angoisses. Je te dis ça parce que je suis angoissée présentement, malgré mon grand bonheur tout neuf. Mais je sais bien que si j'étais près de toi, tu saurais me calmer, me bercer de tes paroles sages et douces. Piero, je ne suis pas la femme forte, indépendante et froide dont je donne le spectacle depuis quelques années. Je suis une petite fille qui, à certains points de vue, a oublié de grandir, une petite fille qui a enfin trouvé quelqu'un à qui donner la main pour marcher dans la vie. Piero, je t'aime. Si tu savais comme je suis désemparée sans toi.»

À Gulu, à la tombée du jour, grillant cigarette sur cigarette, Piero répondait longuement aux lettres de Lucille. Soulagé d'apprendre qu'elle avait, écrivit-il, «percé la muraille qu'elle avait bâtie» de ses propres mains autour d'elle, il cherchait surtout à la rassurer en lui redisant son amour :

«Je n'arrive pas à mettre dans une lettre ce que j'ai dans le cœur; il me faudrait une nuit de cent heures, les lèvres collées à ton oreille, pour réussir à t'en chuchoter une petite partie.»

Il lui donnait aussi des nouvelles des patients. Il avait dû opérer lui-même un garçon pour une hernie inguinale, et, doutant du succès de l'intervention, s'était juré de ne plus jamais opérer, sauf en cas d'urgence. Heureusement que Fortunato Fasana, un chirurgien italien que Piero avait rejoint en Inde deux ans auparavant, avait accepté de lui donner un coup de main à l'hôpital de Lacor. Lui aussi travaillait toute la

116

journée avant d'écrire, le soir venu, à son amoureuse, une sœur de Piero, Angela, qu'il souhaitait épouser et convaincre de s'installer en Inde. Piero, qui connaissait Fortunato de longue date, n'était pas peu fier de les avoir présentés l'un à l'autre, car il débordait d'admiration pour le collègue qui deviendrait un jour son beau-frère.

Ancien partisan antifasciste blessé dans un maquis, Fortunato s'était embarqué pour la Chine après la défaite allemande. Il avait exercé à Hweitseh, au Yunnan, province chinoise coincée entre la Birmanie anglaise et l'Indochine française, où il avait soigné des victimes de la peste bubonique et des jeunes filles aux pieds bandés qui tentaient de se suicider à l'opium.

Après la proclamation de la République populaire par Mao, le 1er octobre 1949, la famine frappa durement. Sans vivres ni médicaments, Fortunato ne pouvait plus ni soigner ni opérer. Après trois années de travail acharné, au cours desquelles il avait vu environ quarante mille malades, vacciné vingt mille personnes et pratiqué cinq cent vingt interventions chirurgicales, il n'avait plus qu'à rentrer en Italie.

En guise de remerciement, il reçut du commandement militaire de Hweitseh un drap de soie où étaient brodés les noms des officiers de l'Armée du peuple qu'il avait soignés, et un drapeau rouge où on avait calligraphié un texte le remerciant pour ce qu'il avait fait pour le peuple chinois. Loin d'être symboliques, ces cadeaux lui seraient d'une grande utilité car il devait encore traverser la Chine, un voyage de quatre mille kilomètres qu'il effectua à cheval, en train et en bateau dans un pays où les étrangers, considérés comme des agents de l'impérialisme, n'étaient plus les bienvenus.

Il s'était par la suite installé à Marikunnu, dans le sud de l'Inde, pour y travailler dans un hôpital tenu par des jésuites, dont il assurait la gestion. Ce fut d'ailleurs un conseil qu'il donna à Piero et que ce dernier n'oublia jamais : «C'est aux médecins de diriger les hôpitaux, pas aux prêtres.»

Des religieux pouvaient être tentés d'utiliser un hôpital privé pour financer leurs œuvres au sens large, au lieu d'y réinvestir les bénéfices éventuels.

Le nombre de patients à Gulu ne cessait d'augmenter. Piero s'expliquait mal l'arrivée d'un nombre croissant de musulmans. Il finit par comprendre que la patiente à qui Lucille avait donné de son sang était musulmane et que ce geste avait de toute évidence impressionné ses coreligionnaires, qui se tournaient désormais volontiers vers l'hôpital catholique, alors qu'ils pouvaient se faire soigner gratuitement à l'hôpital public de Gulu.

Piero avait du mal à saisir le rapport des patients à l'argent. Pourquoi semblaient-ils préférer l'hôpital de Lacor ? Craignaient-ils que des soins gratuits soient moins bons ? Ou n'était-ce que par fierté ? Certains avaient même déjà quitté l'hôpital avant la fin de leur traitement parce qu'ils n'avaient plus de quoi payer, plutôt que d'accepter de s'y faire soigner gratuitement.

Ces considérations ne s'étendaient pas toutefois aux enfants, qui étaient traités gratuitement d'office, les moindres honoraires pouvant avoir un effet dissuasif. Trois enfants sur dix mouraient avant l'âge de cinq ans. Ils souffraient d'une longue liste de maladies infectieuses qui s'ajoutaient au plus grave et au plus banal de leurs problèmes, la diarrhée. Elle affaiblissait, déshydratait et emportait chaque année des enfants qui auraient eu la vie sauve si l'eau qu'ils avaient bue avait été propre, c'est-à-dire s'ils avaient été moins pauvres.

Heureusement, des vaccins bon marché avaient déjà fait reculer la diphtérie, le tétanos et la rougeole dans le nord de l'Ouganda. Mais le vaccin contre la méningite cérébrospinale, qui s'y propageait facilement, coûtait trop cher pour qu'on puisse l'administrer sur une grande échelle. Fortunato devait donc faire au moins trois ou quatre ponctions lombaires chaque semaine. Lucille reprendrait le collier à son retour en Ouganda avant son mariage, prévu pour le 5 décembre 1961.

De Marseille, elle s'était rendue à Paris pour prévenir l'hôpital des Enfants-Malades qu'elle ne pouvait accepter l'internat en chirurgie qu'on lui avait proposé, croyant libérer un poste qui pourrait maintenant être comblé par un autre médecin canadien. Elle avait rendez-vous avec le professeur Raoul Kourilsky, le responsable des médecins résidents canadiens à Paris, qui la fit attendre une heure avant de la recevoir. À cause de la grève du métro, elle avait pourtant, pour être bien certaine d'être à l'heure, pris un taxi qui lui avait coûté mille francs! En entrant dans son bureau, elle fut immédiatement prise à partie par le professeur, qui lui reprocha d'abandonner un poste qui ne pourrait plus être offert à un autre candidat et lui fit subir un véritable interrogatoire. Pourquoi renonçait-elle à son poste au juste? À quelle date quitterait-elle Paris? Pour se rendre dans quel pays exactement? Y effectuer quel type de médecine? Pour le compte de quelle organisation? Et quelle était donc la date de son mariage? Et la nationalité de son «fiancé»?

Irritée par le regard de son interlocuteur, ébranlée par ses questions, Lucille commença à pleurer. Elle qui n'avait pas versé une larme depuis des années s'était mise à sangloter, sans même essayer de se retenir, dans le bureau du professeur Kourilsky. Et plus elle pleurait, plus elle était intérieurement ravie : elle avait donc retrouvé sa sensibilité d'adolescente. Elle écrivit à Piero dès le lendemain, le 19 octobre 1961.

«Depuis des années, je ne savais plus pleurer. J'essayais de me convaincre que c'était une très bonne chose, mais je crois qu'au fond je le regrettais un peu. Il me semble qu'on vit plus intensément quand on est capable de s'émouvoir, même pour les petites choses. C'est à toi, Piero, que je dois d'avoir retrouvé mon âme d'enfant.»

Lucille ne s'attarda pas à Paris, une ville grise qui, sans Piero, lui semblait sans intérêt. Même tout l'art du Louvre ne réussit pas à capter son attention. Elle sortit du musée après quelques minutes pour aller lire les lettres de Piero aux jardins des Tuileries. Elle alla ensuite au théâtre voir *Cher menteur*, d'après la correspondance de George Bernard Shaw, avec Pierre Brasseur et Maria Casarès, mais n'en retint qu'une seule réplique : «Je ne vous demande pas de m'embrasser parce que la vie est trop courte pour la sorte de baiser que j'imagine.»

Il était temps de fuir la France et Lucille prit le train pour Besana, où l'attendaient les Corti. L'invitation l'avait d'abord étonnée, mais ils avaient insisté. Puisqu'ils ne pouvaient assister au mariage, ils tenaient à organiser des fiançailles, même en l'absence de Piero, qui, prévenu tout de même, chargea son frère Achille d'une commission.

— Achète-lui une bague, lui demanda-t-il, avec un diamant, petit et simple, mais le plus pur possible.

Lucille, de son côté, lui avait demandé la taille de son annulaire gauche pour savoir la dimension de l'alliance qu'elle devait lui acheter. Il suffirait de lui envoyer un bout de ficelle. Elle se rendit à Milan, où elle dénicha des alliances en or jaune et plat qu'Angela, qui l'accompagnait, refusa de lui laisser payer.

Le dimanche des fiançailles, le 31 octobre 1961, toute la famille s'était donc réunie au domaine des Corti, qui débordait de roses rouges. C'est toutefois le plus petit des bouquets, sept roses offertes par Piero, qui retint l'attention de Lucille, vêtue d'une robe en angora rose. Ces fiançailles sans fiancé étaient pour elle une rude épreuve. Toujours aussi timide, elle détestait être le centre d'intérêt. Mais ses futurs neveux avaient commencé à l'appeler *zia* (tante), et elle sentait qu'elle serait vite intégrée au clan des Corti.

Le père de Piero déclama un passage des *Fiancés*, son livre préféré, le roman d'Alessandro Manzoni dont il connaissait des pages entières par cœur. Il aimait à s'imaginer que cette histoire de fileurs de soie qui se passait dans la Lombardie du XVIIe siècle était celle de sa famille. C'était en réalité le seul roman qu'il eût jamais lu, puisqu'il rendait tous les autres, aimait-il à dire en plaisantant, inutiles. Et c'est dans son dernier chapitre qu'il avait puisé une de ses maximes préférées : «Si l'on pensait moins à être bien qu'à faire le bien, on finirait par aller mieux.»

La mère de Piero glissa la bague de fiançailles au doigt de Lucille dans un silence ému avant que n'éclatent les vivats et les applaudissements et que ne sautent les bouchons de champagne. L'anneau, se dit Lucille, était beaucoup trop beau pour une femme de médecin missionnaire! Mais embrassée, cajolée, célébrée, elle se sentait heureuse de recevoir une affection qui lui avait, chez elle, si souvent manqué.

Pendant la réception, Giovanni demanda à sa future belle-sœur si elle accepterait de lui rendre un service. Il lui expliqua que ses douleurs aux jambes étaient dues à un trouble des artères. Il avait déjà consulté les plus grands spécialistes d'Europe, qui lui avaient tous conseillé de se faire opérer, ce qui l'angoissait. Il avait donc demandé un ultime rendez-vous, cette fois-ci avec le docteur Michael DeBakey, l'éminent cardiologue de Houston et futur médecin de Boris Eltsine. Il y avait toutefois un hic : ni lui ni sa femme, qui devait l'accompagner, ne parlaient un seul mot d'anglais. Il savait que Lucille devait se rendre à Montréal pour voir ses parents avant de s'installer définitivement en Afrique. Accepterait-elle de leur servir d'interprète au Texas et de se joindre à eux tout de suite après en Floride, où ils passeraient quelques jours de vacances? Il allait de soi que Giovanni assumerait tous les frais. Lucille accepta. Par sens du devoir. Elle avait toujours rêvé de voyages, mais ce déplacement l'éloignerait encore un peu plus de l'être aimé.

Après les fiançailles, les Corti se rendirent, puisqu'il s'agissait du dimanche précédant le jour des Morts, au cimetière de Besana, où ils se recueillirent sur la tombe de leurs proches avant de rentrer à la maison pour manger, comme le voulait une tradition lombarde, des châtaignes rôties. Lucille n'avait jamais rien vu de tel et, surtout, n'avait jamais vu une famille si unie. Elle était bouleversée, même si elle s'appliquait à n'en rien laisser paraître, par les nombreuses marques d'affection de la mère de Piero, qu'elle ne pouvait s'empêcher de comparer à la sienne. Incapable d'exprimer sa reconnaissance parce que trop émue, elle demanda à Piero, dans une lettre datée du 3 novembre 1961, de la remercier en son nom.

«Heureusement que je n'ai pas une mère comme la tienne car je n'aurais jamais pu t'épouser : en effet, je n'aurais jamais pu me résigner à vivre loin d'elle. Piero, si jamais on a des enfants, il faut que tu m'aides à devenir une mère comme la tienne.»

Le lendemain, Lucille prit l'avion pour Montréal. Mais elle tenait à annoncer de vive voix son mariage à sa famille, à son père surtout, qui ne pourrait pas, lui non plus, y assister. Elle s'expliquait mal ce besoin, mais savait qu'il était né de son amour pour Piero, un homme qu'elle aimait encore plus que son père, mais qui l'en rapprochait. Ses parents allèrent la chercher à l'aéroport de Dorval. Étonnés de la voir débarquer inopinément, ils lui demandèrent ce qui se passait. Lucille leur expliqua qu'elle n'allait plus à Paris.

— Et pourquoi pas ? demanda son père.

— Parce que je retourne en Ouganda.

— Ah bon ? s'étonna sa mère.

— Oui. Piero m'a demandé en mariage et j'ai accepté.

— Félicitations, ma fille ! s'exclama son père. Pour une nouvelle, en tout cas, c'en est toute une ! Je vous souhaite beaucoup de bonheur !

— C'est pour quand ? demanda sa mère.

— On ne sait pas encore exactement.

— Vous allez vous marier où ?

— On ne sait pas encore non plus. Cela dépend de la date de mon retour...

Lucille se rendit à l'hôpital Sainte-Justine pour annoncer qu'elle déclinait le poste qu'on lui avait offert et faire ses adieux à ses collègues. À son mentor, Pierre-Paul Collin, elle commença par expliquer qu'elle s'installait définitivement en Ouganda, qu'elle signerait un premier contrat de travail de trois ans, mais il l'interrompit :

— Et tu vas l'épouser?

— Qui? répliqua-t-elle.

— Mais le docteur Corti!

— Oui, fit-elle en souriant.

Il n'avait pas oublié qu'il avait été le premier à lancer à brûle-pourpoint, en pleine salle d'opération, que Piero serait pour elle «un bon parti».

Dans les couloirs de l'hôpital, elle aperçut Mme Justine de Gaspé Beaubien, fondatrice de l'établissement, dont elle avait fait la connaissance à l'époque où elle y faisait son internat. Mais, ne la reconnaissant pas, Mme de Gaspé Beaubien la salua à peine et poursuivit son chemin. Piero avait pourtant prié Lucille de lui parler de l'hôpital de Lacor. Si l'hôpital Sainte-Justine lui versait, disons, huit mille dollars, on pourrait construire un pavillon de pédiatrie qui porterait le nom de l'hôpital montréalais…

En prévision du grand jour, Lucille décida de se gâter. Elle franchit les lourdes portes de chez Holt Renfrew, un grand magasin de la rue Sherbrooke où elle n'avait jamais mis les pieds. Elle avait besoin d'une robe de mariée. Rien d'extravagant. Une robe blanche à mi-jambe qui pourrait également lui servir en d'autres occasions. Elle dénicha un tailleur habillé dont la veste blanche se refermait sur un corsage noir que laissait entrevoir l'encolure. C'était chic, et cher. Lucille n'avait jamais autant dépensé pour un vêtement. Cent dollars! Une semaine et demie de travail! Car le contrat de travail qui l'attendait à Gulu précisait qu'elle toucherait soixante-quinze dollars par semaine. C'était une folie, mais Lucille se dit qu'elle n'aurait plus souvent l'occasion d'en faire.

Elle avait hâte de quitter Montréal, où même la diffusion télévisée des matches de hockey, qui lui avait manqué, ne l'intéressait plus. Elle fit ses adieux à sa famille sans savoir quand elle la reverrait. Sans doute pas avant trois ans! Elle prit l'avion pour New York, où la rejoignirent Giovanni et sa femme, Mariuccia, puis tous les trois s'envolèrent pour

Houston. Le trio se rendit dès le lendemain voir le docteur DeBakey, à l'Hôpital presbytérien. Lucille était prête à servir d'interprète mais — ô surprise! — tous s'aperçurent, dès les présentations, que le cardiologue américain, né dans le sud de la Louisiane, parlait français. Il avait même habité Strasbourg, où il avait été l'assistant de René Leriche, le médecin qui avait donné son nom au syndrome dont souffrait Giovanni. Malheureusement pour celui-ci, l'éminent médecin lui conseilla lui aussi, à l'instar de tous les autres, une opération... Giovanni y réfléchirait.

Rendues à Miami Beach, Lucille et Mariuccia étaient déjà devenues de grandes copines. Sur la plage, Mariuccia demanda à Lucille si elle comptait acheter une robe de mariée aux États-Unis.

— Non, répondit Lucille. C'est déjà fait.

— Tu me la montreras?

— Bien sûr. Je l'ai dans mes valises. C'est un tailleur blanc et un corsage noir. Très sobre, très simple, plutôt chic.

Mariuccia n'en croyait pas ses oreilles : du noir sur une robe de mariée! Hérésie! Sans rien dire à Lucille, elle téléphona aux sœurs de Piero en Italie. Il fallait de toute urgence lui faire faire une vraie robe de mariée toute blanche par un couturier milanais!

Partis de Miami, Lucille, Giovanni et Mariuccia firent un premier arrêt à New York, où ils prirent un vol d'Alitalia à destination de Milan, qui faisait escale, mais uniquement escale, à... Montréal. Lucille en avait glissé un mot à son frère aîné, Gérald, mais en précisant qu'il ne lui servirait à rien d'aller à l'aéroport de Dorval, car elle ne serait pas autorisée à quitter l'aire de transit. Qu'à cela ne tienne! Gérald rameuta la famille et se rendit à l'aérogare, où il plaida le cas de sa sœur auprès des agents responsables de la sécurité.

— Elle s'en va en Afrique! Elle est médecin missionnaire...

— Puisque je vous dis que c'est interdit, répéta le policier. On ne peut pas permettre aux passagers en transit de quitter la salle qui leur est réservée. L'aire de transit ne se trouve même pas dans ce terminal.

— Mais si on ne la voit pas aujourd'hui, supplia Gérald, on ne la reverra peut-être plus jamais, notre Lucille !

— Bon, ça va, dit le policier. Je vais voir ce que je peux faire.

Au talkie-walkie, l'agent appela un camarade :

— Il me faudrait une voiture avec chauffeur, dit-il. À vous.

— ...

— Affirmatif. Immédiatement. Terminé.

Quelques minutes plus tard arriva une voiture aux couleurs de la Gendarmerie royale du Canada. Sous le regard amusé du policier, tout ce beau monde, soit Gérald, son frère Robert, ses sœurs Yolande et Monique, trois conjoints et un bébé, fut conduit au terminal abritant l'aire de transit.

Quand Lucille descendit de l'avion, elle fut renversée de voir que cette joyeuse bande avait réussi à parvenir jusqu'à elle. Elle reconnaissait là l'œuvre de Gérald, un homme qui aimait les défis. Elle téléphona à ses parents et à sa plus jeune sœur, Lise, restée à la maison. Ses parents, qui avaient appelé l'aéroport, s'était fait dire qu'il était inutile de faire le déplacement... Lucille les embrassa tous une dernière fois, un peu gênée de ne pas avoir elle aussi quelques larmes dans les yeux. Elle leur dit, sans trop savoir ce que cela pouvait vouloir signifier, « à la prochaine ».

Pendant la nuit, un épais brouillard se forma au-dessus de Milan. Incapable d'atterrir, l'appareil fut obligé de se poser à Rome, où il resta cloué au sol pendant trois heures. Il put décoller en début d'après-midi à destination de l'aéroport de Malpensa, où l'attendait la famille Corti. Lucille n'y passerait qu'une demi-heure avant de reprendre l'avion pour Rome, d'où elle s'envolerait pour l'Afrique le soir même. Elle ne disposait donc que de quelques minutes pour embrasser tout le monde.

— Lucille, nous avons deux ou trois petites choses pour toi, lui annonça Angela, la sœur de Piero.

Un porteur dont le diable croulait sous une énorme malle s'approcha.

— C'est le trousseau de Piero. Des draps, des taies d'oreiller, quelques nappes… Le strict minimum.

Lucille n'en croyait pas ses yeux : la malle renfermait de toute évidence une avalanche de cadeaux qui s'ajoutaient à ceux qu'on lui avait déjà donnés. Angela lui tendit un colis supplémentaire, de dimension moyenne et joliment emballé.

— Une dernière petite chose, expliqua-t-elle. C'est une robe de mariée toute simple et toute sobre, mais toute blanche. Tu n'es pas obligée de porter le voile s'il ne te plaît pas, mais c'est de la dentelle de Cantu. On la fabrique tout près de chez nous.

Confuse, Lucille ne savait comment les remercier pour tous ces cadeaux et toutes ces attentions, et elle les embrassa une dernière fois.

— Mais, Lucille, interrompit la mère de Piero, c'est à nous de te remercier !

Elle s'envola pour Rome, puis Athènes et Nairobi. Elle se dit qu'elle réussirait peut-être enfin à fermer l'œil pendant ce second vol de nuit en vingt-quatre heures, mais des émotions trop vives l'empêchèrent de dormir. Elle retrouverait enfin l'homme qu'elle aimait en Afrique, où une nouvelle vie l'attendait et où, espérait-elle, la «vraie Lucille» pourrait enfin être elle-même.

9

Zanzibar

*Une caractéristique importante
du geste chirurgical est* la douceur.

Jean-Pierre BEX,
*Principes et techniques de base
de la chirurgie moderne.*

À GULU, Piero n'ébruita guère son projet de mariage. Il dut toutefois s'en ouvrir à l'évêque, Mgr Cesana, car Lucille avait imposé une condition qui, simple en apparence, posait un épineux problème : elle souhaitait que la cérémonie eût lieu dans la chapelle de l'hôpital, plus chaleureuse, plus intime, et non à la cathédrale. Elle ne voulait surtout pas que la bonne société de Gulu, qui avait fait sa connaissance à l'époque où elle fréquentait le British Club, puisse se sentir autorisée à assister au mariage s'il avait lieu dans un endroit aussi impersonnel, aussi public qu'une cathédrale. Elle préférait que leurs vœux soient prononcés à la chapelle. Elle y dirait oui à Piero, mais aussi à une cause, à celle de l'hôpital justement.

Mgr Cesana ne l'entendait pas ainsi. Il n'était pas habilité à bénir des unions ailleurs qu'en la cathédrale ou les églises du diocèse de Gulu. Piero se rendit à la résidence épiscopale pour lui faire part d'un possible compromis ...

— Il suffirait, proposa Piero, de nous marier à la chapelle, mais de déclarer que la cérémonie a eu lieu à la cathédrale.

— Vous me demandez de mentir, si je comprends bien! s'exclama l'évêque.

— Mentir, mentir… C'est comme vous voulez, monseigneur. Ou c'est le mensonge, fort petit, vous en conviendrez, ou nous risquons d'indisposer Lucille dès son arrivée.

— Allez, fit l'évêque en souriant, considérez votre requête comme acceptée. J'espère qu'on saura me le pardonner en haut lieu…

Piero avait touché mot de son mariage au frère Toni, à qui il avait demandé un petit service qui n'échappa pas à la mère Egidia, supérieure des sœurs de Vérone. Elle l'informa que quelque chose se tramait dans sa chambre.

— Docteur Corti, je devrais vous signaler que le frère Toni est en train d'attacher votre lit à un autre avec du fil de fer…

— Oui, ma mère. C'est moi qui lui ai demandé de le faire.

— Mais pourquoi? Votre lit est trop petit?

— Non, ma mère. C'est que j'ai l'intention de le partager avec une femme.

— Une femme?

— Oui. Je vais me marier. Et vous savez avec qui?

— Mais comment pourrais-je le savoir, docteur Corti? J'imagine qu'un homme comme vous a l'embarras du choix…

— Mais réfléchissez un peu. Vous la connaissez.

— Je ne vois pas du tout!

— Avec Lucille.

— Avec Lucille? Dieu soit loué! Nos prières ont été entendues!

Les religieuses, qui conservaient le meilleur souvenir du séjour de Lucille à l'hôpital, seraient ravies de la retrouver, ne serait-ce que parce que sa simple présence contribuait à adoucir Piero, qui s'emportait facilement, surtout lorsqu'il butait sur des problèmes d'ordre technique. Les infirmières avaient vite appris à l'éviter quand l'appareil à rayons X fonctionnait mal… L'hôpital avait cependant fait l'acquisition d'un nouvel appareil, plus puissant que le premier, dont l'installation toutefois ne s'était pas passée sans heurts. Piero avait dû demander au frère Toni de démolir un mur de la salle de radiologie, pourtant quasiment neuve, parce qu'il ne passait pas par la porte! Le mur avait été refait, et tout serait fin prêt pour le retour de Lucille.

Il ne restait plus qu'à la cueillir à l'aéroport. Piero aurait volontiers troqué sa Volkswagen, une Coccinelle décapotable, contre une voiture plus rapide. Après deux mois de séparation, la route, dont certains tronçons avaient été inondés par les dernières pluies, les plus abondantes depuis une décennie, lui sembla interminable. Les déviations l'obligèrent, qui plus est, à faire un long détour par Mbale et Jinja, dans l'est de l'Ouganda.

Le lendemain après-midi, à l'aéroport d'Entebbe, Piero ne contenait plus sa fébrilité. Le vol d'East African Airways se posa à treize heures, comme prévu, mais Lucille, qui attendait malles et valises, tardait à franchir la douane. À force de trépigner, Piero finit par éveiller les soupçons d'un policier.

— Ce ne serait pas par hasard votre fiancée que vous seriez en train d'attendre? lui demanda-t-il.

— Oui, reconnut Piero, c'est très exactement cela.

— Mais allez donc la rejoindre au lieu de rester planté là! Elle a sûrement besoin d'un petit coup de main…

Piero n'eut aucun mal à repérer Lucille, qui lui tournait le dos et attendait, face au carrousel des bagages. Il commença à se frayer un passage parmi les passagers et, alors qu'il marchait encore vers elle, elle se retourna et l'aperçut. Après deux mois de séparation, ils s'embrassèrent comme ils ne s'étaient jamais embrassés. Les fiancés, demain mari et femme, étaient enfin réunis.

Ils devaient pourtant faire vite. S'ils voulaient se marier le lendemain matin, ils devaient arriver à Gulu avant la tombée du jour. Il leur fallait d'abord passer à Kampala, où Lucille s'achèterait des chaussures blanches ; les belles-sœurs ne pouvaient quand même pas deviner sa pointure !

— Avant d'oublier, dit Lucille, je ferais mieux de te donner nos alliances. On ne sait jamais, ça peut être utile, si on arrive à temps à notre mariage !

Ils s'engouffrèrent dans la Coccinelle qui débordait de bagages, s'arrêtèrent à un magasin de chaussures de Kampala pour y choisir des escarpins blancs, et, quelques minutes plus tard, quittèrent la ville pour gagner Jinja. De là, la route serpentait, en direction nord, jusqu'à Gulu. La dernière pluie avait laissé le ciel pur et éclatant comme du lapis-lazuli, mais la chaussée, submergée par endroits, obligeait la Volkswagen à slalomer entre les flaques d'eau boueuse.

Quand ils arrivèrent à Mbale, ville verdoyante et fleurie, ils s'arrêtèrent à la principale auberge, un gîte non dépourvu de charme, que tenaient des Anglais. Pouvait-on, demanda Piero, réserver une chambre pour le lendemain ?

— C'est complet, répondit le patron.

— Quel dommage ! fit Piero. Nous nous marions demain matin, à Gulu. Nous voulions en repartir le jour même en voyage de noces et avions espéré passer notre première nuit ici, à Mbale.

— Mais il fallait le dire plus tôt ! répondit l'aubergiste. Comment pourrais-je refuser une chambre à des nouveaux mariés ? Je vous réserve la plus belle et je vous attends !

Il ne leur restait plus que trois cent cinquante kilomètres à faire. Lucille et Piero parvinrent à l'hôpital très tard, alors que plus personne ne les attendait. Il faisait déjà nuit, mais on y voyait presque aussi bien qu'en plein jour. La lumière de la lune semblait plus blanche, le chant des grillons plus puissant, le parfum des fleurs plus capiteux. Lucille jeta un regard sur les pavillons de l'hôpital, où elle remettait les pieds pour la première fois et pour de bon, mais elle ne s'y aventura pas. Elle n'avait pas couché dans un lit depuis son départ de Miami, quarante-cinq heures plus tôt, et elle gagna la chambre que les religieuses lui avaient préparée. Elle n'avait plus une seconde de sommeil à perdre. Elle devait se lever dans quelques heures à peine si elle voulait être prête pour le mariage, fixé à huit heures. Il faudrait quand même qu'elle redonne un sérieux coup de peigne à sa mise en plis, faite quatre jours plus tôt chez un coiffeur de Miami.

Les religieuses avaient orné la chapelle de fleurs d'hibiscus et d'oranger, et d'autres fleurs tropicales dont elles ne connaissaient que les noms acholis. Elles avaient même fouillé toute la région pour dénicher un rosier. La mariée aurait donc, comme il se doit, un bouquet de roses rouges. La chapelle, certes petite, était pleine. Les sœurs de Vérone étaient au premier rang, et les aides-infirmières ougandaises, derrière. Les deux témoins, soit Gianni Busatto, le médecin qui avait pris la relève en leur absence, et le frère Toni, faisaient le pied de grue près de l'autel. Mais où étaient donc les mariés? Ils arrivèrent enfin, avec une vingtaine de minutes de retard, Piero d'abord, suivi de Lucille, vêtue d'une robe toute blanche. Leurs invités poussèrent un soupir de soulagement. On pouvait enfin commencer...

Subjugué par l'émotion, Piero eut du mal à suivre le déroulement de la cérémonie, mais comprit qu'il fallait dire oui, ou plutôt «*I do*», quand Mgr Cesana le fixa. Piero et Lucille se jurèrent, pour le meilleur et pour le pire, amour et fidélité. Il lui retira son voile en dentelle de Cantu pour l'embrasser. Et c'est en souriant en direction de Mgr Cesana que les nouveaux mariés signèrent le registre de la cathédrale...

À leur sortie de la chapelle, les nouveaux mariés furent copieusement arrosés de riz et longuement félicités par leurs invités.

C'est dans la bonne humeur que tous se rendirent au réfectoire des religieuses, où les attendait un copieux petit déjeuner à l'anglaise. Lucille ne pouvait s'empêcher de sourire, car personne à Montréal ne la croirait quand elle leur dirait que son repas de noces avait été fait d'œufs et de bacon. Les religieuses, qui avaient tout de même cuisiné un gâteau de noces traditionnel, ouvrirent une bouteille de Cinzano, dont on servit un petit verre à tous avant de porter des toasts aux nouveaux mariés, à l'hôpital, à l'Ouganda, et même à l'Italie, puisque Lucille, en épousant Piero, prenait la nationalité de ce pays.

Lucille et Piero ne pouvaient toutefois pas trop s'attarder. Ils devaient retourner à Mbale, la première étape d'un voyage de noces de dix jours à travers l'Afrique de l'Est. Fortunato se chargerait de l'hôpital en leur absence. Avant de partir, Lucille avait cependant une dernière… ou une première… obligation. Elle enfila sa blouse blanche par-dessus sa robe de mariée et se rendit au chevet des malades. Elle prit de leurs nouvelles, en examina quelques-uns, prodigua quelques conseils. Ils l'ignoraient, mais Lucille savait, elle, qu'en épousant Piero elle les épousait eux aussi.

Pendant la nuit, de nouvelles pluies avaient inondé un tronçon de la route entre Gulu et Mbale. Au volant de la Volkswagen, Piero dut s'arrêter devant une vaste mare rougeâtre. Que pouvait-il faire sauf tenter sa chance ? Malheureusement, le véhicule s'immobilisa avant d'avoir franchi la mare. Lucille et Piero n'avaient plus qu'à retirer leurs chaussures et à sortir de la voiture pour patauger jusqu'au bord de la route. Loin d'être catastrophés, ils ne purent s'empêcher de rire : leur voyage de noces commençait dans la gadoue !

Ils s'assirent à l'ombre d'un jacaranda pour réfléchir à ce qu'ils pouvaient bien faire. Piero devait-il marcher jusqu'au dernier hameau traversé un quart d'heure plus tôt, pour y demander de l'aide ? Ou fallait-il plutôt attendre des secours ? Mais d'où viendraient-ils ? Lucille jeta un coup d'œil sur les environs. La savane lui sembla déserte. L'horizon ne donnait que sur l'horizon.

C'est alors qu'elle vit émerger de sentiers qu'elle n'avait même pas aperçus une nuée d'enfants qui s'arrêtèrent pour observer le curieux spectacle : une Coccinelle au bain ! Si elle avait eu une trompe, elle se serait sûrement douchée! Ils firent demi-tour en riant et retrouvèrent leurs parents, des paysans rentrant des champs, qui les suivaient. Portant bêches et houes sur l'épaule, ils se dirigeaient vers la voiture embourbée, qui finit par provoquer un véritable attroupement.

Les plus costauds se portèrent tout de suite volontaires pour sortir le véhicule de là. Les pieds bien plantés dans la boue, les bras arrimés au véhicule, une demi-douzaine d'hommes, dont Piero, poussèrent de toutes leurs forces, mais durent s'avouer vaincus après une demi-heure d'efforts soutenus. La voiture s'accrochait. Avec des gestes et quelques mots d'anglais, un des paysans plus âgés leur fit comprendre qu'il ne leur servait à rien de s'éreinter et leur fit signe d'attendre. Il s'en alla et revint, quelques minutes plus tard, avec un bœuf qui, une fois attelé à la Volkswagen, réussit à l'arracher à la boue.

Les nouveaux mariés pouvaient repartir. Ils arrivèrent à Mbale peu après vingt et une heures. Une chambre les attendait, tel que convenu, à l'auberge, mais pas le cuisinier, car le restaurant avait fermé quelques minutes plus tôt. Le patron leur fit quand même monter quelques sandwichs. Après une journée sur la route, ils s'en régalèrent avant de faire l'amour et s'endormir.

Leur voyage de noces les conduisit d'abord à Nairobi, où ils laissèrent la voiture et prirent l'avion pour Zanzibar, dont ils parcoururent les venelles en cyclopousse. Avec ses maisons blanchies à la chaux, l'ancien sultanat conservait un exotisme digne des *Mille et Une Nuits*. Égarée en plein océan Indien, l'île avait été occupée par les Assyriens, les Égyptiens, les Phéniciens, les Perses et les Portugais avant que le sultan d'Oman ne s'y installât, au début du XIXe siècle. Ce prince l'avait transformée en plaque tournante du commerce des épices et de l'ivoire. Mais une tout autre activité commerciale y avait vite attiré banquiers indiens et négociants américains : la traite des esclaves. À une certaine époque, plus de cinquante mille hommes, femmes et enfants avaient été vendus chaque année sur son marché aux esclaves. Devenue protectorat britannique, l'«île aux épices» fut contrainte d'abolir l'esclavage au début du XXᵉ siècle, mais chaque rue, chaque maison, chaque mosquée avait été témoin de ce passé dont l'évocation faisait encore frémir les Africains. «Quand les tambours de Zanzibar résonnent, disait un proverbe swahili, l'Afrique tremble.»

Si elle distillait un romantisme effréné, l'île tenait lieu aussi de rappel, voire de mise en garde. Le rêve ne devait jamais faire oublier la réalité. Lucille et Piero avaient choisi une terre extrême dont les habitants, tels les peuples en guerre, luttaient chaque jour pour leur survie. Dans ce combat contre la mort, sur ce continent où se côtoyaient le meilleur et le pire, Lucille et Piero avaient choisi leur camp.

De Zanzibar, ils prirent l'avion jusqu'à Malindi, sur la côte du Kenya. Ce port avait accueilli des navigateurs chinois dès le XIIᵉ siècle, deux cents ans avant l'arrivée du Portugais Vasco de Gama, qui y avait érigé la croix en pierre de Lisbonne qui permettait encore aujourd'hui aux marins de s'orienter. Descendus à l'hôtel Sinbad, les nouveaux mariés s'installèrent sur la plage en se disant qu'il n'y avait pas plus délicieuse façon d'oublier décembre. Ils louèrent une voiture pour se rendre jusqu'à la ville portuaire de Mombasa, où ils prirent un train de nuit pour Nairobi. Partis de la gare à dix-sept heures, ils dînèrent au wagon-restaurant, dans un cadre somptueux, déjà suranné, avant de se retirer dans leur compartiment. Au lever du jour, ils découvrirent avec ravissement la plaine immense, chatoyant sous l'effet des hardes de gazelles, de gnous et d'antilopes en mouvement, à peine troublée par la lente avancée des éléphants et celle, plus altière, des girafes. Ici l'expression «royaume des animaux» prenait tout son sens.

Parvenus à destination, Lucille et Piero récupérèrent leur Coccinelle et entreprirent de rentrer à Gulu. Ils ne pouvaient s'imaginer en franchissant la zone frontière entre le Kenya et l'Ouganda qu'il se préparait non loin de là, dans la région ougandaise du Karamoja, une catastrophe qui les affecterait un jour.

L'administration britannique avait voulu faire du Karamoja, une savane peuplée de nomades qui allaient nus mais armés de lances, une vaste «réserve humaine». Ses habitants, les Karamojongs, vivaient en symbiose avec leurs vaches, dont ils prélevaient régulièrement une petite quantité de sang qu'ils mélangeaient au lait avant de le boire. Ne reconnaissant pas la frontière entre l'Ouganda et le Kenya, ces éleveurs suivaient perpétuellement leur bétail, à la recherche de pâturages moins arides. Ils s'étaient faits, chez les peuples voisins, une sale réputation de voleurs de bétail. C'est à la frontière entre les deux pays, un vaste no man's land, que les Karamojongs s'attaquèrent à une tribu voisine du Kenya, provoquant des troubles que l'administration coloniale voulait se dépêcher de mater. Les *King's African Rifles* furent immédiatement dépêchés dans la région, avec à leur tête un jeune officier ougandais, Idi Amin Dada.

Né en 1925 dans le West Nile, un district du nord-ouest de l'Ouganda, il avait été élevé par une mère paysanne. Membre d'une petite tribu musulmane, les Kakwas, il avait toutefois prétendu, au moment de s'enrôler dans les forces coloniales, qu'il était de l'ethnie des Acholis, sachant très bien que les Britanniques accordaient à ceux-ci un traitement de faveur. L'homme, ex-champion de boxe poids lourd d'Afrique de l'Est, en imposait physiquement : il mesurait plus d'un mètre quatre-vingt-dix et pesait plus de quatre-vingt-dix kilos. Tout d'abord affecté aux cuisines, Idi s'était distingué aux yeux de ses supérieurs dans l'écrasement des Mau-Mau, une tribu qui s'était soulevée contre les Britanniques au Kenya dans les années cinquante, et avait rapidement pris du galon.

C'est donc au lieutenant Amin Dada qu'on demanda, au début de 1962, de mettre un terme aux affrontements qui opposaient les Karamojongs aux Turkanas. Il se tira d'affaire admirablement bien, mais, quelques semaines après cette opération policière, on découvrit un charnier dans le village où il avait installé son quartier général. Des Turkanas avaient été battus à mort ou enterrés vivants. Choqué, le gouverneur adjoint du Kenya, sir Eric Griffith-Jones, envisagea une action criminelle contre Idi Amin Dada mais, à Entebbe, le gouverneur de l'Ouganda, sir Walter Coutts, sur les conseils de Milton Obote, le futur Premier ministre, abandonna l'idée de le poursuivre. Comme il n'y avait que deux officiers supérieurs ougandais au sein de la force coloniale, un procès en cour martiale ferait fort mauvaise impression à la veille de l'indépendance de l'Ouganda. Le lieutenant Amin Dada ne serait pas importuné.

Une fois rentrés à Gulu, Lucille et Piero purent donner son congé à Fortunato, qui voulait rentrer rapidement en Italie, Angela ayant accepté de l'épouser et de le suivre en Inde. Ils se remirent vite au travail, et leur collaboration se fit de plus en plus étroite. En chirurgie, Piero anesthésiait les patients et assistait Lucille qui les opérait. Il admirait son style. Elle faisait preuve de douceur, de tendresse, caressant la peau ou le muscle dénudé. Cela ne l'empêchait pas de travailler vite, car plus une intervention était longue, plus le risque d'infection augmentait. Mais ses gestes étaient toujours «élégants», selon le mot de Piero. Une telle technique chez une si jeune chirurgienne ne pouvait être qu'innée. Lucille devait posséder cette intuition, cette intelligence de la chair que les Français appelaient, sans la moindre ironie, «le sens de la viande».

Elle dirigeait son équipe comme un chef d'orchestre, imposant son rythme à une intervention qu'elle souhaitait sans fausse note. Elle exigeait rigueur et obéissance. Pendant une opération, les infirmières devaient se taire, ne jamais gêner ses gestes, ne jamais se croiser les bras. C'est ce qu'on lui avait appris au Québec et en France, et c'est ce qu'elle s'emploierait à perpétuer en Ouganda. Il fallait être à la hauteur. Il y allait de la santé et de la vie des gens. Ce n'était pas parce qu'elle œuvrait en Afrique qu'elle avait l'intention de réduire ses exigences.

Qui plus est, Lucille exerçait dans des conditions difficiles, effectuant ses interventions dans une salle d'opération de fortune où le frère Toni avait bricolé un lit et agencé quelques lampes. Et cela n'était pas prêt de s'arranger, car la construction des pavillons de chirurgie et de pédiatrie était retardée, faute de fonds. L'aide financière du diocèse de Milan, qu'on avait tant espérée, avait été moins importante que prévu, et Mgr Cesana, navré, avait expliqué que son diocèse ne pouvait affecter plus de fonds à l'hôpital.

Piero choisit alors de mettre à exécution un plan qu'il mûrissait depuis que Fortunato lui avait conseillé, en tant que médecin, de chercher à assumer la gestion de hôpital qu'il mettrait sur pied. Pour surmonter les difficultés financières, Piero fit valoir qu'il pourrait, lui, trouver les fonds nécessaires si, en contrepartie, on lui confiait la gestion de l'hôpital. Il était entendu qu'il ne ferait plus appel à un financement diocésain et que l'argent que les patients versaient à l'hôpital pour s'y faire soigner y resterait.

Mgr Cesana ne fit aucune véritable objection. Piero était prêt à s'occuper de collecter des fonds ? Soit ! Cela lui enlevait plutôt une épine du pied ! Il voulait également gérer l'hôpital ? Très bien. Il ne trouvait rien à redire à un mandat que Piero avait brillamment résumé dans une formule qu'il répétait comme un leitmotiv : « L'hôpital doit offrir les meilleurs soins possibles au plus grand nombre de gens possible au moindre coût possible. »

Même sans pavillon de pédiatrie, l'hôpital soignait un nombre sans cesse croissant d'enfants. Beaucoup d'entre eux présentaient d'énigmatiques infections à la gencive inférieure. Leurs mères avaient beau répéter « *ebino* » (« quelque chose s'en vient »), il s'agissait d'une histoire de sorciers, ou plutôt de guérisseurs, que Lucille n'arrivait pas très bien à comprendre. Au bout de quelques jours, après avoir examiné d'autres cas, elle finit par saisir. Et par rager.

Quand un bébé avait de la fièvre, sa mère examinait sa gencive pour voir si elle était enflée à l'endroit où les canines inférieures devaient normalement percer. Pourtant naturel, ce gonflement était considéré comme la cause de la fièvre, provoquée la plupart du temps par le paludisme. On emmenait alors le bambin chez le guérisseur (*ajwaka)*, qui prenait une pointe de flèche ou un clou pour faire deux incisions dans la gencive et en extraire les «bourgeons» des canines. Quand la fièvre retombait, comme elle le fait souvent d'elle-même chez les bébés, les parents concluaient à l'efficacité de ce traitement. On arrachait parfois aussi les canines des enfants en bonne santé. Des catastrophes de tout ordre — sécheresse, mort du bétail, perte des récoltes, cataclysmes — risquaient de s'abattre sur les familles qui ne se pliaient pas à cette ancienne coutume. Ceux qui contrevenaient à ce rituel, lié à l'identité même des Acholis, étaient soumis à d'intenses pressions de leurs proches et risquaient l'ostracisme. L'extraction des bourgeons des canines affectait parfois la dentition, mais l'irrégularité de la denture était recherchée, même provoquée, chez les filles. Considéré comme joli, l'espace entre deux dents portait un nom, *kere,* et, à une époque encore récente, permettait de reconnaître les femmes acholis. L'un des plus célèbres poètes d'Afrique anglophone, l'Acholi Okot p'Bitek, avait évoqué cette tradition dans *La chanson de Lawino*, la complainte d'une épouse délaissée :

Mon mari dit
Qu'il ne veut plus d'une femme
Aux dents écartées
Il est amoureux d'une femme
Dont les dents remplissent complètement la bouche
Comme les dents des captives de guerre et des esclaves.

Il appartenait à Lucille et à Piero de s'adapter à l'Ouganda, mais rien ne les rendait plus furieux que cet *ebino* qui n'était, à leurs yeux, qu'une tentative de meurtre. Ils ne pouvaient accepter ce rejet de la raison : ils n'étaient pas anthropologues mais médecins ! Et ils savaient trop bien que c'est à eux qu'on demanderait de sauver les enfants in extremis. Car les mères ramèneraient leurs enfants chez le guérisseur qui les avait mutilés. L'*ajwaka* ferait appel à des remèdes traditionnels. Il ferait couler le sang d'une chèvre, d'une poule peut-être, concocterait une potion d'herbes, prononcerait des formules incantatoires, et, lorsque ces méthodes se révéleraient inefficaces, les mères se résigneraient à conduire leurs enfants à l'hôpital, où Lucille et Piero leur répéteraient un message qu'ils souhaitaient simple et clair : « Vous tuez vos enfants ! »

Se faisaient-ils au moins comprendre ? Ils se le demandaient parfois. Pour établir leur diagnostic, ils demandaient aux patients, par l'intermédiaire des infirmières et des aides-infirmières qui leur servaient d'interprètes, ce qui n'allait pas. Les réponses n'étaient pas toujours très claires. Au lieu de décrire leurs symptômes, les malades parlaient plutôt de leurs causes présumées : un « empoisonnement », un « mauvais sort ». Lucille et Piero devaient apprendre un nouveau vocabulaire médical. Une femme qui racontait qu'elle avait « mal au ventre depuis cinq ans » voulait probablement dire qu'elle n'avait pas accouché depuis cinq ans et qu'elle souffrait d'infertilité.

Lucille mit donc au point un « questionnaire » pour mieux comprendre ses patientes. Il comprenait quatre questions : « Combien avez-vous eu d'enfants vivants ? Combien d'enfants nés vivants sont-ils encore vivants ? Combien de vos enfants nés vivants sont-ils morts ? Combien avez-vous fait de fausses couches ? » Les réponses à ces quatre questions, ces quatre chiffres que Lucille avait parfois beaucoup de mal à obtenir, son accent étranger l'obligeant à se répéter, lui indiquaient la voie à suivre. Une mère qui avait de nombreux « enfants vivants » s'en était probablement bien occupée. Une mère dont plusieurs enfants « nés vivants » étaient morts ne les amenait peut-être pas à l'hôpital assez vite quand ils tombaient malades.

Mais cela signifiait peut-être aussi qu'elle leur avait transmis une maladie héréditaire comme l'anémie à hématies falciformes, qui donne aux globules rouges l'apparence d'une petite faux, d'où son nom. Ceux qui en sont atteints, et c'est là une des énigmes de la médecine tropicale, résistent toutefois mieux au paludisme. Une mère qui faisait de nombreux avortements naturels souffrait peut-être de paludisme, de syphilis ou de troubles du col de l'utérus, entre autres. Ce questionnaire était certes rudimentaire, mais c'était déjà quelque chose.

Lucille s'aperçut que les hommes, de leur côté, acceptaient volontiers de se faire traiter par elle, même si, chez les Acholis, les femmes étaient déconsidérées. Elles trimaient dur pourtant : depuis les travaux ménagers jusqu'au travail aux champs, elles se démenaient même plus que leurs maris, ce qui contribuait à expliquer pourquoi elles étaient plus malades. Les tâches domestiques qui leur incombaient les amenaient à de fréquents contacts avec de l'eau infectée. Elles souffraient plus souvent, entre autres, de schistosomiase, de graves troubles intestinaux provoqués par un ver dont les œufs se répandent dans le système sanguin avant d'envahir le foie ou la vessie. Lucille apprit très vite à en reconnaître les symptômes, qui, hormis la «fièvre de safari» qui l'annoncent, s'apparentent à ceux de la dysenterie, qui l'avait elle-même frappée. Elle savait que ce n'était pas une maladie rare; elle affectait, selon son manuel de médecine tropicale, cent cinquante millions de personnes, dont une vaste majorité de femmes.

Combien valait une Acholi? Au début des années cinquante, le chef d'Atiak, Olwa, avait tenté de préciser l'importance de la dot : un jeune homme pouvait offrir jusqu'à deux vaches et deux chèvres à la famille de sa future épouse. Cela pouvait sembler dérisoire, mais pas aux Acholis. Depuis que les Britanniques avaient introduit l'argent dans la vie courante, l'importance de la dot n'avait cessé d'augmenter, et de plus en plus de jeunes gens devaient aller à la ville pour y gagner les shillings qui leur permettraient de se procurer une épouse. On ne les payait pas avec de l'ivoire, comme on achetait les esclaves naguère, mais était-ce vraiment différent?

L'indépendance de l'Ouganda qui s'annonçait allait-elle changer tout cela?

10

Le buffle blessé

*Très particulière est cette sensation
« d'anormal », de danger imminent
que ressent le chirurgien entraîné.*

Jean-Pierre BEX,
*Principes et techniques de base
de la chirurgie moderne.*

L E JOURNAL était arrivé à Gulu, comme toujours, en fin
d'après-midi. À la «une» de l'*Uganda Argus* daté
du 9 octobre 1962 s'étalait un titre en fières majuscules,
«INDÉPENDANCE!» On proclamerait aujourd'hui à Entebbe la
création d'un nouvel État, une fédération de quatre royaumes
et onze districts. L'Union Jack descendu, on hisserait le drapeau
de l'Ouganda : une grue couronnée sur fond noir (l'Afrique),
jaune (le soleil) et rouge (la solidarité). Au cours d'une
éblouissante cérémonie officielle, chacune des ethnies du pays,
y compris la minorité indienne, exécuterait des danses tradi-
tionnelles en présence du duc et de la duchesse de Kent. Le
couple inaugurerait, le lendemain à Kampala, promue capitale,
le nouveau Parlement. L'Ouganda conservait un gouverneur
général britannique, sir Walter Coutts. Mais les parlementaires
modifieraient vite la constitution pour le remplacer par un

président, sir Edward Mutesa, roi jadis tout-puissant des Bagandas, la principale ethnie du Sud. Le véritable maître du jeu demeurait cependant le Premier ministre, Milton Obote, un homme du Nord.

Il n'avait pas été question pour Lucille et Piero de descendre à Kampala pour assister aux fêtes de l'indépendance. Ils avaient trop de travail à l'hôpital, qui commençait à attirer des patients de tout le nord de l'Ouganda. Puisque les malades n'étaient pas toujours assurés d'y trouver quelqu'un qui parlerait leur langue, ils prenaient parfois la précaution de demander à une connaissance qui savait l'anglais de leur rédiger un billet. C'est ainsi que Lucille vit apparaître une mère et un enfant du Bunyoro, une région voisine, qui lui tendit un bout de papier où quelques mots avaient été griffonnés au crayon de plomb :

«Ce bébé souffre terriblement de malaria. Sa maladie dure depuis deux semaines. S'il vous plaît, aidez cette femme qui ne parle que sa propre langue. Le bébé a quatre mois.»

Lucille lui en aurait donné deux. Maigre et faible, il faisait, outre une crise de paludisme, une gastro-entérite qui l'avait sévèrement déshydraté. Le nourrisson luttait contre la plus répandue et la plus grave des maladies infectieuses, à laquelle on a trouvé, depuis l'Antiquité, moins d'antidotes que de noms : paludisme, malaria, fièvre des marais, intoxication palustre, fièvre tellurique, etc. L'une des plus graves causes de mortalité au monde, cette maladie menaçait alors un humain sur trois. Dans le nord de l'Ouganda, au-dessous de mille quatre cents mètres, elle était considérée comme «hyperendémique».

Le mal est provoqué par un parasite qui vit dans le sang des animaux et des hommes, et que propagent plus de deux cents espèces et variétés d'anophèles, un moustique dont la femelle dépose ses œufs en bordure d'étendues d'eau à faible courant. Partout où l'eau croupit, les larves se multiplient. Les malades frissonnent, tremblent, claquent des dents. Ils subissent des accès de fièvre qui produisent d'abord une étrange sensation de bien-être avant de grimper jusqu'à quarante degrés et de pro-voquer des vomissements. Ils souffrent de lancinants maux de tête, d'une soif ardente, et suent abondamment du visage et des mains. Quelques heures plus tard, la fièvre disparaît et les malades se sentent tout de suite mieux. Épuisés, sans appétit, ils peuvent reprendre leurs activités et n'ont plus qu'à attendre la prochaine crise, dans une semaine, un mois, un an.

Lucille connaissait bien les symptômes du paludisme, et pas uniquement en raison de ce qu'elle avait lu dans son manuel de médecine tropicale. Un beau matin, en se réveillant, elle avait constaté qu'elle se sentait faible et courbatue. Elle n'en avait soufflé mot à Piero, et s'était dit que ses maux de tête disparaîtraient en allant travailler. Pendant son premier séjour à Gulu, elle avait régulièrement avalé d'amers comprimés de chloroquine pour se prémunir contre la maladie. Quiconque envisageait de s'installer en Afrique tropicale ne pouvait toutefois suivre un tel traitement indéfiniment, et elle l'avait interrompu.

Ce jour-là, en milieu de matinée, quand sa température avait atteint 37,8 °C (le début clinique de l'accès de paludisme), elle avait compris qu'elle venait de rejoindre des centaines de millions d'êtres humains dans une fiévreuse fraternité. Elle avait alors avalé des comprimés de chloroquine qui, à fortes doses, font reculer la maladie, et elle s'était allongée. Après le déjeuner, Piero avait voulu la retrouver pour prendre de ses nouvelles, mais leur lit était vide. Lucille était déjà retournée au travail.

En examinant l'enfant qu'on lui avait amené, Lucille ne put s'empêcher de penser à l'ironique cruauté de la malaria, qui s'attaque en priorité aux enfants. Elle savait que les in-fections et réinfections suscitaient une immunisation relative. Mais pour chaque adulte qui parvenait à développer une telle résistance, combien d'enfants en mouraient? Celui-ci, comme tant d'autres, avait probablement été infecté dans les jours qui avaient suivi sa naissance. Les bébés, nus et trop petits pour se défendre contre les moustiques, étaient même de véritables «réservoirs» de parasites. Où était donc ce vaccin antipaludéen dont on parlait depuis si longtemps? Pour l'instant, Lucille devait se contenter de donner des comprimés de chloroquine aux enfants malades chaque fois qu'ils étaient frappés par un accès de paludisme, comme elle le fit pour le bambin qu'on lui avait amené et qui survécut grâce à ses bons soins. Et si elle n'avait pas été là?

On frappa à la porte du bureau où Lucille examinait un patient. Une aide-infirmière s'excusa de l'interrompre en pleine consultation.

— Docteur Lucille, une mère vient d'arriver avec un enfant. Beaucoup de gens sont arrivés avant elles, mais je crois que c'est urgent.

— Faites-la passer, dit Lucille en donnant son congé à l'homme qu'elle finissait d'examiner.

La mère, une toute jeune femme qui avançait à petits pas sur le carrelage, portait dans son dos une enfant qui ne devait pas avoir deux ans. Le visage de la fillette semblait défiguré par le vitriol. Bien qu'éveillée, elle n'avait plus la force d'ouvrir les yeux dont les paupières boursouflées et entrouvertes n'en laissaient paraître que le blanc. Elle respirait péniblement par la bouche et tout son corps enfiévré frissonnait. L'enfant se mourait.

— Que s'est-il donc passé? s'étonna Lucille.

— *Ebino*, marmonna la mère de l'enfant.

Lucille explosa. Sa colère était d'abord dirigée contre cette mère qui avait tant tardé avant d'amener son enfant à l'hôpital, mais elle visait aussi les Acholis, qui, alors qu'ils devaient se résigner à accepter de graves maux comme le paludisme, s'ingéniaient, en confiant leurs enfants à des charlatans, à en créer d'autres! Lucille croyait pouvoir quelque chose contre l'*ebino*. Depuis leur arrivée à Gulu un an plus tôt, elle et Piero n'avaient cessé de répéter que les mères acholis tuaient leurs enfants en se pliant à cette tradition. Et voilà qu'on lui amenait un autre bébé qui, dans quelques heures, serait probablement enveloppé dans l'écorce de figuier qui servait de linceul aux Acholis.

Lucille s'empara de l'enfant et l'emmena voir Piero. La mère de la fillette, imperturbable, la suivit à petits pas.

— Infirmière! cria Lucille. Mettez cet enfant sous perfusion. Réhydratation intraveineuse de toute urgence. Piero!

Il accourut. En lui tendant le bambin, elle lui livra son diagnostic : ostéomyélite infectieuse aiguë, septicémie. Une partie de l'os de la mâchoire, le maxillaire inférieur, avait produit beaucoup de pus, une autre infection provoquée par l'*ebino,* la quatrième depuis le début de la semaine! Celle-ci toutefois était plus grave que les autres : une grande partie du maxillaire inférieur avait déjà cessé de vivre.

— Complètement nécrosé, constata Piero en secouant la tête.

De toute évidence, l'enfant n'avait rien pu avaler depuis des jours. Il fallait combattre l'anémie par une transfusion sanguine et lui faire ingérer, par un petit tube qu'on lui glisserait dans le nez, des aliments qui lui donneraient peut-être la force de s'accrocher. Il fallait aussi lui injecter une forte dose d'antibiotiques et l'opérer, dès cet après-midi, pour un curetage osseux afin de nettoyer l'os noirci.

Après le déjeuner, Piero alla retrouver l'enfant, étrangement placide. En se penchant sur son berceau, il constata que la fillette ne respirait plus. À ses côtés, sa mère fixait ses pieds nus, l'air impassible. Piero sentit la rage monter en lui comme un foudroyant accès de fièvre. Les yeux écarquillés par la colère, il fixa la mère, qui s'employait à éviter son regard. Il vit que, d'un bout à l'autre du pavillon, des patientes l'observaient. Il devait profiter de cette occasion. S'il pouvait faire de la mort de cette enfant un exemple, peut-être serait-elle moins inutile. Se sachant regardé, il se tourna vers la mère de l'enfant défunte et il martela :

— Tu as tué ta fille !

Effrayés par cette voix tonitruante, les petits malades commencèrent à pleurer, mais Piero cria encore plus fort :

— Tu ne devais pas beaucoup l'aimer pour lui infliger une mort si cruelle !

Elle restait là, debout devant lui, à fixer ses pieds. Si au moins il avait eu l'impression de parler à une femme qui l'entendait. Elle ne comprenait peut-être pas l'anglais. Il s'approcha encore un peu plus d'elle et posa le bout de ses chaussures sur ses orteils, appuyant comme s'il eût voulu les écraser. Elle demeurait impavide. Ne se contenant plus, il saisit son bras et le pinça de toutes ses forces en hurlant :

— Ne tue plus tes bébés !

En sueur, le cœur étranglé par la colère, il la relâcha. Il se retourna pour constater que les regards qu'il avait attirés tombaient, les uns après les autres, au plancher. Il espérait s'être fait comprendre des autres femmes. Il avait humilié une mère devant des dizaines d'autres. Si ces méthodes permettaient à un enfant, un seul, d'avoir la vie sauve, elles n'étaient pas condamnables. Mais il était troublé : pouvait-on, au nom du bien, faire le mal ? Et si la fin justifiait les moyens, pourquoi avait-il honte ?

Quelques jours plus tard, on amena à l'hôpital sur un brancard de fortune un homme grièvement blessé et on remit à Lucille une feuille de papier racontant l'invraisemblable histoire de Julio Ovoya.

Alors qu'il se reposait chez lui, des amis étaient venus le trouver pour lui dire qu'un buffle se trouvait près du puits de leur hameau. Ils s'armèrent de lances et se lancèrent sur la piste de l'animal. Parvenus au puits, ils constatèrent que la bête avait disparu. Mais soudain, surgi on ne sait d'où, le buffle apparut derrière Julio Ovoya.

Les chasseurs savaient qu'il était assez facile d'échapper à la charge de cet animal. Bien que son odorat et son ouïe soient très développés, le buffle est désespérément myope. Quand il charge, sa masse est si importante et son agilité si limitée qu'il suffit de garder son sang-froid et d'attendre que l'animal ne soit plus qu'à quelques mètres pour se précipiter, au dernier moment, hors de sa trajectoire.

Mais Julio Ovoya, qui tournait le dos à la bête, n'eut pas le temps de le voir venir. Quand il se retourna, il eut le réflexe, non pas de s'écarter de son chemin, mais de lui planter sa lance dans le front. À peine blessé, l'animal éperonna le chasseur et le traîna sur une dizaine de mètres. Son gros intestin avait été déchiré et tout son corps était couvert d'ecchymoses.

Un détail frappa Lucille. Cet homme, qui s'était attaqué à moitié nu à un buffle, avait passé trois jours chez lui avant de se présenter à l'hôpital. Un guérisseur l'avait-il retenu pour le soigner en l'aspergeant de bière de millet et en lui crachant dans les paumes ? Pourtant grièvement blessé, le chasseur avait souffert dans l'espoir de guérir sans médecin. C'est tout juste s'il gémissait. Son patient était si stoïque, se dit Lucille, qu'il aurait pu supporter une opération sans aucune anesthésie, comme si le chasseur avait hérité de la force de sa proie. C'était cela, l'Afrique ? Un continent où seuls les forts survivaient ?

Lucille et Piero passaient eux-mêmes des week-ends à chasser dans les environs d'Amuru, au nord de Gulu. C'était même leur seul loisir, hormis les balades qu'ils faisaient après le dîner, accompagnés de leur chien, de plus en plus perplexe, d'un bout à l'autre de la maison.

Piero avait toujours profité de ses déplacements pour chasser ou pour pêcher. Il se souvenait d'une mémorable partie de pêche près de La Tuque, dans le nord du Québec, sur un lac couvert d'une fine couche de glace. Avec deux collègues de l'hôpital Sainte-Justine, il s'était embarqué à bord d'un canot qui avait dessalé. Trempés, frigorifiés, les trois compères avaient néanmoins réussi à faire du feu pour essayer de sécher leurs vêtements. Des chasseurs qui passaient par là les invitèrent dans leur cabane pour leur offrir un «p'tit blanc», un alcool qui les enivra plus vite qu'il ne les réchauffa. Leurs hôtes devaient toutefois reprendre leur chemin, et ils les invitèrent à passer la nuit là. Avant de sombrer dans le sommeil, Piero eut droit à ses premières aurores boréales, et le lendemain, sur un lac qui n'était pourtant pas réputé poissonneux, il pêcha plus de soixante-dix truites! Le plein air lui ouvrait les yeux sur la vie, sur la faune et sur la flore, mais aussi sur lui-même. Après les repas, il insistait pour bien savonner la vaisselle, qui avait pourtant déjà été frottée avec du sable et rincée selon les règles de l'art. Si cette habitude avait fait rigoler ses camarades, Piero reconnaissait là son côté maniaque, opiniâtre, que l'Afrique ne ferait qu'accentuer.

À la tombée du jour, alors qu'il préparait la Land Rover où il passerait la nuit avec Lucille, Piero aperçut une queue droite et mince comme une antenne de radio. Aucun doute possible : c'était un phacochère, dont la chair lui rappelait le veau dont il s'était délecté en Italie. La queue de cet animal se dresse à la verticale quand il court. Piero s'empara de sa carabine, épaula et tira. Il s'approcha ensuite prudemment de la bête qui, légèrement blessée, se releva et s'enfuit. Piero vit alors, à une dizaine de mètres parmi les arbustes et les hautes herbes, la tête fière et massive d'un buffle.

De l'endroit où elle se trouvait, Lucille ne pouvait voir l'animal, mais elle commença à s'inquiéter : le phacochère blessé, dont la seule laideur faisait frémir, pourrait revenir à la charge. Elle commençait à regretter de ne pas avoir apporté de carabine. Et Piero qui continuait de s'enfoncer dans le boisé !

— Piero, j'ai peur.

Sans mot dire, il lui montra le buffle, que Lucille ne pouvait que deviner parmi les arbustes. D'un geste de la main, il lui fit signe de se taire et de s'abriter derrière un arbre.

— Piero! répéta Lucille. Ne me laisse pas seule!

Mais il ne l'entendait plus, fixant plutôt le buffle, qui ne les avait toujours pas repérés. Piero visa le cou de l'animal et appuya sur la gâchette. La bête chancela avant de commencer à s'éloigner. Lucille n'en pouvait plus. Elle avait entendu le coup de feu, n'avait rien vu, mais s'imaginait que le buffle, après le phacochère, risquait maintenant de la charger. Tétanisée par la peur, furieuse d'avoir été abandonnée, elle ne souhaitait qu'une chose, partir. Quand Piero émergea du boisé, il trouva Lucille en larmes.

— On s'en va, dit-elle sur un ton cassant.

— Mais pourquoi donc?

— Je ne me sens pas bien.

— Mais qu'est-ce qu'il y a?

— Tu m'as laissée seule.

— Mais tu n'étais pas en danger! protesta Piero. Le phacochère était trop grièvement blessé pour faire du mal à qui que ce soit, et le buffle s'est tout de suite enfui!

— Ce n'est pas parce qu'un buffle disparaît de ton champ de vision à toi qu'il cesse d'être un danger pour moi!

Lucille lui tourna le dos et marcha vers la voiture. Elle avait décidé qu'il était temps de rentrer. Le danger, à ses yeux, était secondaire. Elle pourrait y faire face en compagnie de Piero. Mais comment pouvait-il ne pas comprendre à quel point elle avait besoin de sa présence? Il n'avait donc pas saisi qu'elle avait besoin *physiquement* de sentir son regard sur son corps, d'entendre sa voix? Il ne comprenait donc pas qu'elle se sentait mal quand il n'était pas là? Piero tenta de s'expliquer pendant le voyage de retour, mais Lucille ne voulut rien entendre. Plus il parlait, plus elle avait l'impression que quelque chose venait de se briser entre eux. Il ne saisissait pas l'ampleur de ses angoisses, sur lesquelles elle ne reviendrait jamais. Pas avec lui, du moins. Le safari, comme la longue lune de miel, était terminé.

Quelques jours plus tard, Lucille découvrit qu'elle était enceinte. Toute trace de mauvaise humeur avait disparu quand elle annonça la nouvelle à Piero, qui en fut transporté de joie. En futurs parents, ils discutèrent longuement du prénom qu'ils donneraient à l'enfant et arrivèrent à un compromis : si c'était un garçon, il porterait un prénom italien, et si c'était une fille, un prénom français.

Lucille ne ralentit aucunement ses activités.

— La grossesse, disait-elle à ceux qui l'invitaient à plus de prudence, n'est pas une maladie !

Elle retourna même à la chasse. Il n'était pas question pour elle de ne pas traquer, au moins une fois dans sa vie, l'éléphant. Mais, cette fois-ci, Lucille et Piero prendraient toutes les précautions voulues. Ils se feraient accompagner par le frère Toni, avec lequel il était impossible de ne pas se sentir en sécurité. Son ingéniosité ne cessait d'épater. Il finissait toujours par se sortir du pétrin. À l'issue d'un safari, il lui était déjà arrivé de tomber en panne, le tuyau en caoutchouc qui reliait le radiateur au moteur de sa jeep ayant éclaté. Où trouver la pièce de rechange en pleine brousse ? Mais sur le toit du véhicule ! Le frère Toni amputa une patte à l'antilope qu'il avait abattue. Il la vida et la nettoya pour n'en garder que la peau, un « tuyau » qu'il utilisa pour relier le radiateur au moteur et qui lui permit de rentrer. Ce « tuyau » fonctionna si bien qu'il finit même par l'oublier, jusqu'au jour où, ouvrant la porte du garage de l'hôpital, il constata qu'une odeur pestilentielle remplissait l'air : son « tuyau » en peau d'antilope était en pleine décomposition ! Lors de leur chasse en compagnie du frère Toni, Piero abattit un éléphant dont les défenses furent longtemps conservées chez eux avant d'être expédiées en Italie.

Un beau jour, on annonça à Piero qu'un médecin était arrivé de Kampala pour le voir. Le regard aussi sombre que son abondante chevelure noire, il se présenta comme étant le docteur Arshad Warley. Pédiatre sud-africain, professeur de l'université Makerere, il faisait une tournée d'évaluation de tous les hôpitaux de l'Ouganda pour le ministère de la Santé. Piero et Lucille lui firent faire le tour de leur hôpital.

Très vite, le docteur Warley constata que les deux médecins brûlaient d'enthousiasme. Il avait souvent vu des médecins d'Europe ou d'Amérique du Nord qui s'attendaient à recréer en Afrique ce qu'ils avaient connu à Londres ou à New York et qui, n'y parvenant pas, sombraient dans l'amertume. Ce n'était pas le cas de Lucille et Piero, qui s'adaptaient avec originalité. Ils lui montrèrent, presque honteux, comment l'hôpital fabriquait son propre soluté.

— C'est assez rudimentaire, s'excusa Piero.

— C'est carrément primitif! corrigea Warley.

Et c'était justement, à ses yeux, le beau côté de la chose! Tellement d'enfants mouraient de diarrhée et de gastro-entérite que la solution de sel et de sucre qu'on leur administrait par intraveineuse était d'une importance capitale. Piero n'osa pas montrer au docteur Warley une autre trouvaille «primitive» : au lieu de suturer les plaies avec du catgut, le lien qu'on obtenait à partir de l'intestin grêle du mouton, l'hôpital utilisait plutôt du fil de canne à pêche acheté au Canada! Le nylon provoquait moins de réactions que le catgut et coûtait dix fois moins cher! Piero n'oubliait pas l'objectif qu'il s'était fixé : offrir les meilleurs soins au plus grand nombre de gens possible au moindre coût possible.

Le docteur Warley fut impressionné par Piero. Ce dernier portait une chemise blanche et un pantalon tout simple mais faisait preuve d'une rare élégance naturelle. Warley se dit qu'il était sûrement de bonne famille, ne devinant pas qu'il était en fait issu de la grande bourgeoisie. Piero, qui n'y faisait jamais allusion, n'avait aucune espèce de conscience de classe. L'expression même le choquait. Il ne faisait pas ce type de distinction, et manifestait la même amabilité ou la même brutale franchise avec tous.

Arshad Warley était né à Kimberley, dans la province du Cap-Nord, où la terre crachait les diamants et avalait les hommes. La majorité de la population était noire, mais on trouvait aussi des Asiatiques, les descendants d'esclaves que les Hollandais, installés en Afrique du Sud depuis le XVIIe siècle, avaient amenés de leurs colonies des Indes orientales. Malgré ses lointaines origines asiatiques, le jeune homme avait réussi à se faire admettre à la faculté de médecine de l'université du Cap. Sur les quelque deux cents étudiants de son année, on ne trouvait aucun Noir et uniquement quatre étudiants d'origine indienne. Si ces derniers étaient autorisés à suivre leur formation théorique à l'université, il n'était pas question pour eux de faire leur formation pratique en Afrique du Sud. Pour cela, ils devaient se rendre à l'étranger, la plupart du temps en Grande-Bretagne.

Le déclenchement de la Deuxième Guerre mondiale avait toutefois rendu ce voyage périlleux car les sous-marins allemands torpillaient les navires qui appareillaient pour l'Angleterre. Pourquoi ne pas permettre dès lors aux étudiants «indiens» de rester en Afrique du Sud? Warley commença à faire circuler une pétition en ce sens. Il la montra à un camarade, Christian Barnard, le futur cardiologue qui réaliserait un jour la première greffe d'un cœur humain. Même si l'un était indien et l'autre blanc, ils étaient tous deux issus de familles modestes et étaient vite devenus copains. Le midi, pour varier l'ordinaire, ils échangeaient même leurs sandwiches. Mais quand Arshad Warley lui demanda de signer la pétition, Christian Barnard refusa.

— Je ne voudrais pas que tu puisses un jour, en tant que médecin, examiner ma sœur, expliqua-t-il.

— Alors que toi, répliqua Arshad, tu pourrais examiner la mienne jusqu'à la fin de tes jours?

Furieux, Arshad rangea la pétition et partit sans demander son reste. Quelques jours plus tard, toutefois, Christian le retrouva après un cours.

— Allez, donne-moi ton papier! grogna-t-il.

— Et pourquoi donc, Chris?

— Parce que je vais la signer, ta pétition.

— Qu'est-ce qui t'arrive?

— À moi, rien, mais j'ai réfléchi à ce que tu as dit, et je vais signer. Alors, tu me la donnes ou non?

Christian y ajouta son nom, et Arshad essaya de ne pas exhiber sa satisfaction. À la faculté de médecine, tant de personnes finirent par signer que les quatre étudiants d'origine asiatique furent autorisés à faire, à l'instar de tous les autres, leur internat en Afrique du Sud. Mais les contraintes étaient si tatillonnes, surtout après le durcissement des lois raciales en 1949, qu'Arshad se demanderait, au soir de sa vie, si le racisme qu'il avait connu, d'une bêtise difficile à imaginer, n'avait pas uniquement été un mauvais rêve…

Les étudiants «indiens» devaient quitter la salle d'opération si le patient était blanc. De même, il leur était interdit d'assister aux autopsies pratiquées sur des cadavres de blancs. Chaque fois, Arshad s'éclipsait, pour ne pas être chassé. Mais les exclus étaient rarement seuls : une poignée d'étudiants blancs les rejoignaient, par solidarité. Quelques professeurs commencèrent à leur donner des leçons particulières pour leur permettre de rattraper leurs camarades. Et quand on afficha les résultats des premiers examens, Arshad dut constater qu'il s'était classé parmi les premiers ! Il adhéra au Congrès national africain et œuvra dans un ghetto noir de Port Elizabeth aux côtés de sa femme Irene, une infirmière dont le père avait été secrétaire particulier de Gandhi en Afrique du Sud.

Lucille et Piero écoutèrent Arshad sans broncher. Éprise de justice, Lucille l'admirait parce qu'il avait triomphé d'un système qui l'avait méprisé en raison de sa race, un système tellement plus cruel encore que celui qui avait cherché à la brimer, elle, en tant que femme. Mais elle devinait, malgré sa spectaculaire réussite professionnelle — il était diplômé de l'université de Cambridge —, sa solitude et ses doutes. Piero l'admirait parce qu'un homme qui avait vécu de telles épreuves aurait facilement pu céder au ressentiment, alors qu'Arshad, au contraire, rayonnait d'amour pour son prochain. Les trois médecins ne se connaissaient que depuis quelques heures, mais ils étaient convaincus qu'ils seraient amis pour la vie.

Piero invita Arshad à se joindre à eux s'il voulait un jour exercer dans le nord de l'Ouganda.

— J'en serais ravi, dit Arshad. Mais cela ne gênera pas les religieuses d'avoir un médecin musulman dans un hôpital catholique?

— Elles sauront reconnaître qui tu es, répondit Piero.

À l'hôpital de Lacor, où la médecine transcendait tout, sa race et sa foi étaient sans importance. Arshad ne l'oublierait jamais.

La grossesse de Lucille se poursuivait normalement. Elle se disait qu'elle préférerait avoir un garçon. On répétait que les hommes avaient la vie plus facile, que le monde était fait pour eux. Puisqu'elle souhaitait d'abord et avant tout le bonheur de cet enfant, elle l'imaginait donc de sexe masculin.

Comme elle avait trente-deux ans, ce qui était considéré comme tardif pour une première grossesse, elle craignait des complications à l'accouchement. Elle consulta donc une obstétricienne écossaise, le docteur Isabel Doeg, qui œuvrait dans une clinique à une centaine de kilomètres de Gulu et qui lui proposa de l'accoucher. Lucille n'aurait qu'à la faire appeler au début de ses contractions. Celles-ci commencèrent un samedi vers midi, mais Lucille refusa de quitter l'hôpital avant la fermeture habituelle du service des consultations externes, une heure plus tard. Il était hors de question de continuer à travailler, bien que, la veille encore, elle ait réalisé quatre interventions chirurgicales.

Le frère Toni partit chercher le docteur Doeg.

— Ne vous pressez pas, lui dit Lucille. J'ai l'impression que c'est pour demain.

Aussitôt prévenue, l'obstétricienne insista pour se rendre le plus vite possible à Gulu. Elle arriva le soir même, mais il était trop tard. À l'issue de deux heures et demie de travail, Lucille avait déjà accouché. Avec l'aide d'une sage-femme, la sœur Patrizia Clerici, et de Piero, elle avait donné naissance à une maigrelette petite fille dont on fêterait l'anniversaire le 17 novembre.

L'enfant porterait, tel que convenu, un prénom français, Dominique, un nom qui rappellerait la «maison» des Latins, *domus*. Les Acholis, en revanche, lui donneraient un tout autre nom : Atim, c'est-à-dire «Née loin de la maison», ce qui était considéré comme exceptionnel, les femmes acholis accouchant presque toujours chez elles. Lucille devenait ainsi Min Atim, c'est-à-dire la mère de «Née loin de la maison».

Le lendemain de l'accouchement, un dimanche, son jour de congé hebdomadaire, Lucille se reposa. Et elle reprit le travail le lundi matin. Elle avait souvent vu les femmes acholis travailler aux champs à peine vingt-quatre heures après avoir accouché. Lucille n'allait pas réclamer un traitement de faveur parce qu'elle avait le privilège d'exercer une profession qui était moins exigeante physiquement.

La jeune mère fut vite subjuguée par la petite. Ce bébé, qu'elle retrouvait avec joie à chacun des repas, était une telle source d'émerveillement! Elle se demanda comment elle avait pu un jour avoir préféré un garçon. Cette fillette, Lucille l'aimait comme elle n'avait jamais été aimée.

Dominique fut confiée à Liberata, sa *lapidi*, sa nourrice, qui partagerait sa chambre jusqu'à l'âge de quatre ans. Liberata la porta dans son dos, comme naguère ses propres enfants, et lui apprit la langue acholi en lui chantant des berceuses aux tonalités suraiguës. Dominique apprendrait le français avec ses parents, l'italien avec les religieuses, et l'anglais à l'école. Mais l'acholi demeurait sa première langue, celle qu'elle parlait le plus souvent, et celle qu'elle associait aux Noirs, quelle que soit leur origine. Au point que c'est en acholi que la fillette s'adressa d'abord au docteur Roger Gervais, un collègue haïtien venu de Montréal pour prêter main-forte à l'hôpital pendant quelques mois. Il eut beau lui expliquer qu'il ne comprenait pas un traître mot d'acholi, la petite restait perplexe.

— Mais comment est-ce possible que moi, si petite, je le parle, et que toi, si grand, tu ne le comprennes même pas?

Elle ne comprit pas non plus pourquoi tous les adultes présents éclatèrent de rire…

Malgré ses cheveux blonds, Dominique était une enfant de l'Afrique, qui, à l'instar de ses copains, prenait un malin plaisir à attraper des termites en plein vol pour s'en délecter. Cette fête avait lieu une fois l'an, quand les larves sortaient de la termitière, à la fin de la saison des pluies. Aveuglées par la lumière, elles étaient facilement rattrapées par les enfants, qui se lançaient à leur poursuite en riant. Lucille n'y voyait pas d'objection. À ses yeux, manger des insectes, des protéines à l'état brut, n'était pas vraiment plus dégoûtant qu'avaler des huîtres.

Dès son plus jeune âge, Dominique éprouva une affection sans bornes pour les animaux. Elle grandit avec un énorme chien aux origines indéterminées, mais avait un faible pour les animaux plus exotiques. Elle s'attacha tout particulièrement aux chauves-souris. Quand elles tombaient dans la piscine que les frères et sœurs de Piero s'étaient cotisés pour faire creuser, Dominique se lançait à leur rescousse. Si elles avaient du mal à s'envoler, elle les essuyait délicatement et les ramenait à la maison.

Un beau jour, elle adopta une couleuvre. Elle la trouva si mignonne qu'elle lui fabriqua une cage pour pouvoir l'emmener partout avec elle — jusqu'à ce qu'on découvre qu'il s'agissait en réalité d'un serpent au venin extrêmement toxique.

Puis il y eut une chouette, d'une blancheur immaculée. Dominique avait soustrait l'oiseau blessé à des gamins qui lui lançaient des cailloux. Pour la nourrir, elle installa des trappes à souris dans le jardin. La chouette ne voulait cependant rien ingurgiter. À l'aide d'une seringue remplie d'eau et de sucre, Dominique dut la nourrir, une goutte à la fois. La chouette aux yeux d'or recommença progressivement à manger, jusqu'au jour où la petite se vit obligée de la libérer.

Et il y eut le lynx. Du moins, c'est ce qu'on avait d'abord cru. Il s'agissait plutôt d'un serval; ses oreilles étaient trop longues pour être celles d'un lynx. Mais Dominique le libéra quand elle apprit que le félin se nourrissait de souris, de lièvres et d'oiseaux. Elle était prête à installer des trappes à souris. Mais des collets à lièvres et des pièges à oiseaux ? Non.

Et comment oublier la gazelle que Dominique nourrissait au biberon ? Elle s'attacha à la gazelle, dont la grâce évoquait à ses yeux l'animal qui la fascinait plus que tout autre, le cheval. Ce mammifère ne pouvant survivre en Ouganda, ses parents durent longuement expliquer à Dominique pourquoi elle n'en aurait jamais et devait apprendre à se satisfaire d'une gazelle.

Un beau jour, Dominique et ses parents rentrèrent à la maison pour constater que la gazelle gisait dans son enclos, morte. La fillette commença à pleurer, et Lucille alla retrouver Liberata.

— La gazelle est morte depuis longtemps ? lui demanda-t-elle.

— Oui, docteur Lucille. Depuis au moins deux heures.

— Mais pourquoi ne l'as-tu pas cachée ? Tu aurais pu dire à Dominique qu'elle s'était enfuie ! Tu ne vois pas que la petite est en larmes ?

— Oui, docteur Lucille, et je savais qu'elle pleurerait.

— Et tu as laissé la gazelle là exprès ?

— Oui, docteur Lucille. Parce que la mort fait partie de la vie et que les enfants, même petits, doivent apprendre à la connaître.

Lucille se tut, obligée d'admettre que les coutumes des Acholis, qu'elle était parfois prompte à dénoncer, recelaient leur part de sagesse.

Le soir qui suivit la mort de la gazelle, Lucille fit la lecture à Dominique encore plus longuement que d'habitude. Elle ne permettait pas qu'on les dérangeât pendant ce rituel, l'un des rares moments qu'elle pouvait consacrer exclusivement à sa fille, dont le conte préféré était *La Chèvre de M. Seguin* :

« Quand la chèvre arriva dans la montagne, ce fut un ravissement général. Jamais les vieux sapins n'avaient rien vu d'aussi joli. On la reçut comme une petite reine… »

Pour Dominique, c'était une histoire d'animaux, ces êtres qu'elle vénérait. Pour Lucille, c'était une lettre de Daudet qu'elle s'efforçait de lire avec les intonations qu'avait eues naguère le père de François Laroche. Comme cet univers-là, celui du lac de l'Achigan, de l'université de Montréal et des amitiés estudiantines, lui semblait lointain à présent! Mais comme elle était heureuse! Elle exerçait la médecine, se sentait utile et appréciée. Elle aimait un homme, son mari, avec qui elle vivait et travaillait vingt-quatre heures sur vingt-quatre. Elle avait donné naissance à une enfant, dont la félicité inépuisable déteignait sur elle.

À cinq ans, Dominique savait déjà lire le français. À force de se faire faire la lecture par sa mère, elle l'avait appris sans qu'on le lui montre vraiment. Les albums de Caroline, d'Astérix et de Tintin succédèrent à *La Chèvre de M. Seguin*. À six ans, elle fut inscrite en première année à la *Christ the King Demonstration School*, qui relevait d'une école normale. Les cours s'y donnaient en acholi, mais les enfants faisaient d'une année à l'autre de plus en plus d'anglais. L'acholi était relégué au rang de deuxième langue à la fin du cycle primaire.

Dans la classe de Betty Ayiko, son institutrice de première année, Dominique était la seule Blanche, ce qu'elle remarquait à peine tant elle avait l'habitude de se trouver parmi des Noirs. Elle aimait l'école et illustrait ses cahiers de dessins de palmiers, d'éléphants, de serpents et de ces mystérieux animaux auxquels elle continuait de rêver, les chevaux.

Les écolières portaient un uniforme, une robe rose sans manches, qui ne gênait pas leurs mouvements dans les cours d'éducation physique, qui consistaient à assimiler les pas de base de la *dingidingi*, une danse traditionnelle qui leur permettrait un jour, accompagnées par deux tambourineurs, d'exécuter le ballet annonçant qu'elles avaient atteint l'âge de la puberté. Chaque génération réinventait cette danse, dont Dominique raffolait, en y intégrant des mouvements empruntés au monde contemporain : le coup de pied du footballeur, l'avion qui prend son envol, et même, puisque l'on voyait souvent défiler des soldats à Gulu, des pas évoquant ceux des militaires. Mais le but de cette danse demeurait inchangé depuis des temps immémoriaux : montrer que des jeunes filles seraient bientôt à marier.

C'est toute jeune, avant même d'avoir commencé l'école, que Dominique fut emmenée pour la première fois à la salle d'opération. C'était un samedi, Liberata était en congé, et il fallait bien que quelqu'un garde un œil sur la fillette. Lucille l'avait laissée dans un coin avec un cahier à colorier. Par la suite, Dominique suivit sa mère pendant sa tournée quotidienne des patients. Pendant que Lucille auscultait ou interrogeait les malades, l'enfant s'asseyait sur le bord de leur lit et écoutait d'une oreille distraite. Il lui arrivait parfois de corriger les fautes d'acholi de sa mère, qui n'hésita pas à lui demander de lui servir d'interprète.

Rien ne semblait plus normal à l'enfant. Ses copines acholis ne suivaient-elles pas leurs mères lorsque celles-ci allaient travailler aux champs ? Pourquoi ne suivrait-elle pas la sienne à l'hôpital ? De toute façon, l'établissement débordait d'enfants puisque les patients devaient être accompagnés par un proche, presque toujours une femme ayant des enfants à sa charge, pour préparer leurs repas. Si elle n'avait pas été blonde, Dominique serait passée inaperçue.

Contrairement à l'adolescente qui avait affirmé ne vouloir qu'un seul enfant, Lucille en désirait désormais plusieurs. Le moindre retard de ses règles l'amenait à s'administrer des tests de grossesse dans l'espoir de confirmer l'heureuse nouvelle. Un beau jour, elle annonça à Piero qu'elle était de nouveau enceinte. Quelques semaines plus tard, toutefois, elle fit une fausse couche et elle se dit qu'elle serait plus prudente la prochaine fois.

Enceinte encore une fois quelques mois plus tard, elle décida de s'imposer un repos presque absolu. Mais elle se leva une première fois, puis une deuxième. Pour Lucille, s'arrêter, même provisoirement, était beaucoup plus difficile que travailler. Elle n'arrivait pas à se soustraire à l'hôpital, à ses obligations. Elle fit une nouvelle fausse couche, la deuxième d'une série de quatre ou cinq. De plus en plus désespérée, Lucille cessa de compter.

Quand, à l'été 1965, à l'issue de leur premier contrat de travail de trois ans, Lucille et Piero se rendirent en vacances à Montréal, Lucille apprit qu'elle devait être opérée pour un kyste endométriotique à l'ovaire, qui était à l'origine de ses multiples avortements. On lui retira un ovaire, et la moitié du second. L'intervention n'interdisait pas toute nouvelle grossesse, mais Lucille, qui avait alors trente-six ans, se dit que Dominique n'aurait probablement jamais de frère ou de sœur. Elle ne pouvait s'empêcher de penser au vœu qu'elle avait fait jeune fille et qui semblait, hélas, en voie de se réaliser : elle n'aurait qu'un enfant à qui elle donnerait sans partage toute son affection.

À Montréal, Lucille constata que sa sœur Huguette allait mal. Huguette avait épousé un Franco-Américain, Jacques Sénécal, un officier et navigateur des forces aériennes des États-Unis. Au début de la guerre du Viêtnam, il avait fait la navette entre Saïgon et Tokyo, où il avait été stationné. De retour aux États-Unis, le couple avait habité Borden, au New Jersey, jusqu'au jour où l'avion de Jacques avait percuté une montagne. Sa mort avait terriblement affecté Huguette, qui avait commencé à délirer : son mari, toujours vivant, avait été fait prisonnier par la C.I.A....

Lucille soupçonnait que sa sœur, qui refusait de voir un psychiatre, faisait une psychose aiguë. Huguette se laissa convaincre d'emménager chez ses parents et recommença à mener une vie en apparence normale, jusqu'au jour où elle disparut. Alertée par une voisine de Borden, Lucille la retrouva dans la maison, désormais vide, où elle avait vécu avec son mari, et elle la ramena à Montréal.

Un froid matin d'automne, vers dix heures, constatant qu'Huguette n'était toujours pas levée, René Teasdale entra dans la chambre de sa fille pour constater qu'elle n'y était plus. Ne la trouvant nulle part dans la maison, mais percevant soudain un bruit sourd et étrange, il se précipita dans le garage. Le moteur de sa voiture tournait. Sa fille s'était asphyxiée. Elle avait décidé d'en finir avec la vie le 30 octobre 1965, l'anniversaire de naissance de son mari.

Un télégramme annonça la nouvelle à Lucille, qui avait déjà regagné l'Ouganda. Leur mère avait menacé de se suicider toute sa vie, et c'était sa jeune sœur qui passait à l'acte. Lucille en fut atterrée.

11

Un long voyage en Italie

*Une manifestation de l'émotivité
peut être la traduction de la peur.*

Jean-Pierre BEX,
*Principes et techniques de base
de la chirurgie moderne.*

E N AVRIL 1966, Kampala fut le théâtre d'un coup d'État qui
ne dit pas son nom. Accusé de corruption par le Parlement, le Premier ministre Milton Obote fit arrêter quatre
ministres et le commandant des armées, qui fut immédiatement
remplacé par son adjoint, le colonel Idi Amin Dada. Fort de cet
appui, Obote suspendit la Constitution, limogea le chef de l'État,
sir Edward Mutesa, et se proclama président de la République.

Outré, Mutesa annonça que la tribu dont il était roi, les
Bagandas, allait faire sécession. Il demanda l'intervention des
Nations unies et se barricada dans son palais. Le colonel Amin
Dada à leur tête, les militaires donnèrent l'assaut. Mutesa réussit
à s'enfuir et à gagner l'Angleterre, mais la répression qui
s'ensuivit coûta la vie à près de deux mille Bagandas, qui furent
jetés dans les chutes Murchison ou enterrés vivants.

Obote imposa l'état d'urgence et interdit tous les partis
politiques à l'exception du sien, l'*Uganda People's Congress*.

À la recherche d'un second souffle politique, il se fit le défenseur d'un socialisme tiers-mondiste, «le mouvement vers la gauche», qui le poussa à adopter une «Charte de l'homme ordinaire» visant à combattre les inégalités sociales et à nationaliser les filiales ougandaises des compagnies étrangères. (Il s'agissait en fait de négocier une participation de soixante pour cent dans plus de quatre-vingts sociétés.)

Lucille et Piero avaient trop de travail pour se sentir concernés par ces événements. Ils avaient récemment reçu un nourrisson atteint d'une rare méningite déclenchée par un virus dénommé «West Nile», comme le district, que des oiseaux transmettent aux humains par l'intermédiaire des moustiques. Lucille commença par pratiquer une ponction lombaire et, après trois jours et presque trois nuits de soins intensifs, l'enfant commença à aller mieux. Exténué par les efforts qu'il avait dû déployer, Piero le prit dans sa main droite et le souleva au-dessus de sa tête pour lui arracher un sourire.

— Il ne s'en rendra jamais compte, dit-il, mais c'est Moïse sauvé des eaux!

La sœur Anna Pia, qui l'avait secondé, s'en rendait bien compte, elle. Piero et Lucille, qu'elle côtoyait depuis leur arrivée en Ouganda cinq ans plus tôt, étaient pour elle des faiseurs de miracles, des miracles qui tenaient moins de la médecine que de la ténacité. Jamais leur zèle ni leur ardeur ne se démentaient. Elle avait beau les solliciter à toute heure du jour et de la nuit, elle ne les dérangeait jamais.

Rien ne semblait les décourager. C'est ce qui avait impressionné la sœur Anna Pia, une femme qui avait très tôt appris à ne pas se laisser abattre. Née dans les environs de Padoue, elle avait laissé l'école très jeune pour s'occuper de son frère aîné, gravement handicapé, que ses parents, cultivateurs peu fortunés, considéraient comme «le trésor de la famille». Quand elle voyait Piero manifester autant de bienveillance pour un enfant aussi malade que celui qu'il avait comparé à Moïse, elle savait qu'elle aurait pu lui confier son frère handicapé, son «trésor».

Voilà pourquoi elle redoutait tant de dire à Piero qu'elle devait les quitter, lui, Lucille et l'hôpital.

Toutes les religieuses affectées à l'hôpital relevaient du diocèse, qui les rémunérait. Cet arrangement, qui permettait à Piero de faire l'économie de leur salaire, comportait toutefois un inconvénient : quand le diocèse choisissait de muter une religieuse que Piero souhaitait retenir, celui-ci ne pouvait guère s'y opposer. C'est ce qui venait d'être décidé dans le cas de la sœur Anna Pia. Sa congrégation avait décidé de la transférer.

Ce qu'elle expliqua avec moult précautions à Piero, qui, tel que prévu, manifesta sa mauvaise humeur.

— Je vais en parler à l'évêque ! s'insurgea-t-il. Où êtes-vous mutée ?

— À Alito.

Piero baissa les yeux. Il s'en voulait déjà d'avoir insisté.

Alito était un village de six mille lépreux, à l'est de Gulu. Certes, on réussissait aujourd'hui à soigner des lépreux avec des antibiotiques comme le sulfamide, mais les malades, souvent rejetés par leur famille, restaient seuls, inconsolables. Le travail y était moins gratifiant que celui de l'hôpital, où les naissances et les guérisons finissaient par faire contrepoids à la mort et à la maladie. Qu'est-ce qui pouvait bien contrebalancer l'opprobre ? Une seule chose depuis des temps immémoriaux : l'amour. Voilà pourquoi la sœur Anna Pia, sœur d'un «trésor» handicapé, était mutée à Alito.

Son départ soulignait un problème qui allait en s'aggravant : l'hôpital manquait de personnel. Cet établissement, où l'on trouvait désormais un vrai pavillon de pédiatrie et un bloc opératoire comprenant une salle septique, compterait bientôt cent cinquante-cinq lits. Il accueillait près de quatre mille patients internes et quarante mille patients externes chaque année. Fallait-il s'en tenir à cela ? Pour Piero, la réponse était claire : il fallait continuer d'agrandir. Il ne pouvait pas envisager son travail autrement. S'il restait en Afrique, c'était pour profiter de la liberté, voire de l'espace, qui lui permettaient de faire sa marque, écrivit-il à son frère Corrado dans une lettre datée du 2 juillet 1969.

«Nos efforts sont peut-être un peu aveugles, et nous ne sommes certainement pas à l'abri des critiques. D'autres viendront après nous et utiliseront ce que nous avons bâti pour agir de façon plus éclairée. […] Nous réussissons au moins parfois à troubler ceux qui se donnent trop facilement bonne conscience en leur donnant l'exemple de deux personnes qui cherchent à se dépasser — non sans un certain succès d'ailleurs.»

Il est vrai que les malades venaient désormais des quatre coins de l'Ouganda pour se faire soigner à l'hôpital de Lacor, surtout depuis l'inauguration du bloc opératoire, qui avait attiré une nouvelle «clientèle», des cas d'urologie. Lucille ne s'était jamais sentie intéressée par cette spécialité, qui consiste principalement à opérer des vessies et des prostates. Mais elle se rendit vite compte qu'elle devrait désormais y consacrer des efforts importants. Chez les hommes, il fallait s'attaquer aux conséquences de la blennorragie, en dilatant l'urètre infecté pour empêcher la rétention d'urine. Chez les femmes, il fallait atténuer les séquelles des accouchements qui avaient mal tourné.

Chez les Acholis, comme chez tant d'autres peuples, la tradition voulait que les femmes accouchent à la maison, ce qui faisait courir de graves risques à celles qui avaient des bassins «viciés». Si la tête du fœtus était trop grosse pour le canal pelvien de la mère, l'enfant ne pouvait pas passer. Malheureusement, on considérait qu'un travail prolongé était normal, et des parturientes pouvaient souffrir des journées entières avant d'être emmenées à l'hôpital. En règle générale, la tête du fœtus était déjà engagée dans le pelvis, où il mourait et se déshydratait avant d'être expulsé. Entre-temps, le fœtus avait exercé, pendant deux ou trois jours, une pression sur la vessie de la mère, provoquant de graves dégâts. Une communication directe s'établissait entre la vessie et le vagin, par où s'éliminait désormais l'urine. Cette complication très commune, une fistule vésico-vaginale, entraînait l'ostracisme de celles qui en étaient atteintes.

Après avoir tenté un accouchement impossible et perdu leur enfant, ces femmes étaient rejetées par leurs proches. Lucille était outrée. Elle s'initia à la longue et délicate intervention qu'exigeait cette fistule. Avec le temps, elle réussit si bien cette opération que ses collègues, ravis de s'épargner une intervention aussi compliquée, lui envoyèrent presque systématiquement tous les cas du nord de l'Ouganda.

Le matin, Lucille se rendait au service des consultations externes dès huit heures. Ce travail d'investigation, un «débroussaillage» qui orientait tout le traitement, la grisait. Le défi de la médecine se trouvait là, lors de ce premier contact avec le patient. Car, à la limite, soigner était facile, mais diagnostiquer, en revanche... Au Canada, Lucille avait appris qu'une maladie pouvait provoquer de nombreux symptômes; en Ouganda, elle constatait qu'un symptôme pouvait être provoqué par de nombreuses maladies. Face aux centaines de patients qui se présentaient chaque matin au service des consultations externes, elle devait toutefois faire vite. Piero lui avait déjà reproché, une fois, de ne pas consacrer assez de temps à chacun.

— Tu as vu tous ceux qui sont dehors? s'était-il fait répondre.

Quand Lucille se plongeait dans le travail, tout pouvait la contrarier, à commencer par les patients qui attendaient leur tour. Quand ils parlaient ou riaient trop fort, elle sortait de son bureau et leur criait :

— Taisez-vous! Je n'entends plus rien avec mon stéthoscope! Si j'entends mal, je vous soignerai mal!

Que de malentendus étaient provoqués par cet instrument! Certains patients affirmaient se sentir mieux dès la fin de l'auscultation. D'autres demandaient parfois à Lucille de se servir de son stéthoscope pour leur ausculter le bras ou la jambe.

Fort heureusement, Lucille et Piero pourraient désormais compter sur une poignée de jeunes spécialistes italiens, qui travailleraient à l'hôpital pendant deux ans mais seraient rémunérés par le ministère des Affaires étrangères selon les termes d'une entente avec le Cuamm, une organisation non gouvernementale de Padoue. Parmi ces tout premiers coopérants figurait Marcello Bolognesi, qui gagna rapidement la confiance de Lucille et Piero. D'autres toutefois contesteraient, vite et ouvertement, leur autorité.

Piero avait rencontré, à l'occasion d'un voyage en Italie, un archiprêtre, Mgr Manfredini, qui lui avait demandé d'accueillir deux médecins qui souhaitaient œuvrer en Afrique. Piero avait été heureux d'accepter. Ses jeunes collègues arrivèrent à Gulu avec leurs familles et un ingénieur qui disait vouloir enseigner. D'abord étonnés par le style de vie de ce groupe qui semblait vivre en communauté, Lucille et Piero furent frappés par leur exquise amabilité. Les nouveaux médecins s'absentaient toutefois de l'hôpital pendant les heures de travail pour participer à des groupes de prière et de méditation.

Bien que catholique et pratiquant, Piero avait toujours pris soin de séparer foi et médecine. Si sa propre motivation était, entre autres, religieuse, il considérait son travail comme une «assistance technique». Les patients ne devaient pas avoir l'impression que l'hôpital donnait de meilleurs soins aux catholiques. L'idée même l'horrifiait. L'hôpital était ouvert à tous. Et il n'était surtout pas question d'y faire du prosélytisme.

Par le passé, cela n'avait jamais fait problème, et voilà que de jeunes médecins, laïcs mais apparemment ultracatholiques, priaient dans l'hôpital et invitaient des infirmières et religieuses à leur groupe de méditation. Piero convoqua ses jeunes collègues.

— Nous ne pouvons pas dissocier notre engagement professionnel de notre engagement spirituel, avança l'un d'eux. C'est notre foi qui nous permet de travailler, et nous travaillons pour elle.

— Sans problème, répondit Piero, mais il ne faut pas que le travail soit relégué au second plan!

— Nous plaçons, quant à nous, l'Église au premier plan.

Piero se sentit attaqué. Il se considérait comme catholique et réfléchissait souvent aux injonctions de saint Matthieu : «Chemin faisant, proclamez que le Royaume des Cieux est tout proche. Guérissez les malades…» Pour Piero, il s'agissait de deux idées distinctes : on pouvait, d'une part, proclamer, et, d'autre part, guérir; on pouvait même guérir pour proclamer. Mais pas question de proclamer en guérissant! Il souhaitait mettre un terme à la discussion.

— Après le travail, à l'extérieur de l'hôpital, dit-il, vous êtes libres de faire ce que vous voulez, toutes les prières, toutes les méditations que vous voulez. Mais, pendant les heures de travail, vous êtes là pour travailler!

— D'accord, répondit l'un d'eux, mais nous avons du mal à accepter qu'un hôpital catholique fonctionne comme une agence de l'État. L'Église n'est pas une ambulance!

— L'Église soigne pourtant les malades depuis le Moyen Âge! rétorqua Piero.

— Nous n'en sommes plus là, justement. Il faudrait donner plus d'importance à la médecine préventive, qui est ici — comment dire? — quelque peu négligée. Sinon, l'hôpital sera beau et propre et moderne, mais il ne profitera finalement pas beaucoup aux Ougandais.

— Quoi?

— Oui, oui, nous sommes quelques-uns à le penser : l'hôpital risque de se transformer en cathédrale dans le désert.

— Vous êtes quelques-uns à le penser. Mais qui êtes-vous? demanda Piero, soudain méfiant.

— Des catholiques…

Piero, hors de lui, tourna les talons. Ses idées s'embrouillaient. Des catholiques? Oui, certes! Comme si lui ne l'était pas! Il s'était même fait un point d'honneur de descendre à Kampala avec Lucille pour voir Paul vi à l'occasion du premier voyage d'un pape en Afrique, en 1969. Une cathédrale dans le désert? Oui, certes! Et pourtant des centaines de malades s'y rendaient chaque jour! La médecine préventive? Oui, certes! Mais qui allait s'en charger? Il était extrêmement difficile de changer des habitudes séculaires. Pourquoi le bon peuple devait-il obtempérer? Depuis des années, Piero disait, criait, aux Acholis de ne pas faire arracher les canines de leurs bébés. Avec quel résultat? Seule la crédibilité de l'hôpital, qui dépendait de ses réussites en matière de médecine curative, lui permettrait d'influencer le comportement des Acholis. Peut-être.

Piero toucha mot à Marcello Bolognesi de la querelle qui l'opposait aux ultracatholiques.

— Tu ne vois donc pas ce qui se passe? demanda Marcello.

— Mais non! lui répondit Piero. À ton avis?

— Mais, mon cher ami, ils sont en train de manœuvrer pour prendre ta place!

Piero n'en croyait pas ses oreilles. Comment pouvaient-ils prétendre l'évincer? Pour ses vœux de Pâques, la supérieure des sœurs de Vérone lui remit un message sibyllin où il crut déceler un vague mécontentement. Ces nouveaux arrivants intriguaient-ils pour lui mettre à dos les religieuses? Leur culot le décontenançait.

Les médecins qui lui donnaient tant de fil à retordre étaient membres d'un groupe dont Piero ignorait presque tout. Créé dans les années cinquante, *Gioventù Studentesca* (Jeunesse estudiantine) réunissait des militants catholiques qui s'opposaient ouvertement aux communistes dans les lycées et universités. Inspirés par le père Luigi Giussani, maître spirituel et leader charismatique, ils adoptèrent parfois leurs méthodes : structure pyramidale, centralisme, rigoureuse sélection des cadres, devoir d'obéissance, discrétion, etc. Devenus «adultes» — c'est ainsi qu'on appelait les adeptes ayant terminé leurs études —, les militants adoptèrent un nouveau nom en 1968, pour bien montrer que leur champ d'opération dépassait maintenant l'université : Communion et Libération.

À l'hôpital de Gulu, le conflit éclata au grand jour quand les jeunes médecins distribuèrent une lettre parmi le personnel. Une infirmière la montra à Piero, qui fut renversé de se voir accusé de diriger l'hôpital «comme une entreprise privée» dont le seul souci serait «l'efficacité». Piero rejoignit Lucille et lui montra la lettre.

— «Comme une entreprise privée»! s'exclama Lucille. Mais l'hôpital *est* une entreprise privée!

Lucille se demandait surtout comment on pouvait reprocher à Piero de rechercher l'«efficacité». Comme si c'était la voie de la facilité! Son objectif avait toujours été clair : offrir les meilleurs soins possibles au plus grand nombre de gens possible et au moindre coût possible. C'était un combat de tous les instants. À quoi bon rester en Ouganda si ce n'était pour tenter de l'atteindre? Lucille poursuivit sa lecture de la lettre et rougit de colère. On accusait Piero d'autoritarisme, de brutalité, et on estimait que sa présence à l'hôpital, comme sa conception de la médecine, était «préjudiciable à l'Église».

Scandalisée, Lucille s'accrochait à une évidence : le gouvernement de l'Ouganda leur avait délivré un visa où il était précisé qu'ils résidaient en Ouganda à titre de médecins. Elle et Piero ayant déjà assez de mal à soigner les corps, ils laisseraient les âmes à l'aumônier.

La lettre des jeunes médecins annonçait une réunion avec le nouvel évêque de Gulu, Mgr Cipriano Kihangire, premier Ougandais à occuper ces fonctions, à qui ils demanderaient de trancher le litige. Piero s'inquiétait. Ces militants catholiques lui avaient peut-être fait miroiter le financement qu'ils pourraient obtenir auprès du riche diocèse italien qui les avait parrainés, si l'hôpital leur était confié. Piero se rendit sans plus tarder à l'évêché, où le vicaire général s'empressa de le recevoir. Piero fit valoir que l'évêque serait appelé à choisir entre deux équipes : celle de Communion et Libération et celle qu'il formait avec Lucille.

— Mais pas du tout ! répondit le vicaire. L'évêque refuse de se prêter à cet arbitrage. Vous et Lucille travaillez à l'hôpital depuis plusieurs années, et vous allez y rester, du moins, nous le souhaitons, encore longtemps. Nous avons, quant à nous, proposé l'hôpital de Kitgum à ces jeunes gens. Le médecin qui y travaille actuellement va bientôt rentrer en Italie.

Piero était aussi soulagé que ravi.

La présence de nouveaux médecins avait mis en évidence le manque cruel d'infirmières. Impossible de les recruter à Kampala. Hormis les Acholis, elles ne voulaient pas vivre dans le Nord. Il fallait absolument les former sur place dans une école qui relèverait de l'hôpital. Piero présenta un projet en ce sens à la coopération canadienne, l'Agence canadienne de développement international, et à une O.N.G. de Montréal, Développement et Paix, qui acceptèrent de financer la construction d'une école d'infirmières qui jouxterait l'hôpital. Ses élèves seraient à sa disposition pendant toute leur formation et constitueraient une main-d'œuvre d'appoint non négligeable pour les hôpitaux catholiques du Nord. Rien ne les empêcherait, diplôme en poche, de gagner Kampala. Mais la capitale perdait chaque jour un peu plus de son lustre…

Vers seize heures, le 25 janvier 1971, Radio-Ouganda annonça que les forces armées avaient renversé Milton Obote, en voyage officiel à Singapour. Une demi-heure plus tard, la radio précisa que les militaires avaient confié le pouvoir à leur commandant en chef, le général Idi Amin Dada. Dans les chancelleries occidentales, on se félicita de l'arrivée au pouvoir d'un homme qui dénonçait les «excès socialistes» d'Obote, qui avait tancé la Grande-Bretagne pour ses ventes d'armes aux régimes racistes d'Afrique du Sud et de Rhodésie. Bien qu'il fût parvenu à ses fins de façon peu démocratique, le nouveau président était décidément au goût des grandes puissances.

À Kampala, le nouvel «homme fort» commença vite à tisser sa toile. Il fit d'abord liquider de nombreux officiers issus de deux tribus qui avaient été des «piliers» de l'armée : les Langis, l'ethnie du président déchu, et les Acholis. Deux journalistes américains qui enquêtaient sur les rumeurs de massacre dans la caserne de Mbarara, dans l'ouest du pays, furent tués. Le chef d'état-major de l'armée et le vice-recteur de l'université Makerere «disparurent». Et le principal juge du pays fut arrêté en plein jour et assassiné.

À Gulu, encore à l'abri de ces troubles politiques, Lucille et Piero songeaient aux vacances. Vacances, c'était vite dit. Lucille profitait souvent des congés pour se faire soigner; à Montréal, elle s'était fait opérer pour une tumeur à un sein, heureusement bénigne. Piero, lui, profitait des voyages à l'étranger pour renflouer les coffres de l'hôpital. Il ne pouvait plus compter uniquement sur le «groupe d'appui» de Besana, qui, réunissant parents et amis, assurait l'essentiel du financement. Il fallait diversifier les sources de revenus. Piero donnait donc des conférences dans toutes les associations, même les plus modestes, qui étaient prêtes à l'accueillir. Il recueillait également du matériel, notamment des gants de caoutchouc usagés qui pouvaient servir encore longtemps. Il suffisait de les stériliser et de les talquer.

Pour Dominique, toutefois, les vacances étaient la pire des corvées… Il n'était pas facile pour cette fillette de neuf ans de rester sagement assise au fond d'une salle pendant que ses parents discouraient sur le sujet dont ils parlaient quasiment en permanence. Elle préférait encore rester dans cet hôpital où elle coulait, aux côtés de ses parents, des jours heureux, quoique insolites.

À leur retour en Ouganda, Piero aborda avec Lucille une question qui le préoccupait depuis longtemps.

— J'ai réfléchi, dit-il. Il faudrait envoyer Dominique en Italie.

— Quoi ? répondit Lucille, croyant avoir mal entendu.

— Oui, il faudrait envoyer Dominique en Italie. Il faut la changer d'école. On ne peut pas la priver d'une éducation comparable à la nôtre.

— Il est vrai que le niveau de l'école n'est pas très élevé, dit Lucille.

Depuis quelque temps, les résultats scolaires de Dominique étaient extrêmement irréguliers. Elle se retrouvait tantôt parmi les premières, tantôt parmi les dernières. L'une de ses institutrices, Valentine Adong, signala dans un bulletin qu'elle était même «plutôt paresseuse». Était-elle vraiment trop gâtée, blonde princesse dans son royaume, pour faire l'effort d'apprendre les noms des pays limitrophes de l'Ouganda ? Ou cherchait-elle à attirer l'attention de ses parents en obtenant des notes fluctuant d'un bulletin à l'autre ? Lucille ne savait qu'une chose : sa fille n'avait que neuf ans.

— Mes parents, rappela Piero, m'ont envoyé au pensionnat à huit ans…

La situation politique inquiétait aussi Lucille et Piero. Depuis l'arrivée au pouvoir d'Idi Amin Dada, l'Ouganda glissait dans une violence qui prenait de l'ampleur. Il fallait d'ores et déjà penser à mettre Dominique à l'abri. Piero demanderait à sa sœur Pina et à son mari Galeazzo, qui habitaient les environs de Brescia, au sud de Milan, de l'héberger. Ils avaient déjà sept enfants et accepteraient sûrement de la prendre. Elle s'entendait bien avec tous ses cousins, qu'elle avait beaucoup de plaisir à retrouver chaque été, et serait vite intégrée. À l'automne, elle serait inscrite à la même école qu'eux. Dominique aurait donc droit, loin de l'Ouganda, à l'éducation et à la sécurité. Entourée de «frères» et de «sœurs», elle se débarrasserait peut-être même de ses petits défauts d'enfant unique.

Mais comment la faire entrer en Italie ? Elle n'avait même pas son propre passeport ! On pourrait la confier au père Egidio Valtorta, prêtre et vice-recteur du collège San Carlo de Milan,

176

qui devait bientôt rentrer. En sa compagnie, elle pourrait faire le voyage munie de son seul certificat de naissance. Piero avait déjà demandé au religieux ce qu'il ferait si on l'interrogeait sur l'identité de l'enfant à son arrivée à Rome.

— S'il le faut, je leur dirai que c'est ma fille! sourit-il. Vous ne soupçonnez pas à quelle vitesse on nous fera passer!

Piero rapporta la conversation à Lucille, qui ne rigola pas. Rien ne pouvait ramener l'esquisse d'un sourire sur ses lèvres. Tout allait trop vite. De vague éventualité, le départ de Dominique s'était transformé en projet. L'idée de se séparer de sa fille l'atterrait. Mais elle envisageait mal de la priver d'une bonne éducation. Une école européenne en milieu urbain lui assurerait de meilleures perspectives d'avenir qu'une école africaine en milieu rural. Lucille ne voyait, hélas, pas d'autre solution. À moins d'abandonner l'hôpital, ce qui permettrait peut-être à des médecins de Communion et Libération de mettre le grappin dessus...

C'est surtout la peur de s'aliéner sa fille qui commença à tourmenter Lucille. Elle redoutait par-dessus tout que Dominique eût l'impression, comme elle jadis, de ne pas être aimée de sa mère. L'idée lui était insupportable. Elle se consola en se disant que, dans un premier temps, elle ne serait séparée de Dominique que pendant quelques semaines. Elle la retrouverait en Italie, où elles passeraient l'été ensemble. Mais une peur tenace et sournoise commençait à accentuer son émotivité. Lucille se sentait de plus en plus mal, même si elle s'employait à le cacher.

À l'aéroport d'Entebbe, Lucille et Piero essayèrent de se comporter normalement. Ils avaient longuement expliqué à Dominique qu'elle partait en Italie avec le père Egidio, et qu'ils la rejoindraient pour les vacances estivales.

— Mais pourquoi n'y allons-nous pas tous ensemble? bredouilla Dominique.

— Mais parce que papa et maman doivent rester à l'hôpital, répondit Lucille. Tu sais que nous avons beaucoup de travail!

Lucille, qui avait du mal à contenir ses larmes, croyait à peine à ses propres paroles. Elle s'accroupit, serra sa fille une dernière fois dans ses bras, peut-être un peu trop fort. L'enfant n'était pas dupe. Une telle étreinte ne pouvait accompagner un simple au revoir. Était-ce donc un adieu ? Dominique commença à pleurer et s'accrocha à Lucille. Piero la prit par le bras pour la soustraire à son emprise.

— Bon, ça suffit maintenant, il faut y aller.

En compagnie d'un homme, lui avait-on expliqué, qu'elle pourrait devoir appeler «papa», Dominique s'envola pour un très long voyage en Italie.

De retour à l'hôpital, Lucille se replongea dans le travail avec une ardeur que Piero ne lui connaissait pas. Elle avait dit à Dominique qu'elle avait trop à faire à l'hôpital pour pouvoir l'accompagner en Italie ? Très bien ! Elle s'immergerait dans le travail ! Elle commença même à opérer deux patients à la fois. Elle terminait un cas, changeait de gants, pivotait sur elle-même et se penchait sur le second. Elle pouvait ainsi enchaîner les opérations en perdant un minimum de temps. Elle savait qu'elle pourrait être critiquée pour cet excès de zèle. Elle ne changeait même pas de blouse, pour gagner quelques précieuses minutes.

Elle opérait sans relâche, même les cas les plus difficiles. Elle n'essayait même plus de les envoyer à l'hôpital de Mulago à Kampala, un territoire «étranger» où les Acholis hésitaient à se rendre, de crainte d'y être «empoisonnés». Elle se mesurait à tous les cas de chirurgie qui pouvaient se présenter, même les plus difficiles. Portée par un souffle nouveau, elle réalisait des opérations à une vitesse fulgurante, de véritables performances qu'elle commença à minuter. Un jour, elle fit une césarienne en vingt-trois minutes !

Elle gagnait en assurance et ne répétait plus «je ne suis pas capable» comme un leitmotiv.

— C'est cela ! lui avait déjà répondu Piero dans l'espoir de lui faire perdre cette habitude. Continue de dire que tu n'es pas capable. En général, c'est plutôt bon signe !

Au bloc opératoire, ses certitudes faisaient reculer ses doutes, et ses forces triomphaient de ses faiblesses. Elle y savourait chaque instant comme un répit. Elle était si concentrée sur son travail que Piero dut même plusieurs fois l'interrompre pour lui rappeler de changer de gants. Il voyait bien qu'elle les perforait ou les déchirait, et que ses doigts étaient en contact direct avec le sang des patients. Mais Lucille, elle, ne le voyait pas toujours. Il lui était même arrivé, en pleine opération, d'arracher des gants qui, légèrement déchirés, avaient commencé à se remplir de sang, ce qui l'avait empêchée de bien «sentir» ce qu'elle faisait. Piero lui avait vertement reproché son imprudence. Elle lui répondait toujours la même chose : elle risquait une hépatite B ou une septicémie, une grave infection générale dont elle pourrait s'occuper en temps et lieu. Les antibiotiques étaient là pour ça. Tous les chirurgiens couraient les mêmes risques.

Lucille se sentait coupable de ne pas avoir consacré plus de temps à Dominique avant son départ. Elle se rappelait un rêve que la fillette lui avait déjà raconté : une petite fille ne réussissait pas à parler à ses parents, trop occupés pour l'écouter.

— Que faisaient ses parents ? avait demandé Lucille.

— Mais que veux-tu qu'ils fassent ? s'était étonnée Dominique. Ils parlaient de médecine !

Son absence s'annonçait longue. L'actualité s'entêtait à rendre le retour de Dominique de plus en plus improbable. Idi Amin Dada avait envoyé un télégramme au Premier ministre d'Israël, Golda Meir, qui avait jadis refusé de lui vendre des armes, pour se féliciter du massacre des athlètes israéliens aux Jeux olympiques de Munich de 1972. Il lui expliqua, de plus, pourquoi Hitler avait tué plus de six millions de juifs...

«C'est parce qu'Hitler et tous les Allemands savaient que les Israéliens ne sont pas des gens qui œuvrent en faveur des intérêts des peuples du monde, et c'est pour cela qu'ils ont brûlé vifs les Israéliens avec du gaz sur le sol allemand.»

Le message confinait au délire, surtout de la part d'un chef d'État qui serait bientôt élu président de l'Organisation de l'Unité africaine! Et quand un commando palestinien détourna un Airbus d'Air France sur l'aéroport d'Entebbe pendant un vol à destination de Tel-Aviv, Israël n'hésita pas à lancer un audacieux raid pour y sauver des centaines d'otages.

L'économie ougandaise périclitait. Idi Amin Dada décida de marquer un grand coup avec une opération portant un nom de code révélateur : *mafuta mingi* («se remplir les poches» en swahili). Dans l'espoir de redresser l'économie, il expulserait la minorité indienne, c'est-à-dire environ cinquante-trois mille personnes d'origine indienne, pour la plupart détentrices d'un passeport britannique. On trouvait cependant dans leurs rangs de nombreux citoyens ougandais, notamment les descendants d'ouvriers venus d'Asie à la fin du XIXe siècle pour construire les chemins de fer de l'Afrique de l'Est. Il s'agissait d'une minorité privilégiée. L'administration coloniale avait autorisé des représentants de la communauté indienne à siéger, aux côtés des Blancs, au Conseil législatif, un «Parlement» ougandais d'où les Noirs furent exclus jusque dans les années quarante. Devenus hommes d'affaires, commerçants ou professionnels (un médecin sur trois était d'origine asiatique), les «Indiens» n'étaient pas particulièrement appréciés par la majorité noire.

Le 4 août 1972, Idi Amin Dada annonça que tous les citoyens d'origine indienne, quelle que soit leur nationalité ou leur profession, disposaient de trois mois pour quitter l'Ouganda. Très vite, les familles indiennes commencèrent à fuir le pays. Sur la route d'Entebbe, la population noire les insulta et les harcela. À l'aéroport, on leur promit de faire suivre leurs malles et valises, qui furent toutefois redistribuées aux forces armées, qui accordèrent à Idi Amin Dada huit distinctions et médailles pour cette opération.

Lucille et Piero reçurent une lettre d'Arshad Warley, bouleversé par ce qu'il avait lu dans la presse britannique. Il avait envisagé de retourner en Ouganda pour un bref séjour à l'hôpital de Lacor, mais ses origines asiatiques lui interdisaient désormais d'y mettre les pieds. Piero, outré par un tel racisme, n'arrivait pas à comprendre comment un pays pouvait fermer ses portes à un médecin comme Arshad, expulser des dizaines de milliers de citoyens et saboter ainsi son économie.

En déportant la communauté indienne, Amin Dada avait suivi l'exemple du colonel Muammar al-Kadhafi, qui venait d'expulser de Libye dix-neuf mille Italiens qualifiés de «rebuts du colonialisme». Le président ougandais, qui se rapprochait sans cesse du régime de Tripoli, sévirait-il maintenant contre les Européens? Triste bouffon, il s'était baladé dans les rues de Kampala en chaise à porteurs, des porteurs britanniques, dans une évocation revancharde du passé colonial. Jusqu'où irait la funeste comédie?

Lucille et Piero ne s'inquiétaient pas de leur propre sécurité, mais ils se dirent qu'ils avaient bien fait d'envoyer Dominique en Italie. Lucille ne réussissait pas toutefois à surmonter la mélancolie qui s'emparait d'elle dès qu'elle quittait l'hôpital. Sa fille lui manquait. Au lever et au coucher, à chacun des repas, entre deux opérations, sa fille lui manquait. Dès que Lucille ne se consacrait pas à ses patients, Dominique lui manquait.

Vers midi, avant de passer à table, Lucille lisait son courrier. Ce jour-là, il y avait une lettre d'Alito. La sœur Anna Pia lui écrivait pour lui dire qu'elle avait réussi à convaincre les autorités locales de lui céder cinq cents acres de terres arables. Une O.N.G. allemande, qui portait le nom de *German Leprosy Relief Association* en Afrique anglophone, avait accepté de financer l'achat de tracteurs, de vaches, de porcs, de poules et de lapins, et de tout ce qu'il fallait pour cultiver le millet, le manioc, la patate douce et l'arachide. Recyclés en paysans, les lépreux d'Alito pourraient subvenir à leurs propres besoins et cesser de mendier. C'était une excellente nouvelle.

Lucille vit qu'elle avait aussi reçu une lettre de Pina, la sœur de Piero, qui hébergeait Dominique. Elle la décacheta pour découvrir à l'intérieur une seconde enveloppe plus petite, rose, où une main enfantine s'était appliquée à écrire, entre deux lignes tracées au crayon de plomb : «À mes parents». Lucille ouvrit l'enveloppe et lut le texte bordé de dessins de fleurs et d'étoiles.

Très chers parents,
Ceci est la première lettre que je vous écris. Je suis encore petite et je ne sais pas raconter beaucoup de choses. Je vous promets que je ne ferai plus de caprices et que je serai toujours gentille et obéissante. Je vous souhaite de passer un joyeux Noël.
Votre enfant,

Dominique.

Lucille éclata en sanglots. Elle avait accepté de se séparer de sa fille pour l'été et même de l'inscrire dans une école italienne à la rentrée, mais elle n'avait pas encore envisagé son absence à Noël. Elle se souvint de films en huit millimètres que Piero avait tournés. On y voyait Dominique, encore toute petite, tituber sous le poids des cadeaux qu'elle était chargée de distribuer aux enfants invités au dépouillement de l'arbre de Noël. Il y aurait désormais un premier Noël sans sa fille. Après, il y aurait Pâques sans sa fille. Et il faudrait attendre l'été avant que Lucille puisse la revoir. Perturbée par cette absence, Lucille commença à aller à l'hôpital le dimanche.

— Pas pour travailler, avait-elle rassuré Piero. Seulement pour voir les patients.

Elle se penchait sur eux un à un, prenait enfin le temps de les entendre. Ces jours-là, elle faisait preuve, constataient les malades, d'une grande patience, même de tendresse, surtout à l'égard des enfants. C'était sa façon de se remettre de la plus rude épreuve de la semaine : la messe du dimanche matin. Elle y assistait moins pour prier que pour méditer, mais n'arrivait plus à se recueillir. Hantée par l'image de Dominique au loin, elle pleurait.

12

Le président à vie

*Aider un chirurgien plus jeune
qui «fait bien» est un plaisir;
aider un jeune dans une intervention
qui «patouille» est un supplice!*

Jean-Pierre BEX,
*Principes et techniques de base
de la chirurgie moderne.*

PIERO était déjà couché quand le téléphone sonna. Il répondit. Son interlocuteur se présenta comme étant «le secrétaire du *Big Man*», l'un des surnoms d'Idi Amin Dada, qui en cette année 1976 venait de se proclamer «président à vie». Le maréchal se trouvait dans les environs de Gulu et souhaitait visiter l'hôpital de Lacor, dès le lendemain matin, à neuf heures. Piero lui répondit que le président était toujours le bienvenu, en se disant qu'il était de toute façon trop tard pour se faire du souci. Il n'avait plus qu'à se rendormir et à espérer que tout se passe bien. Le lendemain, il informa les employés dès leur arrivée, peu avant huit heures, de la visite imminente du chef de l'État. Il ne fallait pas lésiner sur la qualité de l'accueil. Tout devait être impeccable.

La presse ayant été muselée, les Ougandais glanaient là où ils le pouvaient des bribes d'information sur leur président.

Outre de nombreux opposants et parfois même des membres de leur famille, il avait fait assassiner une des trois épouses qu'il avait répudiées; son cadavre avait été retrouvé dans le coffre d'une voiture. Même le ministre des Affaires étrangères, Wanume Kibedi, son propre beau-frère, avait préféré prendre le chemin de l'exil. Dans les caves du *State Research Bureau,* à Kampala, Amin Dada faisait torturer ses adversaires quasiment au vu et au su de tous. Les cris qui émanaient de l'endroit étaient même perceptibles par les voisins, notamment à la résidence de l'ambassadeur de France, dont l'épouse horrifiée s'empressa de rentrer à Paris.

Le *Big Man* n'arriva pas à l'hôpital de Lacor à l'heure prévue, mais au cours de l'après-midi. Entouré d'une nuée de gardes du corps, Idi Amin Dada en imposait, ne serait-ce que physiquement. De forte corpulence, il était plus costaud encore que ne le laissait supposer son portrait officiel, qu'on trouvait désormais sur tous les billets de banque, qu'on semblait imprimer sans arrêt pour les besoins d'une économie dont le taux d'inflation dépassait chaque année plus de cent pour cent.

Le foulard au cou, en complet à rayures, Amin Dada faisait tout de même preuve d'une certaine élégance. Accompagné par Lucille et Piero, il visita les moindres recoins de l'hôpital, y compris les toilettes. Après un thé en son honneur, il prit la parole et prononça des mots que Lucille n'allait jamais oublier. Il vanta la propreté de l'hôpital avant de souligner ce qui l'avait d'abord et avant tout frappé.

— On sent que règne ici la discipline que je souhaiterais faire régner dans ma propre armée!

L'homme était charmant. À Lucille et à Piero, il donna l'impression de quelqu'un qui savait écouter. Piero lui demanda en aparté s'il verrait d'un bon œil la construction de nouveaux pavillons à l'hôpital. Un feu vert présidentiel simplifierait les démarches administratives que supposait l'érection de toute nouvelle bâtisse. «Les catholiques peuvent construire tout ce qu'ils veulent, répondit-il en souriant. Cela ne m'en fera que plus à nationaliser!» Piero ne savait trop s'il s'agissait d'un mot d'encouragement ou d'une menace, mais il retint, éternel optimiste, que le «président à vie» n'avait pas dit non.

Le *Big Man* repartit pour se rendre, sans prévenir, au petit hôpital public de Gulu, histoire de comparer les deux établissements. Il y trouva une clinique mal tenue qui, vu l'heure tardive, circonstance aggravante, avait déjà été désertée par le personnel. Il piqua une colère monstrueuse dont eut vent le médecin en chef qui, craignant pour sa vie, décida de se cacher. Quand il refit surface, plusieurs jours plus tard, ce fut pour constater qu'il avait été limogé.

Peu de temps après la visite présidentielle, Lucille et Piero partirent en vacances en Italie, où ils rejoignaient Dominique chaque été depuis qu'elle y avait été envoyée en 1972, quatre ans plus tôt. Elle avait commencé son cours secondaire auprès des ursulines, à Brescia, dans un pensionnat où elle n'avait plus droit à aucun traitement de faveur. À l'école primaire, les enseignantes avaient ménagé la petite «Africaine» qui vivait loin de ses parents. Maintenant, elle était traitée sur le même pied que les autres, c'est-à-dire celles qui n'étaient pas très portées sur les études. On savait bien que ses parents œuvraient en Afrique, et on l'invita même à parler de l'Ouganda devant sa classe.

Dominique parla de l'Afrique avec brio. Elle décrivit Gulu et sa savane, expliqua comment les femmes portaient leurs enfants dans le dos et préparaient le manioc, et relata ses safaris. Au tableau noir, elle écrivit même quelques mots d'acholi, dont son propre nom, Atim, dont elle expliqua la signification. Habituellement peu attentives en fin d'après-midi, les élèves en furent médusées. Elles avaient l'impression de côtoyer une exploratrice…

Ce n'était pas l'Afrique toutefois que «Née loin de la maison» explorait. C'était l'Italie, et elle n'aimait pas ce qu'elle y découvrait, à commencer par le froid. Au pensionnat, la vie était réglée comme du papier à musique. À l'école, il fallait tout apprendre par cœur, alors qu'elle avait si souvent l'esprit ailleurs. Rien ne pouvait lui faire oublier l'absence de sa mère, sauf, peut-être, l'espace de quelques heures, les animaux dont elle avait rêvé enfant. Depuis qu'elle avait monté Kati, une jument bien sage, Dominique s'était éprise des chevaux, des vrais. C'était peut-être le plus beau côté de l'Italie. Ces animaux n'y mouraient pas, comme en Ouganda, d'une «maladie du sommeil» équine. Même les bêtes toutefois n'empêchaient pas Dominique, d'un tempérament si jovial jadis, d'être rongée par une tristesse qu'elle déversait dans les lettres qu'elle écrivait, en italien, à ses parents.

«Je voudrais crier, mais je me retiens. Je voudrais me renfermer en moi, ne plus penser au monde extérieur, mais je me retiens. À la récréation, je voudrais m'enfermer dans ma chambre et pleurer, mais je me retiens. Le soir venu, quand toutes les lumières sont éteintes, je ne me retiens plus. J'essaye de me consoler en serrant mon oreiller et en priant. Je serais prête à tous les sacrifices pour être plus souvent à vos côtés.»

La lecture de ces lettres bouleversait Lucille. Quand Dominique était à ses côtés, pendant les congés de Noël ou de Pâques, la vie était une fête. Sa fille avait même recommencé à l'accompagner à la salle d'opération, mais, cette fois-ci, pour l'assister. La première fois, Lucille lui avait demandé de manier une plume d'autruche pour éloigner les mouches de l'opéré. Mais elle lui avait rapidement confié des tâches normalement réservées aux aides-infirmières. Dominique avait vite appris à préparer la salle d'opération et la table des instruments. Elle avait ensuite commencé, grâce au sphygmomanomètre, à mesurer la tension artérielle et le pouls des patients. Puisque sa fille semblait s'intéresser à la chirurgie, Lucille lui apprit un jour, en pleine salle d'opération, à disséquer une patte de gazelle!

L'hôpital recréait entre la mère et la fille les liens que défaisait l'Italie. À treize ans, Lucille avait choisi la médecine pour se distinguer de sa propre mère. Au même âge, Dominique semblait maintenant s'y intéresser pour se rapprocher de la sienne. Lucille était transportée de joie. Mais quand sa fille repartait et qu'elle recommençait à lui envoyer d'Italie des cris du cœur, son bonheur s'effondrait. Une lettre de Dominique l'avait vivement préoccupée :

«Maman, je veux rentrer à la maison. Je n'en peux plus. J'en ai assez de cette vie. Je ne veux plus vivre sans toi. Emporte-moi loin d'ici.»

Même si ses yeux s'embuaient, Lucille relut la missive. Un détail retint son attention. Sa fille avait écrit qu'elle en avait assez de *cette* vie. Pourrait-elle, si on n'y prenait garde, en avoir assez de *la* vie? Non, non. Il ne fallait pas lui faire dire ce qu'elle n'avait pas dit. Mais l'idée commença à hanter Lucille. Heureusement que les vacances estivales leur permettaient de renouer, même quand elles se terminaient tristement. En cet été 1976, la santé du père de Piero se détériora. Un cancer de l'intestin l'emporta le 4 septembre. Lucille et Piero repartirent pour l'Ouganda peu après les obsèques.

Le couple ne pouvait s'absenter trop longtemps de l'hôpital sans nuire à son bon fonctionnement. L'établissement comptait déjà deux cent vingt lits, dont une soixantaine de lits chirurgicaux. Quatre médecins y travaillaient, épaulés par une centaine d'infirmières, d'élèves de l'école d'infirmières qui jouxtait l'hôpital, et d'aides-infirmières. On leur déléguait volontiers des tâches qui, ailleurs, étaient accomplies par des médecins. Il y avait, par moments, tellement de cas de méningite, par exemple, que les infirmières faisaient elles-mêmes des ponctions lombaires. Les subalternes assuraient l'intendance, recyclant tout ce qui était réutilisable. Chaque matin, elles stérilisaient seringues et gants de latex. Chaque samedi, elles effilaient les aiguilles sur une petite meule; celles-ci étaient plus faciles à introduire dans la veine lorsque bien pointues.

L'hôpital de Lacor venait d'inaugurer une nouvelle salle d'opération septique pour les patients atteints d'une infection microbienne. Et on avait ouvert un service de radiothérapie grâce au professeur Lino Dalla Bernardina, qui se présentait volontiers comme un «radiologue aux pieds nus», pour traiter les tumeurs, fréquentes en Afrique, contrairement à ce que l'on entendait souvent dire. Ancien professeur de l'université de Padoue, auteur d'une centaine d'articles et de livres scientifiques, le docteur Dalla Bernardina avait décidé de prendre, à soixante-deux ans, une retraite anticipée pour recommencer sa vie professionnelle en Afrique. En compagnie de sa femme, Rosa Pollazzon, il s'installa à l'hôpital de Lacor, où il commença à traiter des tumeurs de toutes sortes, tant chez les adultes que chez les enfants. Si l'hôpital de Lacor attirait souvent de jeunes médecins, voire des débutants, Piero n'était pas peu fier d'avoir recruté un professeur dont il pourrait mettre à profit la vaste expérience. D'autant plus que, jusqu'à la fin des années soixante, seuls une douzaine d'hôpitaux, presque tous en Afrique du Sud, avaient offert un service de radiothérapie sur le continent africain.

Certaines techniques utilisées à Lacor étaient considérées, même en Occident, comme à la fine pointe du progrès. Pour débloquer des trompes de Fallope obstruées, Piero n'hésitait pas à faire des insufflations tubaires, qui consistaient à injecter dans les trompes un corps gazeux ou liquide. On trouvait même à l'hôpital une pompe à perfusion constante du dernier cri pour administrer aux enfants sévèrement déshydratés le sérum qui leur redonnerait la force de s'accrocher à la vie. Elle exigeait hélas un tube élastique spécial, importé à prix d'or, que des infirmières utilisaient parfois pour retenir leurs cheveux…

Lucille et Piero avaient poussé les hauts cris. Cela leur arrivait souvent, d'ailleurs, pour une infirmière arrivée en retard au bloc opératoire, un médicament mal administré, un pansement mal fait. Ils faisaient régner la discipline. Idi Amin Dada ne s'y était pas trompé. Mais ils oubliaient souvent la formule de politesse qui la ferait mieux passer. Dire «bonjour», par exemple. À l'affût de la moindre erreur, ils faisaient régner une tension qui n'empêcha toutefois pas les infirmières de leur faire savoir, à leur façon, qu'ils dépassaient parfois les bornes…

Vers la fin de l'année scolaire, les futures diplômées de l'école des infirmières, au nombre d'une vingtaine, montaient un spectacle de chants et de danses. Cette année-là, elles préparèrent un numéro qui, sous le couvert de l'humour, exprimait leur mécontentement. Le spectacle se déroulait en plein air, en présence des élèves et des employés de l'hôpital. Lucille et Piero figuraient au premier rang.

Les futures infirmières avaient préparé une saynète où elles caricaturaient, non sans cocasserie, leur vie quotidienne. La scène se passait au service des urgences. Il y avait tellement de malades que le corridor s'en trouvait complètement obstrué. Une jeune fille en blouse blanche se précipitait sur les lieux, puis commençait à courir dans tous les sens. En mauvais acholi, elle essayait d'interroger les malades et, ne sachant où donner de la tête, criait de plus en plus fort :

— Piero! Piero! Piero!

Une autre jeune fille, celle-ci en pantalon, les lunettes sur le bout du nez, le cou tendu, le regard sévère, arrivait alors, déclenchant le rire des spectateurs, y compris Lucille et Piero.

Ils riaient aussi dans l'espoir de se faire pardonner. Ils savaient que leurs exigences étaient élevées, que les salaires versés ne l'étaient pas, et que les infirmières, souvent issues d'une famille très modeste, assumaient par ailleurs d'énormes responsabilités dans des foyers où les maris étaient peu présents. Ils se sentaient parfois coupables de manifester leur mauvaise humeur, leur stress, à leur endroit, mais ils se sentaient personnellement responsables de la qualité des soins à tous les niveaux. Leur idéalisme les poussait à exiger le maximum d'eux-mêmes, mais aussi de tous ceux avec qui ils entraient en contact, à plus forte raison s'ils travaillaient à l'hôpital. Et, de toute façon, c'était plus fort qu'eux : ils ne savaient pas être autrement. Ils ne participaient pas à un échange culturel, ils dirigeaient un hôpital occidental! Qui plus est, l'hôpital d'un Occident encore impérial qui s'était, pour eux, presque figé en 1961, l'année où ils s'étaient installés en

Afrique. Un Occident marqué par la «guerre froide», le noir et le blanc, et où le gris était proscrit.

Tout n'était-il pas une question de temps? S'ils en avaient eu, ils auraient pu chercher à convaincre, mais, puisqu'ils n'en avaient pas, ils se contentaient de donner l'exemple, dans l'espoir qu'il serait suivi. Il est vrai que Lucille n'avait même pas pris le temps d'assister aux obsèques de sa propre mère, décédée à Montréal le 19 décembre 1974.

Elle l'avait vue pour la dernière fois, deux ans plus tôt, à l'occasion du cinquantième anniversaire de mariage de ses parents. La fête n'avait toutefois jamais eu lieu; la veille, sa mère était tombée et s'était fracturé la hanche. Après cet accident, elle s'était laissée dépérir. Souffrant de maladies vraies et imaginaires, d'une solitude qu'elle avait recherchée et entretenue, d'un isolement que seuls parvenaient à vaincre ses petits-enfants, sa mère inspirait à Lucille plus de peur que de bienveillance. Elle craignait de ressembler un jour à cette femme amère et acariâtre. C'était là une des raisons pour lesquelles elle travaillait si fort : s'affranchir du modèle de sa mère.

Lucille et Piero avaient trouvé récemment une précieuse main-d'œuvre d'appoint. Le ministère italien des Affaires étrangères s'était associé à l'hôpital pour initier de jeunes Italiens à la médecine tropicale. Au lieu de faire leur service militaire, les internes qui souhaitaient devenir coopérants en Ouganda passeraient trois mois à l'hôpital de Lacor avant d'être envoyés à un autre hôpital ougandais. Lucille et Piero s'étaient d'abord réjouis de leur arrivée, mais ils avaient vite constaté qu'il fallait parfois former des jeunes dont le manque d'expérience pratique, même après plusieurs années d'internat en Europe, était sidérant. Lucille, dont la patience face aux recrues n'était pas sans limites, avait parfois l'impression qu'il fallait tout leur apprendre. Elle était bien prête à leur brosser un tableau de la répartition géographique des maladies en Ouganda, à expliquer à chacun que plus de quatre-vingt-cinq pour cent des écolières d'Atiak souffraient de schistosomiase intestinale, mais elle ne le dirait pas deux fois! Il n'était pas question de répéter pour les lambins. De toute façon, tout serait à recommencer trois mois plus tard avec la «fournée» suivante. Ces efforts, qu'elle trouvait franchement pénibles par moments, n'étaient-ils pas finalement futiles si tous ces jeunes gens regagnaient l'Europe après quelques années? Certes, certains resteraient plus longtemps, mais, malgré leur bonne volonté, leur talent et parfois même leur ardeur, l'Ouganda n'y trouverait pas son compte à long terme. Il faudrait plutôt songer à former des médecins qui resteraient beaucoup plus longtemps en Afrique, des médecins africains.

Grâce aux renforts italiens, Piero put toutefois libérer un médecin pour démarrer un projet qui lui tenait à cœur depuis longtemps. Il s'agissait de Claude Desjardins, un jeune Québécois qui dirigeait le service de pédiatrie depuis 1975. On avait reproché à Piero par le passé de ne pas accorder assez d'importance à la médecine préventive. Il avait enfin trouvé la personne qui lui tirerait cette épine du pied.

Originaire de Lachute, au nord de Montréal, Claude avait grandi dans une famille de commerçants prospères. Très jeune, il avait épousé Suzanne, une éducatrice spécialisée en nutrition. Ensemble, ils avaient fait le projet de passer, à la fin de leurs études, quelques années en Afrique. Claude avait entendu parler de l'hôpital de Lacor par Gloria Jeliu, avec laquelle il avait travaillé à l'hôpital Sainte-Justine. C'est ainsi qu'il avait débarqué en Ouganda en compagnie de Suzanne. Le jeune pédiatre avait tout de suite impressionné Piero, qui ne trouva jamais rien à lui reprocher, sauf une chose…

Un dimanche après-midi, on amena à l'hôpital un enfant souffrant de graves douleurs à l'estomac. Claude, qui l'examina tout de suite, eut du mal à comprendre son histoire. Le garçon avait, semble-t-il, mangé trop de mangues. Il n'y avait là rien d'étonnant, car tous les gamins en dévoraient à satiété quand elles étaient mûres, et il ne voyait pas comment la simple ingestion de fruits pouvait provoquer autre chose que des troubles passagers. Par acquit de conscience, Claude garda tout de même l'enfant en observation, car la douleur persistait. Il finit par comprendre que son patient avait tellement ingurgité de mangues que l'intestin s'était «télescopé» et bloqué, donnant lieu à une occlusion intestinale qui exigeait une opération d'urgence. Claude alla chercher Lucille, qu'il trouva à la maison, et lui fit part de son diagnostic : occlusion intestinale provoquée par une intussusception. Pendant qu'elle se préparait, Piero commença à interroger Claude.

— Le patient est arrivé à quelle heure au juste?

— Vers deux heures.

— Et c'est seulement maintenant, à cinq heures, que tu viens chercher Lucille? Tu as mis trois heures pour diagnostiquer une occlusion intestinale? Comment est-ce possible, bon Dieu de bon Dieu?

— J'ai d'abord cru à une gastrite qui...

— Tu as cru que c'était une gastrite pendant trois heures avant de t'apercevoir que c'était une occlusion intestinale! Tu sais quand même que les risques de la chirurgie augmentent d'heure en heure?

Lucille, qui s'était changée, sortit de sa chambre.

— Bon, assez bavardé, dit-elle en regardant Claude. Allons plutôt voir cet enfant.

Ils se ruèrent au bloc opératoire, et l'intervention se déroula sans anicroche. Claude ne pouvait cependant s'empêcher de se sentir humilié, car Piero l'avait réprimandé comme un gamin. Claude l'avait déjà vu s'en prendre ainsi aux infirmières ougandaises et il s'était parfois demandé s'il n'y avait pas chez Piero un fond de racisme. Il devait toutefois se rendre à l'évidence : la réponse était non. Personne parmi les collaborateurs et subalternes de Piero n'échappait à ses remontrances, qui révélaient surtout à quel point ses attentes étaient

Depuis 1961, la principale cour intérieure de l'hôpital a souvent regorgé de patients, qui ont, en règle générale, été anesthésiés par Piero.

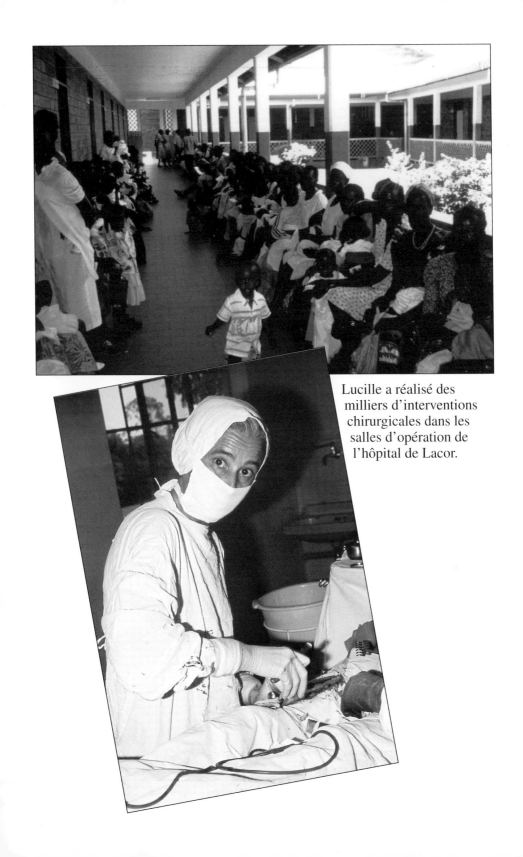

Lucille a réalisé des milliers d'interventions chirurgicales dans les salles d'opération de l'hôpital de Lacor.

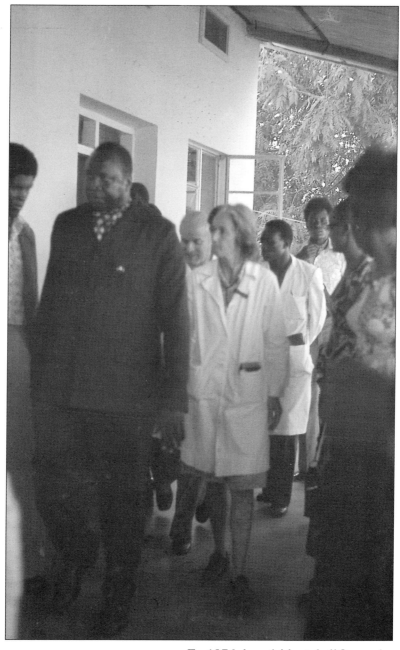

En 1976, le président de l'Ouganda,
Idi Amin Dada, a visité l'hôpital de Lacor
en compagnie de Lucille et de Piero, avant
de leur rendre un hommage ambigu.

Inauguré en 1993,
le pavillon des
tuberculeux accueille
de très nombreux
patients séropositifs.
Les infirmières, à
l'instar des apprenties
infirmières (en uniforme
bleu), apportent un soin
particulier aux malades
atteints du sida. Matthew
Lukwiya jette un œil
sur un dossier
que lui montre Lucille.

À l'instar d'autres «médecins-missionnaires»
de l'Ouganda, Lucille et Piero ont rencontré
Jean-Paul II au Vatican, le 26 septembre 1983.

Le 1er mai 1995, ils ont reçu à l'hôpital Yoweri Museveni, le
président de l'Ouganda, et Betty Bigombe, alors ministre
responsable du Nord. Le chef de l'État venait d'inaugurer le
nouveau pavillon abritant le service des consultations externes.

Le jour de leur mariage,
le 17 novembre 1993,
Dominique et Contardo ont
posé avec Lucille et Piero.

Des jours heureux. Les sœurs
Teasdale au chalet de
Repentigny. De gauche à
droite, Lise, Lucille, Monique
et Yolande. Il ne manque
qu'Huguette, disparue dans
des circonstances tragiques.

Le cercueil de Lucille fut porté par des médecins
qu'elle avait formés elle-même et qui, pour
cette occasion, avaient revêtu leur blouse blanche.

De passage à Montréal en 1994,
interviewés, honorés, Lucille et Piero
ont eu droit à une reconnaissance qui
leur est allée droit au cœur.

élevées. Cet enfant aurait-il été opéré en moins de trois heures au Canada ou en Italie? Claude en doutait. Mais Piero savait qu'à l'hôpital de Lacor il aurait *pu* l'être, et que donc il aurait *dû* l'être.

Piero réagissait comme si la survie même de l'hôpital dépendait de la qualité des soins dispensés à chacun des patients. Heureusement pour ceux qui le côtoyaient, il n'était pas rancunier. Il suffisait de montrer sa bonne volonté et, surtout, son ardeur au travail, ce dont Claude faisait inlassablement preuve. C'est pour cela que Piero n'hésita pas à lui donner le feu vert quand il proposa un projet qui permettrait enfin à l'hôpital de mettre en œuvre un programme de médecine préventive digne de ce nom.

Claude avait remarqué que de plus en plus d'enfants émaciés étaient amenés à l'hôpital. Leur dos, leurs fesses et leurs articulations présentaient des taches sombres où la peau s'était desséchée et avait laissé des zones d'un rouge foncé. Leurs cheveux, d'ordinaire crépus et bruns, se faisaient fins, plats, gris. Claude connaissait le nom de ce mal : kwashiorkor. Emprunté aux Ashantis de la Côte-de-l'Or (le Ghana), ce mot — de *kwashi* (garçon) et *orkor* (rouge) — désignait un syndrome provoqué par une carence nutritionnelle qui retardait la croissance et aboutissait parfois à la mort. Mais comment expliquer son apparition à Gulu alors que la dernière récolte de sorgho et de maïs était abondante? Claude ne pouvait désigner qu'un coupable : l'ignorance. Les mères nourrissaient peut-être leurs enfants, mais elles les nourrissaient mal.

Claude exposa son projet à Piero. Avec sa femme Suzanne, il pourrait prendre en main les trois dispensaires qui, depuis quelques années, s'étaient greffés à l'hôpital dans un rayon de cinquante kilomètres. Il fallait utiliser chacune de ces trois cliniques, où on trouvait une sage-femme et une infirmière, pour faire de l'éducation sanitaire. Situées à Pabo, à Opit et à Amuru, de petits bourgs où avaient émergé quelques commerces, ces «antennes» permettraient à l'hôpital d'atteindre une population dispersée sur un vaste territoire. Il fallait former des bataillons entiers de bénévoles pour aider les mères à mieux nourrir et à mieux soigner leurs enfants, des bénévoles qui sauraient par ailleurs conseiller aux mères d'emmener leurs enfants à l'hôpital quand ils présenteraient certains symptômes évidents de maladies qu'on pourrait les entraîner à reconnaître. C'était encore la meilleure et peut-être même la seule façon d'éviter la multiplication des cas de kwashiorkor, relativement facile à éviter en période d'abondance relative, mais beaucoup plus difficile à soigner.

Piero avait écouté Claude sans mot dire, pour mieux savourer ses paroles. Quelqu'un réussissait enfin à lui présenter un projet qui correspondait à la dynamique qu'il avait imaginée entre soins curatifs et soins préventifs.

— Mais comment ce projet serait-il réalisable? demanda-t-il.

— Il faudrait commencer par passer six mois dans chacun des trois villages. Soyons réalistes. C'est le temps qu'il faudra pour comprendre les coutumes locales, observer ce que les mères font normalement en présence de la maladie, et trouver la meilleure façon d'encourager des initiatives plus favorables.

— Oui, mais qui pourrait passer six mois dans chacun des villages?

— Moi et Suzanne! proposa Claude.

— Parfait, dit Piero. Voilà une bonne chose de réglée. Vous partez quand?

Piero était ravi. Il se privait d'un pédiatre, mais il gagnait le meilleur des ambassadeurs. À son avis, tout était question d'équilibre. La médecine préventive ne fonctionnerait que si les populations locales y croyaient, et un pédiatre jouirait d'une grande crédibilité.

Piero obtint le financement de Misereor, une organisation catholique allemande, et Claude et Suzanne commencèrent par s'installer à Pabo. Ils y recrutèrent des adolescents qui devinrent leurs premiers «éducateurs sanitaires». On leur donna des chaussures, des bicyclettes et des imperméables pour qu'ils puissent répandre, à la saison des pluies comme à la saison sèche, la «bonne parole».

Mais il fallait d'abord les entendre. En écoutant les jeunes et en les associant aux messages qu'ils voulaient transmettre, Claude et Suzanne arrivèrent à préparer une série de conseils pratiques destinés aux futures mères du nord de l'Ouganda. Quand le bébé avait atteint l'âge de cinq mois, le lait maternel ne suffisait plus; il fallait y ajouter une bouillie claire faite de millet ou de maïs. À partir de neuf mois, il fallait donner à l'enfant de la pâte d'arachide ou de sésame, des aliments beaucoup plus nutritifs que le manioc que consommaient les adultes. L'enfant devait être vacciné très jeune contre la rougeole et la coqueluche; les vaccins lui permettaient de produire des anticorps — des «soldats spécialisés», disaient plutôt Claude et Suzanne — qui tuaient les microbes.

Il ne suffisait pas de répéter tous ces conseils. Il fallait prouver qu'ils produisaient des résultats. Pour ce faire, Claude et Suzanne réunirent des femmes pour leur faire entendre le témoignage de mères qui avaient suivi cette méthode et leur faire constater *de visu* que les enfants de celles-ci étaient bien nourris et en bonne santé, ce qui se voyait à la circonférence des bras. Ces rencontres avaient déjà attiré jusqu'à quatre cents participantes. Personne ne pourrait accuser les mères acholis de ne pas se soucier de la santé de leurs enfants!

Tout s'était si bien passé que Claude et Suzanne rédigèrent, en anglais, un manuel où ils consignèrent leurs conseils pratiques, *Helping the Rural African Mother to Care for her Child*. L'hôpital commanda un premier tirage de deux mille exemplaires, qui s'envolèrent. C'est alors que l'Unicef, le Fonds des Nations unies pour l'enfance, apprit l'existence de cette plaquette. Son directeur pour l'Afrique de l'Est écrivit aux auteurs pour les féliciter, estimant que leur manuel était, dans son domaine, «le meilleur jamais écrit en Afrique», et leur annoncer que l'Unicef le rééditerait pour distribution dans toute l'Afrique anglophone. L'ouvrage fut plus tard traduit en français sous le titre *Aider la mère africaine des régions rurales à bien soigner son enfant*. La traduction, à l'instar de l'œuvre originale, fut dédiée à Lucille et à Piero «avec qui nous avons eu le privilège de partager leur expérience de quinze années de pratique médicale en Afrique rurale, et qui nous ont témoigné un encouragement constant». Forts de cette expérience africaine, Claude et Suzanne rentrèrent au Canada, où ils s'installèrent dans l'ouest du Québec, pour aider d'autres mères de régions rurales à bien soigner leurs enfants.

Il arrivait à Piero de prendre la plume pour s'adresser à ses collègues. Il rédigea un article pour *Tropical Doctor*, la revue que publiait à Londres la Société royale de médecine. Il avait analysé deux mille huit cent soixante-dix-huit opérations réalisées par Lucille de 1973 à 1977. La liste était impressionnante tant par son ampleur que par sa diversité. En cinq ans, Lucille avait, entre autres, «fait» un pancréas, dix ablations du sein, vingt et une fistules vésico-vaginales, trente goitres, quarante et un appendices, soixante-six amputations, cent soixante-seize césariennes, trois cent seize hystérectomies, cinq cent quatre-vingt-huit hernies. Toutes ces interventions n'avaient donné lieu qu'à dix-huit décès postopératoires, depuis le nouveau-né dont les malformations congénitales n'avaient pu être corrigées jusqu'au patient de quarante-cinq ans dont les blessures infligées par un lion n'avaient pu être refermées.

Si Piero prenait la peine d'écrire ainsi à ses collègues par l'entremise de *Tropical Doctor*, ce n'était pas pour faire l'éloge de Lucille, mais pour les inciter à se débarrasser d'une conception trop traditionnelle de l'anesthésie. En Afrique, il avait souvent vu des chirurgiens hésiter à opérer des patients, surtout des enfants et des vieillards, en l'absence d'un anesthésiste pour les endormir. Selon lui, ils avaient tort.

À l'hôpital de Lacor, on avait recours huit fois sur dix à l'anesthésie épidurale, une technique si simple qu'elle pouvait, écrivit Piero, être assimilée «même par les chirurgiens».

Il suffisait d'injecter une solution anesthésique entre la dure-mère et la pie-mère, deux des membranes enveloppant la moelle épinière. En fonction du lieu de l'injection, on pouvait anesthésier le thorax, les jambes ou l'abdomen. Cela comportait moins d'effets indésirables pour les patients. Après l'opération, ils ne souffraient ni de nausées ni de maux de tête, et n'éprouvaient pas non plus de difficulté à uriner, comme c'était souvent le cas de ceux qu'on avait endormis. C'était bon marché; il suffisait de quelques millilitres de lignocaïne. Et cette technique permettait au chirurgien, s'il en éprouvait le besoin, d'adresser la parole au patient, qui restait conscient pendant toute l'intervention.

C'est à cette époque, en 1977, que la sœur Lina Soso fut nommée infirmière en chef à l'hôpital de Lacor. Elle avait d'abord refusé le poste; Lucille et Piero s'étaient faits, chez les infirmières, la réputation d'être caractériels et impossibles à satisfaire. La mère provinciale dut la prier de reconsidérer sa décision, deux fois plutôt qu'une, avant qu'elle n'accepte.

À son arrivée à l'hôpital, Lucille et Piero, qui avaient eu vent de ses réticences, s'empressèrent de lui souhaiter la bienvenue. On lui expliqua qu'elle aurait désormais la responsabilité d'une équipe importante, et on tenta de savoir pourquoi elle avait tant hésité. La sœur Lina, dont la voix douce masquait la force de caractère, répondit directement :

— Le travail ne m'a jamais fait peur, expliqua-t-elle. Ce que je crains, docteur Corti, c'est de ne pas avoir le sentiment de travailler — comment dire? — ensemble avec vous.

Piero chercha à la rassurer et lui dit qu'ils auraient sûrement de bonnes relations. Il suffisait d'apprendre à se connaître.

Originaire de la région de Vicence, à l'est de Milan, Lina avait grandi dans une famille de paysans qui cultivaient le melon, la pastèque et le raisin. L'aînée de dix enfants, elle avait appris très jeune à retrousser ses manches et elle était entrée en religion à vingt ans, comme deux de ses sœurs, ce qui chagrina leur père. Devenue sœur de Vérone, elle put enfin faire des études et voyager. Elle fit son cours d'infirmière à Londres et arriva en Afrique en 1953, à l'issue d'une croisière de trois semaines qui la mena de Trieste à Mombasa.

Sur la côte kényane, elle avait pris le train jusqu'à Soroti, en Ouganda, le pays où, à vingt-six ans, elle recommencerait sa vie. En sortant de la gare, elle fut entourée par des mendiants parmi lesquels elle repéra une vieillarde aux pieds nus, une lépreuse. Elle s'approcha d'elle et, se sentant démunie, lui donna ses chaussures. Elle s'était ensuite rendue à Kitgum, à cent dix kilomètres au nord-est de Gulu. Il y avait là une petite clinique dépourvue de médecin où elle fut la seule infirmière et sage-femme avant que débarque, plusieurs années plus tard, un premier médecin avec lequel elle œuvra longtemps avant d'être transférée à l'hôpital de Lacor.

La sœur Lina s'aperçut tout de suite que Lucille et Piero étaient exigeants. Mais comment ne pas voir que, s'ils étaient durs, ils l'étaient d'abord pour eux-mêmes? Piero, qui avait dépassé le cap de la cinquantaine, avait perdu presque tous ses cheveux, alors que la chevelure de Lucille, à quarante-huit ans, hésitait entre le gris et le blanc. Mais l'un et l'autre continuaient de se dépenser comme au premier jour.

Si les infirmières ne les appréciaient pas toujours, les malades, en revanche, ne semblaient jurer que par eux. Un beau jour, la sœur Lina vit qu'une femme qui ne tenait plus sur ses jambes en raison d'une occlusion intestinale refusait d'être opérée par un autre médecin que Lucille. On lui expliqua que celle-ci était absente pour quelques jours et qu'elle risquait de mourir si elle s'entêtait à refuser d'être opérée par quelqu'un d'autre, mais la malade ne voulait rien entendre. Heureusement pour elle, Lucille rentra le lendemain et put l'opérer de toute urgence. Pour la sœur Lina, c'était là le meilleur exemple des liens, forts au point d'en être presque irrationnels, que Lucille avait réussi à nouer avec les Acholis.

Pour Lucille, il n'y avait là rien de très sorcier. Cette confiance reposait sur le travail acharné qu'elle et Piero avaient entrepris quinze ans plus tôt. Les patients avaient probablement vu défiler des tas de médecins compétents. Mais combien d'entre eux étaient restés, comme Lucille ou Piero, plus de quinze ans ? Combien d'entre eux avaient pu les connaître, les examiner, les suivre, sur deux générations ? Le secret de leur réussite tenait d'abord à une chose : le temps.

Un jour, rentrée à la maison pour déjeuner, Lucille entama la lecture de la dernière lettre de Dominique.

« Chaque soir et chaque matin je pense à toi et je pleure. Je suis convaincue que si tu venais me voir plus souvent je serais meilleure élève. Je n'arrive plus à étudier, je pense à toi. Je ne veux plus rester ici. J'en ai assez. »

Dans sa missive, Dominique récrivit une ballade nostalgique, *Le Mal de Paris,* de Mouloudji, en y substituant le nom de sa ville natale, et le mot acholi pour « manioc » :

> *J'ai le mal de Gulu*
> *De ses rues, de ses boulevards ;*
> *De son air beau et gai,*
> *De ses jours, de ses soirs ;*
> *Et l'odeur d'la* guanda
> *Me revient aussitôt*
> *Que je quitte mon Gulu*
> *Pour des pays moins beaux.*

D'appliquée, l'écriture de Dominique devenait soudain brouillonne :

« MAMAN ! Je ne sais pas comment te le dire plus clairement : je ne veux plus rester ici ! Si je dois rester une année de plus, je bouderai pendant un an. Chaque matin je me lève en me demandant pourquoi ce n'est pas ma mère à moi qui me réveille avec un bisou. Pourquoi dois-je me faire réveiller par un stupide clocher ? Chaque fois que les religieuses me reprennent, j'aurais envie de crier, de hurler que je les hais toutes depuis le premier jour où j'ai mis les pieds ici. »

Lucille posa la lettre. Cette fois-ci, elle ne pleurerait pas. C'en était trop. On avait envoyé Dominique en Italie pour réussir des études, qu'elle était en train de rater. Elle s'empoisonnait l'existence. Il fallait faire quelque chose. Mais quoi ?

Piero lut à son tour la lettre de Dominique et se tourna vers Lucille.

— Ça ne peut pas continuer comme cela, dit-il.

— Je ne vois qu'une solution, dit Lucille. Si Dominique ne veut plus rester loin de nous, c'est à nous de la rejoindre en Italie. Nous finirons bien par trouver des médecins qui nous remplaceront à l'hôpital.

— Nous pourrions laisser Dominique choisir, proposa Piero. Que nous restions ici ou que nous partions, ce sera sa décision.

Piero frémissait intérieurement. L'enjeu était de taille. Dominique était sa fille, mais l'hôpital était, d'une certaine façon, son fils. Lucille lui en avait déjà fait la remarque, et même le reproche. C'est comme si Piero avait deux enfants : Dominique, une fille forte et en pleine santé, et l'hôpital, un fils faible et malade et exigeant constamment son attention. Si Piero devait choisir entre ses deux «enfants», il savait qu'il choisirait sa fille. D'autres médecins pourraient toujours le remplacer auprès de son «fils», mais personne ne saurait jamais le remplacer auprès de Dominique. L'idéal toutefois serait d'éviter de choisir…

Comme c'était souvent le cas chez lui, Piero avait le sentiment que les choses avaient déjà trop traîné et qu'il devait maintenant se presser. Le dimanche suivant, il téléphona à Dominique en Italie. Ses parents avaient réfléchi. C'était à elle de décider.

— Si tu préfères que nous retournions en Italie pour être avec toi, ajouta Lucille, nous sommes prêts à le faire.

— Mais il n'en est pas question! s'écria Dominique. Ce n'est pas à vous de venir en Europe, c'est à moi d'aller en Afrique!

— Mais tu sais bien, rétorqua Lucille, que tu ne peux pas revenir en Ouganda.

— Qui te parle de l'Ouganda? Je pourrais aller dans un collège ailleurs en Afrique. Pourquoi pas au Kenya?

Il suffisait d'y penser. Ils pourraient voir Dominique plus régulièrement qu'en Italie, et on trouvait à Nairobi des écoles secondaires de bon niveau. Dominique pourrait même passer les week-ends chez Angela et Fortunato, qui vivaient dans la capitale kényane depuis que ce dernier, après avoir longtemps œuvré en Inde, était devenu professeur de médecine à l'université du Kenya en 1971.

Lucille et Piero optèrent pour la *Greenacres School,* dans la région de Nairobi, un collège dont les frais de scolarité et la pension étaient élevés. Relativement mal payés, Lucille et Piero touchaient chacun deux cent cinquante dollars américains par mois, alors que le coût de la vie était astronomique. Faire le plein d'essence chaque fois qu'ils allaient de Gulu à Kampala, par exemple, coûtait soixante dollars. Ils demandèrent donc l'aide financière des sœurs de la Charité-de-la-Providence, une communauté religieuse de Montréal, qui leur permit d'envoyer Dominique au Kenya en 1975.

Ce collège était cher sans être huppé. Dans le dortoir en bois, situé en bordure d'un champ où broutaient vaches et moutons, on pouvait apercevoir la terre battue entre les planches disjointes du plancher. La nourriture était mauvaise. Aucune comparaison possible avec la cuisine du pensionnat des ursulines à Brescia. En Italie, Dominique avait eu droit à sa propre chambre, alors qu'elle devait désormais partager la sienne avec sept autres jeunes filles, trois Européennes, deux Africaines et deux Asiatiques. Mais c'était enfin l'Afrique, enfin la maison. Elle était heureuse.

Cette école réussit à lui faire comprendre qu'elle seule était responsable de sa réussite ou de son échec. Se sentant libre et en confiance, elle se mit à étudier comme jamais auparavant. Elle commença par s'attaquer à l'anglais, qu'elle baragouinait depuis qu'elle était petite mais qu'elle n'avait jamais appris à écrire. D'abord placée parmi les plus faibles, elle mit les bouchées doubles et fut rapidement changée de niveau.

Les matières obligatoires comprenaient chaque jour une heure et demie d'éducation physique, notamment d'équitation.

Dominique était ébahie! Quand elle monta, peu de temps après son arrivée, Lady of the Lake, la plus grande des juments de l'écurie, elle se persuada que le Kenya, en définitive, réunissait les plus beaux côtés de l'Europe et de l'Afrique. Sa méta-morphose devint vite apparente dans ses résultats scolaires et dans les lettres qu'elle écrivait à ses parents. Les lamentations cessèrent du jour au lendemain. Après leur avoir toujours écrit en italien, elle commença à écrire à ses parents en français.

> *Chers maman et papa,*
> *J'ai trouvé cet instant pour vous écrire une lettre. J'arrive de faire de l'équitation et j'ai encore un arrière-goût d'avoine et d'orge dans la bouche. [...] Aujourd'hui, les chevaux sont partis — et moi en tête — dans un galop fou parce qu'un chien a commencé à mordre les mollets de mon cheval. Vous auriez dû voir mon cheval courant à au moins cinquante km/h, les oreilles couchées, la bouche grande ouverte, essayant de m'ar-racher les guides. J'ai réussi à lui faire sauter une barrière, et il a fini par s'arrêter, mais en s'écrasant quasiment sur un mur!*

Plus Lucille et Piero lisaient, plus ils étaient ravis, non pas que Dominique eût risqué d'avoir un accident, mais parce qu'elle avait de toute évidence retrouvé une vraie joie de vivre. Et elle écrivait en français, la langue de sa mère, une langue qu'elle avait toujours parlé et lue, mais jamais écrite. Ce détail n'avait pas échappé à Lucille, pour laquelle c'était un signe de reconnaissance et de réconciliation. Le Parlement canadien allait lui aussi, à des milliers de kilomètres, contribuer à rap-procher la mère et la fille. À Ottawa, la nouvelle Loi sur la citoyenneté, adoptée en 1977, permettait enfin aux Canadiennes qui avaient épousé un étranger de transmettre leur nationalité à leurs enfants nés à l'extérieur du Canada, la citoyenneté canadienne ne s'étant transmise jusque-là que par le père. Dominique s'était empressée d'aller au haut-commissariat du

Canada à Nairobi pour dire qu'elle était canadienne et qu'elle souhaitait obtenir un passeport de son nouveau pays. Comme sa mère, elle aurait désormais les nationalités canadienne et italienne.

Le principal avantage de la *Greenacres School* tenait à son calendrier scolaire conçu pour que les collégiennes, souvent des filles de diplomates en poste à l'extérieur du Kenya, puissent retrouver leurs parents plus régulièrement. Le calendrier ne prévoyait donc pas de longues vacances, mais un mois de congé tous les trois mois, ce qui permettait à Dominique de rentrer à Gulu quatre fois par année. Et chaque période de trois mois était de plus scindée par un congé de quatre jours, qui permettait à ses parents de passer la voir à Nairobi, chez Angela et Fortunato.

Quand c'était au tour de Dominique d'aller à Gulu, rien ne lui plaisait davantage que d'accompagner Piero à la chasse. D'une certaine façon, elle avait pris la relève de Lucille, qui n'y allait plus depuis plusieurs années. Dominique abattit elle-même un impala avec une carabine de calibre 22 dont on fit empailler la tête pour la mettre au mur de la chambre qu'elle avait occupée quand elle était petite. Tout était encore là : les poupées mohawks et les albums de Tintin, souvenirs lancinants d'une enfance ougandaise où elle avait filé un parfait bonheur. Dominique recommença à suivre Lucille à la salle d'opération, stérilisant les instruments, aseptisant la peau des patients, désinfectant les mains de sa mère. Sous l'œil attentif de celle-ci, elle commença même à faire quelques points de suture.

Lucille n'était pas du tout mécontente de constater que Dominique semblait continuer de s'intéresser à la médecine. Dans sa classe d'anglais, où les élèves devaient choisir une pièce de théâtre à étudier, Dominique avait réussi à convaincre ses camarades de voter pour une œuvre qu'elle avait beaucoup envie de lire et de faire lire : *All Men Are Brothers* («Tous les hommes sont des frères»), d'un dramaturge peu connu, Albert Schweitzer…

Lucille et Piero commencèrent à rêver. Et si Dominique optait pour la médecine? Elle pourrait travailler à leurs côtés et un jour prendre leur relève. Ils pourraient peut-être même compter sur sa présence régulière, et à long terme. Il était si difficile, en règle générale, de compter sur des médecins étrangers, car ils ne restaient jamais très longtemps. Après deux ans en Ouganda, Claude Desjardins, par exemple, était déjà reparti. Avant qu'ils puissent un jour envisager le retour de Dominique, il fallait d'abord que la situation cesse de se détériorer en Ouganda. Pour l'instant, hélas, le pays continuait de s'enliser. Idi Amin Dada avait fait assassiner deux membres de son propre conseil des ministres, Erunayo Oryema et Charles Oboth-Ofumbi, et ses hommes de main avaient fouillé en pleine nuit la résidence de l'archevêque anglican de l'Ouganda, Mgr Janani Luwum, soupçonné d'y cacher des armes, avant de l'assassiner, le 16 février 1977. Parce qu'il avait dénoncé les violations des droits de l'homme, ou parce qu'il était acholi?

Si au moins Amin Dada n'envoyait pas aux grands de ce monde des télégrammes saugrenus pour claironner son imbécillité! Il avait écrit au président américain Richard Nixon pour lui donner des conseils dans l'affaire du Watergate, à la reine Élisabeth II pour lui offrir une aide alimentaire en bananes, et au président de Tanzanie, Julius Nyerere, pour lui faire savoir qu'il l'aimait tant qu'il n'aurait pas hésité à l'épouser s'il eût été une femme.

Nyerere ne tarda pas à lui répondre.

13

Superman

*C'est parfois dans les aventures
désespérées que les succès les plus
inattendus et les plus gratifiants
pour le moral sont obtenus.*

Jean-Pierre BEX,
*Principes et techniques de base
de la chirurgie moderne.*

MASSÉES dans le district de Rakai, dans le sud du pays, des troupes de l'armée ougandaise traversèrent, le 30 octobre 1978, la frontière entre l'Ouganda et la Tanzanie. Leur objectif : annexer le Nord-Ouest tanzanien jusqu'aux vertes vallées de la rivière Kagera. Apprenant que son pays était attaqué, Nyerere déclara qu'Idi Amin Dada était un « fasciste » et un « serpent » que la syphilis avait rendu fou. Surnommé *Mwalimu* (instituteur) et *Baba wa Taifa* (le père de la nation), le président qui avait traduit Shakespeare en swahili ne pouvait ressentir que le plus vif mépris pour le *Big Man* qui dévorait des bandes dessinées de *Tom and Jerry*. Il fallait tenter quelque chose. Certes, des États arabes prêtaient main-forte à l'Ouganda depuis qu'Amin Dada avait proclamé l'islam religion d'État, alors que la majorité des Ougandais étaient chrétiens. L'Arabie Saoudite avait renfloué ses coffres, et la Libye avait envoyé des conseillers militaires. L'Organisation pour la libération de la Palestine avait même dépêché à Kampala des gardes du corps affectés au «président à vie». Mais Nyerere savait qu'Idi Amin Dada, la honte de l'Afrique, n'avait pas que des amis. Étaient-ils vraiment si nombreux, ceux qui lèveraient le petit doigt pour un homme qui avait le sang de plus de deux cent mille personnes sur les mains?

L'invasion de la Tanzanie donnait donc à Nyerere le prétexte idéal pour renverser le tyran. Appuyées par deux bataillons de volontaires ougandais, les troupes tanzaniennes franchirent à leur tour la rivière Kagera pour se lancer à la poursuite de l'envahisseur. Pendant que les combats s'étendaient de part et d'autre de la frontière, Nyerere fédéra l'opposition anti-Amin. Il fallait convaincre les partis politiques traditionnels et des groupuscules comme le Front pour le salut national, de Yoweri Museveni, de s'entendre sur un programme de gouvernement. Pour Nyerere, c'était encore la meilleure façon de justifier son intervention auprès de la communauté internationale. Car il n'était pas question pour lui d'annexer ni même d'occuper l'Ouganda, mais plutôt d'y réinstaller au pouvoir un vieil ami depuis longtemps en exil à Dar es-Salaam, Milton Obote.

À des centaines de kilomètres de la zone de combat, à l'hôpital de Lacor, Lucille et Piero ne se sentaient pas encore concernés. On se disait que les troupes tanzaniennes avançaient vers Kampala et que le conflit se terminerait probablement par la chute de la capitale, comme cela avait été le cas à l'occasion du coup d'État d'Idi Amin Dada, huit ans plus tôt. Les choses se compliquèrent toutefois dès le début d'avril lorsque Gulu se trouva soudain coupé du reste du monde. Du jour au lendemain, le téléphone et la poste cessèrent de fonctionner, et des barrages routiers tenus par des militaires nerveux apparurent dans les environs. C'est uniquement grâce à la B.B.C. que Lucille et Piero apprirent, le 11 avril 1979, la chute de Kampala. Les derniers conseillers militaires libyens qui avaient pris position autour de la capitale s'étaient enfuis à Tripoli en compagnie d'Amin Dada, qui se réfugia ensuite en Arabie Saoudite, et les troupes tanzaniennes s'emparèrent de la capitale sans véritables combats.

Les officiers stationnés à Gulu se sauvèrent aussitôt pour gagner le district du West Nile, d'où ils étaient souvent originaires, à l'instar d'Amin Dada, en laissant derrière eux des milliers de soldats, soudainement sans supérieurs mais généreusement pourvus de mitrailleuses, d'armes semi-automatiques, de grenades et de munitions. Du jour au lendemain, Gulu sombra dans l'anarchie. Enivrée par ce nouveau pouvoir et la bière de millet, grisée par un sentiment de très grande urgence, car il fallait profiter de tout, tout de suite, la soldatesque attaqua d'abord les édifices publics comme la poste, le bureau de police et la prison, d'où ils libérèrent tous les détenus. Les soldats s'en prirent ensuite aux banques, aux bureaux de change et aux petits commerces avant de piller les écoles et les lieux de culte. Plusieurs vagues de militaires déferlèrent sur la résidence épiscopale. Craignant pour sa vie, l'évêque se cacha dans les toilettes, d'où Piero et deux sœurs de Vérone le secoururent. Mgr Kihangire logerait désormais chez Lucille et Piero car l'hôpital de Lacor, contrairement à l'hôpital public de Gulu, très tôt mis à sac, semblait épargné. On y soignait tellement de blessés — on avait même traité un des nombreux fils d'Idi Amin Dada, Juma — qu'il jouissait, dans les faits, d'une relative immunité. Mais pour combien de temps encore?

Un jour, deux véhicules blindés tirant chacun un canon antiaérien s'arrêtèrent devant l'hôpital. Les militaires qui en descendirent demandèrent à parler non pas au directeur ni même à un médecin, mais au frère Toni. Que se passait-il donc? Les soldats voulaient savoir s'il ne pouvait pas leur donner un petit coup de main pour souder les deux pièces d'artillerie à leur plate-forme, les boulons rouillés n'arrivant plus à les retenir à leur place. Le frère Toni ne put s'empêcher de penser aux quatre missionnaires italiens et aux sept prêtres et pasteurs ougandais, dont l'évêque protestant de Mbale, qui avaient été assassinés par l'armée au cours des derniers jours. Et des soldats lui demandaient maintenant, à lui, un missionnaire italien, un fer à souder? Toujours aussi pratique, le frère Toni leur expliqua qu'il n'avait pas l'outil indiqué mais qu'ils le trouveraient à l'atelier d'un autre religieux, à environ un kilomètre de là, qui se ferait sûrement un plaisir de les dépanner. Les soldats firent demi-tour. Le frère Toni se dit qu'avec un peu de chance ils reconnaîtraient l'atelier qu'ils avaient complètement pillé quelques jours auparavant...

Mais, autour de l'hôpital, l'étau se resserrait. Ses trois «antennes» de Pabo, d'Obit et d'Amuru avaient déjà été dévastées. Lucille et Piero furent atterrés d'apprendre dans les détails ce qui était vraiment arrivé dans ce dernier village.

Dans la petite église qui jouxtait la clinique, un prêtre finissait de dire la messe, le samedi 14 avril 1979, soir de vigile pascale, lorsque deux soldats firent irruption en tirant des coups de feu. Pris de panique, les fidèles s'enfuirent aussitôt et les deux militaires allèrent jusqu'à l'autel.

— Donne-nous les clefs des voitures! ordonna un soldat.

— Tout de suite, mais laissez-moi d'abord retirer mes vêtements sacerdotaux.

L'officiant sortit de l'église, suivi des deux soldats, pour se diriger vers la clinique, où se trouvaient quatre autres militaires. Le prêtre récupéra et leur donna les clefs des trois véhicules : une vieille camionnette Volkswagen qu'utilisait l'équipe d'éducateurs bénévoles, une ambulance et une Land Rover, qu'ils ne réussirent pas à faire démarrer malgré des efforts acharnés.

La religieuse qui travaillait à la clinique leur adressa la parole en lugbara, une des langues du West Nile. Supposant qu'elle était des leurs, un des jeunes soldats lui demanda de quelle tribu était issu le prêtre. Elle fit mine de ne pas comprendre. Mais le jeune homme insista : de quelle tribu était le curé? Ce dernier, un Acholi, comprenait, lui, très bien et il commença à craindre pour sa vie.

Les supporters d'Idi Amin Dada considéraient que l'intervention tanzanienne visait, au-delà du «président à vie», tous les Kakwas et leurs alliés, notamment les Lugbaras. Les tribus que le dictateur avait pour ainsi dire combattues, au premier rang desquelles figuraient les Acholis, étaient donc des alliés potentiels des Tanzaniens, des traîtres en puissance. Pendant que le jeune soldat sommait la religieuse de lui répondre, le militaire qui avait pris la tête de la bande s'interposa, empêchant son subalterne de mettre ses menaces voilées à exécution. Il annonça plutôt qu'il fallait partir et revenir le lendemain pour récupérer la Land Rover. Les soldats revinrent effectivement le lendemain, dimanche de Pâques, à sept heures et demie, accompagnés cette fois-ci d'un mécanicien. Désespérés, ils ne songeaient plus qu'à sauver leur peau.

Lucille et Piero furent atterrés par le récit du prêtre, mais ce furent les événements qui suivirent le départ des militaires qui les bouleversèrent. Car la clinique d'Amuru fut saccagée, non pas par les soldats, mais par la population locale. Certes, des militaires y firent irruption les premiers pour s'emparer des médicaments, mais ce furent des civils armés de flèches, de lances et de haches qui dépouillèrent la clinique de tout le reste, emportant un pèse-personne, deux stéthoscopes, vingt et un lits, trente-deux matelas, quarante oreillers, soixante-dix couvertures, cent dix draps, cent cinquante pyjamas d'adulte et quatre cents pyjamas d'enfant. Le prêtre avait dressé un inventaire complet, précisant que la population locale avait également fait main basse sur une trentaine de portes, arraché la tôle ondulée du toit et démonté trois salles de bains entières! Comble d'ironie, le prêtre apporta même à Piero une liste des noms de quarante-quatre personnes, dont deux instituteurs et un policier, qui avaient participé au pillage. Mais que pouvait-il faire? Il songeait déjà à reconstruire.

Des colonnes entières de militaires en déroute fuyaient devant l'armée tanzanienne, qui progressait inexorablement vers le nord. Sur leur passage, les hommes d'Idi Amin Dada volaient, pillaient, violaient et tuaient. Lucille commença à opérer des blessés par balle. On les amenait, nuit et jour, sur des brancards de fortune jusqu'à l'entrée de l'hôpital, où on les déposait sans grand ménagement. Une fois sur trois, les blessés étaient des civils qui avaient eu le malheur de s'opposer aux desseins des militaires. Il s'agissait toutefois, deux fois sur trois, de soldats blessés accidentellement par leurs propres camarades, ce qui n'enlevait rien à la gravité de leurs blessures puisque l'armée ougandaise utilisait des balles explosives qui pénétraient loin dans les chairs avant d'y semer leur charge meurtrière. Comme Lucille détestait ces projectiles ! Ce n'était pas sans raison que la Convention de Genève les avait interdits. Leurs éclats étaient difficiles à retirer, surtout lorsque les blessures se faisaient purulentes, des plaies moins rouges que noires, où la peau brûlée et le sang coagulé retenaient la terre, l'herbe et des lambeaux de vêtement. Lucille devait d'abord débrider la plaie, c'est-à-dire couper les muscles noircis, et retirer les détritus et les éclats d'os, aussi tranchants que des éclats de verre. La meilleure façon de les trouver était de se fier à ses doigts. Lucille glissait le pouce sur le bout de l'index et du majeur pour détecter dans le sang toute rugosité, toute aspérité. Elle réussissait ainsi à retirer la plupart des fragments d'os, même si elle se piquait ou se coupait assez régulièrement. Ses gants de caoutchouc, souvent stérilisés, n'étaient plus aussi résistants qu'avant.

Ces urgences s'ajoutaient au travail habituel. Car l'hôpital de Lacor, bien que coupé du reste du monde, fonctionnait presque normalement. Contrairement à ce qui s'était passé dans d'autres hôpitaux du Nord, le personnel africain ne s'était pas enfui. Au contraire, tous les employés faisaient preuve de courage et de dévouement dans l'adversité. L'exemple de Lucille et de Piero y était sans doute pour quelque chose.

Entre deux blessés par balle, Lucille avait dû opérer un patient atteint du sarcome de Kaposi, une étrange tumeur qui frappe surtout les jeunes hommes et qui, ayant envahi les ganglions et les viscères, peut provoquer la mort en moins de deux ans, comme elle peut disparaître. Probablement lié à une faiblesse du système immunitaire, ce sarcome peut être traité par la cobaltothérapie, l'emploi des rayonnements émis par le cobalt 60, mais aucun hôpital de l'Ouganda ne disposait de l'appareil requis. Les médicaments qui bloquent la prolifération des cellules cancéreuses, les moutardes à l'azote et le cyclo-phosphamide, ne réussissaient pas toujours à freiner la pro-gression de la tumeur, et il fallait parfois opérer, en désespoir de cause. Si l'intervention n'allait pas guérir le patient, elle soulagerait au moins sa douleur.

Lucille était déjà dans la salle d'opération quand elle entendit d'étranges bruits non loin du bloc opératoire. Elle essaya de ne pas y prêter attention mais devina la signification du tintamarre : on venait d'amener d'autres blessés. Elle n'avait pas terminé son opération et elle devait encore se concentrer. Voilà, c'était déjà presque terminé. Elle n'avait plus qu'à faire quelques nœuds de Toupet, quelques nœuds plats, et à coudre. Elle poussait normalement l'aiguille pour la voir émerger là où elle pourrait recommencer le point suivant. En chirurgie, avait-elle appris, c'était le fin du fin, même s'il lui arrivait encore parfois de se piquer.

Quand Lucille sortit de la salle d'opération, elle aperçut Piero.

— Des soldats viennent d'amener un blessé, expliqua-t-il. Je crois qu'il faudra amputer.

Elle hésitait toujours à amputer. Même si elle sauvait la vie d'un homme, elle savait qu'elle condamnait cet homme à la mendicité. Comme tant d'autres, le patient était blessé à la cuisse. En règle générale, ceux qui étaient atteints au thorax ne survivaient pas assez longtemps pour que leurs camarades aient le temps de les transporter à l'hôpital.

Lucille retourna à la salle d'opération. Elle était encore en train d'examiner la plaie quand cette dernière fut inondée par un flot de sang noir. Le tourniquet s'était relâché. La situation, déjà tendue, devint dramatique. Lucille devait au plus vite repérer la veine, plus difficile à localiser que l'artère, dont le jet était net, et exercer une légère pression du bout du doigt pour arrêter l'hémorragie. Avec du fil fin, elle réussit une suture précise, claire, qui lui permit d'obtenir l'arrêt définitif du saignement avant de pouvoir enfin amputer. Cette intervention était dure, moins pour des raisons physiques que parce que la chirurgienne devait assumer la responsabilité de déterminer, sur un corps humain, l'indispensable et l'accessoire. Si elle coupait la jambe trop haut, l'homme aurait du mal à trouver l'équilibre. Si elle la coupait trop bas, la circulation sanguine pourrait être entravée, ce qui provoquerait la gangrène.

Quant Lucille sortit de la salle d'opération, il faisait déjà nuit. Comme d'habitude, elle inscrivit sur le registre les détails de sa dernière intervention : le nom et l'âge du patient, la nature de l'intervention, les noms de ceux qui l'avaient assistée. Ce rituel lui permettait de mettre un point final à une opération et de commencer à souffler. Elle constata qu'elle avait, en ce 25 avril 1979, opéré trois blessés par balle, un patient atteint du sarcome de Kaposi, et fait une amputation. C'est probablement ce jour-là qu'elle devint chirurgienne de guerre.

Lucille fit les quelques pas qui lui permettaient de rentrer à la maison. Après la tombée du jour, on entendait normalement la stridulation des grillons et des criquets, mais ce soir-là, au loin, crépitaient les armes qui annonçaient déjà le prochain arrivage de blessés. On les lui amènerait probablement un peu plus tard. Elle n'aimait pas opérer la nuit. Non pas parce que cela l'empêchait de dormir, car elle réussissait d'habitude à faire une courte sieste après le déjeuner, mais parce que l'hôpital, privé d'électricité depuis le début des hostilités, devait alors faire fonctionner sa génératrice vingt-quatre heures sur vingt-quatre, ce qui coûtait une fortune en diesel. Quand elle devait opérer en pleine nuit, Lucille sentait donc qu'elle devait se dépêcher. Elle maniait la pince à disséquer et le porte-aiguille comme un sixième et un septième doigts mais sentait qu'elle devait travailler plus rapidement encore. Plus vite elle opérerait, plus vite on pourrait éteindre.

À la lumière des bougies, Lucille, Piero et une poignée de médecins italiens se réunissaient chaque soir pour capter la B.B.C. Hélas, les nouvelles de l'Ouganda se faisaient de plus en plus rares. Après la chute de Kampala, la radio avait quasiment cessé de parler de l'invasion. Pour la communauté internationale, l'affaire était classée. Les troupes tanzaniennes poursuivaient pourtant leur marche sur le Nord, où la violence ne cessait de s'aggraver. Elles s'emparèrent de Lira, à une centaine de kilomètres de Gulu, semant la panique dans les rangs de l'armée ougandaise. C'est ce jour-là, le 14 mai 1979, qu'un vieil autobus vide se gara devant l'hôpital de Lacor. Les trois soldats qui en descendirent, les yeux meurtris par la fatigue et la peur, furent accueillis par Piero.

— Rendez-nous nos blessés ! ordonna leur chef.

— Mais ils ne sont pas en état de faire le voyage ! répondit Piero.

Se moquant de sa mise en garde, les trois militaires se dispersèrent dans les différents pavillons, provoquant un mouvement de panique parmi les patients. Ils retrouvèrent vite leurs camarades, leurs compatriotes, leurs frères, pour leur éviter d'être faits prisonniers par les Tanzaniens. Il suffisait de les appeler dans les langues du West Nile. Ceux qui avaient un fémur fracturé allèrent même jusqu'à s'arracher aux appareils qui tenaient leur jambe en place, pour claudiquer, nonobstant l'effroyable douleur, jusqu'à l'autobus, qui les emporta vers l'ouest.

Désemparée de voir ses patients filer ainsi, Lucille retourna à la salle d'opération, où l'attendait le dernier arrivé des blessés, un homme atteint d'une balle à l'abdomen et qui avait une cheville fracturée. La plaie abdominale était purulente, et l'intervention s'annonçait longue et difficile. Pendant quatre heures, Lucille sectionna, nettoya, cousit. Elle entendit à peine les coups de feu qui retentirent dans l'enceinte de l'hôpital. Il n'était tout de même pas question pour elle de sortir de la salle d'opération au beau milieu d'une intervention !

Une trentaine de soldats en uniforme ou en civil, mais tous armés, venaient de faire irruption dans l'hôpital, avec presque autant de véhicules pour faire le plein à même les réserves d'essence de l'établissement. Heureusement que Piero, par mesure de précaution, avait fait cacher des bidons d'essence dans un champ de maïs non loin de là. Pendant que la plupart des militaires faisaient la queue aux pompes pour vider le réservoir de l'hôpital, une poignée d'entre eux se dirigea vers la maison de Lucille et de Piero. Ils tombèrent sur l'évêque, qui, pétrifié de peur, se laissa arracher sa montre sans mot dire. Ils jetèrent un rapide coup d'œil dans toutes les pièces avant de s'emparer de tout ce qu'ils pouvaient revendre en cours de route : la radio à ondes courtes, le tourne-disque, les coussins du canapé, quelques matelas, des chaussures.

Piero s'approcha alors du militaire en t-shirt rouge qui avait pris la tête de la bande, pour lui dire sa façon de penser.

— Vous êtes des soldats ou quoi ? lui demanda-t-il. L'un de vos hommes a volé ma radio !

— Comment ? s'insurgea le militaire. Tu nous accuses d'être des voleurs ?

Outré d'être ainsi mis en cause, le militaire frappa Piero à l'oreille droite, ce qui l'étourdit quelque peu.

— Parce que tu veux peut-être inspecter ma voiture ? ironisa le chef. Tu veux peut-être vérifier si ta radio n'y serait pas cachée ? Alors, qu'est-ce que tu attends ? Allons-y ! Allez, avance !

Le militaire lui donna un coup de pied dans les tibias et l'empoigna par le bras pour le tirer vers son véhicule, garé devant l'hôpital. Piero se libéra de son emprise, mais refusait obstinément de faire demi-tour. Encore sonné, il se disait qu'il devait plutôt s'employer à redevenir maître de la situation. Ulcéré par son arrogance, le soldat ne contenait plus sa fureur et commença à lui crier à la figure :

— Je vais te tuer ! Je vais te tuer !

Piero, qui ne saisissait toujours pas la portée de ces menaces pourtant claires, demeurait immobile, comme si tout cela ne pouvait être vrai. Le militaire se tourna alors vers l'un de ses subordonnés pour lui arracher son arme, mais le jeune homme, soigné par Piero quelques jours auparavant, esquissa un mouvement de recul. Contrarié, le chef se rua donc sur sa voiture, d'où il sortit un fusil d'assaut.

Comprenant enfin la gravité de la situation, Piero commença à courir en direction de l'hôpital. Il devait se mettre à l'abri, et vite ! Mais où ? Seule la guérite, la petite cabine en ciment qui se trouvait à l'entrée, pouvait lui fournir une quelconque protection. Il y plongea et eut à peine le temps de se recroqueviller sur le sol avant d'entendre une première rafale de mitraillette. Le soldat lui tirait dessus ! Une deuxième rafale retentit aussitôt. Mais un drôle de bruit, un sifflement, une secousse firent comprendre à Piero que les balles avaient probablement percuté le treillis métallique de la clôture, qui les avait fait dévier. C'est alors qu'il entendit les hurlements d'une femme et releva prudemment la tête. Une femme avait empoigné le militaire par les épaules et criait, en acholi :

— Je t'interdis de tuer mon médecin !

Piero apprit par la suite qu'il s'agissait de la mère de son agresseur. Sous le regard désapprobateur de celle-ci, le militaire repartit tout penaud, mais ses hommes s'emparèrent néanmoins de trois ambulances et d'une voiture. Ils ne réussirent pas toutefois à faire démarrer la Fiat 132 blanche de Piero, car celui-ci en avait fait retirer le carburateur. Ils la poussèrent sur deux cents mètres avant de l'abandonner sur le chemin.

L'arrivée inopinée des militaires avait apeuré les infirmières ougandaises. Elles s'étaient toutes enfuies, sauf une, qui avait aidé Lucille à cacher les patients sous leur lit, dans l'espoir de les mettre à l'abri des balles perdues. La consigne était claire : ceux qui réussissaient encore à marcher devaient utiliser les matelas pour bloquer les portes de l'intérieur et se barricader jusqu'à nouvel ordre. Lucille avait été appelée d'urgence à la salle d'opération pour une femme grièvement blessée, dont la rate avait été perforée par un projectile qui avait traversé le diaphragme avant de se loger dans le poumon droit. Ce ne fut qu'à l'issue de cette intervention que Lucille fut enfin mise au courant de ce qui était arrivé à Piero.

Elle n'arrivait tout simplement pas à comprendre.

— Mais pourquoi as-tu mis autant de temps à te sauver? lui demanda-t-elle.

— Quoi?

— Pourquoi as-tu mis autant de temps à te sauver? répéta Lucille.

— Excuse-moi, mais je n'entends pas très bien. Tu ne voudrais pas m'examiner l'oreille droite?

Pendant que Piero lui expliquait qu'il ne s'était pas enfui parce qu'il n'avait pas eu peur, qu'il n'avait pas eu l'impression, en fait, que son heure était venue, Lucille constata que la membrane du tympan droit était perforée. Piero semblait néanmoins de bonne humeur, ce qui ne cessait d'étonner Lucille.

— Je savais, dit-il, que mon nom n'était pas sur la balle.

La sœur Lina, affectée au service des urgences, les rejoignit.

— Nous avons besoin de vous, docteur Lucille. C'est pour une femme très âgée, blessée par balle. Trois projectiles, je crois.

— Une femme très âgée? s'étonna Lucille.

— Oui, docteur, une grand-mère. Sa petite-fille m'a tout raconté. Des soldats sont allés chez elle pour lui voler son argent. Comme elle n'avait que dix shillings, ils ont voulu la tuer.

Révoltée, Lucille bondit de sa chaise et retourna dans la salle d'opération, où elle resta jusqu'à minuit.

Le lendemain fut plus calme, comme si les derniers soldats d'Amin Dada s'étaient tous volatilisés. Il est vrai que les «libérateurs» tanzaniens avaient tiré une volée d'obus sur Gulu pour bien leur faire comprendre qu'ils étaient aux portes de la ville et qu'ils n'avaient qu'à déguerpir s'ils voulaient que tout se passe bien. Les tirs d'artillerie firent peu de dégâts, bien qu'un obus ait atterri à cinquante mètres de la résidence épiscopale. Pour la première fois depuis plusieurs jours, la terreur allait en s'atténuant. Serait-ce bientôt fini?

Les nouvelles commencèrent à arriver des autres hôpitaux catholiques de l'Ouganda. Les médecins d'Angal et de Maracha, dans le West Nile, s'étaient enfuis au Zaïre. En revanche, les hôpitaux de Matany, de Kalongo et d'Abim, sur des routes secondaires qu'avait évitées l'armée en déroute, avaient été peu affectés. À Kitgum, où avait travaillé la sœur Lina jadis, l'hôpital avait pu bénéficier d'une certaine protection et était resté ouvert. À Aber, l'hôpital avait été carrément pris d'assaut par l'armée. Le personnel s'était caché dans la brousse pendant cinq jours avant d'en ressortir et de constater que leur lieu de travail avait été complètement saccagé; on avait même emporté toutes les serrures des portes! Mais c'est à Alito, à la ferme des lépreux que la sœur Anna Pia avait contribué à mettre sur pied, que le bilan était le plus affligeant. Les hommes d'Idi Amin Dada avaient tué le bétail, emporté les animaux de basse-cour et détruit la récolte.

Des soldats tanzaniens s'emparèrent de Gulu sans coup férir le 20 mai 1979 et furent acclamés en libérateurs. Les hommes leur tendirent la main et des feuilles de bananier, les femmes leur offrirent des larmes et des danses. Un détachement eut tôt fait de se rendre à l'hôpital de Lacor, où il fut accueilli par l'ensemble du personnel. L'évêque profita même de l'occasion pour faire sa première apparition publique depuis plus d'un mois. Après une visite rapide, l'officier tanzanien qui commandait le groupe manifesta son étonnement.

— Depuis que nous avons pénétré en Ouganda, c'est le premier hôpital que je voie qui soit ouvert!

— Vous savez, dit Lucille en souriant, nous sommes là pour ça…

À peine quelques jours plus tard, on prévint l'hôpital qu'un jeune homme blessé gisait devant le bureau de poste de Gulu. Lucille et Piero montèrent dans la dernière ambulance qui restait et foncèrent vers le bureau de poste avec le professeur Dalla Bernardina. Il n'y avait presque plus de voitures sur les routes, où seuls les téméraires s'aventuraient, car, au lieu de klaxonner aux carrefours, certains automobilistes tiraient des salves de mitraillette ! Ils tiraient normalement en l'air, mais, en un seul après-midi, quatre personnes avaient été tuées sur le chemin qui reliait Gulu à l'hôpital…

Gulu n'était plus qu'une ville fantôme, déserte et dévastée. Les trois médecins trouvèrent devant le bureau de poste un attroupement d'une trentaine de personnes qui portaient non-chalamment sur leur tête, qui une chaise, qui une table, de toute évidence le fruit du dernier pillage. Mais où était donc le blessé ? Attentive, silencieuse, la foule semblait encercler un vieillard. Les médecins s'approchèrent. Affublé d'un bob, vêtu d'une chemise ouverte sur un t-shirt en haillons, l'homme était armé d'une lance. Il observait, placide, un jeune homme parfaitement immobile qui gisait à ses pieds dans le sable et le sang. Les badauds, qui avaient deviné que la victime n'avait pas encore poussé son ultime soupir, restaient là, pour ne pas manquer le spectacle de la mise à mort.

Les trois médecins s'approchèrent de l'agresseur, len-tement. L'air somme toute inoffensif, tenant sa lance avec autant de nonchalance qu'un athlète son javelot, le vieillard les laissa s'approcher sans montrer pour eux aucun véritable intérêt, comme s'il n'avait pas compris que les Blancs étaient là pour défaire ce qu'il avait entrepris. Piero chercha à par-lementer avec l'homme. Il pourrait peut-être les laisser se charger du blessé ? Grisé par l'attention de la foule, le fantasme de la vengeance et peut-être même l'odeur du sang, le vieillard ne semblait rien entendre. Parlait-il au moins un peu l'anglais ?

Le blessé, qui, lui, avait très bien suivi la conversation, s'appuya péniblement sur les coudes, redressa lentement la tête et tenta de se lever. Il essaya même de tendre la main à Piero. C'est alors que son agresseur lui planta sa lance entre les omoplates. La pointe de fer, ce fer vieux comme l'âge du bronze, s'enfonça bruyamment dans la chair, et le blessé s'effondra.

Lucille explosa. Secouée par des convulsions de colère, dans un mélange d'acholi et d'anglais, de français et d'italien, elle hurla sa fureur au visage du meurtrier qui sombrait dans l'indifférence. Comme pour tant d'autres, elle aurait tenté l'impossible pour ce blessé-là. En l'assassinant sous ses yeux, le vieillard soulignait son insignifiance : un médecin pouvait tout tenter contre la maladie, mais il était impuissant face à la mort, surtout quand cette dernière se voyait aidée par la haine. Piero prit Lucille par le bras et l'entraîna jusqu'à l'ambulance. Elle éclata en sanglots.

Le professeur Dalla Bernardina se pencha sur le cadavre. En définitive, la médecine ne pouvait plus rien pour lui. Le mobile du crime : la victime était un Madi, une ethnie de l'Ouest.

Et dire que Lucille avait cru, l'espace d'un instant, que la terreur était finie. Au contraire, l'heure de la vengeance avait sonné. Des Acholis massacreraient maintenant les Ougandais de l'Ouest, Madis, Lugbaras et Kakwas, pour venger les leurs. Et pour chacun des blessés qu'on amènerait à l'hôpital de Lacor, combien d'hommes, de femmes et d'enfants seraient achevés à la machette derrière une hutte, dans une bananeraie, devant un bureau de poste ?

L'ambulance rentra à l'hôpital, d'où semblaient s'élever des nuages de fumée. Des huttes qui jouxtaient le potager de l'hôpital, des cases au toit fait d'herbes séchées, flambaient. Elles avaient été incendiées. Pourquoi ? Des passants leur dirent sans ambages que ces maisons avaient été habitées par des familles lugbaras.

Ne voyant plus dans les couleurs du drapeau ougandais, noir, rouge et jaune, que les couleurs de la peau, du sang et de l'iode, le professeur Dalla Bernardina estima qu'il était temps de s'octroyer quelques semaines de vacances, à l'instar de tous les médecins étrangers de l'hôpital de Lacor, sauf Lucille et Piero. Il ne restait plus sur place que les religieuses, qui furent mises à contribution pour récupérer la Fiat de Piero, qui traînait toujours sur le chemin. En la poussant, elles en firent tomber un étrange objet qu'elles confièrent à Piero, qui apprit beaucoup plus tard qu'il s'agissait d'une charge qui aurait normalement dû exploser si quelqu'un s'était avisé de faire démarrer le véhicule...

Après des semaines tumultueuses qui la virent soigner une soixantaine de blessés, Lucille s'accorda, le dimanche 27 mai 1979, un moment de répit pour écrire à la machine une lettre circulaire aux collègues et amis.

« Que faire ? Pour l'instant, nous n'avons guère le choix : nous sommes les seuls médecins à Gulu. Et après ? Nous croyons que nous ne sommes pas actuellement en état, ni mentalement ni physiquement, de faire des projets d'avenir. Attendons plutôt de voir ce que nous réserve le nouveau gouvernement. Nous aimerions bien passer de longues vacances, en juillet, avec Dominique, notre fille. Nous ne l'avons pas vue depuis janvier dernier, et nous avons été sans nouvelles d'elle pendant deux mois. »

Quand le service postal reprit enfin, Lucille et Piero reçurent une lettre que Dominique leur avait expédiée du Kenya avant l'extension des combats au nord de l'Ouganda.

« Dimanche dernier, écrivait-elle, j'ai vu le meilleur film que j'aie vu depuis un an : *Superman* ! C'est un vrai succès à Nairobi. »

Lucille et Piero ne purent s'empêcher de sourire, ravis de savoir que Superman triomphait en Afrique. Avec un peu de chance, il ferait peut-être un détour par l'Ouganda ?

14

Escalade

*Une autoanalyse, voire
une autocritique permanente,
est nécessaire à tout chirurgien,
à tout âge (peut-être plus encore
quand il vieillit!).*

Jean-Pierre BEX,
*Principes et techniques de base
de la chirurgie moderne.*

QUELQUES MOIS après la «guerre de libération», Piero commença à mûrir un projet fou, qui n'avait rien à voir avec l'Afrique, l'hôpital, ni même Lucille. Il aurait bientôt cinquante-cinq ans et il voulait marquer l'occasion de façon peu banale. Quoique en bonne santé, il se savait sur le versant descendant et souhaitait se prouver quelque chose, à lui seul, l'homme de chair et d'os. Une épreuve physique, exigeante sans être trop rude, lui permettrait de se démontrer que son corps n'était pas qu'une simple planche d'anatomie dont il connaissait les moindres recoins. Il voulait faire un dernier pied de nez au temps qui passe.

Il en parla d'abord à deux amis d'enfance, nés, comme lui, en septembre 1925 : Enrico Citterio, avec lequel il avait chassé quand il était adolescent, et Paolo Della Porta, dont il avait fait la connaissance quand il était étudiant à la faculté de médecine. Les trois compères tombèrent vite d'accord. Pour clore leur cinquante-cinquième année, ils escaladeraient, à la frontière entre la Suisse et l'Italie, l'un des plus hauts sommets d'Europe, le mont Cervin. Piero annonça son projet à Lucille avec la candeur d'un garçonnet. Pour son anniversaire, il voulait une montagne !

Il lui expliqua qu'il écourterait leurs prochaines vacances au Canada pour rentrer avant elle en Italie et gravir le mont Cervin. Il ferait coïncider sa descente avec la date du retour de Lucille en Europe, d'où ils repartiraient ensemble pour l'Ouganda.

— Cela fait deux ans que nous ne sommes pas allés à Repentigny avec Dominique et tu préférerais aller à la montagne ? dit Lucille.

— Tu ne comprends pas…

— Non, effectivement, je ne comprends pas ! Si au moins tu étais amateur d'alpinisme… Mais tu n'en as jamais fait de ta vie !

Lucille ne voulait plus en entendre parler et espéra vainement que Piero, bien que ce ne fût pas son genre, change d'idée. Quand elle constata qu'au contraire il s'entraînait assidûment en prévision de cette épreuve, faisant chaque soir plusieurs longueurs de piscine avant de passer à table, elle commença à nourrir à son endroit une sourde rancœur. La vérité, que Lucille ne s'avouait que difficilement, c'était que, pourtant jalouse de sa liberté et de son indépendance, elle ne pouvait plus vivre sans lui. Elle avait désormais un tel besoin de cet homme, de son regard, de sa présence, de son avis, de ses mots d'encouragement, de son odeur, de sa chair, qu'elle ne pouvait plus envisager de s'en séparer, même pendant quelques jours. Piero était sa drogue. Elle se savait dépendante, accrochée. Elle lui avait dit on ne peut plus clairement qu'elle se tuerait s'il mourait avant elle. Il n'arrivait pas à soupçonner à quel point elle avait besoin de lui. Les liens qu'ils avaient noués depuis

222

vingt ans, même si Piero oubliait presque toujours leur anniversaire de mariage, étaient si forts qu'elle ne pouvait, en son absence, que se sentir abandonnée. Pis, en entendant que Piero voulait se lancer seul à la conquête du mont Cervin en guise d'ultime frasque de jeunesse, elle avait l'impression de se faire reprocher d'être un fardeau aussi lourd que les ans qu'il cherchait à braver. Que pouvait-elle faire sauf fulminer ?

Elle avait l'impression que son caractère, parfois difficile, empirait. Un peu par déformation professionnelle. Le chirurgien devait trancher, au sens propre comme au sens figuré, et il est vrai que Lucille pouvait être tranchante. C'était encore la meilleure façon de masquer le doute qui s'emparait parfois d'elle, même si elle faisait de la chirurgie depuis plus de vingt ans. Certaines interventions l'empêchaient encore de dormir. Premier chirurgien de l'Ouganda à réaliser une colostomie intrasphinctérienne, une longue et délicate intervention qui lui permit de sauver un nourrisson en lui créant un anus artificiel, Lucille continuait d'angoisser en songeant aux complications postopératoires, surtout depuis qu'elle avait lu un manuel qui leur était entièrement consacré. Certes, elle n'était pas le seul chirurgien dans cette situation. Elle avait lu un entrefilet dans la presse rapportant que les chirurgiens se suicidaient plus souvent que les médecins. Et encore, ces chirurgiens-là, se dit-elle, exerçaient dans des conditions «normales». Certes, Piero, quand il était là, s'employait à la rassurer. Mais c'était plus fort qu'elle : elle doutait. C'était sa faiblesse et elle commençait à peine à comprendre que c'était aussi sa force, la condition sine qua non qui lui permettait, en tant que chirurgienne, de se critiquer, de s'améliorer.

Plus la date de l'ascension du mont Cervin approchait, plus Piero accélérait son programme de mise en forme. Après le dîner, il s'exerçait chaque soir à marcher d'un bout à l'autre de la maison en faisant le tour de la table de la salle à manger, soit un parcours de quatre-vingts mètres ! Comme au début des années soixante, à l'époque où le chien, perplexe, l'accompagnait dans cette étrange balade. Il n'était tout de même pas question de faire son jogging sur les pistes des environs. Elles étaient trop sombres, trop dangereuses, trop poussiéreuses. En se mettant au régime, il fit baisser son poids à soixante-six kilos. Il souhaitait maintenant régler une dernière petite chose. Au début, il n'avait pas accordé beaucoup d'importance aux deux bosses qui avaient fait leur apparition sur son ventre, mais il s'était vite rendu à l'évidence : deux hernies inguinales avaient traversé la paroi musculaire de l'abdomen, et il aurait besoin d'être opéré. Par Lucille.

— Mais, Piero, objecta-t-elle, comment veux-tu que j'opère mon propre mari ? Tu te rends compte de ce que tu me demandes ? Pourquoi ne vas-tu pas à Kampala ?

— Mais tu es le meilleur chirurgien de l'Ouganda ! Tu ne trouves pas cela normal que je veuille me faire opérer par toi ?

— Et qui fera l'anesthésie ?

— Mais toi ! De toute façon, tu l'as déjà faite des centaines de fois ! Après tout, ce ne sont que des hernies. C'est facile à opérer des hernies : un coup de bistouri à gauche, un coup de bistouri à droite, et hop !

— Quoi ? Tu veux que je t'opère pour deux hernies en même temps ? Pas question ! Si je dois faire l'anesthésie, je la ferai, mais je vais t'opérer dans les règles. On commence par un côté. On attend trois mois. On recommence de l'autre côté, et, trois mois plus tard, tout est remis à neuf !

— Mais, Lucille, je ne peux pas attendre six mois. Il faut que je sois en forme pour escalader le mont Cervin.

Ce maudit mont Cervin ! Lucille n'avait jamais imaginé qu'elle haïrait un jour une montagne. Et Dominique, dans tout cela ? Que penserait-elle de cette excursion ? En règle générale, elle voyait ses parents deux fois par année : à Noël et l'été. C'était une fois de trop ?

Mais Piero n'en démordait pas. L'escalade prenait l'allure d'un rite dont l'objectif était de tromper la décrépitude, la mort.

La disparition de sa mère, emportée par une crise d'asthme en décembre 1980, lui avait ouvert les yeux. Après la mort des parents s'annonçait celle des enfants. C'était inéluctable. Mais pourquoi s'y résigner quand on pouvait grimper sur le toit de l'Europe pour tenter d'y résister?

Lucille dut céder sur toute la ligne. Elle opérerait Piero pour ses deux hernies «directes», même si elle savait que ça ne «tiendrait» pas et qu'il devrait sans doute être réopéré ultérieurement, ce qui fut d'ailleurs le cas. Mais leur querelle se poursuivait encore quand ils entrèrent, elle revêtue de sa casaque et lui affublé d'un pyjama, dans la salle d'opération. Elle s'apprêtait à lui faire une anesthésie épidurale quand il essaya de lui dire le point précis de la colonne vertébrale où elle devait planter l'aiguille.

— Laisse-moi donc faire, protesta Lucille.

— C'est moi l'anesthésiste! répondit Piero.

— Non, monsieur Corti. Aujourd'hui, c'est moi!

L'intervention était simple. Il suffisait de colmater deux petites brèches dans la paroi abdominale, mais Lucille savait trop bien pourquoi les chirurgiens refusaient, en temps normal, d'opérer leurs proches. Ils redoutaient d'être soudain saisis, soudain étourdis, par le désir de faire mieux que d'habitude. Alors que, pour bien opérer, il fallait faire comme d'habitude. L'intervention, heureusement, se déroula sans incident; les herniorraphies étaient décidément faciles à faire. Mais Lucille se dit qu'un second chirurgien ne serait pas de trop, surtout si l'hôpital se transformait en hôpital universitaire.

C'était la dernière idée de Piero : former, à l'hôpital de Lacor, les internes de la faculté de médecine de Makerere. La formule n'avait que des avantages. Il pourrait repérer les meilleurs sujets, qu'il n'aurait plus dès lors qu'à recruter, cessant enfin de dépendre des médecins italiens, qui, après quelques mois ou quelques années, finissaient toujours par repartir. Il suffisait de convaincre l'université Makerere de donner son aval au projet.

Avant de l'entériner, une commission de cinq professeurs devait toutefois effectuer une visite d'inspection de l'hôpital, une simple formalité l'assura-t-on. Piero s'empressa donc d'inviter ses collègues universitaires à faire le voyage jusqu'à Gulu, mais sans aucun succès. Pendant huit mois, ils refusèrent de s'y rendre, et Piero mit du temps à comprendre que leurs tergiversations n'avaient rien à voir avec son projet mais tout à voir avec la peur. Issus de tribus du Sud, les professeurs de Makerere craignaient d'être tués s'ils se rendaient à Gulu. Piero s'employa à les rassurer, proposa de faire le voyage avec eux, de les héberger chez lui. Mais il n'y avait rien à faire. Ils refusaient d'effectuer le déplacement.

Non sans raison. La violence gagnait progressivement l'ensemble du territoire ougandais. Elle avait d'abord frappé la capitale, où trois mille personnes avaient été assassinées dans les douze mois suivant la chute d'Idi Amin Dada. Les troubles s'étaient ensuite étendus au Nord. Une milice acholi, constituée à Kitgum en octobre 1980, avait investi le West Nile, massacrant des milliers de personnes issues des tribus sur lesquelles Amin Dada s'était appuyé. Plus de cent mille personnes se réfugièrent au Soudan.

Après avoir longtemps hésité, Makerere dépêcha donc à Gulu un professeur de médecine issu d'une tribu qui n'était pas en conflit avec les Acholis : les Écossais ! Et c'est ainsi que le docteur Wilson Carswell, dont la barbe rousse aurait trahi l'origine ethnique, se rendit à l'hôpital de Lacor. Impressionné par la qualité du personnel et des soins, il n'eut aucun mal à convaincre ses collègues africains de donner leur feu vert au projet de Piero. L'hôpital de Lacor deviendrait un centre hospitalier universitaire.

À Kampala, d'obscures figures de l'opposition se succédaient à la tête d'un État exsangue. Des élections, prévues pour décembre 1980, permettraient aux Ougandais, pour la première fois depuis avril 1962, d'aller aux urnes, et le président Nyerere de Tanzanie, préoccupé par le chaos qui régnait aux frontières de son pays, faisait tout ce qui était en son pouvoir pour mousser la candidature de son ami Obote. Le scrutin fut marqué par l'intimidation, la force et de grossières fraudes qui passèrent inaperçues aux yeux des observateurs du Commonwealth, qui signèrent un rapport affirmant qu'il s'agissait d'«une élection valable reflétant dans son ensemble le choix librement exprimé du peuple ougandais». Cette comédie visait à rassurer les bailleurs de fonds étrangers. Fermant les yeux sur la façon dont leur protégé s'était emparé du pouvoir, Londres, le Commonwealth, le Club de Paris, le Fonds monétaire international et la Banque mondiale reprirent leur aide au gouvernement de Kampala. Dans les grandes capitales, on considérait que la situation sous Obote, qui ne tenait plus le discours tiersmondiste et gauchisant de naguère, ne pourrait être pire que sous Idi Amin Dada. On se trompait.

Après la proclamation de résultats électoraux consacrant la victoire de celui qu'on surnomma Obote II, les perdants passèrent à la lutte armée. Quatre foyers de guérilla apparurent dès le début de 1981. Accompagné par vingt-six hommes seulement, Yoweri Museveni, un enseignant relativement peu connu, attaqua une école militaire pour piller son dépôt d'armes. À peine un an plus tard, dans la nuit du 22 au 23 février 1982, cette bande qui n'avait cessé de gagner en importance tenta sans succès de s'emparer de Kampala.

La ville n'était plus que l'ombre d'elle-même, mais les hommes de Museveni ne réussirent pas à renverser Obote, qui répliqua en déclenchant une répression sans précédent, ce qui n'est pas peu dire. Dans la capitale, des milliers de personnes «disparurent» dans une vaste «opération *panda gari*» («monte dans le camion», en swahili). En province, l'armée ougandaise lança une sanglante contre-offensive dans les districts qui abritaient des bases de la guérilla. Au nord de la capitale, dans le «triangle de Luwero», une région délimitée par Kampala,

Bombo et Hoima, des villages entiers furent contraints de s'entasser dans des camps de personnes déplacées, où auraient bientôt lieu les pires massacres de l'histoire de l'Ouganda.

Le manque de discipline des militaires allait en s'aggravant. Une équipe de formateurs du Commonwealth dut se résigner à quitter l'Ouganda en déclarant forfait. Aider l'armée à remettre un semblant d'ordre dans ses rangs était impossible. Quand Piero présenta ses condoléances à Bazilio Okello, un officier de Gulu dont le neveu, lui aussi militaire, avait été assassiné, il fut renversé de se faire répondre :

— Il n'a eu que ce qu'il méritait. L'armée n'existe plus. Il s'agit désormais d'une bande de voyous qui tuent pour voler.

Les combats épargnaient les environs de Gulu, mais le climat délétère qui sévissait à l'échelle du pays, une inexorable dégradation que les Ougandais qualifiaient de *decay* (pourrissement), affectait aussi l'hôpital. Il s'agissait souvent de détails, mais la vie quotidienne s'en trouvait empoisonnée. Les vols de matériel et de médicaments, par exemple, se multipliaient. Certes, de petites choses avaient toujours disparu, mais les voleurs étaient désormais d'un sans-gêne inimaginable jadis. Des receleurs écoulaient des médicaments dans les cases abritant des petits commerces juste en face de l'hôpital !

L'Ouganda tout entier semblait basculer dans un monde où seules comptaient les manifestations de force. Des barrages routiers avaient de nouveau fait leur apparition dans les environs de Gulu. Armes semi-automatiques sur la hanche, des militaires déambulaient nonchalamment jusqu'à la portière de chaque voiture pour interroger le conducteur : d'où venait-il ? où allait-il ? que transportait-il ? Derrière les questions se cachaient d'autres préoccupations : de quelle tribu était-il ? avait-il une arme ? riposterait-il si le soldat faisait main basse sur ce qu'il transportait ? sur ce qu'il portait ? sur ses chaussures ?

Les conducteurs blancs s'en tiraient mieux, car les étrangers jouissaient encore d'une relative immunité. Même eux toutefois devaient éviter de circuler la nuit, quand les militaires, ragaillardis par l'alcool, s'enhardissaient face à leurs inter-locuteurs, quelle que fût la couleur de leur peau. Lucille et Piero ne circulaient plus qu'en ambulance, sa croix rouge constituant encore la meilleure protection. Mais pour combien de temps encore?

La sœur Lina avait personnellement conduit une des ambulances de l'hôpital, légèrement endommagée dans un accident, jusqu'à Kampala pour qu'un garagiste débosselle une des portières. Quand elle repassa, quelques jours plus tard, le garagiste lui expliqua que, pour l'ambulance, elle devrait voir le patron. Elle commença à s'inquiéter. C'est alors qu'elle vit, au fond de l'atelier, ce qu'il était advenu du véhicule, auquel on avait arraché, entre autres, les pneus, le volant et les banquettes...

— Qu'est-il arrivé? s'exclama-t-elle en l'apercevant. L'ambulance n'était pas dans cet état quand je vous l'ai laissée!

— Mais si! protesta le patron.

— Mais comment est-ce possible? Elle n'a même plus de roues! Comment aurais-je pu vous amener une voiture sans roues? Êtes-vous bien certain qu'il s'agit du même véhicule?

— Mettriez-vous ma parole en doute? grogna le patron.

La sœur Lina ne savait plus que répondre. Que pouvait-elle faire? Accablée d'avoir perdu ainsi un véhicule de l'hôpital, elle rentra dépitée à Gulu et raconta tout à Piero, qui ne pouvait pas lui en vouloir. La loi de l'Ouganda était, plus que jamais, celle du plus fort.

Piero tenta d'oublier l'Ouganda un moment quand il prit, avec Lucille, l'avion pour Rome. Ils allaient rejoindre Dominique, qui, ayant terminé le premier cycle du secondaire au Kenya, poursuivait maintenant ses études à l'*International School*, un collège britannique de Milan, «la jungle de Milan», selon l'expression de Lucille, qui s'inquiétait de voir sa fille habiter une grande ville européenne.

Dès l'inscription, Dominique avait annoncé qu'elle ferait des études de lettres. Quand le directeur, sachant que ses parents étaient médecins, lui fit remarquer que cette filière ne comportait pas suffisamment de matières scientifiques pour lui permettre un jour de faire des études de médecine, Dominique répondit du tac au tac :

— Je ferai tout, sauf ma médecine !

— Prenez tout de même une semaine pour y réfléchir, lui dit le directeur, et revenez me voir.

— Donnez-moi une année entière si vous voulez, je ne changerai pas d'idée !

Bien qu'adolescente, Dominique en savait déjà plus long sur la médecine tropicale que bien des médecins. Elle connaissait les symptômes et les causes des maladies, les médicaments et leurs dosages. Elle avait grandi dans un hôpital, où elle passait encore la plupart de ses vacances, et elle en connaissait tous les rouages. Les voyages qu'elle avait faits avec ses parents en Europe et en Amérique du Nord avaient été consacrés, sous le couvert de collectes de fonds pour ce même hôpital, à des conférences sur la santé en Afrique. La médecine, elle commençait drôlement à connaître…

Elle savait aussi la disponibilité et l'engagement que supposait la médecine de brousse. Ses parents œuvraient dans un hôpital dont ils s'imaginaient les maîtres, mais Dominique savait qu'ils en étaient en réalité les esclaves. Elle ne pouvait pas le leur reprocher. Elle comprenait trop bien l'impitoyable engrenage qui les y avait enchaînés. Elle le comprenait, et elle l'abhorrait. Parce que le dieu de la santé, Mercure, dont la baguette et le serpent ne faisaient que renforcer le pouvoir, avait exigé et obtenu qu'on la sacrifiât, elle. Mais sa docile soumission touchait à sa fin. L'heure était venue de dire non à Mercure, à l'Afrique et à ses parents. Elle avait dix-sept ans.

Dominique les retrouva à l'aéroport de Milan, mais l'insouciante joie d'antan n'était plus au rendez-vous. Elle redoutait de devoir justifier, encore une fois, son choix. Elle savait que ses parents la désapprouvaient. Et, au-delà de son choix de cours, ses parents avaient également du mal à accepter qu'elle accordât tant d'importance aux chevaux, qui la passionnaient désormais.

Ses études de lettres lui plaisaient bien, mais sans plus. Elle s'inscrirait bientôt en langues étrangères à l'université catholique de Milan mais les défis et les épreuves, comme l'affection et l'amitié, se trouvaient dans les écuries et les manèges. Elle n'avait pas de copain attitré. Beaucoup de garçons s'étaient manifestés. Grande, blonde, altière, Dominique ne passait pas inaperçue. Mais elle n'hésitait pas à laisser ses prétendants quand leurs avances se faisaient trop pressantes. Ces garçons-là ne l'intéressaient pas. Elle leur préférait encore l'innocente amitié, l'inébranlable fidélité des bêtes.

Giovanni, son parrain, lui avait offert un cheval nommé Impeto pour ses dix-sept ans, et elle s'entraînait désormais avec un membre de l'équipe olympique italienne d'équitation. Elle avait pourtant essayé de faire partager cette passion à ses parents en leur écrivant de longues lettres où elle décrivait en détail ses activités équestres. Mais ses parents déploraient la place de plus en plus importante que prenait l'hippisme dans sa vie. Quand ils lui avaient fait part de leurs réserves, Dominique avait cessé de leur écrire.

Ce silence peinait Lucille. Sa fille traversait-elle, comme toute adolescente, une crise passagère? Elle le souhaitait. Mais elle se sentait parfois rejetée, en tant que mère, et aussi, se disait-elle pendant ses moments les plus noirs, en tant que femme d'origine modeste. Sa fille n'était pas de la même classe sociale qu'elle. Piero essaya de dire à Lucille que, décidément, elle exagérait. Il croyait cependant lui aussi que Dominique, consciemment ou non, les punissait. Elle les délaissait comme elle avait elle-même été délaissée. Quand reviendrait-elle à de meilleurs sentiments?

Piero avait cru bon d'écrire à Paola, sa belle-sœur, qui hébergeait désormais Dominique à Milan, pour lui demander d'intervenir. Ne pourrait-elle pas trouver un quelconque subterfuge pour l'amener à écrire quelques lignes à Lucille ? Si l'absence de correspondance était source de discorde, les retrouvailles avec Dominique étaient toujours empreintes d'affection. Quand ils se revoyaient, les nuages se dissipaient. Ce fut encore le cas, cette fois-ci, à Milan, même si Piero écourterait les vacances en famille pour retrouver Paolo et Enrico et s'attaquer au mont Cervin.

En débarquant au pied de la montagne, le 10 août 1981, les trois alpinistes amateurs firent connaissance avec le guide, surnommé Il Trucco, qui les conduirait au sommet. Au début, il s'agissait surtout de marcher en évitant les chutes de pierres. Le thé à la *grappa*, avalé à l'aube, permettrait aux trois amis d'avancer dans la bonne humeur. Mais, la nuit venue, dans le refuge surchauffé, Piero dormit mal. Pourquoi Lucille s'était-elle si violemment opposée à son intention de gravir le mont Cervin ? Il ne l'avait jamais su. Ils auraient de toute façon des années entières pour régler ce différend. Pour l'instant, Piero se concentrait sur l'ascension.

Mal reposé, il reprit l'escalade avec ses compagnons le lendemain matin à cinq heures et demie. L'effort exigé n'était pas surhumain mais devait être constant. À quatre mille deux cents mètres d'altitude, au bord de ravins de plusieurs centaines de mètres, la vue sur la vallée de Zermatt était saisissante, mais des accès de vertige obligeaient parfois Piero à ramper et à demander l'aide d'Il Trucco, qui dut parfois le tirer. Il atteignit le sommet le 19 août 1981, un épisode qu'il décrivit ainsi dans le journal de l'expédition :

« À dix heures quarante, nous sommes au sommet italien. (Le sommet suisse est, paraît-il, plus haut de deux mètres, mais ce sont sûrement deux mètres de neige !) Je me fais photographier à côté de la croix. Nous faisons encore d'autres photos avec Enrico et Paolo. Nous nous rappelons notre engagement de l'année dernière : fêter nos cinquante-cinq ans sur le mont Cervin. Le pari — contre nous-mêmes? contre nos années? contre nos cœurs? — est remporté. Je me demande bien où est Lucille en ce moment. Je l'appellerai demain matin à Amsterdam. Sera-t-elle fière de mon exploit?»

Lucille ne le serait pas. Pour manifester sa mauvaise humeur et son indépendance, elle avait décidé de faire escale aux Pays-Bas en rentrant de Montréal. Piero la joignit au téléphone pour lui avouer sa pensée.

— Je ne peux plus vivre sans toi, lui avoua-t-il.

Piquée au vif, se demandant s'il se moquait d'elle, Lucille répliqua :

— Tu ne te débrouilles pas trop mal jusqu'à maintenant! Cela fait deux semaines que tu vis sans moi.

— Lucille, je vais te rejoindre dès aujourd'hui.

— Pour deux jours, cela n'a pas de sens! Le billet coûte trop cher.

— Je m'en fiche.

Piero la retrouva à Amsterdam, où ils se baladèrent en famille, une famille normale qui soupire devant un canal ou un Van Gogh. Ils regagnèrent Milan, d'où ils repartirent pour leur vie ougandaise, qui, elle, deviendrait de moins en moins normale.

Makerere ayant approuvé le projet de Piero, les diplômés feraient à l'hôpital de Lacor un internat d'un an : six mois de médecine et six mois de chirurgie. En tant que pédiatre, Piero pourrait se charger du premier volet et signer les documents attestant que les internes avaient complété cette formation avec succès. N'ayant jamais obtenu son diplôme de spécialité, Lucille ne pourrait malheureusement pas se charger du second volet…

Regrettant de ne pas avoir subi son examen de maîtrise, elle commença à se sentir flouée. Elle était l'un des chirurgiens les plus expérimentés de l'Ouganda, voire de l'Afrique de l'Est, mais ne pouvait faire partager, officiellement du moins, son expérience aux futurs médecins ougandais. En s'installant en Ouganda, elle s'était dit qu'elle n'aurait jamais besoin de «parchemin» dans un hôpital de brousse, mais il se trouvait qu'il s'agissait désormais d'un centre hospitalier universitaire. Elle rageait. Un peu contre elle-même, mais surtout contre Piero, qui l'avait placée dans une position qui consacrait, sur le plan professionnel, son infériorité. C'était trop injuste.

Piero devait trouver quelqu'un d'autre. Pourquoi pas Gigi Rho? Il connaissait l'hôpital; il y avait travaillé brièvement au début des années soixante-dix avant de s'installer au Karamoja, où il avait œuvré longuement avec sa femme Mirella, pédiatre, avant de rentrer en Italie. Piero communiqua avec lui pour lui demander s'il n'avait pas par hasard envie de revenir en Ouganda à titre de chargé d'enseignement. En tant qu'obstétricien et gynécologue, il était autorisé à assumer la responsabilité du volet chirurgie. Si l'idée de retourner en Afrique l'emballait, Gigi avoua à Piero que son offre le faisait hésiter car il s'intéressait surtout désormais à la médecine préventive.

Pour Piero, cela tombait encore mieux! Il s'empressa de lui faire une nouvelle offre. Gigi pourrait se charger des programmes de médecine préventive. Après la reconstruction des trois cliniques de Pabo, d'Opit et d'Amuru, de nouvelles victoires avaient été remportées. Les trachomes, une infection des yeux provoquée par des bactéries entraînant la cécité, avaient presque disparu de toute la région. Gigi pourrait poursuivre dans cette voie. Lucille, de son côté, assurerait la formation pratique des internes en chirurgie. Gigi n'aurait qu'à signer leurs documents pour satisfaire aux exigences de l'université. Après en avoir discuté avec Mirella, Gigi accepta. Même s'ils gardaient un souvenir un peu amer de l'hôpital de Lacor, car c'est là qu'était enterré, au pied d'un figuier, leur fils Emmanuel, mort deux jours après sa naissance, ils y retourneraient.

Un autre médecin, ami de Lucille et Piero, pourrait lui aussi revenir... Obote avait autorisé les Indiens à rentrer en Ouganda. Après une décennie d'exil, la vaste majorité demeura à l'étranger, mais Arshad Warley pouvait enfin accepter l'invitation de Piero d'exercer à l'hôpital de Lacor. Devenu professeur de pédiatrie à Cambridge, il prendrait sa retraite et renouerait avec le continent qui l'avait vu naître. Il apaiserait enfin cet énigmatique «mal d'Afrique», cette nostalgie qui gagnait ceux qui avaient connu ce continent et, ne serait-ce que l'espace d'un jour, l'avaient aimé. Pour sa liberté, ses vertiges, ses défis.

Une nuit, une femme se présenta à l'hôpital avec un enfant qui râlait bruyamment, cherchant douloureusement son souffle. Bien qu'elle ne parlât pas l'anglais, elle leur fit comprendre qu'il avait avalé une cacahouète, qui, de toute évidence, s'était coincée dans les bronches. Hélas, l'hôpital n'avait pas de bronchoscope pour enfants, ce petit tube qui permet d'extraire les corps étrangers des voies respiratoires des petits. Aucun hôpital du Nord n'en avait. Il fallait donc emmener l'enfant de toute urgence à Kampala. Piero sortit l'ambulance du garage et cacha quelques billets dans un compartiment dissimulé sous le capot. Le véhicule se ferait sûrement intercepter à plusieurs barrages routiers, et si on lui réclamait de l'argent, il devait pouvoir acheter sa liberté de circuler. Mais il ne fallait tout de même pas donner l'impression de trop en avoir, ce qui constituerait une incitation au vol.

Piero et Arshad s'installèrent devant, et la mère et l'enfant, derrière. Pendant que le premier faisait rouler le véhicule à vive allure, le second essayait de faire comprendre à la mère, dont le regard trahissait l'angoisse croissante, qu'elle devait à tout prix empêcher le bambin de pleurer. Chaque sanglot lui faisait perdre de l'oxygène et pouvait abréger ses jours. Kampala était à plus de cinq heures de route, même en conduisant très vite.

Il fallait traverser des districts en guerre, dont le «triangle de Luwero», au nord de la capitale. Après de nombreux arrêts à des points de contrôle, vite expédiés, l'ambulance parvint à Kampala au petit matin. Ils foncèrent vers l'hôpital de Mulago.

L'air hagard et nerveux, Piero s'adressa à l'infirmière de garde comme s'il l'avait toujours connue.

— Qui fait des bronchoscopies, ici ? demanda-t-il.

— L'oto-rhino-laryngologiste, répondit-elle. Mais il ne vient presque plus. Il travaille surtout en pratique privée. Mais, à cette heure-ci, vous pouvez essayer de le trouver à Mengo.

Arshad se tourna vers Piero. Ils devaient se rendre de toute urgence dans ce quartier de Kampala, à l'hôpital protestant.

— On n'a plus une minute à perdre, soupira Arshad. Allons-y !

— Oui, mais pas avant d'avoir emporté quelque chose, ajouta Piero. Infirmière ! Donnez-moi le bronchoscope pour enfants.

Elle obtempéra.

À Mengo, Piero tomba sur une infirmière qui lui expliqua que l'oto-rhino-laryngologiste serait disponible d'une seconde à l'autre, mais qu'il fallait d'abord payer l'admission. Sans hésiter, sans même jeter un coup d'œil en direction de la mère de l'enfant, Piero sortit son porte-monnaie. Les enfants étaient traités gratuitement à Lacor, et ce n'est pas parce que celui-ci avait besoin de soins particuliers qu'on dérogerait à la règle.

— Je ne sais pas s'il pourra faire quelque chose pour vous, confia l'infirmière. Nous n'avons pas de bronchoscope.

— Je m'en doutais, dit Piero en posant l'appareil sur le comptoir. Je vous ai apporté celui de Mulago.

Soudain intriguée, l'infirmière lui demanda :

— Ne seriez-vous pas le célèbre docteur Corti de Gulu ?

La réputation de Piero et de Lucille, promus officiers de l'Ordre du Mérite de la République italienne dès 1981, s'était désormais étendue à tout l'Ouganda. On les surnommait parfois «les Schweitzer italiens», ce qui n'était pas toujours un compliment. Schweitzer ne faisait plus l'unanimité en Afrique. Après les indépendances du début des années soixante, on l'accusa d'avoir fait preuve de paternalisme à l'égard des Africains, qu'il traitait d'«indigènes», et sur lesquels il avait parfois levé la main.

Était-il un Schweitzer? Piero, qui ne jurait que par les techniques modernes, voyait plutôt ce qui le distinguait du médecin alsacien. En plus, on ne le surnommerait jamais «le bon docteur Corti». Il n'était pas «bon». Il n'en avait pas le temps. Il y avait trop de choses à faire. Il n'avait même pas le temps de réfléchir. Il aborda d'ailleurs cette question dans une lettre à son frère Corrado, le 4 décembre 1981.

«Nous avons peut-être raison de faire l'autruche. En ne regardant pas autour de nous, nous pouvons agir, nous agiter avec frénésie, dans une mer d'immobilité (du moins en apparence). C'est ce que nous faisons chaque jour à Gulu de sept heures du matin à onze heures du soir. Et ce n'est que l'insomnie, parfois, qui nous pousse à la réflexion, à l'analyse.»

Lucille et Piero sauvaient des vies, comme celle du garçonnet à la cacahouète, ce qui leur semblait extrêmement gratifiant. Leurs efforts, s'ils devaient s'arrêter pour y penser toutefois, leur paraissaient dérisoires dans un pays où la situation se dégradait implacablement.

Le 24 février 1982, des soldats armés firent irruption dans la cathédrale anglicane de Kampala alors que trois pasteurs concélébraient la messe du mercredi des Cendres en présence de deux mille écoliers. Pendant que les enfants, pris de panique, s'enfuyaient, trois militaires se précipitèrent dans la nef centrale pour obliger les trois officiants, à qui ils ne laissèrent pas le temps de retirer leurs vêtements sacerdotaux, à les conduire à la résidence du cardinal, Mgr Emmanuel Nsubuga, qu'ils fouillèrent de fond en comble. Parce qu'il avait dénoncé les violations des droits de l'homme ou parce qu'il était de la tribu des Bagandas?

En définitive, les méthodes de Milton Obote n'étaient pas très différentes de celles d'Idi Amin Dada, qui avait fait assassiner un archevêque anglican cinq ans plus tôt. On n'avait nul besoin de réfléchir trop longtemps pour comprendre que le régime d'«Obote II», après avoir tant fait couler le sang, risquait de s'y noyer. S'ils voulaient pouvoir continuer de travailler en Ouganda, toutefois, Lucille et Piero ne devaient pas y réfléchir du tout.

15

Une toux persistante

*Parfois, c'est la sensation
d'un piège imminent ou
d'une difficulté opératoire
qui oblige à ralentir, voire
à choisir une autre tactique.*

Jean-Pierre BEX,
*Principes et techniques de base
de la chirurgie moderne.*

PIERO se réveilla en sursaut. Il était quatre heures du matin. Une douleur vive se répandait de sa poitrine à son bras gauche, une douleur irradiante qui lui donnait l'impression de manquer d'air. Ce n'était pas sa première crise, mais celle-ci était plus forte. Il avait négligé son angine de poitrine et, cette fois-ci, il comprit pourquoi les Grecs de l'Antiquité appelaient ce syndrome *ankhô*, «j'étrangle». Piero étouffait.

Du tiroir de sa table de chevet, il prit des comprimés de trinitrine, la nitroglycérine qui, avec un peu de chance, dilaterait vite ses artères coronaires. Mal réveillée, Lucille lui conseilla de se rendormir. Piero retrouva effectivement le sommeil, mais seulement après s'être administré une injection de morphine, qui soulagea la vive douleur qui persistait dans sa poitrine. Le lendemain, il se sentit abattu, trop épuisé pour aller travailler, et il décida de subir un électrocardiogramme. Les résultats furent consternants : Piero avait fait un infarctus. Il fut mis au repos, et tous les médecins de l'hôpital, Lucille la première, lui signifièrent leur interdiction formelle de quitter le lit pendant au moins une semaine.

Quelques jours plus tard, on frappa à la porte de sa chambre. Une des domestiques lui annonça qu'un jeune homme voulait le voir. Piero sortit du lit, enfila son peignoir et passa au salon. À la porte l'attendait un jeune Ougandais qui, le regard placide, le visage ouvert, ne faisait pas ses vingt-cinq ans. Il s'excusa de le déranger.

— Mais non, dit Piero, vous ne me dérangez pas du tout. Assoyez-vous.

Le jeune homme se présenta. Il s'appelait Matthew Lukwiya, venait de terminer ses études de médecine à l'université Makerere et cherchait un hôpital universitaire qui l'accepterait comme interne. Il parlait si doucement que Piero dut tendre l'oreille. Poli, voire policé, il disait avoir beaucoup à apprendre, avec l'assurance de ceux qui en savent déjà long. Il avait entendu dire que l'hôpital de Lacor commencerait sous peu à former des médecins, et il souhaitait poser sa candidature puisqu'il préférait, étant acholi, exercer dans les environs de Gulu. Quelles démarches le docteur Corti lui conseillait-il donc d'entreprendre?

Le jeune docteur Lukwiya, de son côté, se demandait bien où il était tombé. Quel drôle d'endroit, tout de même! Il était presque midi et le directeur était encore en pyjama... Piero réalisa tout à coup l'incongruité de sa tenue.

— Vous m'excuserez, dit-il, mais je me remets d'un angor.

— Un angor d'effort? demanda Matthew. Vous aviez beaucoup marché?

— Non, non. C'est arrivé en pleine nuit.

— Un angor de décubitus? Vous n'avez tout de même pas fait un infarctus du myocarde?

— Si, je crois; un petit.

— Mais c'est arrivé quand, ce... petit infarctus?

— Il y a quelques jours...

— Mais, docteur Corti, il faut impérativement garder le lit! Vous prenez de la trinitrine?

— Oui, oui.

— Et les maux de tête sont supportables?

— Oui, oui, ça va.

Piero était impressionné. Fraîchement sorti de l'université, ce jeune médecin pouvait spontanément évoquer différents types d'angor, le médicament qu'on conseillait habituellement après un infarctus, et même ses effets indésirables. C'était prometteur. Le docteur Lukwiya avait au moins réussi ses études de médecine, malgré les bouleversements qui avaient failli emporter Makerere, sous Idi Amin Dada. Peut-être avait-il mis l'accent sur les maladies cardiaques pendant ses études? Piero lui posa la question franchement.

— Non, pas du tout, s'étonna Matthew. Je me suis plutôt intéressé aux tumeurs chez les enfants.

Les tumeurs! Ce garçon l'impressionnait de plus en plus. En pédiatrie, les tumeurs étaient un grave problème, et Piero commença à se dire qu'il fallait retenir ses services. Il voulut d'abord lui faire visiter l'hôpital.

«Mais il faudra quand même faire attention, se dit Piero. Il ne faudrait pas que Lucille voie que je suis sorti du lit...»

Ce n'est pas Lucille qui les aperçut mais la sœur Lina.

— Mais c'est Matthew! s'exclama-t-elle.

— Vous vous connaissez? demanda Piero.

— Si on se connaît? demanda la sœur Lina en embrassant le jeune médecin. C'est moi qui l'ai mis au monde!

L'aîné de six enfants, Matthew était né en 1958 à la clinique de Kitgum, où la sœur Lina était sage-femme. Tandis que sa mère travaillait aux champs, son père tenait une petite épicerie. La famille ne manqua de rien jusqu'à la mort du père. Matthew avait alors huit ans. Du jour au lendemain, sa famille dut vendre le magasin et se livrer à la culture du millet, du sorgho et des fèves, pour se nourrir. Le surplus était vendu sur le marché de Kitgum, car il fallait de l'argent pour payer les frais de scolarité des petits. Après l'école, les enfants en âge de marcher rejoignaient leur mère aux champs, et Matthew préparait le repas des plus jeunes.

Mais vint un moment où les enfants, ayant grandi, avalaient le maigre surplus que la famille avait pu jusqu'alors monnayer. Il fallait trouver une façon de gagner plus d'argent. La mère de Matthew lui acheta alors une bicyclette d'occasion. À vélo, il sillonnerait les environs de Kitgum pour vendre des produits de première nécessité : du savon, du sucre et du sel. Matthew put ainsi explorer le nord de l'Ouganda, et même le sud du Soudan, à cent cinquante kilomètres de chez lui, pour écouler sa marchandise. Le plus difficile n'était pas d'enfourcher une bicyclette trop grande pour lui, ni même de rester en équilibre sur une selle usée jusqu'aux ressorts. Le plus difficile était plutôt d'échapper aux autres garçons qui s'adonnaient au même commerce. Les plus forts l'attendaient parfois pour empocher les bénéfices de ses ventes au lieu de pédaler eux-mêmes jusqu'au Soudan. La plupart du temps toutefois, Matthew rentrait heureux de savoir que ses efforts lui permettraient, à lui et à ses frères et sœurs, d'aller à l'école. C'est ainsi qu'il apprit la patience, la persévérance et, quand les circonstances l'exigeaient, à pédaler très vite.

Mû par un sens aigu de la justice dont il s'expliquait mal l'origine, Matthew songea d'abord à devenir juriste. Il se voyait volontiers en avocat redresseur de torts, une tâche herculéenne dans un pays où l'État de droit n'existait que sur papier, et encore. Mais il opta plutôt pour la médecine. C'était encore la meilleure façon de venir en aide au plus grand nombre. Accepté en médecine à l'université Makerere en 1977, Matthew put, en vivant modestement, se consacrer presque exclusivement à ses études pendant cinq ans, la faculté étant gratuite, contrairement à l'école secondaire. Diplôme de médecine en poche, il demanda et obtint sans difficulté un poste à l'hôpital de Lacor.

Le plus prometteur des premiers internes ougandais, Matthew était tout simplement remarquable. Ses connaissances théoriques étaient supérieures à celles de Lucille et de Piero, ce qu'ils admettaient volontiers. Il manquait certes d'expérience clinique, mais il brûlait d'apprendre et semblait extrêmement doué avec les enfants. Lucille et Piero n'auraient pu rêver de trouver un meilleur pédiatre.

L'enseignement qu'ils dispensaient était calqué sur la discipline qu'ils s'étaient eux-mêmes imposée dès leur arrivée en Ouganda : tous les internes voyaient tous les patients. Chaque matin, une nuée de blouses blanches allaient donc d'un lit à l'autre pour examiner tous les malades. La qualité des diagnostics que permettait la confrontation des points de vue était insurpassable, d'autant plus que ce premier groupe, composé d'une dizaine de personnes, était franchement exceptionnel ; outre Matthew, deux autres médecins, dont une jeune femme, se révélèrent très bons.

Tout se passait tel que convenu. Lucille assurait la formation en chirurgie et en obstétrique-gynécologie, et Gigi signait les documents attestant que les internes l'avaient complétée avec succès. Le procédé n'emballait pas Lucille, qui s'y pliait parce que Piero le lui avait demandé. Il est vrai que l'hôpital y trouvait son compte. Qui était mieux placé que Lucille pour former chirurgiens et gynécologues, et que Gigi pour faire de la médecine préventive ? Mais cette situation obligeait Lucille, qui enseignait mais n'avait pas droit au titre de chargée d'enseignement, à se poser une question qui la hantait. En renonçant à son diplôme de chirurgie pour épouser Piero, n'avait-elle pas fait un sacrifice qu'aucun homme n'aurait fait ?

Elle plaçait encore la justice au tout premier rang des valeurs auxquelles elle adhérait. Lorsqu'on lui demandait pourquoi elle avait décidé d'exercer en Afrique, elle se contentait souvent de répéter des statistiques sur le nombre de médecins par mille habitants. On trouvait effectivement beaucoup moins de médecins sur le continent africain qu'en Amérique du Nord ou en Europe. L'écart constituait même une injustice criante. Œuvrer en Ouganda était donc juste. En cela, Lucille se distinguait de Piero, dont la motivation était liée à une autre valeur. S'il avait décidé d'exercer en Afrique, c'était plutôt pour chercher à faire le bien.

Un passage de l'évangile selon saint Matthieu, la parabole des ouvriers envoyés à la vigne, où il était proclamé, du moins dans l'édition belge que Lucille avait apportée de Montréal, que «beaucoup de premiers seront derniers, et beaucoup de derniers premiers», les avait vivement opposés. Cette histoire d'un patron qui recrutait des ouvriers et leur donnait tous le même salaire, quel que soit le nombre d'heures travaillées, avait déclenché polémiques et même querelles car elle renvoyait Lucille et Piero à des différences philosophiques fondamentales.

— Pourquoi ceux qui ont travaillé toute la journée ne devraient-ils pas être mieux payés que ceux qui n'ont travaillé qu'une heure? demanda Lucille.

— Parce qu'il ne s'agit pas de salaire, mais de foi, répondit Piero. L'ouvrier de la dernière heure, c'est celui qui, à la fin de ses jours, reconnaît Dieu, et qui est traité à l'égal de celui qui l'a reconnu toute sa vie.

— Ce n'est pas ce qui est écrit, objecta Lucille. C'est écrit que le «Royaume des Cieux» est semblable au patron qui recrute des ouvriers. Le paradis est donc ouvert à tous. Qu'ils aient fait le mal toute leur vie n'a pas d'importance; il suffit, au moment d'expirer, de dire : «Mon Dieu, j'ai péché», et le tour est joué! Tassez-vous vous, les «premiers»! Les «derniers» arrivent! Voyons donc! C'est trop injuste!

— Ce n'est pas une question de mérite, mais de charité! Ce que tu reproches au patron, finalement, ce ne serait pas plutôt sa bonté?

Ils discutaient âprement, longuement, et leurs querelles théologiques faisaient sourire leur entourage. Leurs différentes conceptions du monde allaient ultérieurement provoquer un conflit sur un sujet éminemment terrestre, l'argent.

À l'hôpital de Lacor, les travaux d'aménagement marquaient le pas. Sous la direction du frère Toni, on construirait un abri pour héberger les parents des malades, et un pavillon des cancéreux, que ne cessait de réclamer le professeur Dalla Bernardina. Mais il fallait d'abord terminer le pavillon des tuberculeux, de plus en plus nombreux. L'hôpital accueillait chaque mois de quinze à vingt nouveaux cas et devait tenter d'isoler ces malades, parfois très contagieux. Les travaux n'avançaient plus, hélas, au rythme de naguère. Très âgé, souvent souffrant, le frère Toni ne dirigeait plus le chantier avec le même entrain. Il est vrai que les ouvriers et les matériaux étaient de plus en plus difficiles à trouver. Comme si la guerre civile larvée, avec son cortège de violences et de sabotages, avait rendu tout effort futile. Quand on était acholi, ne suffisait-il pas désormais, pour gagner sa vie, de s'enrôler dans l'armée ?

Les troupes de Museveni s'étaient imposées comme la principale force rebelle du pays, une guérilla que l'armée combattait en assassinant ses sympathisants présumés, c'est-à-dire les civils issus de tribus du Sud, notamment celle de Museveni, les Banyankoles, et les Bagandas. Les militaires tuaient en toute impunité et dans la plus parfaite indifférence. À l'étranger, pratiquement personne ne souhaitait entendre parler de ce pays. Trop contents d'être débarrassés d'Idi Amin Dada, les grandes puissances et les États africains qui avaient tout fait pour reporter Obote au pouvoir n'allaient pas commencer à faire les difficiles maintenant. On n'allait pas de sitôt se remettre à parler de l'Ouganda. Idi Amin Dada parti, ce pays ne faisait même plus sourire.

Ce silence dura jusqu'au massacre de Namugongo, à une quinzaine de kilomètres à l'est de Kampala, un lieu de pèlerinage commun aux chrétiens et aux musulmans et où Paul VI avait inauguré un mémorial aux missionnaires qui y avaient été martyrisés en 1886. Presque un siècle plus tard, en mai 1984, des soldats de l'armée ougandaise y tuaient, dans une sanglante opération antiguérilla, une centaine de personnes, dont un pasteur anglican et un imam. Le retentissement du carnage fut tel que l'Ouganda attira même l'attention de Washington. Le secrétaire d'État adjoint aux Droits de l'Homme du président Jimmy Carter, Elliot Abrams, affirma que jusqu'à deux cent mille Ougandais avaient été exterminés, principalement dans le «triangle de Luwero», depuis le retour au pouvoir d'Obote en décembre 1980.

Les violences du début des années quatre-vingt n'empêchèrent pas Dominique de rentrer en Ouganda pour le congé de Noël. Désormais inscrite en langues étrangères à l'université catholique de Milan, elle retrouvait ses parents, ses amis d'enfance, sa chambre, et recommençait à parler acholi, à manger du manioc, à redevenir africaine. Elle retrouvait sa mère à qui, un beau jour, elle demanda à brûle-pourpoint si elle pouvait l'accompagner au bloc opératoire.

— Si tu n'y vois pas d'inconvénient, glissa Dominique.

— Mais quel inconvénient? s'étonna Lucille.

Elle voulait de nouveau l'accompagner à l'hôpital? Cela tombait plutôt bien. Copieusement arrosées de *waragi*, un alcool de manioc, les fêtes de fin d'année étaient synonymes, au service des urgences, de blessés. La mère et la fille retournèrent à l'hôpital comme à l'époque où Dominique envisageait encore de faire sa médecine.

Elle était maintenant âgée de vingt ans et elle commençait à poser un autre regard, un regard d'adulte, sur ses parents. Comment se faisait-il que rien de mal ne leur fût jamais arrivé, alors qu'ils s'étaient souvent retrouvés sur la ligne de front? Au contraire, ils avaient réussi à monter un hôpital qui ne cessait de prendre de l'importance. Et ils étaient toujours aussi enthousiastes, aussi motivés qu'avant. Ils avaient fondé un établissement qui, nonobstant les périls de tout ordre, leur permettait de s'épanouir, d'être heureux, de s'aimer. Dominique commença à se dire que sa place était peut-être à leurs côtés, à l'hôpital, chez elle, en Ouganda. Il était peut-être temps pour *Atim* de rentrer à la maison...

Quelques jours après son arrivée à Gulu, Dominique annonça à ses parents qu'elle avait décidé de changer de faculté.

— Je voudrais faire ma médecine, expliqua-t-elle.

— Quoi ? demanda Lucille.

— Tu as bien entendu. Depuis qu'on a cessé de me dire quoi faire, je me sens libre de choisir. Et si j'y pense sereinement, dans le fond, la médecine, pourquoi pas ?

Lucille était transportée de bonheur. Dominique médecin, son rêve le plus cher ! Elle se sentait pardonnée. Dominique ne lui reprochait donc pas de lui avoir préféré l'hôpital, de l'avoir éloignée. Elle envisageait même d'exercer en Ouganda. Elle avait donc entendu elle aussi l'appel de l'Afrique.

Comme elle avait refusé de faire des sciences à la fin de son cours secondaire, Dominique devait toutefois faire une année de propédeutique avant de pouvoir commencer son cours de médecine à l'université de Milan, en 1984. Ce nouvel obstacle, qui reportait son admission en médecine, ne l'ennuyait aucunement. Après tout, son propre père avait lui-même étudié jusqu'à l'âge de trente-cinq ans.

— Et l'équitation ? demanda Piero. Tu abandonnes ?

— Oh non ! répondit Dominique. Je dois préparer les championnats d'équitation de Lombardie !

À l'hôpital, le contrat de Gigi tirait à sa fin, et Piero devait songer à le remplacer. Il trouva un remplaçant en la personne d'Osvaldo Carafa, jeune et brillant chirurgien qui pourrait signer à son tour les documents des internes et permettre à l'hôpital de Lacor de conserver son statut de centre hospitalier universitaire. Extrêmement doué pour la chirurgie thoracique et cardiaque, Osvaldo compléterait Lucille, dont les points forts étaient la chirurgie infantile et l'obstétrique-gynécologie.

Contrairement à Gigi, qui s'était consacré à la médecine préventive, Osvaldo avait vraiment l'intention d'exercer sa spécialité. Il n'était pas question pour lui d'être l'homme de paille qui signerait les documents en laissant le travail à un autre. Le chargé d'enseignement, c'était lui. Il souhaitait d'ailleurs remplacer Lucille en tant que chef du service de chirurgie, bien qu'il fût plus jeune et moins expérimenté qu'elle. Puisqu'il était diplômé, le patron, c'était lui. Lucille dut s'incliner devant sa logique implacable et avaler une amère pilule : le pouvoir qu'elle s'était arrogé au fil des années lui échappait. Elle ne pouvait s'empêcher de ressentir que le développement de l'hôpital, auquel elle avait tant donné depuis plus de vingt ans, se faisait à ses dépens.

Dès son arrivée en Ouganda, Osvaldo brilla. Toutefois, certaines choses chez ce chirurgien irritaient Lucille. Ils n'étaient pas de la même école, ce qui, en chirurgie, revenait à dire qu'ils n'étaient pas de la même planète.

Trônant au sommet de la pyramide de la médecine, le chirurgien n'examinait pas, n'auscultait pas, ne palpait pas le patient avant de se parer de sa casaque et de faire son entrée dans la salle d'opération. Lucille déplorait cette attitude en général, mais tout particulièrement en Afrique. Les médecins des hôpitaux de brousse, fussent-ils universitaires, ne devaient pas, à ses yeux, se surspécialiser, alors qu'Osvaldo semblait se contenter de poser un acte chirurgical et de laisser à d'autres le travail qui devait être fait en amont et en aval.

Lucille et Osvaldo participaient chaque matin à la tournée des patients. Un beau jour, ils s'arrêtèrent au chevet d'une femme qui devait être opérée pour un goitre. Provoquée par un manque d'iode, cette hypertrophie de la glande thyroïde était fréquente, surtout chez les femmes. Elle se manifestait d'abord par un léger gonflement du cou, qu'on considérait parfois comme un signe de beauté. Les muscles du cou, très forts chez des paysannes qui avaient porté de lourds fardeaux sur la tête toute leur vie, réussissaient d'abord à contenir la tuméfaction.

Mais la glande, qui prenait progressivement des proportions monstrueuses, finissait par déplacer la trachée. Si la consommation de sel iodé suffisait à prévenir la maladie, il fallait toutefois, à un stade avancé, opérer. C'était une opération «propre» mais complexe, que les chirurgiens s'empressaient habituellement de faire, une «belle» chirurgie où il suffisait de disséquer la glande thyroïde pour en retirer l'essentiel. Lucille se demandait donc pourquoi la patiente, hospitalisée depuis plusieurs jours, n'avait toujours pas été opérée.

— J'attends depuis trois jours qu'elle se remette de sa diarrhée, expliqua Osvaldo.

Lucille ne put s'empêcher de constater que la femme, qui avait du mal à respirer, toussait. Elle ne dit rien, mais retourna la voir en fin de matinée. En l'auscultant, elle confirma ce qu'elle soupçonnait. Cette femme, atteinte d'une broncho-pneumonie, avait besoin d'antibiotiques. Devant les internes et les infirmières, Lucille s'était tue pour ne pas faire perdre la face à Osvaldo, mais, devant Piero, il n'était plus question de se taire.

— C'est un bon chirurgien, sans aucun doute, mais c'est un médiocre médecin!

— Mais, Lucille, il faut faire avec, répondit Piero. Et quand son contrat de deux ans viendra à échéance, il ne sera pas renouvelé, c'est tout. Nous trouverons quelqu'un d'autre pour signer les documents des internes.

Une goutte fit déborder le vase. Osvaldo avait soigné un garçon dont les muscles de la jambe s'étaient légèrement atrophiés par suite d'une poliomyélite. Il suffisait normalement de relaxer les tendons pour les étirer, mais, pour une raison qui échappait à Lucille, Osvaldo avait opéré le garçon et lui avait fait mettre un plâtre. Quand le garçon avait commencé à avoir de la fièvre, il lui avait prescrit des antibiotiques. Dès qu'elle vit l'enfant fiévreux, Lucille fit immédiatement retirer le plâtre, qui masquait une terrible gangrène. Il n'y avait plus hélas qu'une seule chose à faire au plus vite : amputer.

Se refusant à travailler sous la responsabilité d'un chirurgien qu'elle considérait comme un incompétent, Lucille ne trouva rien de mieux à faire que de se retirer progressivement de son service. Elle se consacrerait au service qu'elle dirigeait elle-même, l'obstétrique-gynécologie. Elle continuerait à opérer dans le cadre de cette spécialité mais laisserait la plupart des interventions au docteur Carafa.

Puisqu'il était diplômé, ce dernier avait, aux yeux de l'administration italienne, un statut différent. «Expert-conseil» du ministère des Affaires étrangères, il touchait une rémunération nettement supérieure à celle de Lucille, qui, simple «volontaire» du Cuamm, l'O.N.G. qui encadrait désormais tous les projets italo-ougandais dans le domaine de la santé, ne gagnait que cinq cents dollars par mois. Piero, lui aussi «expert-conseil», avait droit à des honoraires beaucoup plus élevés, soit cinq mille dollars par mois, ce qui lui posait un dilemme. Estimant que ses seuls revenus, une somme colossale pour l'Ouganda, leur suffiraient à tous les deux, il annonça à Lucille qu'elle devait renoncer à son salaire.

— Comment? s'étonna-t-elle.

— Tu m'as bien compris. Je gagne plus que toi, et mon traitement nous suffit amplement. Alors, pourquoi ne pas nous contenter de mes seuls revenus? Ils t'appartiennent à toi aussi.

— Quiconque travaille a droit à un salaire, rétorqua Lucille. Même les religieuses qui travaillent à l'hôpital, qui ont pourtant fait vœu de pauvreté, en touchent un! Pourquoi n'y aurais-je pas droit, moi? Tu accepterais, toi, de travailler sans salaire?

— Si tu gagnais ce que je gagne maintenant, oui. Nous n'avons pas besoin de tout cet argent.

— Nous, non, mais ta fille, un jour, peut-être. Tu ne peux pas me demander de renoncer à mon salaire. Prends-le et reverse-le à l'hôpital si tu veux. Travailler sans être payé, c'est trop injuste!

— Mais est-il juste que nous touchions autant d'argent en Afrique?

Convaincu qu'il fallait être «bon», et qu'elle le serait avec lui, Piero continua d'exercer des pressions sur Lucille, qui finit par céder. À l'hôpital, où elle travaillait depuis plus de vingt ans, elle ne serait plus que bénévole. Le responsable du Cuamm en Ouganda s'empressa d'accepter sa décision. Il s'appelait Piero Corti.

Le Cuamm, dont les deux *m* du sigle italien signifiaient «médecins-missionnaires», était engagé aux côtés de l'Église catholique, même s'il utilisait en Afrique anglophone un nom qui n'en laissait rien paraître : *International College for Health Cooperation in Developing Countries* (Collège international pour la coopération sanitaire dans les pays en développement). Jean-Paul II avait reçu au Vatican, le 26 septembre 1983, l'ensemble du personnel du Cuamm, dont Lucille et Piero, qui lui avaient été présentés.

— Nous sommes médecins-missionnaires en Afrique depuis vingt-deux ans, avait expliqué Lucille au Saint-Père.

— Deux ans, c'est bien, avait répondu Jean-Paul II avant de passer au suivant.

Lucille l'avait rattrapé pour rectifier :

— Pas deux ans, vingt-deux ans !

Un photographe avait immortalisé la scène, et Piero avait fait agrandir le cliché. On voyait Lucille adresser la parole au pape, et Piero qui souriait, quelque peu nerveux. À son retour en Ouganda, il avait inséré cette photo dans une pochette de plastique qui ne le quittait presque jamais. Cela pourrait toujours être utile de montrer qu'on avait des amis en haut lieu aux soldats des barrages routiers. Cette enveloppe était, en tout cas, l'endroit idéal pour cacher l'argent qu'on ne voulait pas se faire voler...

C'est à cette époque, au début des années quatre-vingt, que des femmes atteintes d'un mal étrange commencèrent à se présenter à l'hôpital. Elles souffraient de diarrhées chroniques qui pouvaient durer des mois. Les antibiotiques qui com-battaient un grand nombre de bactéries provoquant la diarrhée semblaient quasi inefficaces. Il est vrai que l'analyse des selles n'avait pas permis de détecter les parasites qui auraient pu la provoquer. Si le mystère planait, le mal persistait et les malades, fort jeunes, perdaient du poids sans cesse. Il s'agissait peut-être de ce qu'on appelait, dans le sud de l'Ouganda, la *slim disease*, cette énigmatique «maladie de la minceur» dont on ignorait tout. Perplexes, Lucille et Piero prêtèrent d'abord peu d'attention à ces mystérieux cas face auxquels ils se sentaient complètement démunis.

Les combats, qui balayaient désormais l'ensemble du pays, déversaient régulièrement au service des urgences leur lot de soldats blessés. Un soir, vers vingt-deux heures, on amena sur des brancards de fortune vingt-cinq hommes aux plaies bandées de torchons, même de papier hygiénique, durcis par le sang séché. Ils étaient tombés dans une embuscade à Yumbe, dans le district du West Nile, où les hôpitaux ne fonctionnaient à peu près plus. Lucille se cloîtra au bloc opératoire, où elle resta jusqu'à cinq heures, le lendemain matin.

Depuis la «guerre de libération», en 1979, elle était passée maître dans une chirurgie de guerre qui consistait moins, à ses yeux, à amputer qu'à tout faire pour éviter l'amputation. C'est à cette époque qu'elle réalisa une opération peu banale qui lui permit de sauver la jambe d'un blessé, l'avenir d'un homme. Une balle avait fait voler en éclats le tibia, mais à un seul endroit, et sur à peine quelques centimètres. Lucille réalisa donc sa première greffe osseuse «par glissement». Il s'agissait de découper une «tuile» hémicylindrique, à même le tibia, pour combler la brèche provoquée par la balle et le reconstituer avec des fragments d'os prélevés sur le bassin. Ce n'était plus de la chirurgie de guerre, la «boucherie» si souvent décriée, mais de l'architecture!

Lucille et Piero ignoraient toutefois que les militaires qu'ils soignaient et les femmes dont ils n'avaient pas pu stopper les diarrhées avaient partie liée.

À Atlanta, en Georgie, les *Centres for Disease Control* avaient publié, le 5 juin 1981, une étude indiquant qu'on avait identifié cinq cas d'une grave et rare pneumonie. Cette pneumocystose frappait habituellement les cancéreux dont le système immunitaire était déréglé par la chimiothérapie. Elle sévissait maintenant chez de jeunes homosexuels de Los Angeles. Du 1er juin au 10 novembre 1981, on avait recensé cent cinquante-neuf cas de pneumocystose, sarcome de Kaposi et autres infections graves. Seuls distributeurs de pentamydine, le médicament prescrit pour les traiter, les *Centres for Disease Control* pouvaient inventorier ces infections avec précision, tout comme ils pouvaient établir le pourcentage précis de cas frappant des hommes homosexuels ou bisexuels : quatre-vingt-douze pour cent.

C'est à cette époque que des médecins californiens et new-yorkais commencèrent à rapporter que certains de leurs patients homosexuels avaient été emportés par des infections bactériennes qui auraient dû être faciles à contrôler mais que rien ne semblait pouvoir stopper. Leurs patients étaient parfois atteints également du sarcome de Kaposi, ce que les médecins américains s'expliquaient mal, ce cancer étant plus fréquent en Afrique tropicale qu'aux États-Unis. Personne ne faisait encore le lien entre les deux continents : pouvait-on imaginer deux endroits plus dissemblables que Los Angeles et la brousse ougandaise?

Lucille avait l'habitude de travailler jusqu'à l'épuisement, et elle s'en était toujours vite remise. Mais voilà qu'elle commençait à ressentir qu'elle avait besoin de repos plus souvent qu'avant. Elle s'était d'abord dit que c'était l'âge. Au début de la cinquantaine, elle ne pouvait plus avoir le même entrain qu'autrefois. Mais elle soupçonnait que quelque chose n'allait pas. Elle avait commencé à tousser, une toux persistante qu'elle traînait depuis des mois. Les radiographies des poumons n'avaient pourtant rien indiqué d'anormal. Depuis quelque temps, elle maigrissait plus vite que d'habitude. Normalement, elle prenait du poids pendant ses vacances estivales et le perdait à son retour en Afrique. Elle n'était toutefois jamais descendue sous la barre des quarante-huit kilos, et voilà qu'elle n'en pesait plus que quarante-quatre. Le 23 mars 1982, Piero écrivit une lettre à son frère Corrado, indiquant que Lucille allait enfin mieux.

« On a réussi à trouver la cause de sa toux et de son amaigrissement : il s'agit d'une étrange infection pulmonaire. [...] Aussitôt guérie, Lucille a tout de suite recommencé à prendre du poids. Elle pèse maintenant quarante-huit kilos. »

Piero ignorait que Lucille n'allait pas enfin mieux mais qu'au contraire elle était déjà atteinte d'une maladie grave déclenchée par un virus dont on ne savait presque rien et qui n'avait même pas encore de nom. Il faudrait attendre 1983 avant que le docteur Luc Montagnier, chercheur de l'Institut Pasteur à Paris, réussisse à identifier ce qui serait plus tard appelé le virus de l'immunodéficience humaine (V.I.H.). Il était à l'origine d'un syndrome qui, en détruisant le système immunitaire, livrait ceux qui en étaient atteints à une succession d'infections opportunistes. Ce syndrome, qui toucherait bientôt des millions de personnes sur tous les continents, serait mondialement connu sous le nom de sida.

Affaiblie par la maladie, la chirurgie, l'enseignement, Lucille avait décidément besoin de repos. Elle glissait dans une légère mélancolie dont elle émergeait pour se répandre en invectives contre ses collègues, et qu'il s'agisse d'Africains ou d'Européens n'avait aucune espèce d'importance. Préoccupé par ses excès, Piero aborda avec elle ce qu'il appelait son agressivité. Quand elle se sentait contrariée, l'ironie empoisonnait ses propos, la colère défigurait son visage, et ses ripostes, cinglantes, impitoyables, fusaient. Lucille chargeait comme un buffle blessé.

Piero écrivit une longue lettre à son frère Corrado, du début de décembre 1984 au début de janvier 1985, dans laquelle il évoqua les risques que ces sautes d'humeur faisaient courir à leur projet le plus cher : convaincre Dominique d'exercer la médecine à leurs côtés.

«Si Dominique doit un jour se joindre à nous [...] je crains qu'elle ne refuse de travailler dans ce genre de contexte de tension permanente, de chasse à l'erreur. [...] Elle est pimpante et gaie, et il faut lui préparer un milieu de travail où elle pourra être elle-même si nous ne voulons pas qu'elle aille travailler ailleurs.»

Le seul nom de Dominique avait suffi jadis à faire renaître le sourire sur les lèvres de Lucille. Elle avait aujourd'hui toutes les raisons de se réjouir, car sa fille avait trouvé le moyen, d'une part, d'entamer des études de médecine, et, d'autre part, de remporter une médaille d'or aux championnats d'équitation de Lombardie. Hélas, constatait Piero, le souvenir de Dominique ne réussissait plus à apaiser sa femme.

«Même Dominique, qui fait sa médecine, dont les visites sont un don du ciel qui nous permet de nous libérer de notre sentiment de culpabilité face à elle, ne réussit plus à lui rendre sa sérénité.»

Piero, qui n'arrivait pas à modérer son rythme de travail, contrairement à ce qu'il s'était juré de faire après son infarctus, commençait à broyer du noir. Normalement d'un volontarisme à toute épreuve, il sentait que sa mémoire lui faisait défaut et qu'un lent dépérissement le menaçait.

«Même si Dieu me prête vie, je crois que je ne pourrai plus, dans dix ans d'ici, utiliser ma cervelle à des fins un peu complexes! Je ne serai certainement pas en mesure de diriger l'hôpital, sauf symboliquement, et seulement si Lucille et Dominique sont là pour m'épauler et faire presque tout elles-mêmes.»

Lucille et Piero avaient besoin de vacances. Pour le congé de Pâques 1985, ils feraient une excursion au Kenya sur le lac Turkana (Rudolph), que les dépliants touristiques surnommaient «la mer de jade». Dominique les rejoindrait. Les eaux vertes et salines de ce lac leur feraient sûrement beaucoup de bien. Sauf si le vent se levait.

16

Pâques

*Même dans les moments
de décontraction (temps
de routine) où quelques
bavardages peuvent détendre
l'atmosphère, le chirurgien
doit rester concentré,
attentif à tout.*

Jean-Pierre BEX,
*Principes et techniques de base
de la chirurgie moderne.*

AUX CONFINS du Kenya et de l'Éthiopie, le lac Turkana se déroulait sur trois cents kilomètres. Ses rives étaient si plates et si désertiques que des vents violents pouvaient soulever des vagues de plusieurs mètres en quelques minutes à peine.

Le séjour de Lucille et de Piero sur ces rivages où le sable se mariait à la lave serait surtout l'occasion de renouer avec Dominique. Elle avait présenté son premier examen de médecine, en chimie, et décroché une bonne note. Si Piero comparait avec les résultats qu'il avait lui-même obtenus, quarante ans plus tôt, à la même faculté, il était obligé d'admettre que sa fille était meilleure étudiante que lui. Il était toutefois agacé par l'importance qu'elle accordait, encore et toujours, à l'hippisme. Elle montait à cheval quatre fois par semaine, sauf lorsqu'elle préparait les championnats de Lombardie, auxquels elle participerait cette année pour la deuxième fois, ce qui l'obligeait alors à faire de l'équitation tous les jours. Piero se demandait comment elle réussirait des études de médecine dans de telles conditions.

Il s'irritait aussi quand Dominique ratait son rendez-vous avec lui et Lucille par radio. Elle se rendait normalement un dimanche sur deux chez son cousin, Mario Vismara, un radioamateur qui gardait le contact avec l'Ouganda depuis Casatenovo, près de Besana. Cela permettait à Piero de demander à Dominique de faire des commissions aux amis et collègues, de préparer l'envoi de matériel pour l'hôpital, etc. Cela permettait aussi de remonter le moral à Lucille. Mais chaque rendez-vous manqué leur donnait l'impression d'être abandonnés à eux-mêmes.

Leurs attentes étaient élevées en ce qui concernait Dominique. Quelques jours avant leur départ pour le Kenya, le 25 mars 1985, Piero écrivit à Corrado pour évoquer les conséquences pour l'hôpital d'un infarctus qui, à ses yeux, préludait à sa disparition :

«Combien de temps nous reste-t-il à vivre? Quant à moi, il me suffirait d'une dizaine d'années de plus. Lucille n'accepte pas l'idée de me survivre, même si tout porte à croire qu'il en sera ainsi. Si Dominique se joignait à nous un jour, Lucille trouverait sûrement l'envie et la force de continuer…»

Aux yeux de Piero, Lucille puiserait chez Dominique la volonté de vivre, de travailler en Afrique, s'il mourait avant elle. Sans s'en rendre compte, il lui faisait porter des responsabilités de plus en plus lourdes. Dominique serait en quelque sorte la planche de salut de l'hôpital, celle qui prendrait la relève de ses parents, et qui réussirait même à convaincre sa mère de vivre. L'acrimonie éventuelle que Piero pouvait nourrir à l'endroit de Dominique s'envola toutefois lorsqu'il la retrouva sur les rives du lac Turkana. Pendant tout leur séjour, la joie et la bonne humeur furent au rendez-vous, comme à l'époque où Dominique, élève à Nairobi, fêtait Pâques à Gulu.

Après ces brèves vacances au Kenya, Dominique regagna l'Italie, et Lucille et Piero s'arrêtèrent chez un ami médecin qui dirigeait un petit hôpital à Kaabong, au Karamoja. C'est alors que Lucille éprouva à l'épaule droite une douleur qu'elle n'avait jamais ressentie, un élancement qui s'ancrait, triomphateur, impérieux, dans sa chair. Elle montra à Piero l'éruption cutanée, qui se répandit à toute l'épaule, au torse et au bras. Ils arrivèrent vite à la conclusion qu'il s'agissait d'un zona, une maladie provoquée par un virus semblable à celui de la varicelle, qui «s'accrochait» aux nerfs de la sensibilité, ce qui expliquait les douleurs intenses. Piero n'osa pas lui dire ce qu'il craignait : le zona affectait souvent des personnes déjà atteintes d'un lymphome. Et Lucille n'osa pas lui parler d'une autre hypothèse qu'elle échafauda et qu'elle évoqua pour la première fois avec le professeur Dalla Bernardina à son retour à l'hôpital de Lacor.

— Je crois que j'ai une maladie opportuniste due au sida, dit-elle tout de go. Un cas de zona.

— Mais où vas-tu chercher une histoire pareille ? bredouilla le professeur Dalla Bernardina. Un cas de zona ? Le virus de la varicelle a probablement été réactivé. Tu n'as jamais eu la varicelle quand tu étais petite ?

— Non, je ne crois pas, justement.

Lucille commença à se faire du souci, mais, l'éruption cutanée disparue, elle se sentit tout de suite mieux. Elle cessa d'y penser, même si elle se sentait fatiguée, qu'elle manquait d'appétit et qu'elle perdait du poids. Rien de plus normal pendant la convalescence d'une maladie virale. Mais sa fièvre, implacable, opiniâtre, l'inquiétait de plus en plus.

Lucille apprit avec soulagement qu'Osvaldo Carafa se préparait à partir. Il regagnerait l'Italie, où l'attendait un poste important dans un grand hôpital. Lucille pourrait redevenir chef du service de chirurgie. Piero était moins ravi. Il faudrait trouver un successeur à Carafa, ce qui s'annonçait difficile. Quel chirurgien diplômé accepterait de s'installer pendant au moins deux ans dans un pays en guerre? Il est vrai que les environs de Gulu étaient pratiquement épargnés. Mais, seulement quelques jours auparavant, Lucille avait dû opérer deux jeunes gens blessés dans l'explosion d'une grenade qu'un militaire en permission avait lancée dans une buvette à trois heures du matin. Quatre autres personnes étaient mortes au cours du transport vers l'hôpital. Une histoire de femmes, disait-on.

Recruter un chirurgien serait sûrement plus difficile que trouver un remplaçant pour le frère Toni, qui allait enfin prendre sa retraite. Il refusait d'être un fardeau pour sa congrégation en Ouganda, et il avait décidé de finir ses jours en Italie. On lui avait vite désigné un remplaçant : le frère Elio Croce, un colosse originaire des Dolomites, dont la ressemblance avec l'acteur Sean Connery — moins le James Bond des années soixante que le moine-enquêteur du *Nom de la rose* — était franchement déconcertante. Le frère Elio relancerait la machine. L'hôpital, qui comptait désormais trois cents lits, devait moderniser le bloc opératoire, se doter d'un service d'hémodialyse et achever la reconstruction des trois cliniques d'Amuru, d'Opit et de Pabo. Le coût de cette dernière, qui s'élevait à soixante millions de lires, avait été assumé par Giovanni, qui n'avait imposé à Piero qu'une seule condition : cette clinique porterait le nom de ses parents. L'ensemble des travaux était évalué à un demi-milliard de lires.

L'hôpital comptait désormais neuf médecins étrangers. Presque personne n'osait dire «médecin-missionnaire», une expression surannée que Lucille réservait à Piero, non sans la nuancer.

— Tu es médecin-missionnaire, peut-être, mais un missionnaire de luxe!

Les vrais missionnaires n'importaient pas en Ouganda, à l'instar de Piero, du carrelage d'Italie... Lucille, une femme de scrupules, avait tout de même exigé que tous les planchers de l'hôpital soient refaits avant d'autoriser Piero à changer le moindre carreau à la maison. Les vrais missionnaires ne se rendaient pas non plus chaque année en Europe ou au Canada. Les sœurs de Vérone, par exemple, ne rentraient dans leur pays d'origine qu'une fois tous les sept ans. La sœur Lina, elle, était une vraie missionnaire, une femme qui savait faire preuve de compassion, d'abnégation et même, quand la situation l'exigeait, de flegme...

Elle avait déjà empêché un jeune homme, affublé de bottes vertes beaucoup trop grandes pour lui, de se faire lyncher par des patients qui l'accusaient de leur avoir subtilisé des casse-roles. Pris en flagrant délit, le voleur avait été ligoté et frappé par une pléiade de témoins, de victimes et de juges. Expliquant que personne ne saurait être battu dans l'enceinte d'un hôpital, la sœur Lina s'était frayé un passage dans la foule en colère pour s'interposer. Avec le professeur Dalla Bernardina, elle avait aidé le jeune homme à monter dans une ambulance. Il avait fallu l'éloigner de l'hôpital. À quelques kilomètres de là, elle lui avait expliqué qu'il pouvait descendre, qu'il était libre d'aller son chemin. Mais il avait refusé, souhaitant plutôt qu'on le reconduise chez lui, à Pabo. Pour ce service, il avait même proposé une centaine de shillings. La sœur Lina avait néan-moins réussi, en le fixant aussi durement qu'elle le pouvait, à le convaincre de filer. Oui, c'était effectivement à leur flegme qu'on reconnaissait les vrais missionnaires...

L'hôpital comptait sur une dizaine d'internes ougandais, qui travaillaient beaucoup, et bien, pour la plupart. Matthew, particulièrement, ne cessait d'épater. Quand l'hôpital fut invité à envoyer un médecin à Busto Arsizio, à une quarantaine de kilomètres à l'ouest de Milan, pour une formation en cytopa-thologie, l'étude des maladies de la cellule, on n'hésita pas un instant. Ce serait Matthew. Pendant deux mois, il y apprendrait à diagnostiquer les cancers en examinant au microscope un fragment de tumeur prélevé grâce à une seringue, une technique plus économique, plus rapide mais aussi plus délicate que l'opération que supposait la traditionnelle biopsie.

À l'hôpital de Lacor, les médecins ougandais réussissaient, malgré leurs origines diverses et les tensions tribales qui atteignaient leur paroxysme, à collaborer entre eux. Ils faisaient la preuve qu'il était possible de vivre et de travailler ensemble. Aucun d'entre eux ne s'était enfui, contrairement aux médecins des hôpitaux publics, notamment à Gulu, qui avaient presque tous regagné leur région d'origine, de crainte d'être purement et simplement éliminés.

Ce n'était pourtant pas par caprice. La sauvagerie qui régnait alors était parfois sans bornes. Une femme qu'on avait aidée à s'enfuir à l'étranger avait raconté à Amnesty International, en 1985, le supplice auquel elle avait survécu alors qu'elle était détenue dans une caserne de Kampala. Après l'avoir ligotée, on lui avait posé sur les épaules un pneu auquel on avait mis le feu. Et pendant que les gouttes de caoutchouc brûlant pleuvaient sur son visage, sa poitrine et ses bras, on l'avait interrogée avant de se désintéresser d'elle. Il était exceptionnel de survivre à de telles tortures, et Amnesty International l'avait fait examiner par un chirurgien et un pathologiste, qui avaient certifié que ces meurtrissures correspondaient à celles d'une femme ayant subi le traitement qu'elle décrivait.

Malgré les difficultés, Piero finit par dénicher un chirurgien italien prêt à exercer en Ouganda pendant six mois, aucun chirurgien ne semblant disposé à y séjourner deux ans. Piero avait pourtant quelques réticences. L'expérience pratique de ce chirurgien ne semblait ni très grande ni très variée, mais Piero se dit que Lucille pourrait toujours compenser ses lacunes. Quand le jeune chirurgien débarqua, toutefois, Piero dut admettre qu'il était en réalité d'une incompétence crasse. Il ne pouvait être question de faire appel à ses services au bloc opératoire. Il aurait toujours pu être affecté à autre chose, comme Gigi avait été chargé de la médecine préventive, mais il n'était pas question de lui confier cette responsabilité. Par les temps qui couraient, les routes des environs étaient si dangereuses que les campagnes de vaccination avaient été interrompues. Restait la pédiatrie. On avait toujours besoin de monde dans ce service. Mais le nouvel arrivé était si ignorant que Piero ne voyait pas honnêtement ce qu'il y ferait. Faudrait-il demander à Lucille de former son chef? C'est alors que Makerere vint inopinément à la rescousse.

Tel que prévu, le «comité des internes», constitué de professeurs de médecine qui encadraient la formation des diplômés dans les centres hospitaliers universitaires de l'Ouganda, devait se réunir à Kampala. En tant que directeur de l'hôpital de Lacor, Piero était invité, comme d'habitude, à participer à la réunion. Après avoir expédié les sujets à l'ordre du jour, le doyen de la faculté, le docteur Raphael Owor, se tourna vers Piero et lui dit :

— Une dernière chose, docteur Corti. Je voulais vous dire que, depuis un certain temps, mes collègues et moi discutons du cas du docteur Teasdale. Si les responsabilités que suppose l'enseignement de la chirurgie ne peuvent, en théorie, être confiées qu'à un chirurgien diplômé, nous savons à quel point il importe, en pratique, que cette personne soit compétente. Tout le monde ici connaît et apprécie les qualités professionnelles du docteur Teasdale, alors que vous nous demandez d'entériner les candidatures de chirurgiens qui sont, certes, peut-être compétents, mais que nous ne connaissons pas. J'ai donc proposé que le docteur Teasdale soit officiellement autorisée, vu ses longues années de service, à signer tous les documents officiels se rapportant à l'enseignement de la chirurgie. Nous avons déjà voté, et tout le monde est d'accord. Auriez-vous l'amabilité, docteur Corti, de lui faire le message?

Et comment! Reconnue par Makerere, Lucille pourrait se charger, même officiellement, de l'enseignement de la chirurgie et récupérer son titre de chef de service. Piero, quant à lui, n'aurait plus besoin de recruter des chirurgiens étrangers disposés à passer quelque temps en Ouganda. Pour tous les deux, c'était une excellente nouvelle!

En revanche, la situation politique ne cessait de se dégrader. Le 27 juillet 1985, quelques jours après la parution d'un rapport d'Amnesty International faisant état de tortures et d'exécutions sommaires, un militaire acholi s'empara du pouvoir à la faveur d'un coup d'État. Le général Bazilio Okello, qui ne savait pratiquement pas lire ni écrire, céda toutefois les rênes à un autre officier, Tito Okello, qui n'avait cependant aucun lien de parenté avec lui. Milton Obote s'exila de nouveau, cette fois-ci au Kenya. L'arrivée au pouvoir d'Okello ne réglait en rien le problème fondamental car la guerre civile se poursuivait. La *National Resistance Army,* les forces rebelles que dirigeait Yoweri Museveni, contrôlait désormais des districts entiers du pays.

Dans les rangs de l'armée régulière, les éléments acholis écartèrent leurs camarades langis, l'ethnie de l'ex-président Obote, et parcoururent leur territoire pour se venger. Le général Bazilio Okello fit distribuer des tracts affirmant que tout soldat qui pillerait ou violerait serait exécuté sur-le-champ, et que tout déserteur serait «sévèrement puni». Ces consignes, comme sa description de Yoweri Museveni, qualifié de «communiste fasciste», auraient fait rire si autant de civils n'avaient fait les frais des affrontements. L'armée régulière en débandade, les deux Okello ne purent que recruter et armer une milice pour asseoir leur pouvoir. Ces troupes, encore moins disciplinées, ne firent qu'accroître l'anarchie dans les environs de Kampala, où l'aéroport d'Entebbe fut fermé.

Le lendemain de sa réouverture, le 7 août 1985, Lucille et Piero partirent pour Milan, où ils prendraient Dominique avant de s'envoler pour Montréal. Lucille, qui souffrait de nouveau d'une toux persistante, reverrait son père malade. Dominique, qui venait de réussir ses examens d'histologie et de biologie, se reposerait. Et Piero prendrait quelques rendez-vous...

En arrivant en Italie, toutefois, Lucille s'aperçut que des bosses avaient fait leur apparition sous sa mâchoire et sous ses aisselles.

— Regarde, Piero, quels ganglions j'ai!
— Tu ne pouvais pas me les montrer plus tôt?
— Qu'est-ce que tu aurais fait?
— Une biopsie, évidemment.
— C'est probablement une autre maladie opportuniste.
— Ne sautons pas trop vite aux conclusions, dit Piero qui savait qu'elle pensait au sida. C'est peut-être aussi un lymphome.

Une tumeur? Piero se demandait si Lucille croirait à cette manœuvre de diversion? Vu la gravité de l'autre possibilité, devait-on l'espérer? Contre son gré, Piero s'initiait, comme Lucille avant lui, à une peur sourde et sournoise. Lucille allait peut-être mourir. Aussitôt chassée, l'insupportable idée revenait le tarauder. Lucille allait peut-être mourir avant lui. Il se rendait maintenant compte à quel point ils avaient été complémentaires, depuis la salle d'opération jusqu'à la salle à manger. Ils partageaient même leur pain : Piero mangeait la croûte, Lucille, la mie. Comment pourrait-il vivre sans elle?

Dès le lendemain, ils se rendirent chez Guido Caprio, un collègue qui dirigeait le laboratoire d'un grand hôpital milanais, *Fatebene fratelli*, et qui leur avait rendu de nombreux services. Il effectua une prise de sang, qu'il envoya à la société pharmaceutique Wellcome, qui fabriquait le test de dépistage Elisa permettant de détecter non pas le V.I.H. lui-même mais les anticorps dont il provoque la naissance. Les techniciens de Wellcome feraient eux-mêmes l'analyse et ne communiqueraient leurs résultats à Guido que dans quelques jours. Celui-ci leur téléphonerait au Canada.

Lucille et Piero consultèrent aussi, à l'hôpital de Busto Arsizio, un cytopathologue pour un examen des ganglions, celui-là même qui avait formé Matthew. Au moyen d'une seringue, il « aspira » un échantillon et l'examina au microscope pour déterminer s'il s'agissait d'une tumeur. Le soir même, il leur apprit que les ganglions à l'aisselle n'étaient pas cancéreux. Il ne s'agissait donc pas, comme l'avait envisagé Piero, d'un lymphome. C'était déjà ça. Il ne restait plus qu'à attendre les résultats du test de dépistage, qui leur parviendraient à Montréal.

Dans l'avion qui les emmenait à l'aéroport international de Mirabel, Piero demanda à Lucille ce que son mystérieux mal pouvait être si ce n'était pas une tumeur.

— Mais, Piero, soupira-t-elle, ça ne peut être que le sida.

Et elle lui décocha un sourire dont elle seule avait le secret, un sourire qui claironnait, malgré sa défaite personnelle, la victoire de la logique. Encore une fois, elle avait eu, hélas, raison.

À Repentigny, un paisible village qui s'était depuis longtemps métamorphosé en ville de la banlieue de Montréal, Lucille put néanmoins souffler. Assise au bord de la piscine en compagnie de ses sœurs Yolande et Monique, les pieds battant paresseusement l'eau, elle n'avait rien à faire sauf éviter de se faire éclabousser par ses petits neveux.

Quand le téléphone sonna, Monique entra dans la maison sans se presser pour répondre. Le grésillement au bout du fil lui indiqua que l'appel venait de loin. C'était l'Italie! Elle passa le combiné à Piero et prévint Lucille, qui le rejoignit. Après avoir raccroché, il lui dit que, oui, c'était Guido, et qu'il lui avait communiqué les résultats de leurs analyses. Ils tenaient en quatre mots : Lucille, séropositive, Piero, séronégatif.

Cela avait le mérite d'être clair, pensa Lucille. Son diagnostic était confirmé. D'une certaine façon, elle était même presque soulagée. Les récents problèmes de santé qu'elle avait eus — la toux, la pneumonie, la fièvre, la perte de poids, le zona — s'expliquaient enfin. Savoir lui permettrait au moins de voir son ennemi à visage découvert. C'était encore la meilleure façon de le combattre, même si la lutte s'annonçait inégale et qu'elle anéantissait déjà l'insouciance des vacances. Elle retourna s'asseoir au bord de la piscine.

Monique s'aperçut que Lucille avait l'air songeur.

— Qu'est-ce que tu as ? lui demanda-t-elle.

— J'ai le sida, répondit Lucille.

C'est alors que les enfants, qui avaient tout entendu, sortirent de l'eau en criant. Ils avaient vaguement entendu parler de sida, toujours sur un ton alarmiste, et craignaient d'avoir été contaminés par le simple contact avec l'eau de la piscine où Lucille avait glissé les pieds.

— Pas de panique ! ordonna Lucille. Ça ne s'attrape pas comme ça !

Mais comment l'avait-elle elle-même contracté ? Sûrement en opérant. Elle s'était si souvent coupée ou piquée. Mais comment le saurait-elle jamais avec certitude ? Elle ne pouvait que procéder par déduction. Tellement de patients avaient tellement de symptômes qu'on savait aujourd'hui dus au sida : diarrhée, fièvre, sarcome de Kaposi... La liste ne cessait de s'allonger. L'un d'eux lui avait sûrement transmis le virus. Un soldat, peut-être. Dans l'esprit de Lucille, toutefois, une chose était claire. Elle n'avait pas été infectée mais s'était infectée. Toute sa vie, elle avait assumé ce qu'elle appelait «les risques du métier». Ce n'était pas aujourd'hui, à cinquante-six ans, qu'elle changerait d'opinion. Elle n'avait pas su prévoir que ces «risques» comprendraient un jour, outre l'hépatite B ou la septicémie, un syndrome mortel. Mais il ne servait à rien de chercher à désigner un coupable, l'opéré qui lui aurait transmis la maladie.

S'il y avait un endroit où elle pouvait espérer refaire ses forces pour affronter la maladie, c'était bien Montréal. Choyée, dorlotée par sa famille, elle mangeait bien. Les repas les plus simples prenaient des allures de festin, et elle reprenait du poids. Tout lui semblait tellement plus appétissant qu'à Gulu. La variété était certes plus grande. En Ouganda, lorsque c'était la saison des ananas, elle en mangeait trois fois par jour. Mais il y avait autre chose. Un vague parfum de nostalgie relevait la saveur de plats qui la replongeaient dans une vie familiale qu'elle avait tout fait pour fuir mais qui retrouvait soudain ses charmes.

Avant de rentrer en Ouganda, Lucille, Piero et Dominique s'arrêtèrent à Londres pour consulter Anthony Pinching, immunologue de réputation internationale. Hébergés chez Arshad et Irene Warley, ils profitèrent de cette escale imprévue pour visiter Cambridge et se rendre à l'imposante chapelle anglicane de *King's College*, Piero cherchant, pour se recueillir, un havre s'apparentant au catholicisme. Arshad le taquina :

— Tu n'as aucun souci à te faire : la chapelle a été construite avant la Réforme. En réalité, tout y est catholique !

Piero, dont le désarroi avait chassé la bonhomie, ne sut trop que répondre, et Arshad s'aperçut que quelque chose n'allait pas. À leur sortie de l'église, Piero laissa Lucille et Dominique marcher devant, aux côtés d'Irene, et traîna derrière pour discuter avec Arshad.

— Nous avons rendez-vous avec Anthony Pinching, l'immunologue, expliqua Piero. Tu le connais ?

— Bien sûr. C'est une autorité mondiale en matière de sida. Pourquoi ?

— Parce que Lucille a le sida.

Arshad essaya de ne pas montrer qu'il était terrassé. Il revit Lucille courant vers la salle d'opération en pleine nuit pour une césarienne. N'ayant pas pris le temps de s'habiller, elle y était apparue en peignoir blanc et, constatant que la parturiente était sur le point d'expirer, avait secoué sa tête blanche et lancé un ordre :

— Scalpel !

Sans attendre l'anesthésie, ni se laver, ni même mettre de gants, Lucille avait ouvert l'utérus de la mourante. Mais sans succès. L'enfant et la mère avaient expiré quelques minutes plus tard. Oui, la mort était la plus forte parfois.

Le docteur Pinching, qui exerçait à l'école de médecine de l'hôpital St. Mary's, s'était intéressé au sida dès 1981, alors qu'apparaissaient aux États-Unis les premiers cas de pneumocystose. Persuadé que l'énigmatique virus, qui n'avait toujours pas été identifié, franchirait vite les frontières de la Californie, il avait rapidement mis sur pied le premier programme de recherche britannique dans ce domaine.

Le cheveu court, la moustache bien taillée, l'élégance sobre, il écouta Lucille avec plus d'attention que de bienveillance. Accompagnée par Piero et Dominique, elle lui dit sans ambages qu'elle était venue le voir pour savoir la vérité. Elle déclina la liste des symptômes qu'elle présentait depuis quelques années. Le docteur Pinching, qui ne l'examina pas, lui posa quelques questions. Elle répondit de façon précise. Il marqua un temps d'arrêt et regarda Lucille, qui répéta qu'elle voulait entendre la vérité.

— Très bien, dit-il. Puisque vous me le demandez, je n'irai pas par quatre chemins. Au stade où vous en êtes, je crois qu'il y a vingt-cinq pour cent de probabilités que vous soyez encore là dans deux ans. Évidemment, je peux me tromper.

Le pronostic la déstabilisa un moment. Elle avait une chance sur quatre de vivre jusqu'en 1987. Mais, toute réflexion faite, le défi ne semblait pas insurmontable. Une chance sur quatre, ce n'était pas rien. Il faudrait combattre, une à la fois, les maladies opportunistes qui l'assailliraient inévitablement. Le docteur Pinching chercha tout de même à la rassurer.

— N'allez surtout pas croire que toutes les bactéries vont vous sauter dessus et que vous allez attraper toutes les infections de vos patients! Non. Il faut certes être prudent, surtout avec les tuberculeux, mais vous pouvez très bien continuer de travailler aux consultations externes.

Lucille s'accrocha à cette image : elle devait regagner l'Ouganda, reprendre le travail. Paradoxalement, elle se sentait en grande forme; elle avait même repris du poids. Comme chaque année, les vacances, les amis, la famille, le contact prolongé avec Dominique l'avaient remise d'aplomb. On lui annonçait qu'elle risquait la mort, mais elle se sentait de plus en plus d'attaque. Le docteur Pinching l'avait sécurisée. Il n'était pas question de cesser de travailler, du moins au service des consultations externes. Une autre question commençait à la hanter : devait-elle cesser de faire de la chirurgie ? L'idée même lui semblait insoutenable. C'est au bloc opératoire qu'elle se sentait le plus utile, le plus forte, le plus sûre d'elle. Allait-elle toutefois mettre la vie de ses patients en danger ?

De retour en Ouganda, Lucille et Piero commencèrent à tenir des statistiques précises sur le sida. L'hôpital de Lacor y fut même le premier à identifier et à déclarer, dès 1984, un cas de sida au ministère ougandais de la Santé. De juillet 1984 à décembre 1986, l'hôpital admit cent vingt-cinq patients dont les symptômes correspondaient aux critères cliniques établis par l'Organisation mondiale de la santé. Avant d'être diagnostiqués comme sidéens, les malades devaient être affectés par au moins deux des trois symptômes suivants : perte de poids (égale ou supérieure à dix pour cent), diarrhée chronique (depuis plus d'un mois) et fièvre prolongée (constante ou intermittente depuis plus d'un mois). Ils devaient aussi souffrir d'une toux persistante (depuis plus d'un mois), d'un zona, d'une dermatite prurigineuse (qui provoque la démangeaison), d'une candidose (muguet) affectant la bouche et l'œsophage. Un sarcome de Kaposi ou une méningite à cryptocoques suffisaient à eux seuls à établir un diagnostic de sida.

L'arrivée des premiers sidéens, des jeunes, dont une jeune fille de quatorze ans, que des familles désemparées confiaient à l'hôpital en désespoir de cause, jeta la panique parmi les infirmières. Sans qu'on eût à le leur demander, elles se mirent à tout laver et à tout désinfecter comme jamais. Même Piero, qui avait pourtant déjà eu un souci maniaque de propreté, commençait à trouver qu'elles en faisaient trop ; leur impitoyable récurage des planchers confinait à l'hystérie. Et celles qui devaient entrer en contact avec des sidéens mettaient parfois jusqu'à trois paires de gants ! Si elles devaient apprendre que Lucille...

Malgré « sa maladie », Lucille continuait à travailler normalement. L'après-midi, elle recommença à opérer, en enfilant, il est vrai, deux paires de gants. Elle se concentrait encore davantage pour éviter tout geste inutile, indélicat, imprudent. Il lui était arrivé, encore récemment, d'opérer pendant neuf heures d'affilée. Plus que jamais, Piero la trouvait admirable.

Elle ne pouvait s'empêcher toutefois de se demander si elle ne menaçait pas, malgré toutes ses précautions, la santé des opérés. Elle s'en ouvrit à Piero, qui ne sut que répondre. Il était loin d'être impartial dans ce débat que Lucille livrait avec elle-même. Il comptait trop sur elle et savait à quel point le travail lui serait salutaire. Certes, le docteur Pinching lui avait donné le feu vert pour les consultations externes. Mais devrait-elle renoncer à la chirurgie ? C'était sa vie.

Ils décidèrent de consulter le docteur Carswell, le professeur de Makerere qui, depuis qu'il était passé à l'hôpital de Lacor, était devenu l'un des plus grands spécialistes du sida en Afrique. C'est à lui que Piero confiait les échantillons de sérum qu'il désirait faire analyser et que le docteur Carswell, se rendant chaque fois à l'aéroport, remettait personnellement au pilote du vol pour Londres. Il était surtout connu en tant qu'un des auteurs d'un article paru en octobre 1985 dans la revue médicale britannique *The Lancet* et faisant état des premiers cas ougandais de sida, encore assimilés toutefois à la *slim disease* (maladie de la minceur), dont on avait détecté la présence trois ans plus tôt dans le district de Rakai, à la frontière de la Tanzanie. On émettait l'hypothèse que le virus avait pénétré en Ouganda à l'époque du renversement d'Idi Amin Dada, avec des militaires tanzaniens qui eurent « de fréquents contacts hétérosexuels avec la population locale ».

Lucille et Piero passèrent voir le docteur Carswell à Mulago. Au mur de son bureau, il avait accroché une photo du Premier ministre britannique, Margaret Thatcher, et un portrait de la famille royale. Sans toutefois préciser que c'était d'elle qu'il s'agissait, Lucille lui expliqua son dilemme. Un chirurgien exerçant dans le nord de l'Ouganda et ayant contracté le sida devait-il, à son avis, renoncer à opérer? Pour le docteur Carswell, la question était assez simple.

— Si ce chirurgien renonçait à la chirurgie, avança-t-il, certains de ses patients pourraient vraisemblablement être opérés par d'autres, mais pas tous. Certains n'auraient pas le temps, d'autres pas envie de se faire soigner ailleurs. Ils risqueraient la mort si personne n'était en mesure de les opérer. Ce n'est pas l'idéal, bien sûr, mais je conseillerais donc à ce chirurgien de continuer d'opérer, et d'être prudent.

Le docteur Carswell leur fit part des résultats d'enquêtes récentes. Une école d'infirmières qui avait fait subir un test de dépistage à ses élèves avait constaté qu'une sur cinq était séropositive. Un séminaire catholique qui avait fait la même chose s'était aperçu qu'un étudiant sur dix était porteur du virus. On ne pouvait pas décemment empêcher ces jeunes gens de faire des études. L'Ouganda tout entier allait apprendre à vivre avec le sida, y compris ses chirurgiens.

Terriblement soulagés, Lucille et Piero remercièrent le docteur Carswell mais ne lui révélèrent jamais l'identité du chirurgien dont il avait été question.

Lucille ne modérerait donc aucunement ses activités. Le soir du 21 décembre 1985, elle se dirigea vers le bloc opératoire pour opérer un patient qui avait une perforation intestinale. Ayant été renversé par un tracteur, le pauvre paysan s'était d'abord rendu à l'hôpital de Gulu, où, ne faisant plus d'opérations faute d'instruments, on s'était enfin décidé à le renvoyer aux collègues de Lacor... quatre jours plus tard! Plus question d'attendre. Piero profita donc de l'absence de Lucille, retenue à l'hôpital, pour rédiger une lettre à son frère Corrado afin de mettre un peu d'ordre dans ses idées.

«Lucille, Lucille, toujours Lucille... Je t'en avais glissé un mot dans ma dernière lettre, mais avais-tu compris? Nous craignions qu'elle ne fût atteinte d'une grave maladie, et nous en sommes maintenant convaincus. Je t'écris pour qu'au moins quelqu'un de la famille soit au courant et parce que nous avons besoin de tes prières. Lucille a contracté le virus du sida. [...] Tu en as sûrement entendu parler. [...] Ici, en Ouganda, nous sommes en pleine phase épidémique. [...] Lucille est, depuis le début de cette épreuve, tout simplement magnifique. Elle n'a rien changé à son comportement, si ce n'est qu'elle est plus douce, peut-être aussi parce que je suis moi-même moins égoïste avec elle. Nous vivons plus intensément qu'avant. [...] Inutile de te dire que je suis angoissé. [...] J'ai placé Lucille sous la protection de Benedetta Bianchi-Porro; tu te souviens que c'est en pensant à elle, qui se mourait alors à Milan, que nous avons commencé à travailler comme médecins-missionnaires en Afrique.»

Un mois plus tard, le 25 janvier 1986, quatorze ans jour pour jour après le coup d'État d'Idi Amin Dada, les hommes de Yoweri Museveni s'emparèrent de Kampala, à l'issue d'une trentaine d'heures de combat. La capitale tombée, le Nord, où s'étaient retranchés les derniers soldats de Bazilio Okello, était toutefois loin d'être pacifié. Les affrontements se poursuivaient entre ses fidèles, presque tous acholis, et la *National Resistance Army*, dont les dirigeants prônaient peut-être l'instauration d'une «démocratie populaire» d'inspiration marxiste mais dont les combattants étaient presque tous issus du Sud et de l'Ouest (Bugandas, Banyankoles, Banyarwandas, Bagikas).

Depuis l'Italie, où il suivait la situation et s'inquiétait pour son frère, Eugenio écrivit à Piero pour lui demander pourquoi il persistait à rester en Ouganda. Piero, qui ne songeait pas à quitter l'hôpital, dont une cinquantaine de lits étaient occupés par des militaires éclopés, lui répondit sur-le-champ.

«Tu crois vraiment qu'il est possible pour nous de partir et d'abandonner tous et chacun? J'accepterais de le faire uniquement si Lucille me le demandait. Mais elle est toujours la première à me rappeler que, si nous sommes là, ce n'est pas aux termes d'un quelconque contrat de travail de deux ou trois ans, mais d'un choix de vie. Son "sens du devoir" confine à l'héroïsme, pour ne pas dire à la férocité. Elle continue d'exiger l'impossible d'elle-même, même si sa santé n'est plus ce qu'elle était. Nous ne restons pas ici par exhibitionnisme ou par entêtement. Si nous partions, tous les médecins italiens se sentiraient autorisés à partir avec nous, sans parler de neuf médecins africains qui font actuellement preuve d'un dévouement et d'un courage exceptionnels. Il serait criminel pour nous de détruire leur exemple, alors que les risques qu'ils courent, puisqu'ils sont issus de cinq tribus différentes, sont bien plus grands que ceux que nous courons nous-mêmes.»

Les troupes de Yoweri Museveni gagnèrent progressivement le Nord, et Gulu tomba le 8 mars 1986, après un combat de trois heures qui n'en fut pas vraiment un. Les Acholis qui refusèrent de déposer les armes s'enfuirent au Soudan. Un jour, ils reviendraient et ils se vengeraient.

17

Médecins volants

> *Un chirurgien ne devrait pas s'énerver en salle d'opération, même si un certain nombre de situations peuvent l'y amener!*
>
> Jean-Pierre Bex,
> *Principes et techniques de base de la chirurgie moderne.*

Pour une bonne nouvelle, c'en était toute une! Le ministère ougandais de la Santé annonça à Lucille et à Piero qu'ils étaient lauréats du prestigieux prix Sasakawa de l'Organisation mondiale de la santé, une récompense qui portait le nom de Ryoichi Sasakawa, président de la *Japan Shipbuilding Industry Foundation*, un philanthrope qui avait fait don de douze milliards de dollars à différentes causes, notamment l'éradication de la variole, depuis 1950.

L'hôpital de Lacor se voyait ainsi honoré pour ses initiatives en matière de soins de santé «primaires» aux cliniques d'Amuru, de Pabo et d'Opit. Le jury avait été frappé par le recours à des bénévoles et sages-femmes pour combattre la malnutrition, ainsi que par l'organisation de «safaris de vaccination» ayant presque réussi à éradiquer des maladies infectieuses comme la poliomyélite et la rougeole. Critiqués jadis pour leur manque de zèle dans ce domaine, Lucille et Piero étaient ravis de se voir ainsi attribuer un prix de médecine préventive, doté, qui plus est, d'une bourse de cent mille dollars.

Ils étaient invités à se rendre au siège de l'O.N.U., à Genève, pour recevoir leur trophée : une statuette de cristal représentant le symbole de l'O.M.S., un caducée dominant le monde. Les lauréats devraient cependant assumer eux-mêmes leurs frais de transport et d'hébergement. Piero, qui touchait depuis peu six mille dollars par mois, n'y voyait aucune objection. Il ne voulait surtout pas rater cette occasion de faire connaître l'hôpital de Lacor et Lucille, qui prenait à ses yeux, surtout depuis qu'elle se savait atteinte du sida, des allures d'héroïne.

Il avait déjà reçu une lettre du ministre italien des Affaires étrangères, Giulio Andreotti, qui les félicitait chaleureusement tous les deux. Il estimait toutefois que l'hôpital était d'abord l'œuvre de Lucille. Certes, il y avait été très actif et il l'était encore, mais combien de temps serait-il resté en Ouganda sans Lucille à ses côtés? Après vingt-cinq ans de dévouement, les Nations unies prenaient acte de son œuvre. Genève serait sa fête.

Le 8 mai 1986, à l'issue d'une assemblée réunissant les ministres de la Santé des États membres de l'O.M.S., Lucille et Piero se virent décerner le prix Sasakawa. Ils furent immédiatement entourés par la délégation italienne, qui, dans la bonne humeur et l'enthousiasme, les congratula longuement. Touchée par les hommages, Lucille s'aperçut toutefois qu'aucun membre de la délégation canadienne, que dirigeait le ministre de la Santé, Jake Epp, ne l'avait même saluée. Plus elle y pensait, plus elle ressentait ce manquement comme une gifle. On l'ignorait parce que ce qu'elle faisait en Ouganda depuis vingt-cinq ans était peut-être finalement sans importance…

Plus elle y réfléchissait, plus Lucille se disait qu'elle devrait bien un jour finir par l'accepter : elle ne comptait plus pour son pays. La coopération canadienne n'avait rien versé à l'hôpital depuis des années. Quant aux collègues canadiens, quelques-uns étaient certes passés, mais, à l'exception de Claude Desjardins, ils n'y avaient fait que de brefs séjours.

Depuis qu'elle avait épousé Piero, Lucille avait cumulé les nationalités italienne et canadienne. L'Italie lui avait accordé le droit de vote, alors que le Canada le lui avait retiré, comme à tous ses ressortissants de l'étranger. L'Italie l'avait appuyée sans relâche et l'avait promue, à l'instar de Piero, officier de l'Ordre du Mérite de la République dès 1981. La presse italienne, qui n'avait de cesse de la comparer, elle et Piero, à Schweitzer, avait publié d'élogieux articles à leur sujet. *Il Corriere della Sera*, le grand quotidien milanais, avait même rapporté qu'elle et Piero étaient candidats au prix Nobel de la paix. La télévision publique avait réalisé un documentaire d'une heure sur eux, et un magazine catholique avait même raconté leur histoire en bandes dessinées. Et où étaient donc les journalistes canadiens? Pas un seul ne s'était pointé le bout du nez depuis vingt-cinq ans...

Pour Lucille, la comédie avait assez duré. Le Canada lui avait trop longtemps tourné le dos. Elle devait s'assumer en tant que citoyenne de l'Italie; elle renoncerait à la nationalité canadienne.

D'étranges corps de troupes commencèrent, à cette époque, à infiltrer le nord de l'Ouganda depuis le Soudan, où plus de cent mille Ougandais s'étaient réfugiés après l'arrivée au pouvoir de Yoweri Museveni. Ces mystérieux détachements étaient composés pour la plupart d'ex-militaires, des Acholis fidèles au général Bazilio Okello, désormais stationné à Khartoum. Mais on y trouvait également d'anciens partisans d'Idi Amin Dada, dont quinze mille soldats s'étaient expatriés au Soudan après la fuite du «président à vie». Ces deux grands groupes s'unirent pour créer l'*Uganda People's Democratic*

Army (U.P.D.A.), dont l'objectif était de renverser, avec l'appui du Soudan qui lui servait de base arrière et la fournissait en armes, celui qui avait ravi le pouvoir aux hommes du Nord, Yoweri Museveni.

En rentrant à Gulu, Lucille et Piero constatèrent que tout le nord du pays se débattait face à une épidémie d'entérocolite, une inflammation de la muqueuse de l'intestin grêle et du côlon qui avait déjà emporté des milliers de personnes. Les antibiotiques semblaient impuissants contre le virus ou la bactérie qui provoquait cette maladie contagieuse commençant par une diarrhée sanguinolente et aboutissant trop souvent à la mort. À l'hôpital, il fallait isoler les malades qui en étaient atteints et renvoyer ceux dont la présence n'était pas absolument indispensable, c'est-à-dire la moitié des patients.

Un soir, Lucille et Piero s'étonnèrent d'entendre résonner des tambours tout autour de l'hôpital. Que se passait-il donc? Ils comprirent que des tambourineurs tenaient une «cérémonie de purification» pour chasser les mauvais esprits qui s'étaient emparés de l'hôpital, seuls de mauvais *jok* (pouvoirs) pouvant expliquer les difficultés que connaissaient les médecins face à l'épidémie. Si ces pratiques superstitieuses leur semblaient inoffensives, Lucille et Piero continuaient de se méfier des chamans, qui étaient, à leurs yeux, des charlatans qui exploitaient les plus ignorants qu'eux. Un de leurs remèdes contre la rougeole les avait horrifiés. L'*ajwaka* commençait par recouvrir de terre le malade en prenant soin de laisser émerger sa tête; il ne restait plus alors qu'à attendre… Les enfants morbilleux et même moribonds qu'on amenait à l'hôpital étaient parfois encore couverts de poussière. La rougeole appelait parfois un traitement plus radical encore. La maladie débutant souvent par une conjonctivite, l'*ajwaka* versait quelques gouttes d'une brûlante décoction de tamarin dans l'œil du malade. Quand la conjonctivite finissait par disparaître, le guérisseur concluait à l'efficacité de ses méthodes, alors qu'en réalité la rougeole n'avait fait que suivre son cours normal et que la vue de l'enfant risquait de se détériorer.

L'emprise qu'exerçaient les *ajwaka* même sur les Acholis instruits, qui auraient pu remettre en cause les sortilèges et les poisons qu'on prétendait à l'origine de la maladie, ne cessait d'étonner Lucille. Elle put s'en rendre compte de nouveau quand une infirmière amena son propre fils au service des consultations externes. Le nourrisson semblait blessé à la bouche. Lucille n'eut qu'à lever les yeux et à regarder la mère, qui avança timidement une explication en forme d'aveu :

— *Ebino...*

Comment était-ce possible? Même parmi les infirmières que Lucille avait formées! Cette femme était pourtant mieux placée que quiconque pour connaître tous les risques que supposait cette coutume. Sans parler des colères que l'*ebino* avait provoquées chez Lucille et Piero et dont elle avait été témoin. Pourquoi avait-elle houspillé ses patients depuis vingt-cinq ans? En définitive, sa patience s'amenuisait. Elle ne pouvait plus, comme en ce moment, que cracher sa rage, et même son dépit. Comme lorsqu'elle apprit que des employés de l'hôpital, qui jouissaient d'une crédibilité certaine en matière de santé, conseillaient aux parents des enfants hospitalisés de ne surtout pas oublier de voir à l'*ebino*. Lucille ne comprenait plus, et n'avait plus envie d'en faire l'effort. Et à l'incompréhension commençait à s'ajouter un brin de ressentiment. On ne l'avait pas entendue; pis, on lui avait désobéi. Elle ne regretterait pas les vacances d'août.

C'est précisément en août 1986, alors que Lucille et Piero étaient partis en Italie, que trois mille rebelles de l'U.P.D.A. tentèrent de s'emparer de Gulu. Déjà occupées dans le district de Lango, où s'étaient repliés des partisans de l'ex-président Obote, les troupes gouvernementales, la *National Resistance Army* de Yoweri Museveni devenue l'armée régulière ougandaise, réussirent tant bien que mal à repousser l'offensive, mais les combats démontrèrent que la population civile, qui avait pourtant, quelques mois plus tôt, favorablement accueilli les premiers contingents de la N.R.A., avait changé d'avis.

La brutalité des corps de troupe qui avaient remplacé les premiers contingents fut telle que les hommes de Museveni étaient désormais mal considérés. Le Nord s'enfoncerait dans une nouvelle période de guerre civile.

Quand ils rentrèrent, le mois suivant, Lucille et Piero découvrirent que toutes les routes du Nord, hormis celle reliant Kampala à Gulu, étaient fermées en raison des combats. Dans les environs de l'hôpital, on ne pouvait guère circuler que dans les véhicules du Comité international de la Croix-Rouge, dont les plaques genevoises servaient encore de sauf-conduit. On pouvait aussi se joindre à un convoi sous escorte militaire, qui risquait toutefois de tomber dans une embuscade.

Militaires et rebelles se livraient à un funeste pas de deux dans les environs immédiats de l'hôpital. Les soldats occupaient chaque jour le terrain que les maquisards reprenaient quotidiennement à la faveur de la nuit. Les civils étaient assimilés, par les uns et les autres, à des traîtres. L'armée internait dans des casernes et prisons les personnes soupçonnées de venir en aide à la rébellion. Les insurgés exécutaient ceux qu'on considérait comme des collaborateurs. C'est ainsi que la jeune tenancière d'une échoppe située juste en face de l'hôpital fut assassinée pour avoir servi une eau gazeuse à des soldats.

Craignant pour leur vie, trois médecins ougandais avaient déjà quitté l'hôpital, notamment l'un des plus prometteurs, Isaac Alidria Ezati, qui avait décidé de faire une spécialisation en chirurgie qui le retiendrait pendant trois ans à Mulago. Si Lucille et Piero comprenaient les raisons de leur départ, ils redoutaient une lente hémorragie du personnel. Pour l'endiguer, il fallait trouver un moyen d'assurer la sécurité des employés. Mais lequel?

Piero se faisait surtout du souci pour Matthew, qu'il commençait à considérer comme son successeur. Sa présence à l'hôpital, quasi indispensable, lui faisait courir de véritables risques. Des soldats pourraient lui reprocher d'être acholi, et les rebelles acholis, de soigner des soldats… Hormis ses patients, Matthew n'avait potentiellement que des ennemis.

Lucille et Piero furent consternés d'apprendre que les cliniques de Pabo, d'Opit et d'Amuru avaient été pillées pour la deuxième fois depuis 1979. Il est vrai que la guerre les avait déjà obligées à réduire leurs activités. «Safaris de vaccination», sages-femmes et bénévoles étaient choses du passé. Mais fallait-il pour autant saccager les bâtisses? Lucille s'abandonna à une colère où perçait la rancœur. Cette rébellion lui inspirait un vif mépris. S'attaquer à des civils et à des cliniques relevait à ses yeux de la pure sauvagerie.

Piero s'installa devant sa vieille machine à écrire. Il s'adresserait de nouveau aux O.N.G. qui leur venaient en aide depuis toujours, dont les sœurs de la Charité-de-la-Providence, qui avaient jadis assumé les frais de scolarité de Dominique, et Développement et Paix, qui avait payé la résidence des internes. Il montra les deux lettres à Lucille pour lui demander de corriger les fautes de français. Elle aperçut leurs adresses : Montréal et Montréal, bien sûr. Comment avait-elle pu l'oublier? Le Québec l'avait épaulée, et Lucille se sentit ridicule d'avoir songé un moment, sous le coup de la colère, à renoncer à son pays, à sa nationalité à elle.

Il est vrai que ses sautes d'humeur devenaient de plus en plus marquées. Elle s'enfonçait dans la mélancolie avant de foncer, tête baissée, mue par l'énergie du désespoir, dans un travail exténuant. Se rappelant le conseil que son beau-père lui avait prodigué à ses fiançailles, elle se dit qu'elle devait «penser moins à être bien qu'à faire le bien». Elle finirait inévitablement, comme le suggérait l'auteur des *Fiancés*, par être mieux.

«Sa maladie» lui empoisonnait l'existence. Surtout depuis que le muguet, un champignon qui se baladait de la bouche à l'œsophage, altérait chez elle le goût des aliments. Plus rien de ce qu'elle mangeait n'avait bon goût. Comme elle n'avait déjà pas beaucoup d'appétit, les repas prenaient l'allure de corvées. Elle savait pourtant l'importance de bien se nourrir et faisait, du moins quand Piero était là pour la surveiller, de véritables efforts pour vider son assiette. Si elle faiblissait, elle ne tiendrait pas le coup et ne pourrait faire mentir le pronostic du docteur Pinching. Une chance sur quatre, avait-il dit.

Malgré les difficultés d'approvisionnement en matériaux, les travaux d'agrandissement se poursuivaient à l'hôpital. De nouveaux laboratoires, un service de physiothérapie et même une bibliothèque verraient bientôt le jour. Comme le frère Toni avant lui, le frère Elio n'avait aucune difficulté à recruter des ouvriers. Sur les chantiers de l'hôpital, ils se sentaient au moins en sécurité. Le frère Elio avait moins de succès toutefois avec les animaux. Il avait recueilli un python de quatre mètres dont le poumon avait été perforé par une flèche. Et, pour colmater la brèche par laquelle l'air s'échappait, il lui avait administré un emplâtre autour de la cage thoracique, qui, hélas trop serré, l'étouffa.

L'hôpital se vidait de ses patients. Seules les mères accompagnées d'enfants réussissaient encore, d'un barrage routier à l'autre, à se frayer un passage jusqu'à l'hôpital, dont seul le service de pédiatrie débordait. À peine la moitié des lits de chirurgie étaient occupés. La maternité était vide. Et on avait dû fermer le pavillon des cancéreux, faute de patients, car le train qui leur permettait habituellement d'y venir de tout l'Ouganda, et qui s'arrêtait juste en face de l'hôpital, ne circulait plus.

Assez curieusement, s'il y avait moins de patients, il n'y avait pas moins de monde. Lucille et Piero finirent par comprendre que les malades étaient progressivement remplacés par des personnes déplacées. Comment les refouler ? La protection de la santé commençait par la protection de la vie. C'est ainsi que le pavillon des cancéreux, vide depuis un certain temps, fut peu à peu envahi par plus de quatre cents femmes et enfants qui s'y abritaient chaque nuit. Un millier d'autres personnes dormaient sur les vérandas ou les terrains de l'hôpital. Tous avaient compris qu'il s'agissait d'un havre inviolable. Ils se trompaient.

Un beau soir, une bande de cinq ou six hommes armés, des rebelles ou des militaires, pénétrèrent dans l'hôpital et, menaçant d'abattre quiconque pousserait le moindre cri, firent main basse sur deux bicyclettes et des casseroles. Dans la nuit du 1er janvier 1987, un soldat armé d'un fusil d'assaut se glissa dans le dortoir hébergeant les proches des malades et menaça d'ouvrir le feu si quelqu'un s'avisait de donner l'alerte. Il reluqua les femmes qui s'étaient redressées, anxieuses, sur leur natte de papyrus, avant de jeter son dévolu sur l'une d'elles, la mère d'un enfant malade, qu'il obligea à se déshabiller avant de la violer, au vu et au su de tous, en silence. Les ténèbres s'épaississaient autour de l'hôpital qu'on avait naguère considéré comme un sanctuaire. Désormais, on y volait et on y violait en toute impunité. Y tuerait-on un jour ?

Le soir du 31 mars, quatre rebelles de l'U.P.D.A. firent irruption à l'hôpital, à la recherche d'Amooti Mwazi, une infirmière appartenant à une ethnie du sud du pays, les Bunyoros. Aussitôt prévenus, Lucille et Piero accoururent pour tenter de parlementer avec les maquisards qui, de toute évidence, voulaient emmener l'infirmière avec eux.

— Vous ne pouvez pas enlever cette femme ! s'indigna Lucille.

— Si ! se fit-elle répondre. C'est une espionne !

— Non. C'est une infirmière qui soigne tous les malades, vos malades aussi, des Acholis !

Lucille et Piero étaient stupéfaits : on kidnappait une employée sous leurs yeux ! Les ravisseurs commencèrent à s'éloigner avec leur prisonnière, et les deux médecins pressèrent le pas pour les rattraper. Amooti se retourna pour tenter de rencontrer le regard de ceux qui avaient pris sa défense. Mais, entre chien et loup, il était difficile d'y voir.

— Rendez-nous-là ! cria Lucille. Je vous ordonne de la libérer !

Sans interrompre sa marche, un des rebelles se retourna et pointa sa mitraillette en direction de Lucille et Piero. Une courte rafale retentit. Il avait tiré au-dessus de leurs têtes, mais les deux médecins comprirent qu'ils ne devaient pas insister. Ils rentrèrent, dépités, à l'hôpital. Que faire ? Appeler l'armée ? Mais comment ? Le téléphone ne fonctionnait plus depuis des années ! De toute façon, les soldats ne viendraient pas à la tombée du jour alors que la rébellion reprenait ses positions autour de l'hôpital.

Quelques jours plus tard, Piero reçut une lettre signée Okwera Opio, «commandant des opérations» de l'U.P.D.A. dans cette zone, qui lui confirmait la détention d'Amooti, «notre ennemie numéro un depuis longtemps».

«N'essayez pas de lancer des troupes gouvernementales sur sa trace. Si vous le faites, elle mourra.»

Une lettre d'Amooti y était jointe.

«Si vous chérissez vraiment ma vie, donnez à la personne qui vous aura apporté cette lettre quelques médicaments : des antibiotiques, de la chloroquine, de l'aspirine...»

C'était du chantage. En temps normal, Piero aurait refusé de céder. Mais, dans ce cas-ci, il se dit qu'il pouvait se permettre de fournir des médicaments. En tant qu'infirmière, Amooti saurait en faire bon usage. L'otage s'en trouverait peut-être même valorisée aux yeux de ses ravisseurs. Il fallait espérer qu'il ne vienne pas à l'idée de personne d'exiger une rançon en médicaments...

Quelques jours plus tard, Piero reçut un second message de l'U.P.D.A., déclarant qu'il y avait eu erreur sur la personne et que la prisonnière avait été libérée. Il s'empressa d'annoncer la bonne nouvelle à Lucille, qui reçut, une semaine plus tard, une lettre d'Amooti. Désormais installée à Kampala, la jeune infirmière expliquait qu'elle avait été torturée. On lui avait brûlé les seins et les cuisses avec des tisons. Elle préférait désormais, en tant que membre de la tribu des Bunyoros, habiter la capitale. Elle s'excusait d'avoir été la source de tant d'ennuis et d'avoir abandonné son poste. La jeune femme avait été torturée et elle demandait pardon! Lucille fut renversée et constata encore une fois qu'on trouvait à l'hôpital de Lacor des gens dont la valeur exceptionnelle faisait oublier, l'espace d'un moment, la monstruosité de la situation.

L'enlèvement d'Amooti accéléra néanmoins l'exode du personnel. Une dizaine de médecins et une trentaine d'infirmières de tribus autres que celle des Acholis quittèrent l'hôpital, de même que la plupart des médecins italiens, à l'exception du professeur Dalla Bernardina. La peur commença à gagner Lucille et Piero. Quoique très entourés, ils n'avaient rien pu contre les rebelles qui avaient enlevé Amooti. Que pourraient-ils faire maintenant qu'ils se retrouvaient presque seuls?

Lucille allait moins bien. Elle s'était blessée à l'aine, une égratignure bête qu'elle s'était faite en se frappant contre le pied de son lit et qui s'était infectée, provoquant un abcès et une fièvre qui l'obligeait à garder le lit. Le chirurgien ayant déguerpi, Piero dut opérer Lucille, comme elle l'avait elle-même opéré quelques années auparavant. Après une anesthésie péridurale, il coupa l'abcès. L'intervention, fort simple, se passa sans anicroche, mais la douleur et la fièvre augmentaient. Faudrait-il l'opérer pour une péritonite, une inflammation du péritoine qui tapisse l'intérieur de la paroi abdominale? Piero ne pourrait réaliser une telle intervention, trop complexe pour lui. Un second foyer d'infection échappait-il à son attention? Il se sentait désemparé, impuissant. Il ne voyait plus qu'une solution : emmener Lucille à Londres. Matthew et le professeur Dalla Bernardina veilleraient sur l'hôpital en leur absence.

Un Cessna 402, l'avion-ambulance d'une O.N.G. britannique, les *Flying Doctors* (Médecins volants), fut autorisé à se poser sur la piste d'atterrissage de Gulu. Lucille et Piero montèrent à bord et s'envolèrent pour Nairobi, d'où ils prirent un vol commercial pour Londres. Après l'exténuant vol de nuit, Lucille était de plus en plus souffrante. Arshad et Irene Warley, qui s'étaient rendus à Heathrow au petit matin, ne l'avaient jamais vue si faible et se demandèrent combien de temps il pouvait lui rester à vivre. Après des salutations sibyllines, ils la conduisirent directement à l'hôpital St. Mary's, où l'attendait le docteur Pinching.

Celui-ci établit que la fièvre provenait bel et bien de l'abcès, dont le sida freinait la guérison, et lui conseilla un antibiotique, qui commença immédiatement à la faire baisser. Frappée par une soudaine hémorragie intestinale, Lucille traversait par ailleurs une première crise d'insuffisance sur-rénale, elle aussi provoquée par le V.I.H. Le docteur Pinching lui donna donc aussi un antiulcéreux et de la cortisone. Lorsqu'une crise de paludisme déclencha chez elle un nouvel accès de fièvre, il lui recommanda de la chloroquine. Lucille se demandait si elle allait devoir avaler tout ce qu'elle avait jamais prescrit...

Cette pharmacie lui fit toutefois le plus grand bien, et elle se rétablit à une vitesse fulgurante. Arshad et Irene, pourtant médecin et infirmière, n'en croyaient pas leurs yeux. Arrivée moribonde, Lucille avait déjà retrouvé un entrain qui faisait défaut à beaucoup de gens de son âge. Il est vrai que Dominique, prévenue que sa mère était souffrante, avait accouru à Londres. Là comme en Ouganda, la vie de Lucille se trouvait métamorphosée par sa présence. L'allégresse de sa fille la requinquait comme la plus puissante des amulettes acholis, les orteils de canard. Aux côtés de Dominique, la vie devenait plus légère, plus normale, plus familiale.

Rétablie plus vite que prévu, Lucille devait tout de même prendre quelques semaines de convalescence. Elle les prendrait en Italie, où elle voulait se rendre en voiture, en compagnie de Piero et de Dominique. Le trajet serait long, mais elle reverrait la France, et Piero, les montagnes. Lorsqu'ils furent parvenus au Grand-Saint-Bernard, le col des Alpes entre la Suisse et l'Italie, Piero se résigna à aborder avec Dominique le sujet qui continuait de le tracasser, ses études.

— Tu ne peux pas courir deux lièvres à la fois. Tu dois choisir entre l'équitation et la médecine.

— Mais, papa, au point où j'en suis, l'équitation est la seule chose qui m'apporte une quelconque satisfaction dans la vie.

— Je ne te demande pas d'abandonner l'équitation ! Au contraire, tu pourrais peut-être interrompre tes études pendant un an et te consacrer exclusivement aux chevaux. Si, après un an, tu constatais que la médecine t'attire plus ou moins, il faudrait conclure que ce n'est pas pour toi, tout simplement.

— Pour l'instant, répondit Dominique, tout ce que je sais, c'est que mon niveau en équitation ne me permet plus de continuer au même rythme. Je vais devoir en faire beaucoup plus ou plus du tout.

— À toi de voir, dit Piero.

Lucille n'avait rien dit, mais elle désapprouvait Piero de pousser Dominique dans ses derniers retranchements. Elle préférait voir leur fille faire sa médecine à petits pas plutôt que de l'inciter à abandonner ses études, ce qui l'aurait obligée à lâcher le fol espoir auquel elle s'accrochait encore : exercer la médecine aux côtés de sa fille.

Après trois semaines de convalescence, Lucille put rentrer en Ouganda, où la situation s'était quelque peu améliorée. Bien que la ligne de front se trouvât désormais à une vingtaine de kilomètres de l'hôpital, les combats empêchaient encore les malades de s'y rendre. Une quarantaine de patients seulement se présentaient chaque matin au service des consultations externes.

Si les malades ne pouvaient plus circuler, on ne pouvait hélas en dire autant de la maladie. Après sa quasi-éradication, la rougeole refit son apparition. Le kwashiorkor ne cessait d'augmenter chez les enfants, tant dans les hameaux éloignés qu'à Gulu. Le sida gagnait partout en importance. Quel était le pourcentage des patients déjà séropositifs? Difficile de le savoir. Piero n'envoyait plus à Londres, comme il l'avait jadis fait par l'entremise du docteur Carswell, des glacières bourrées de sérum pour analyse. L'hôpital faisait désormais lui-même ce travail en ayant recours à un test ELISA, qui permit d'établir, au début de 1987, que le taux de séropositivité chez les donneurs de sang atteignait huit pour cent; chez les patients admis en médecine, vingt pour cent; et chez les tuberculeux, trente-huit pour cent. Il s'agissait moins de statistiques que d'anonymes avis de décès.

Le manque relatif de travail contribua à démoraliser Lucille. Même les dernières nouvelles de Dominique n'étaient pas bonnes. Après avoir réussi avec brio ses examens de chimie, d'histologie et de biologie, elle subissait maintenant un premier revers. Ce n'était pas à proprement parler un échec. Elle s'était présentée à l'examen d'anatomie, avait lu quelques-unes des questions et était ressortie de la salle d'examen illico. Elle ne savait pas les réponses et avait préféré se désister. Par perfectionnisme, elle préférait ne rien faire que mal faire. Elle savait qu'elle avait trop peu étudié. Mais quand étudier? Si elle devait un jour vider la question, elle devrait expliquer à ses parents que si elle avait tant de mal, c'était aussi un peu à cause d'eux. Ils ne s'embarrassaient pas pour lui demander de petits services : traduire un document de l'italien à l'anglais ou au français, faire une commission à un médecin, trouver un médicament. Elle s'empressait d'accepter; c'était sa façon d'adhérer à l'œuvre de ses parents. Mais elle avait de plus en plus de mal à concilier études, équitation et bénévolat. Sans parler des voyages en Ouganda. Partir deux ou trois semaines supposait qu'elle consacrât presque autant de temps à la préparation du déplacement. Et que dire de la maladie de sa mère? Elle ne pouvait plus rater une occasion de la voir quand on l'appelait à son chevet pour des retrouvailles qui l'obli-geaient, encore et toujours, à envisager sa disparition. Si Dominique conservait sa sérénité, même son allégresse, en sa présence, elle n'en était pas moins bouleversée. Comment la vie qui l'avait éloignée si jeune de sa mère pouvait-elle déjà vouloir la lui ravir? Dominique se consolait en compagnie d'Impeto, son cheval. Il n'y avait que sur le dos de cet animal, galopant droit devant, la crinière lissée par le vent, volant au dessus des haies, qu'elle se sentait vraiment elle-même.

Lucille avait mal pris son désistement. Pour elle, Dominique ne s'était pas simplement retirée d'un examen d'anatomie mais s'était défilée devant la médecine. Elle ne voyait plus comment elle pouvait espérer exercer un jour la médecine côte à côte avec sa fille. Le sida avait imprégné sa vie d'un sentiment d'urgence. Elle n'en avait peut-être plus pour très longtemps. Si elle devait faire quelque chose, elle devait le faire vite. La lenteur — «lente comme la mort enveloppée dans une catalogne», aurait dit sa mère — l'obligeait à envisager la fin. Lucille glissait de plus en plus souvent dans une mélancolie que rien, en l'absence de travail, ne semblait pouvoir freiner sauf la rage. Elle était une victime. De la vie, de la guerre, de la médecine. Elle avait le sentiment d'avoir raté sa vie. Son œuvre, son hôpital, d'où la guerre avait chassé médecins, infirmières et malades, continuait de s'enfoncer. Elle ne pouvait plus envisager un avenir aux côtés de Dominique. Et, surtout, elle constatait à regret qu'elle était bien la fille de sa mère, dont le spectre, râlant et gémissant, continuait de la hanter, sa mère se plaignant de ses multiples douleurs réelles ou imaginées, sa mère menaçant de se tuer. Lucille avait tout fait pour y échapper : elle avait déménagé au bout du monde, abattu un travail herculéen, aimé un homme de toutes ses forces. Mais ce fantôme avait fini par la rattraper. Comme sa mère, Lucille voulait mourir. Au moins, elle ne pleurnicherait pas, ne gémirait pas. Elle le crierait, le hurlerait!

— J'ai envie de mourir!

Piero s'indigna. Le ton ne le préoccupait pas; sa véhémence était même rassurante. Mais le propos le choquait.

Comment pouvait-elle dire une chose pareille? Il était inimaginable qu'elle s'enlève la vie, ce qu'elle avait défendu sans répit, même chez les plus malades, les plus démunis. Piero parla longtemps, de Dieu et d'autres choses encore. Mais Lucille ne l'écoutait plus. Elle l'entendait, toutefois. Elle se laissait bercer par le flot de ses paroles, par sa voix chaude, sablonneuse. Sa seule présence suffisait à la consoler. Elle n'était pas seule. L'homme qu'elle aimait était là. Elle ferait mentir le pronostic du docteur Pinching. Elle vivrait.

18

Séquestrés

*En général, la chirurgie est
une grande école de modestie et
elle se charge rapidement de ramener
le présomptueux à une plus juste
appréciation des choses!*

Jean-Pierre BEX,
*Principes et techniques de base
de la chirurgie moderne.*

LES AÎNÉS ACHOLIS commencèrent à arriver à l'hôpital dès dix heures. Ce n'était pas à proprement parler des vieillards, mais des hommes et des femmes qui, chacun dans son domaine, s'étaient mérité le respect de leur clan et de leur tribu. Dépositaires du savoir et des traditions acholis, ces sages jouissaient d'une grande autorité morale dans le Nord. On les consultait, on les écoutait, on les entendait et, plus souvent qu'autrement, on leur obéissait.

En convoquant une réunion de ce «sénat» acholi, le 7 avril 1987, Piero s'était dit qu'il parviendrait peut-être à sauver l'hôpital. Pour empêcher sa fermeture, il fallait absolument rassurer les employés, terrorisés depuis l'enlèvement d'Amooti. La meilleure façon de le faire était encore d'amener les maquisards à respecter la croix rouge, un symbole universel

291

et sacré, qui figurait à l'entrée de l'hôpital. Piero espérait que les aînés leur feraient entendre raison.

Il observa ses invités, qui se saluaient les uns les autres. Il les connaissait tous, ou, du moins, les avait tous déjà vus. Il y avait là environ quatre-vingts personnes, des commerçants, des ouvriers, des contremaîtres, des enseignants, des religieux, et même des guérisseurs. Il y avait aussi une poignée de femmes, dont la religieuse qui dirigeait la *Sacred Heart Secondary School*, le plus grand collège de jeunes filles de la région.

Les rebelles étaient leurs fils, leurs frères. Piero ne leur demanderait pas d'intervenir pour mettre un terme au carnage. C'était au-dessus de leurs forces. Mais il les supplierait de leur expliquer que l'hôpital devait redevenir, comme hier, un sanctuaire. L'acholi qu'il baragouinait ne lui permettant pas de nuancer sa pensée, il s'adresserait à eux en anglais, et Matthew lui servirait d'interprète.

D'entrée de jeu, Piero avoua que l'hôpital avait besoin d'eux. Ils savaient tous qu'une infirmière avait été kidnappée, une jeune femme issue de la tribu des Bunyoros et qui, insista-t-il, soignait d'abord et avant tout des Acholis. Elle avait été libérée après quelques jours de détention, et c'était tant mieux, car, si elle ne l'avait pas été, l'hôpital aurait déjà fermé ses portes. L'enlèvement avait cependant provoqué la fuite de médecins non acholis qui craignaient pour leur vie, des médecins pourtant sélectionnés parmi les meilleurs de l'Ouganda, précisa Piero. Leur départ entraînerait tôt ou tard une dégradation de la qualité des services.

Face à ses interlocuteurs, Piero avait fait appel à la raison. Cela ne suffisait plus. Il ferait maintenant appel aux sentiments.

— Comment pouvons-nous soigner les malades, vos malades, si nous craignons pour notre vie ? Comment une infirmière peut-elle s'occuper d'un malade, de vos malades, si elle doit en tout temps se méfier de quelqu'un qui pourrait l'enlever ou la tuer ? C'est impossible. C'est pour cela que nous vous demandons d'arracher cette peur de nos cœurs. Cela nous attriste de penser que ces jeunes gens, probablement nés à l'hôpital, ont été soignés par les mêmes médecins et infirmières dont ils mettent aujourd'hui la vie en danger. Quand ils ont enlevé Amooti, *Min Atim* et moi avons cherché à les rattraper, et ils ont même retourné leurs armes contre nous…

Il l'avait appelée *Min Atim,* «la mère d'Atim», son nom acholi. L'évocation de Lucille et le souvenir de Dominique, l'enfant qu'ils avaient tous connue, leur ouvriraient-ils les yeux? Piero ne s'adressait plus à eux en tant que médecin mais en tant que père de famille. Lui aussi avait, comme eux, les cheveux blancs. Lui aussi avait droit à être traité avec égard.

— Est-ce là ce que nous avons mérité, après tant d'années d'efforts pour créer un hôpital où vos enfants et, nous l'espérons, les enfants de vos enfants pourront être soignés?

Son ton avait changé. Après avoir posé les questions, Piero leur souffla maintenant les réponses.

— Si l'hôpital ferme ses portes, je dois dire aux mères et aux pères qui sont ici que beaucoup de vos enfants mourront de diarrhée, de malaria, de malnutrition et de nombreuses autres maladies contre lesquelles nous ne pourrons plus les vacciner. Plusieurs adultes mourront aussi, parce que nous ne pourrons pas les soigner ou les opérer. C'est à vous de parler à ces jeunes gens et de leur dire qu'ils porteront la responsabilité de ces nouvelles morts.

Tous se taisaient. Silencieux lui aussi, Piero regarda autour de lui. S'était-il au moins fait comprendre? L'avait-on écouté avec sympathie ou avec dérision? Il avait beau scruter l'assemblée, il n'en avait pas la moindre idée. Ces Acholis, qu'il soignait depuis vingt-cinq ans, demeuraient pour lui un mystère. Il connaissait les secrets que révélaient leurs corps malades, la cachotterie du braconnier encorné par sa proie, le silence de la jeune fille violée, la réserve de celle qui avait tenté d'avorter, l'embarras du notable syphilitique, l'incompréhension de la prostituée séropositive. Et il connaissait le mieux gardé de leurs sales petits secrets : le simple fait de naître acholi les

293

condamnait, encore et toujours, malgré les médecins et les médicaments, les sorciers et les guérisseurs, à mourir, au moins une fois sur cinq, avant l'âge de cinq ans.

Mais, au-delà de leurs maux et de leurs morts, il ne savait pas grand-chose de leur vie. Que savait-il de leur dignité, de leur culture, de leur humour ? Savait-il au moins que la chorégraphie de la «danse du chef» (*bwola*), exécutée par des participants réunis en cercles concentriques autour de deux tambourineurs, relatait l'histoire tout entière de ce peuple martyr ? Connaissait-il la pléthore de proverbes qui disaient l'importance que les Acholis accordaient à la liberté, à l'égalité et à l'indépendance ? «Chef, vous me tuez de rire !» — *Rwot ineka ki nyero!* — ironisait-on pour ridiculiser l'obséquiosité. «Est-il possible d'attacher deux pénis ?» — *Cun yam tudde ?* — soupirait-on pour souligner à quel point les hommes, incapables d'éviter les conflits, ne réussissaient jamais à nouer de véritables liens. Et tous ces dictons qui manifestaient l'importance d'agir au lieu de parler ? «Le lion qui rugit n'attrape aucun animal» (*Labwor ma kok pe mako lee*). «C'est d'avoir trop discuté que les poules perdirent leurs dents» (*Pyem tutwal omiyo lak gweno peke*). Pour les étrangers que la chose aurait pu intéresser, ces proverbes avaient été colligés et traduits en anglais par l'écrivain acholi Okot p'Bitek, que Piero ne connaissait pas non plus.

Les uns après les autres, les aînés prirent la parole. Tous déploraient l'enlèvement d'Amooti et ce qui était arrivé à *Min Atim* et à Piero. Précisant qu'ils ne connaissaient pas l'identité des malfaiteurs et qu'ils ne pourraient donc pas intervenir directement, tous manifestèrent leur attachement à l'hôpital. La seule chose à faire était de le fermer provisoirement. Il ne servait à rien de rugir, il fallait agir.

Piero n'avait pourtant jamais sérieusement envisagé cette solution, qui commençait à faire consensus chez les aînés. S'il avait évoqué une fermeture éventuelle, c'était surtout pour pousser ses invités à intercéder auprès des rebelles. Il fallait agir, certes, mais fermer l'hôpital ne servirait qu'à pénaliser les malades, pas les maquisards. Quoi qu'il en soit, Piero savait en son for intérieur qu'il se livrait à cet exercice pour la forme. Il avait souhaité faire jouer aux aînés le rôle d'intermédiaires, pas d'interlocuteurs. Il ne pourrait jamais leur confier, ni à eux ni à qui ce soit, l'avenir de son hôpital.

Malgré toutes ses difficultés, l'hôpital avait un vague air de fête en ce lundi de Pâques 1987. Comme à chaque année, les médecins s'étaient réunis pour un barbecue à la tombée du jour. Après le dessert, la plupart d'entre eux, dont Lucille, s'étaient éclipsés, mais les fêtards, dont Piero, avaient ouvert une bouteille de whisky. Puisque les verres avaient déjà été ramassés, lavés et rangés, ils s'étaient amusés à boire «à l'espagnole», c'est-à-dire en versant le liquide directement dans la bouche sans toucher le goulot de la bouteille. Ils s'étaient tous bien tirés d'affaire, avaient beaucoup ri et, du coup, beaucoup bu. Légèrement étourdi par l'alcool, Piero était rentré à la maison et s'était tout de suite couché.

Lucille lisait au salon quand trois ombres, trois silhouettes masculines, apparurent derrière le rideau qui cachait la porte de verre à l'entrée.

— Piero! fit Lucille. Ça y est. Ils sont là.

Piero se rhabilla en vitesse. Depuis le temps qu'il les attendait, il n'allait tout de même pas les accueillir en pyjama. C'était sûrement eux. Après la tombée du jour, ce ne pouvait être qu'eux. Qui d'autre aurait pu inspirer à Lucille un ton aussi fataliste?

La porte n'était pas fermée à clef, et les trois hommes firent irruption dans le salon. C'était bien eux, des rebelles, tenant mollement des fusils d'assaut, l'allure aussi bizarre qu'effrayante. Un homme se détacha du trio.

— Donnez-nous quatre cents millions de shillings! ordonna-t-il.

— Mais il n'y pas quatre cents millions de shillings dans tout le district de Gulu ! s'exclama Lucille.

Sortant de la chambre d'un pas incertain, se sachant légèrement ivre, Piero se dit qu'il ne devait pas faire de mouvement brusque, ne pas provoquer leur colère, chercher à engager la conversation, gagner du temps, faire le dos rond.

— Allez ! grogna le maquisard. L'argent de l'hôpital, et vite !

— Je vous assure que nous n'avons presque rien, dit Piero. Venez voir.

Il l'entraîna dans la chambre et ouvrit le tiroir de la commode où il conservait les billets rapportés de l'étranger. Il y avait certes des shillings, des livres, des lires, des dollars, qu'il s'empressa de lui offrir, mais la somme n'était pas fabuleuse. Il n'était pas question toutefois de lui donner les trois mille dollars éparpillés dans la maison, soigneusement dissimulés dans les livres d'une bibliothèque dont les rayons renfermaient des centaines d'ouvrages, et que les insurgés pouvaient toujours s'amuser à chercher.

Le rebelle sortit de la chambre en trombe, y poussa Lucille et l'y enferma avec Piero.

— Vous resterez ici tant que nous n'aurons pas trouvé ce que nous voulons !

Séquestrés dans leur propre chambre, Lucille et Piero jetèrent un coup d'œil sur la fenêtre, à laquelle ils avaient fait mettre des barreaux qui les retenaient maintenant prisonniers. Impossible donc de s'enfuir. Ils tentèrent de deviner ce qui se passait de l'autre côté de la porte. Le bruit leur fit comprendre que les voleurs s'étaient déjà emparés des appareils électriques, notamment de la chaîne stéréo, et qu'ils avaient détruit les œufs d'autruche que Lucille avait collectionnés depuis son arrivée en Ouganda.

Et c'est alors, comme cela arrivait tous les soirs vers vingt heures, que le frère Elio, sans soupçonner ce qui se passait chez Lucille et Piero, éteignit la génératrice de l'hôpital. Soudain plongés dans l'obscurité, les cambrioleurs ne pouvaient plus fouiller la maison qu'à la lumière de leurs lampes de poche, à moins qu'ils ne trouvent le commutateur qui mettrait en marche des installations électriques parallèles, solaires, servant à l'éclairage. Lucille cherchait frénétiquement ce qu'elle pouvait faire.

— Piero, chuchota-t-elle tout à coup, ta carabine!

Appuyé contre le mur de la chambre, un des fusils de chasse de Piero avait échappé à l'attention des rebelles parce que dissimulé par une espèce de nappe.

— Mais, Lucille, tu n'y penses pas!

— Piero, insista Lucille, je suis prête à mourir s'il le faut. Mais si j'étais capable d'en emmener un ou deux avec moi...

La porte s'ouvrit tout à coup.

— Bon, ça va, on s'est assez amusé, annonça le chef.

Il plaqua le canon de son arme sur la tempe de Piero. Sa voix se fit grave, sépulcrale.

— L'argent.

— Laissez-le! s'écria Lucille.

— Taisez-vous! répliqua l'officier. Je pense que vous ne vous rendez pas compte à quel point ce serait facile pour moi de le tuer.

— Non! supplia Lucille. C'est le directeur de l'hôpital! Vous ne savez pas à quel point c'est difficile de trouver un directeur d'hôpital! S'il vous faut absolument un corps, tuez-moi!

Elle ne savait plus ce qu'elle disait. Mais tout était bon, les appels à la raison et les cris, l'absurde et les supplications, pour repousser le moment où le meurtrier en puissance appuierait sur la gâchette. Et, oui, plutôt mourir que de vivre sans Piero.

— Mais allez-vous vous taire? rugit le rebelle. Je ne vois pas pourquoi vous vous entêtez à faire tout ce raffut! La vie en Ouganda aujourd'hui, c'est ça!

Soudain dépité, il rabaissa le canon de son arme, sortit de la chambre et quitta la maison en compagnie de ses acolytes, qui, ayant dérobé tous les objets d'une quelconque valeur, y compris toutes les chaussures de Piero, ne laissèrent derrière eux que les pieds d'éléphant empaillés qui servaient de tables à café. Ils saccagèrent ensuite les maisons des autres médecins, emportant avec eux les derniers lambeaux de ce que Lucille et Piero avaient jadis supposé inaltérable : l'immunité que leur assurait la couleur de leur peau.

La guerre ne laissait plus aucun répit à Lucille. Quelques jours après sa fête, la Saint-Luc (le 18 octobre), la sœur Lina et les autres religieuses organisèrent une petite soirée pour elle. Mais à peine les convives furent-ils passés à table qu'on l'appela d'urgence au bloc opératoire pour une femme dont la cheville avait été déchiquetée par une balle. Les rebelles, opposés à toute forme de collaboration avec le pouvoir, avaient ouvert le feu sur les clientes d'un marché bénéficiant de la protection de l'armée. La plupart des victimes étaient mortes, gisant parmi les arachides fraîches et le tabac séché, mais quelques-unes, légèrement ou grièvement blessées, furent emmenées à l'hôpital.

Quelques semaines plus tard, le 7 novembre 1987, quatre hommes armés de revolvers firent irruption au pavillon de chirurgie, où ils tirèrent des coups de semonce dans le plafond. Pendant que les infirmières s'échappaient et que les opérés tentaient de se cacher sous leur lit, le commando kidnappa un patient. Admis une demi-heure plus tôt, l'homme d'une trentaine d'années, blessé par balle en pleine cathédrale de Gulu, n'avait pas encore été opéré. Les ravisseurs sortirent avec leur prisonnier et l'exécutèrent sans autre forme de procès. Lucille avait désespéré de comprendre, et maintenant elle désespérait tout court.

Elle reçut à cette époque-là une lettre lui apprenant que l'Association médicale du Québec l'avait nommée «membre honoraire», la première femme à obtenir cet honneur, et avait proposé sa candidature au prix F.N.G. Starr de l'Association médicale canadienne, la plus haute distinction de cet organisme, qui visait notamment à récompenser un médecin ayant rendu des «services à l'humanité [...] dans des circonstances exigeant courage et renoncement».

Lucille était émue. Surtout quand elle apprit qu'on l'invitait à aller recevoir le prix à l'île du Prince-Édouard, là où, à la base de Summerside, trente-cinq ans plus tôt, elle avait pensé un moment qu'elle ne deviendrait, au mieux, qu'un médecin médiocre. Elle y retournerait cette fois-ci célébrée par ses pairs, qui, contrairement à ce qu'elle avait cru, ne l'avaient pas oubliée.

Le médecin qui lui remit la médaille à l'effigie du docteur Starr prononça un discours truffé d'erreurs. On affirmait qu'elle était née «dans le petit village de L'Assomption, au nord de Montréal», qu'elle avait obtenu son diplôme de médecine en 1951, plutôt qu'en 1955, et qu'elle opérait le matin. Mais cela n'avait aucune espèce d'importance car elle fut ébranlée par sa conclusion :

«La reconnaissance de ce grand médecin canadien par l'Association médicale canadienne [...] se veut un hommage à tous les médecins qui travaillent dans d'obscurs coins du monde, souvent anonymes et oubliés par ceux qui sont confortablement installés dans nos pays riches.»

Lucille était extrêmement flattée. Certes, elle avait souffert d'être anonyme et oubliée. Elle n'avait pas, tel un jésuite, œuvré en Afrique pour la plus grande gloire de Dieu, mais pour l'amour d'un homme. Cette motivation temporelle, charnelle, ne l'avait pas empêchée d'aspirer à cette reconnaissance qui venait enfin. Elle ne reprochait rien du tout à ses collègues des pays riches. Ils lui faisaient au contraire parfois même un peu pitié. Elle n'aurait jamais pu faire à Montréal ce qu'elle avait accompli en Ouganda. Elle qui avait pu soigner le corps humain tout entier, elle aurait probablement été obligée de devenir, plaisantait-elle, «une spécialiste de la main», le comble de la surspécialisation à ses yeux. Mais, bon, «grand médecin», c'était beaucoup dire. Elle avait choisi d'œuvrer en Ouganda, avait assumé ce choix, n'avait fait que son travail. Après le douloureux souvenir de l'O.M.S., à Genève, elle pourrait, enfin réconciliée avec ses pairs au Canada, faire preuve d'une inconditionnelle modestie.

Elle en aurait désormais, pourrait-on dire, le loisir puisque, deux ans après son premier voyage à Londres, elle avait déjoué les prévisions du docteur Pinching. Il lui avait pronostiqué une chance sur quatre d'être là en 1987, et elle s'en était emparée. Avec un peu de veine et de courage, elle serait encore là en 1989.

Lucille et Piero reçurent une lettre de Dominique leur annonçant dans un post-scriptum qu'elle avait échoué une seconde fois à l'examen d'anatomie. Elle avait pourtant abandonné l'équitation, ce qui les avait soulagés, mais elle n'avait de toute évidence pas assez étudié. Ce n'était pas si grave, écrivait-elle, parce qu'elle avait fait beaucoup de physiologie et de pathologie entre-temps, ce qui lui serait utile tôt ou tard.

Lucille voyait disparaître à tout jamais son rêve d'exercer aux côtés de sa fille. Elle qui n'avait pas versé de larmes depuis si longtemps, qui se raidissait face aux épreuves et aux émotions, elle pleura. C'était précisément pour cela qu'elle lui manquait, qu'elle lui avait manquée et qu'elle lui manquerait toujours. Dominique était sa fille, sa famille, son cœur, celle qui lui permettait de sangloter, de sourire sans raison et, malgré son tempérament maussade, d'espérer.

Piero essaya de la consoler en prenant la défense de leur fille. Elle était sûrement plus sage, plus douée pour le bonheur. Elle avait appris à voir le bon côté des choses, même face aux revers. Elle n'avait sûrement pas tort. Le temps consacré à la physiologie et à la pathologie n'était pas du temps perdu. Et si cette façon de voir la vie était justement ce qui lui permettait de garder le sourire et d'être heureuse, comment le lui reprocher? Lucille l'écoutait en se disant qu'elle se rangerait à l'avis de Piero. Dominique avait hérité du caractère de son père et elle ne pouvait que s'en réjouir.

À cette époque-là, Lucille commença à tenir un journal, un grand cahier de cuir où elle consignait ce qui se passait à l'hôpital. Ce «journal de bord» lui permettait, dans un style télégraphique, de trouver ses marques dans l'anarchie ambiante. Outre ses principales interventions chirurgicales, elle y notait les meurtres, les enlèvements et les actes de pillage commis dans les environs de l'hôpital. C'est ainsi qu'elle put établir que, du 2 septembre au 16 décembre 1988, les rebelles dévalisèrent l'hôpital sept fois! Ces observations lui permettaient aussi d'exorciser la peur qui l'envahissait progressivement. À force d'écrire «pillage à l'hôpital», elle ne pouvait que constater qu'elle était encore là, bien vivante, pour en témoigner.

À Londres, Amnesty International faisait état de centaines d'exécutions de civils. En décembre, à Koch Amar, dans le district de Gulu, l'armée ougandaise avait tué cinquante-sept personnes, dont quarante-cinq avaient été enfermées dans une hutte et brûlées vives. À Pabo, des rebelles avaient lancé une grenade dans la maison d'un homme accusé d'être un partisan du gouvernement. Bilan : un mort et vingt blessés. L'engrenage impitoyable semblait impossible à freiner.

Pour faire face à l'escalade, Lucille n'avait trouvé que la musique. Elle écoutait Édith Piaf, qui réussissait, malgré l'horreur, à lui faire chanter qu'elle non plus ne regrettait rien. Mais l'œuvre qu'elle préférait, celle qui parvenait à la rasséréner à la tombée de la nuit, demeurait l'*Adagio* d'Albinoni. La complainte des violons s'harmonisait avec la stridulation des grillons, étouffait le crépitement des armes, et replongeait Lucille dans un monde où cette musique avait encore un sens.

À l'hôpital, les médicaments commençaient à manquer. Les rebelles pillaient immanquablement la pharmacie, ce qui obligea Piero à puiser dans une réserve de tétracycline constituée en cas d'extrême urgence. La date de péremption du médicament était dépassée depuis presque deux ans, mais, tant pis, c'était mieux que rien! Il fallait augmenter légèrement la dose pour que l'efficacité soit aussi grande, et les effets indésirables étaient à peine plus importants. Piero devait communiquer d'urgence avec le principal fournisseur, l'I.D.A., une fondation néerlandaise qui expédiait des médicaments génériques dans le Tiers-Monde, ainsi qu'avec les bienfaiteurs de l'hôpital. Il écrivit à la Croix-Rouge ougandaise pour demander des pansements, à la Croix-Rouge britannique pour solliciter fauteuils roulants et béquilles, au Programme alimentaire mondial des Nations unies pour quémander de la farine de soja, du sucre, du lait en poudre et des fèves. Il envoya même une lettre à un prêtre italien qui avait déjà servi d'intermédiaire entre lui et un donateur anonyme qui s'était montré très généreux par le passé, afin de lui demander s'il accepterait, cette fois-ci, d'offrir à l'hôpital un camion de sept tonnes.

Un camion de sept tonnes! L'hôpital en avait impérativement besoin pour la poursuite des travaux d'agrandissement. Piero avait réussi — véritable exploit! — à faire venir d'Italie cinq conteneurs de matériel, pesant plus de cinquante tonnes. L'hôpital disposait maintenant d'un nouvel appareil à rayons X réclamé par le professeur Dalla Bernardina, d'un «ultramicroscope» pour l'étude des tissus et organes malades, et d'un appareil à ultrasons pour les échographies.

Piero adressa une dernière mise en garde à la population de Gulu dans un tract ronéotypé et distribué dans les environs de l'hôpital : l'établissement fermerait ses portes, à l'exception du service des urgences, si les pillages se poursuivaient. Ceux qui passeraient outre porteraient la responsabilité d'une fermeture éventuelle.

Une nuit, dans le dortoir abritant les proches des patients, les femmes furent réveillées par des bruits anormaux, des glissements de bottes, des chuchotements. Soudain, le pavillon fut envahi de rebelles en treillis. Quelques enfants commencèrent à pleurer. Les insurgés pointèrent leurs armes sur leurs mères pour leur faire comprendre qu'elles avaient intérêt à les faire taire. Ce qu'ils voulaient, c'était leur argent. Si tout le monde restait calme, tout se passerait bien. Les maquisards avaient déjà commencé à détrousser leurs victimes quand, à l'extérieur du pavillon, éclatèrent les premiers coups de feu. Quelqu'un avait donné l'alerte, et une patrouille qui passait par là avait pris position autour du pavillon et immédiatement ouvert le feu. Pris de panique, les maquisards s'enfuirent en vidant leurs chargeurs à l'aveuglette.

Réveillés par la fusillade, Lucille et Piero restèrent cependant tapis à la maison. Quand les armes se turent enfin, Piero gagna prudemment le pavillon d'où semblait avoir émané les coups de feu. On lui raconta tout. Il se demanda encore une fois jusqu'où irait leur folie.

En arrivant au pouvoir en 1986, Yoweri Museveni avait juré d'exterminer les rebelles du Nord. Deux ans plus tard, dans un geste de réconciliation, il offrit d'amnistier ceux qui déposeraient les armes et signa un accord de paix avec une importante faction de l'U.P.D.A. La paix reviendrait peut-être enfin dans ce pays qui en avait désespérément besoin. De nombreux combattants tentaient effectivement de réintégrer la vie civile, et l'espoir était de mise à Gulu.

En ce 15 août 1988, le jour se leva, tout gris, dans un concert de coqs maigrelets. Dans la pénombre du petit matin, personne ne prêta attention aux hommes qui, en file indienne, pressaient le pas sur les sentiers. Mais il devint vite évident pour les rares passants qui les aperçurent que cette colonne de rebelles émergeait de la brousse au lieu d'y retourner, comme cela leur arrivait normalement au lever du jour. Ces maquisards se dirigeaient vers la *Sacred Heart Secondary School*, à six cents mètres de l'hôpital, où ils prirent position autour de l'un des deux dortoirs, qui hébergeaient quatre cents pensionnaires, et se préparèrent à donner l'assaut. Forçant portes et fenêtres, ils firent soudain irruption dans le dortoir, où des adolescentes paniquées les accueillirent en criant. Sept jeunes filles avaient été enlevées de ce même dortoir, l'année précédente, et la peur de la séquestration et du viol avait envahi les élèves depuis.

Voilà, ils étaient là, plusieurs dizaines de rebelles, à peine plus vieux qu'elles, armés, irritables. Ils voulaient faire vite, déguerpir avant que quelqu'un ne donne l'alerte. Ils eurent d'abord du mal à regrouper les jeunes filles affolées, qui couraient, certaines à demi nues, dans tous les sens. Ayant scellé toutes les issues, ils réussirent cependant à constituer un contingent de prisonnières, qu'ils poussèrent vers la sortie à coups de crosse. Les captives terrorisées s'enfoncèrent dans la brousse, encadrées par les rebelles comme jadis les esclaves par les négriers. Ce n'était pas un rapt, c'était une razzia.

Les enseignantes de la *Sacred Heart Secondary School* mirent du temps à établir avec précision combien de jeunes filles avaient été enlevées. Quelques collégiennes s'étaient mises à l'abri dans des cachettes dont elles tardèrent à sortir. D'autres avaient carrément décidé de regagner leur village. Lorsque les religieuses purent enfin prendre les présences, elles établirent avec précision combien d'élèves avaient été emmenées : quatre-vingt-huit.

Qui étaient donc ces jeunes rebelles qui refusaient de déposer les armes, qui ne respectaient pas l'initiative de paix signée entre Kampala et l'U.P.D.A. et qui semblaient se réclamer d'un étrange messianisme chrétien? Lucille et Piero avaient du mal à comprendre leurs doléances et leurs motivations. Il était question de Saint-Esprit, d'onguent qui protégeait des balles, d'étranges rites et de commandements, et d'un grand chef appelé Alice. Presque coupés du monde extérieur, Lucille et Piero n'y comprenaient pas grand-chose.

C'est par radio que Lucille apprit que son père était décédé, le 7 novembre 1988, à l'âge de quatre-vingt-neuf ans. L'homme qu'elle avait aimé plus que quiconque, avant de connaître Piero, s'était éteint. Il l'avait épaulée sans relâche et encouragée dans toutes ses démarches, sans remontrances, sans même lui poser de questions. Lucille, qui avait abondamment profité de ce traitement de faveur, en tirerait maintenant, en digne héritière, la leçon.

Dominique confirma à ses parents qu'elle se rendrait en Ouganda pour Noël. Elle n'y passerait toutefois que cinq jours, souhaitant rentrer rapidement en Italie pour se consacrer à ses études. Elle avait enfin réussi son examen d'anatomie, et voulait préparer l'épreuve suivante au plus vite. Déçus du fait qu'elle passerait peu de temps avec eux, Lucille et Piero étaient tout de même ravis de savoir qu'elle accordait la priorité à ses études. Comme ils la poussaient dans cette voie depuis des années, ils n'allaient pas maintenant commencer à protester ! Pas même Lucille, qui acceptait désormais qu'elle n'exercerait jamais aux côtés de sa fille. Dominique devait vivre sa vie comme elle avait vécu la sienne.

Quelques semaines avant l'arrivée de Dominique, Lucille, toujours un peu pressée, trébucha et s'égratigna l'avant-bras. Quelques jours plus tard, elle recommença à avoir de la fièvre et à frissonner. Elle crut d'abord à un nouvel accès de paludisme. Lorsque la douleur au bras s'accentua, elle conclut plutôt à une infection. Les foyers d'infection se multipliant, son état s'aggravant, elle révisa son diagnostic. Elle faisait une septicémie. Alitée, terriblement affaiblie, elle s'apprêta à célébrer un triste Noël. Les antibiotiques semblaient parfaitement inutiles.

Rien à l'hôpital ne respirait la fête sauf peut-être le poinsettia en fleur, près de la piscine. Celle-ci, vidée par suite d'une panne du système de filtration, ne contenait plus que quelques centimètres d'eau putride. Dire que c'est dans ce cloaque que Dominique avait appris à nager. Quand elle arriva à l'hôpital, sa mère, pourtant souffrante, commença, comme la dernière fois qu'elle avait été hospitalisée, à Londres, à surmonter la maladie qui l'accablait. Presque du jour au lendemain, Lucille cessa d'avoir de la fièvre et quitta le lit.

Peu de temps après l'arrivée de Dominique, la mission catholique près de la cathédrale de Gulu fut cambriolée, et des coups de feu furent tirés. Quand elle fut dévalisée une seconde fois, quelques jours plus tard, Piero décida que Dominique, qui venait pourtant d'arriver, ne pouvait plus rester à l'hôpital. Sa sécurité lui avait toujours paru capitale. C'était aussi pour cela qu'on l'avait envoyée si jeune en Italie. Ce n'était pas parce qu'elle avait maintenant vingt-six ans qu'il fallait mettre sa vie en péril. Il n'était évidemment pas question de la renvoyer en Europe sur-le-champ, d'autant que sa simple présence faisait un bien immense à Lucille, mais il fallait l'éloigner de l'hôpital. Piero conseilla donc à Lucille et à Dominique de passer quelques jours à Aber, à l'ouest de Gulu, où c'était plus calme.

Lucille se trouvait placée dans ce qui pour elle était la pire des situations : elle ne souhaitait pas mettre la vie de sa fille en danger, mais elle ne voulait pas non plus laisser Piero. Les liens qui les unissaient n'avaient cessé de se renforcer. Toute séparation, même brève, lui était plus insupportable que jamais. Pendant les déplacements que Piero effectuait sans elle à Kampala, il lui arrivait d'arrêter carrément de manger. La dernière fois qu'il s'était rendu dans la capitale pour affaires, un voyage de cinq jours, elle avait perdu un kilo et demi. Piero lui avait reproché vertement son irresponsabilité. Ils savaient l'un et l'autre qu'une bonne alimentation était, pour elle, la meilleure façon de rester en vie. Lucille avait répondu, en souriant, qu'elle l'aimait sûrement trop.

Sachant que Lucille serait incapable de choisir entre son mari et sa fille, Piero trancha à sa place. Il les obligea toutes les deux à quitter l'hôpital. Lucille s'y résigna en protestant.

— D'accord, il n'est pas question de faire courir à Dominique des risques inutiles, dit Lucille. Mais si c'est vraiment dangereux, pourquoi ne viens-tu pas avec nous ?

— Tu sais bien qu'il faut que l'un de nous deux reste, répondit Piero. Si nous partions tous les deux, tout le monde déguerpirait.

Lucille savait qu'il avait raison, mais elle ne pouvait s'empêcher de fulminer. Piero, qui promit d'aller les rejoindre à Aber pour le jour de Noël, prenait à la légère le pacte qui les avait unis dès leur premier voyage à destination de l'Ouganda. Lucille n'avait jamais oublié l'atterrissage d'urgence.

— Si tu y vas, avait-elle dit, j'y vais aussi.

Rien n'avait jamais réussi à la faire changer d'idée. Elle ne voyait pas pourquoi elle se raviserait maintenant.

19

Le Saint-Esprit

> *Il faut savoir entretenir le moral de
> ses troupes ; en particulier lorsque
> l'intervention se prolonge, que cela
> ne va pas, que « la perte de l'espoir »
> gagne les aides et que plane
> le sentiment que tout irait mieux
> si le malade mourait tout de suite !*
>
> Jean-Pierre BEX,
> *Principes et techniques de base
> de la chirurgie moderne.*

LES ACHOLIS les surnommaient *otontong* («coupeurs»), parce
qu'ils mutilaient les membres des familles de ceux qu'ils
accusaient d'espionnage. Les oreilles, les lèvres et le nez
sectionnés, ils ne pourraient plus, symboliquement du moins,
ni entendre, ni parler, ni même sentir. Par leur cruauté, leurs
méthodes et leurs rites, les «coupeurs» se distinguaient de
l'U.P.D.A., qui avait accepté l'amnistie de Yoweri Museveni.
Non seulement refusaient-ils de déposer les armes, mais ils
prenaient carrément d'assaut des bastions gouvernementaux.

On prétendait que, pour se protéger des balles ennemies,
ils s'enduisaient le corps d'une pommade que concoctait leur
chef, Alice. Mais on n'en savait guère plus. Peu de gens

s'étaient lancés sur leur piste. Une journaliste britannique, Catherine Watson, et une anthropologue allemande, Heike Behrend, avaient réussi toutefois à tracer un portrait de cette énigmatique prêtresse et de sa guérilla, l'une des plus étranges d'Afrique.

Alice Auma, née à Gulu, ignorait son âge. Elle devait avoir vingt-sept ans lorsqu'elle se convertit au catholicisme et qu'elle fut possédée par une «force» qui la rendit sourde et muette. Son père, inquiet, l'emmena voir onze *ajwaka,* qui ne purent rien pour elle. Puis Alice disparut. Elle revint après avoir passé quarante jours dans les eaux du Nil. Ayant retrouvé l'ouïe et la parole, elle prit le nom du mystérieux esprit qui s'était emparé d'elle, Lakwena, un mot acholi signifiant «messager». On racontait parfois qu'il s'agissait des mânes d'un médecin italien mort sur les berges du Nil pendant la Première Guerre mondiale. Quoi qu'il en soit, c'est en son honneur qu'elle prit le nom d'Alice Lakwena et devint chef des Forces mobiles du Saint-Esprit.

Des milliers d'ex-militaires acholis qui s'étaient réfugiés au Soudan après l'arrivée au pouvoir de Yoweri Museveni commencèrent à rentrer chez eux. Vaincus, humiliés, ils s'installèrent sur des lopins de terre où ils enterrèrent leurs armes et tentèrent de recommencer à vivre de l'agriculture, qu'ils avaient appris à mépriser; il était tellement plus facile de voler les récoltes avec un AK-47 que de les faire avec une machette. Ces redoutables guerriers acholis qui avaient sévi sous Milton Obote devaient maintenant subir les railleries de leurs voisins. Certains leur reprochaient de s'être aplatis devant les hommes de Yoweri Museveni. Même la ville de Gulu, bastion acholi, était tombée en moins de trois heures! D'autres leur reprochèrent de ne pas avoir expié leurs crimes. Leur banditisme avait sans doute offensé les esprits des ancêtres, dont on redoutait la colère. Les plaies qui s'abattaient sur le Nord, la guerre civile, le sida, n'étaient-elles pas la preuve de leur châtiment?

Alice, qui annonçait l'avènement du Jugement dernier, attira d'abord d'ex-militaires tentés par le repentir. Elle était le messager que le Saint-Esprit avait envoyé sur terre pour faire comprendre aux pécheurs qu'ils pouvaient encore se repentir... en combattant l'armée ougandaise. Cette guerre sainte contre Yoweri Museveni, sous l'œil approbateur de Dieu, purifierait l'Ouganda du mal. La victoire des Forces mobiles du Saint-Esprit serait suivie d'une inondation, d'un orage et d'un tremblement de terre qui préluderaient à deux cents ans de paix.

Les combattants devaient eux-mêmes se montrer à la hauteur en acceptant de se purifier. Alice parviendrait à les soustraire à l'emprise des sortilèges s'ils acceptaient de se soumettre à un rite initiatique élaboré. Ils devaient se dévêtir, retirer et incinérer grigris et amulettes, avant de jurer, la Bible dans la main droite, qu'ils ne se livreraient plus à aucune forme de sorcellerie. Pour finir, ils étaient enduits de beurre de karité leur assurant une protection divine. Cette défense n'était efficace toutefois que si les adeptes obéissaient aux vingt commandements de «Sa Sainteté le Lakwena». Si plusieurs d'entre eux renvoyaient au décalogue, quelques-uns avaient été inventés par Alice :

«Tu exécuteras les ordres, et uniquement les ordres, du Lakwena.»

«Tu ne t'abriteras jamais en t'allongeant sur le sol ou dans l'herbe, derrière des arbres, des fourmilières ou autres obstacles.»

«Tu auras deux testicules, ni un de plus, ni un de moins.»

Si des combattants se blessaient ou trouvaient la mort, il fallait en déduire que les vingt commandements n'avaient pas été respectés. Mais même les pécheurs seraient ressuscités un jour... après la chute de Kampala. À la suite d'un bref séjour dans l'au-delà, ils reviendraient sur terre et se verraient octroyer une maison et une voiture.

Malgré leur croyance en la réincarnation, les Forces mobiles du Saint-Esprit soignaient tout de même leurs blessés.

On retrouva un jour un cahier où étaient consignés les remèdes que le Saint-Esprit avait communiqués, par l'entremise d'Alice, à un de leurs «médecins», une diplômée en sciences politiques de Makerere. À chaque type de blessure, par balle, flèche, lance ou machette, correspondait sa potion, une décoction de serpent, de grenouille, de scorpion ou de caméléon.

Avant de lancer ses disciples au combat, Alice attendait de recevoir des instructions du Saint-Esprit. Entourée de ses plus proches collaborateurs, réunis autour d'un brasero, elle faisait son apparition en *kanzu* (pagne) blanc et, chapelet au cou, dressait un plan de bataille détaillé. C'est ainsi que ses troupes remportèrent une victoire décisive contre l'armée régulière à Corner Kilak, et se dirigèrent vers Lira, plus au sud, puis vers Tororo, non loin de la frontière avec le Kenya. Elles perdirent toutefois une bataille importante à Jinja, en novembre 1988, et Alice s'enfuit au Kenya.

Après sa défaite, un tout jeune homme prit sa relève, toujours au nom du Saint-Esprit : Joseph Kony.

Des régions entières du district de Gulu étaient littéralement devenues des champs de bataille. Les militaires avaient contraint plus de cent vingt mille personnes à évacuer leurs villages pour se réfugier dans des camps de personnes déplacées. Ceux qui avaient refusé de partir ou en avaient été incapables furent brutalisés, parfois exécutés. Cette vaste opération leur permettait de créer une zone de tir libre où tout civil serait d'office considéré comme hostile à l'armée et abattu.

À la tribune des Nations unies, le président Museveni avait pourtant manifesté, en octobre 1987, son «engagement inconditionnel en faveur des droits de l'homme et du caractère sacré de la vie humaine». Il avait interdit le *kandooya,* une façon extrêmement ancienne et particulièrement cruelle d'immobiliser les prisonniers. Jusqu'alors très répandue au sein de l'armée, cette méthode consistait à attacher les bras du prisonnier derrière son dos en passant la corde au-dessus des coudes, ce qui exerçait une forte et douloureuse pression sur la cage thoracique. Le président Museveni avait fait libérer des milliers de détenus qui, jamais inculpés, avaient croupi en prison pendant des années. Si la situation des droits de l'homme s'améliorait sans conteste en Ouganda, elle était toutefois quasi catastrophique dans le Nord.

Les rebelles avaient commencé à ouvrir le feu sur des autobus bondés de passagers. Pourquoi ne pas se contenter de les faire descendre pour les détrousser ? Les maquisards avaient trouvé la réponse : leurs balles ne pouvaient faire de mal à qui que ce soit, sauf aux pécheurs, qui méritaient de mourir. Leurs victimes ne pouvaient donc qu'être coupables.

La reprise des plus banales campagnes de vaccination demeurait impossible. L'hôpital commença à traiter quelques cas de rougeole, qui se multiplièrent rapidement. Une épidémie de rougeole ! Alors que la maladie avait été quasiment éradiquée ! Qui en tiendrait compte en dressant un jour le bilan de trois ans de guerre civile ? Avec un peu de chance, on comptabiliserait les blessés et les morts, mais qui dénombrerait les enfants emportés non pas par des balles mais par de ridicules taches rouges ? Lucille et Piero témoigneraient. Ils diraient le fanatisme, le délire.

Comme Alice avant lui, Joseph Kony s'affublait d'un *kanzu* blanc et d'un chapelet pour recevoir les instructions de l'au-delà. Dans un rituel empreint de magie et de cérémonie, il s'asseyait sur un fauteuil devant lequel on plaçait un verre d'eau. Comme s'il se fût agi d'un bénitier, il y trempait un doigt et faisait un signe de croix. Il se levait alors lentement, transfiguré dans la manière et le regard, pour édicter les consignes et les châtiments prévus par le Saint-Esprit.

Joseph Kony se tenait personnellement à l'écart des combats. Il en profitait plutôt pour se recueillir, entouré de dix jeunes garçons. Sur des braseros dont le feu était entretenu jour et nuit, il posait parfois de menus objets représentant armes et véhicules ennemis. Dans l'espoir de saboter ce matériel militaire, il l'aspergeait d'eau. De plus en plus nombreuses, ses recrues développèrent leurs propres rites initiatiques. Alignées dans une formation évoquant les quatre branches de la croix, elles étaient ointes d'une mixtion d'eau et de beurre de karité qui les plaçait chacune sous la protection d'un ange. L'ensemble de ses disciples et combattants prirent successivement le nom d'Armée du Seigneur, de Mouvement du Saint-Esprit, d'Armée chrétienne démocratique unie, et, enfin, d'Armée de résistance du Seigneur.

Une fois l'an, Joseph Kony et ses troupes se réunissaient sur les rives de l'Aswa, près de Kitgum, pour le sacrifice d'un bélier noir, qu'ils brûlaient, encore vivant, en entonnant des hymnes religieux. À la différence d'Alice toutefois, Joseph Kony ne boudait pas la médecine occidentale, ce qui expliquait pourquoi ses disciples se présentaient si souvent à l'hôpital de Lacor pour s'emparer des médicaments.

Outre Lucille et Piero, on y trouvait encore une dizaine de médecins ougandais et italiens. Mais pour combien de temps encore? Les infirmières ne dormaient même plus dans leurs lits, où les rebelles pouvaient trop facilement les trouver et les enlever. Même si le frère Elio avait fait blinder la porte de leur résidence, elles se sentaient davantage en sécurité en couchant à la belle étoile, se dispersant dans les hautes herbes et les bosquets. Le moindre incident pourrait provoquer la fuite de tous les employés. Sentant le désespoir le gagner, Piero s'en ouvrit à son frère et confident, Corrado, dans une lettre datée du 14 février 1989.

«Comment fait-on pour vivre pendant presque trois ans parmi tant de misère et de violence insensée, pour lutter continuellement contre toutes les difficultés, pour résister à la tentation de croire que tout ce que nous avons entrepris n'aboutira à rien, ne servira à rien et sera de toute façon détruit par des forces idiotes, inhumaines et absurdes? Nous perdons l'espoir, et sans l'espoir, la vie n'est plus la vie. […] Nous n'avons jamais été si près de tout abandonner.»

Un mois plus tard, en pleine nuit, la sonnerie du téléphone interne réveilla Piero, qui savait que les appels nocturnes n'auguraient jamais rien de bon.

— Docteur Corti, dit une infirmière, les rebelles ont envahi la pédiatrie!

Les enfants! Piero se précipita sur les lieux, où il trouva des hommes armés de fusils d'assaut. Ils réclamaient du sel, du sucre, du savon et des médicaments. Piero refusa de leur donner des médicaments, mais accepta de leur donner du sel et du savon, qu'il fit chercher à la maison, dans le but de montrer qu'il s'agissait d'un cadeau qu'il faisait en son nom personnel et non d'une rançon prélevée à même les réserves de l'hôpital. Les rebelles firent demi-tour.

La semaine suivante, à la faveur de la nuit, un autre groupe de rebelles escaladèrent les murs de l'hôpital, ligotèrent des infirmières et dévalisèrent la pharmacie. Ils constatèrent toutefois qu'il n'y avait presque plus de médicaments. Prévenu de leur incursion, Piero leur expliqua que les médicaments étaient désormais entreposés auprès de l'armée à Gulu, où un coursier de l'hôpital passait les prendre trois fois par semaine. Il n'osa pas leur dire que la manœuvre visait justement à stopper les vols de médicaments. Certes, la pharmacie continuerait d'être pillée, mais les rebelles finiraient peut-être par comprendre, en cueillant un butin chaque fois moins important, que le jeu n'en valait plus la chandelle.

Ce soir-là, toutefois, les soldats du Saint-Esprit n'étaient pas d'humeur à discuter. Nombreux, nerveux, ils répétaient sans discontinuer leurs exigences : ils voulaient des médicaments. Sans désirer ni même pouvoir leur céder, Piero les raccompagna jusqu'à la barrière. L'un d'eux se retourna alors pour lui lancer, en guise d'au revoir, une mise en garde :

— Qu'est-ce que vous attendez pour nous donner ce que nous voulons? Que l'on tue quelqu'un sous vos yeux?

Quelques jours plus tard, des rebelles attaquèrent en pleine nuit une communauté de religieuses africaines dont la résidence

315

jouxtait celle des sœurs de Vérone. Ils s'appliquaient à forcer la porte, pourtant blindée, lorsqu'une des religieuses, alarmée, s'empressa de téléphoner à Piero. Leur téléphone, relié au système téléphonique de l'hôpital, ne permettait plus d'appeler personne d'autre. Mais que pouvait donc faire Piero? Il prit sa Winchester 375, le plus bruyant de ses fusils, sortit et tira deux coups en l'air, dans l'espoir d'effrayer les malfaiteurs. Se croyant effectivement attaqués, les rebelles déguerpirent.

Les incidents continuaient donc d'affecter l'hôpital et ses voisins, mais, contrairement à ce que craignait Piero, les employés qui restaient tenaient bon. Les plus récentes attaques avaient même renforcé la solidarité chez le personnel, augmenté son dévouement, sa diligence. Le professeur Dalla Bernardina avait démarré un service de cobaltothérapie, le premier en Ouganda. Le frère Elio avait écourté ses vacances en Italie. Gigi Rho avait insisté pour reprendre du service. Même Lucille se portait mieux, travaillant avec le même entrain, à défaut de la même énergie, qu'autrefois. Pour tous, la question n'était plus de savoir comment faire fonctionner un hôpital dans ces conditions mais comment s'y refuser. Personne ne voulait souffler une bougie dont la lumière, dans les ténèbres, se faisait plus vive.

Lucille continuait à perdre du poids et se sentait de plus en plus épuisée. Elle effectuait encore des interventions majeures, malgré ses cinquante-neuf ans et «sa maladie». Elle avait opéré récemment un bébé atteint d'un mégacôlon congénital, une dilatation du gros intestin. Cette malformation, qui provoquerait à terme l'empoisonnement et la mort de l'enfant, exigeait une délicate intervention, que Lucille, concentrée, la tête penchée, les avant-bras tendus, mit quatre heures à réaliser.

Pour souligner l'événement, Piero avait débouché une bouteille de Soave, vin presque incolore des terres de Vérone. Nonobstant sa bonne humeur, il devait admettre que cette

316

opération avait abattu Lucille. Elle n'aurait bientôt plus la force d'en faire. Sa robustesse l'avait déjà quittée. De tout ce que le sida impliquait, rien ne l'enrageait autant. Elle était prête à accepter les maladies opportunistes, mais la léthargie, jamais! Heureusement que son entrain était intact. Mais pour combien de temps encore?

Le sida déclencha à l'hôpital un phénomène imprévu. Comme beaucoup de mères sidéennes mouraient peu après la naissance de leur enfant, l'hôpital se retrouvait avec des bébés, souvent eux-mêmes porteurs du virus, que personne ne venait réclamer. Les bébés nés de mère séropositive risquaient de l'être aussi dans quarante pour cent des cas, bien qu'une séroconversion puisse toujours avoir lieu avant l'âge d'un an et demi. La tradition africaine voulait que l'enfant dont les deux parents mouraient soit recueilli par sa famille au sens large. En Ouganda, s'il perdait uniquement son père, il était souvent confié, à l'instar de sa mère, à un oncle, en règle générale le frère aîné de son père, qui gagnait ainsi une seconde épouse s'il était déjà marié. Avec l'apparition du sida, toutefois, les familles se montraient parfois réticentes à adopter un enfant malade. Que faire alors des enfants sidéens? Il fallait créer un orphelinat. Le diocèse s'en occuperait. Le frère Elio le construirait.

Contrairement à d'autres pays, l'Ouganda s'est vite attaqué au sida. Premier pays d'Afrique à mettre sur pied un programme de prévention, l'*Aids Control Programme,* l'Ouganda déclara deux mille trois cent soixante-neuf cas cumulés de sida à l'O.M.S. dès 1987, ce qui le plaçait au troisième rang mondial, après les États-Unis et Haïti. Radio, théâtre, affichage, tous les moyens étaient bons pour mettre la population en garde. La première réaction fut souvent empreinte de scepticisme. Comment la «peste» des gays américains pouvait-elle sévir en Afrique de l'Est? Mais les ravages de ce qu'on avait appelé «la maladie de la minceur» devinrent si évidents, et la campagne d'information si omniprésente, qu'on vit très bien ce que les États-Unis et l'Ouganda, comme tous les pays du monde, avaient en commun : le sperme et le sang. Malgré la propagande, le nombre de sidéens ougandais ne cessait d'augmenter. Plus de quinze mille personnes, pour une population d'environ dix-sept millions, avaient le sida à la fin des années quatre-vingt, et l'Ouganda serait bientôt considéré comme le pays le plus contaminé du monde.

Au début de l'épidémie, la classe moyenne ougandaise fut particulièrement touchée. Les hommes disposant de revenus relativement importants étaient susceptibles d'avoir plus de partenaires, à l'instar de ceux qui effectuaient de nombreux déplacements, comme les camionneurs et les militaires. Mais le V.I.H. gagna progressivement toutes les couches de la société. Un médecin américain de Mulago, Richard Goodgame, avait résumé la situation en déclarant à la presse étrangère que le groupe le plus «à risque» en Ouganda était... les Ougandais! Selon ses calculs, dix pour cent des adultes étaient déjà porteurs du virus, c'est-à-dire plus d'un million de personnes.

Avec son cortège de soldats en goguette et de prostituées, sa succession de viols et de violences, la guerre qui sévissait dans le Nord continuait de faire progresser le sida. En proie à une inquiétude croissante, le personnel de l'hôpital de Lacor fut convoqué à une réunion d'information sur le sida, où Matthew leur fit part des consignes. Sans céder à la panique qui avait accueilli les premiers cas, tous devaient changer leurs habitudes de travail, faire preuve de plus de vigilance. Il fallait considérer tout échantillon de sang comme étant poten- tiellement infecté. Toute personne qui entrait en contact avec du sang, notamment les sages-femmes, devait porter des gants; ceux qui touchaient du sang par inadvertance devaient immé- diatement se laver. Tout échantillon de sang séropositif devait être étiqueté clairement. Les instruments souillés devaient être désinfectés à l'eau de Javel ou à l'alcool. Les aiguilles et les seringues devaient être plongées dans l'eau bouillante pendant au moins vingt minutes.

L'arrivée massive de patients séropositifs supposait un autre type d'adaptation. Au pavillon des tuberculeux, par exemple, un malade sur deux était séropositif. Infirmières et médecins avaient l'habitude de guérir les patients; ils devaient désormais se résigner à les traiter. Là non plus, l'espoir n'était pas de mise. Les décès entameraient leur moral comme aucune autre épidémie ne l'avait jamais fait. Le V.I.H. les obligerait à se poser une question qu'ils préféraient tous éviter : l'hôpital se transformerait-il en mouroir?

Aux consultations externes, Lucille examinait les sidéens et reconnaissait vite les symptômes dont elle souffrait, et, si la maladie continuait d'évoluer chez elle, ceux dont elle souffrirait peut-être un jour. Voilà à quoi ressembleraient sa bouche et son œsophage quand le muguet s'y serait installé à demeure. Voilà comment résonneraient ses râlements quand une pneumo-cystose l'empêcherait de respirer. Voilà les couleurs que son visage prendrait quand un sarcome de Kaposi l'aurait entamé.

Elle estimait pourtant avoir de la chance. Depuis quand était-elle porteuse du virus? Probablement depuis 1979, puisque son sida était déjà en phase avancée en 1982; les symptômes que Piero avait décrits dans sa lettre à Corrado en étaient la preuve tangible. Mais comment le savoir avec précision? Lucille s'était peut-être infectée un peu plus tôt, un peu plus tard. Peut-être était-ce effectivement en 1979, l'année de la «guerre de libération». Il y avait donc dix ans, une décennie, qu'elle portait en elle ce virus, et qu'elle le vainquait.

Elle avait eu de la chance. Après l'identification du V.I.H. en 1983, elle avait vite compris la cause des maladies qui l'assaillaient. Elle avait eu accès à des médicaments, parfois extrêmement coûteux, qui pouvaient les faire reculer. Elle avait été suivie, quoique à distance, par un médecin exceptionnel, le docteur Pinching. Et elle avait pu compter sur l'indéfectible appui de Piero et de sa famille. Elle s'était d'abord fait du souci : voudrait-on encore l'embrasser, la toucher? Si les Corti préféraient éviter de parler de la maladie — le mot «cancer»,

319

par exemple, était tabou —, Lucille n'eut jamais l'impression de susciter chez eux le moindre mouvement de recul. Même chose au Québec. Hormis la première réaction de ses petits neveux au chalet de Repentigny, le comportement des Teasdale avait été irréprochable. De part et d'autre de l'Atlantique, ses parents et ses proches réalisaient au contraire l'importance de lui témoigner l'affection que l'exil et, avant lui, l'époque les avaient empêchés de manifester. Et c'est pour cela par-dessus tout que Lucille estimait avoir eu de la chance. Même si chacun de ses patients sidéens lui rappelait qu'elle n'y échapperait pas, ils lui ouvraient les yeux sur une réalité qu'elle avait parfois eu du mal à voir : elle était aimée.

Accaparé par des tâches administratives, Piero voyait de moins en moins de patients et avait, lui, la curieuse impression de s'éloigner de la médecine. Âgé de soixante-trois ans, il se sentait de moins en moins capable d'assumer les responsabilités que supposait l'anesthésie. Lucille avait récemment dû opérer un bébé de six mois souffrant d'un lymphangiome, une malformation du système vasculaire apparentée à une tumeur. Elle avait demandé à Piero d'effectuer l'anesthésie. Les internes ougandais ayant pris la place qui leur revenait, il travaillait de moins en moins souvent au bloc opératoire et avait craint de commettre une erreur. L'intervention s'était bien passée, mais il se sentait devenir incompétent. Il préférait maintenant les tournées des pavillons, auxquelles il participait encore activement. Avec les internes, il aimait jouer les agents provocateurs. Il les invitait à contester le bien-fondé de leur propre diagnostic : avaient-ils envisagé telle éventualité, fait tel examen, songé à telle complication ? Il souhaitait moins leur donner des réponses que les amener à se poser des questions. À force de jouer les pédagogues, toutefois, Piero avait l'impression de perdre la main, de vieillir.

Quelques jours de vacances leur feraient sûrement du bien, à lui et à Lucille. Pourquoi ne pas profiter du congé de Pâques pour accepter l'invitation de Giovanni et de Mariuccia, qui projetaient de passer quelques jours à Mombasa, sur la côte kenyane, là où ils s'étaient arrêtés, vingt-huit ans plus tôt, en voyage de noces. Quelques jours à la mer leur seraient sûrement bénéfiques à tous les deux.

La difficulté consistait moins à se rendre au Kenya qu'à gagner l'aéroport d'Entebbe. Partis le matin du 23 mars 1989, Lucille et Piero durent s'arrêter à quatorze kilomètres de Gulu. Il y avait eu une embuscade, des blessés, et tous les véhicules étaient contraints de faire demi-tour. Déterminés à repartir, ils se rendirent à la caserne de Gulu, où ils apprirent que trois véhicules blindés regagneraient Kampala. Ce fut donc au sein d'un convoi militaire, précédés et suivis de transports de troupes, que Lucille et Piero se mirent en route pour la plage.

20

Un rein artificiel

> *Un bon chirurgien doit avoir à
> l'esprit, de façon permanente,
> les dangers potentiels à chaque
> temps de l'opération et les moyens
> de s'en tirer s'ils se matérialisent.*
>
> Jean-Pierre Bex,
> *Principes et techniques de base
> de la chirurgie moderne.*

Il était presque deux heures, en ce vendredi saint de 1989, quand une cinquantaine de rebelles, dont plusieurs adolescents fiers de porter l'uniforme du dernier soldat abattu, se massèrent à l'entrée de l'hôpital. Brandissant des lances, des flèches, des machettes, des couteaux, des grenades et des armes semi-automatiques, ils attendaient les ordres de leur supérieur. Mieux habillé, armé d'une kalachnikov, celui-ci se détacha du groupe et s'avança vers la barrière, qu'il repoussa du pied. Se tournant vers le gardien, il exigea, d'une voix tonitruante, de parler au «docteur».

— Le docteur Corti n'est pas là, expliqua le gardien.

— Le docteur Lucille, alors!

— Elle n'est pas là non plus. Ils sont au Kenya.

Réveillé par des éclats de voix, Matthew s'habilla en vitesse, endossa sa blouse blanche et gagna l'entrée à grandes enjambées. De sa voix grave et douce qui amadouait les enfants les plus craintifs, il expliquerait de nouveau aux rebelles que les médicaments qu'ils réclamaient étaient désormais entreposés par l'armée à Gulu, qu'ils n'avaient donc rien à faire à l'hôpital, et qu'ils devaient faire demi-tour.

Dans l'enceinte de l'hôpital toutefois montait une tension, une peur presque palpable. Comme à chaque fois que les rebelles y faisaient irruption, les témoins chuchotaient, les enfants pleuraient, les malades s'arrachaient péniblement à leur lit pour se mettre à l'abri des balles. Sauf que, cette fois-ci, en l'absence de Lucille et de Piero, la situation dérapait. Les esprits s'échauffaient à une vitesse folle. Matthew avait du mal à engager la conversation avec le chef de la bande, nerveux et agité. Il s'en était rapproché mais l'obscurité l'empêchait de le fixer dans les yeux. Il avait l'impression de s'adresser à une ombre.

Comme prévu, le maquisard exigea des médicaments.

— Nous n'en avons plus, dit Matthew. Ils sont entreposés à Gulu. Il faut aller les chercher là.

— Donne-nous des médicaments!

— Puisque je vous dis que nous n'en avons pas!

— Tu refuses? fit le rebelle. Très bien. Si je ne peux pas rapporter de médicaments, je vais emmener les bonnes sœurs! Et un de ces jours, nous les échangerons contre des médicaments.

— Mais vous n'y pensez pas! plaida Matthew, soudain inquiet. Vous savez que ce sont des femmes très âgées, des femmes qui ont beaucoup fait pour vos familles. Elles ont accouché vos mères et vos sœurs…

— Ça suffit, le blabla! J'ai des instructions.

Le rebelle se rua alors sur la résidence des religieuses. Matthew le rattrapa et entendit la voix de la sœur Lina qui, de l'autre côté de la porte, demandait des explications. Pour ne pas être compris des rebelles, Matthew lui répondit en italien, dont il avait appris les rudiments lors de son passage à Busto Arsizio.

— *Non aprire!* (N'ouvre pas!)

Le rebelle se retourna brusquement, mais, avant qu'il eût pu dire quoi que ce soit, Matthew prit la parole.

— Laissez les sœurs. Emmenez-moi.

— Sans problème, rétorqua le rebelle. Mais toi tout seul, ça ne suffit pas. Alors, on t'emmène, toi, et les infirmières.

Le chef se tourna vers ses hommes et pointa son fusil sur un groupe d'infirmières, de garde cette nuit-là, qui observaient la scène. Elles ne portaient pas leur uniforme bleu, justement pour ne pas être trop facilement repérées, mais elles avaient si spontanément fait bloc derrière Matthew qu'elles ne pouvaient être que des employées de l'hôpital.

— Emmenez-les! grogna le chef.

Ses subordonnés poussèrent alors leurs sept prisonniers vers la sortie.

Ravisseurs et otages se dirigèrent vers l'ouest. Marchant d'abord à la lumière d'un timide croissant de lune, ils avançaient encore en file indienne quand ils aperçurent les premiers rayons du soleil. Ils continuèrent à traverser la savane en silence, redoutant l'astre du jour qui, dans quelques heures, atteindrait son zénith. Quand les infirmières ralentissaient, épuisées par les longues heures de marche forcée, des rebelles n'hésitaient pas à leur donner un coup de crosse dans les côtes.

— Ça suffit! intervint Matthew. Nous sommes peut-être vos prisonniers, mais rien ne vous oblige à nous maltraiter!

Les insurgés commencèrent par longer les forêts de Got Gweno, de Labala, de Kilak. Bifurquant vers le nord, marchant à vive allure, ne s'arrêtant pas pour permettre à leurs prisonniers de manger le manioc cru qu'ils leur donnaient, ils empruntèrent des sentiers qui dévalaient les collines, suivaient les ruisseaux, serpentaient entre les bananeraies et les champs de sorgho. Mais partout la blouse blanche de Matthew fit comprendre aux paysans des environs ce qui était arrivé. Les rebelles avaient enlevé un médecin !

À l'hôpital, le professeur Dalla Bernardina dut se rendre à l'évidence : Lucille et Piero devaient rentrer d'urgence. Matthew kidnappé, il fallait fermer l'hôpital, à l'exception du service des urgences. Pour tous les employés, tant africains qu'européens, la situation était trop dangereuse. Tous devaient désormais redoubler de prudence. Se sachant visées par les maquisards, les religieuses se barricadèrent dans leur résidence après la messe du vendredi saint, dès dix-huit heures.

Vers la même heure, après avoir croisé trois sentinelles délimitant trois périmètres de sécurité, ravisseurs et otages parvinrent à un campement. Les prisonniers furent tout de suite frappés par son importance : plusieurs centaines de personnes — des Acholis surtout, mais aussi des Langis, des Madis et des Lugbaras — semblaient y vivre en harmonie, hormis une centaine de véritables captifs. Les rebelles, qui se sentaient ici en zone sûre, se firent moins nerveux, moins brusques, et partagèrent leur nourriture, une chèvre dérobée à un paysan et des fèves, avec Matthew et les infirmières. Ils leur ordonnèrent de préparer leur lit pour la nuit. Des branchages, des herbes leur serviraient de paillasse.

Deux insurgés vinrent alors chercher Matthew pour le présenter à un jeune homme portant chemise et blue-jean et qui ne pouvait avoir plus de vingt et un ans. Son entourage le traitait avec déférence, voire obséquiosité. Matthew le reconnut tout de suite pour avoir vu sa photo dans les journaux. C'était leur chef et leur stratège, leur sorcier et leur médium, Joseph Kony.

À l'hôtel Intercontinental de Mombasa, Lucille et Piero s'étaient réveillés tout enthousiasmés à l'idée de passer un long week-end à la mer. Ils avaient goûté les eaux de l'océan Indien avant même de retrouver Mariuccia et Giovanni au restaurant de l'hôtel pour le petit déjeuner. Giovanni, qui s'était couché après tout le monde, avait les traits tirés mais brûlait d'envie de raconter son dernier exploit, d'autant plus qu'il savait que Mariuccia le désapprouvait. La veille au soir, après que les autres se furent couchés, il était allé au casino de l'hôtel, avait joué à la roulette et avait gagné gros. Il n'avait pas encore eu le temps de leur raconter tous les détails quand il remarqua que le maître d'hôtel circulait entre les tables à la recherche d'un certain docteur Corti. Piero s'identifia et apprit qu'il était demandé au téléphone.

Lucille et Piero rentrèrent en vitesse. La rébellion s'était emparée non seulement d'un collègue et d'un ami mais de celui qui mieux que quiconque incarnait l'avenir de l'hôpital. Plusieurs questions les obsédaient, mais ils se demandaient surtout si Matthew serait, comme Amooti, torturé et si ses ravisseurs exigeraient une rançon en médicaments. Mais quels ravisseurs ? Pour l'instant, personne ne s'était encore manifesté.

Lucille et Piero approuvèrent la décision du professeur Dalla Bernardina de fermer l'hôpital à l'exception du service des urgences. Si Matthew et des infirmières, pourtant tous acholis, s'étaient fait enlever, tous les employés devaient désormais craindre pour leur vie. Mais où était donc cette protection dont parlait l'armée chaque fois que l'hôpital signalait un pillage, un vol, une prise d'otage, un viol ? Le frère Elio se fit l'avocat du diable.

— Il ne faut s'attendre à aucune espèce de protection. Les soldats ont raison de se terrer dans leur caserne. Ils savent que l'ennemi rôde. Pourquoi risqueraient-ils de se faire tuer pour aider des gens qui leur sont hostiles et qui viennent en aide à la rébellion ? Ils préfèrent les laisser s'étriper entre eux !

— Notre seul espoir, dit Piero, c'est que les rebelles finissent par comprendre que l'hôpital offre des services dont profitent les Acholis. Si nous le fermons pendant un certain temps, y compris les urgences, leurs familles qui ne pourront plus y faire soigner leurs malades finiront peut-être par leur faire entendre raison.

— Je ne sais pas s'ils seront sensibles à ce genre d'argument, objecta Lucille. Rien ne nous permet de supposer qu'ils se font beaucoup de souci pour la santé des leurs.

Les derniers médecins ougandais de l'hôpital de Lacor, cinq jeunes gens qui avaient tenu bon jusque-là, partirent pour Kampala. Même le professeur Dalla Bernardina songeait à partir. L'école des infirmières, de son côté, donna leur congé aux élèves pour une période indéterminée, sauf à celles de troisième année, envoyées à Gulu pour compléter leur cours et présenter leur examen final. De toute façon, la présence de médecins, d'infirmières et d'aides-infirmières n'était plus indispensable dans un hôpital où seul le service des urgences était assuré.

La plupart des patients étaient déjà partis. La scène avait été surréaliste : ils s'étaient engouffrés dans la camionnette d'un distributeur de Coca-Cola sur laquelle figuraient de voluptueuses blondes en maillot. Mais qui s'occuperait de ceux qui restaient ? Il y en avait encore une bonne soixantaine : une fillette atteinte d'une pleurésie purulente, un garçonnet qui s'était fracturé le fémur et dont les deux parents, chose tout à fait exceptionnelle, avaient disparu, ainsi que de nombreux autres enfants dont la rondeur de l'abdomen disait la malnutrition.

Lucille et Piero n'avaient plus qu'à se replonger dans le travail en essayant de ne pas se laisser accabler par l'absence de Matthew et la fermeture éventuelle, pour la première fois depuis vingt-huit ans, de leur hôpital. En leur for intérieur, toutefois, ils goûtaient cette solitude teintée de nostalgie car ils s'y retrouvaient presque seuls, presque en tête-à-tête, comme à l'époque où ils étaient jeunes mariés.

Piero se réjouit d'avoir au moins réussi à faire fonctionner l'appareil à hémodialyse, le rein artificiel, une responsabilité dévolue normalement à Matthew. Les enfants qui souffraient d'insuffisance rénale pourraient malgré tout être mis sous dialyse. L'hôpital se faisait piller et ses employés se faisaient séquestrer, mais ces gamins-là, cette poignée de gamins-là, verraient leur sang épuré de tout déchet et pourraient, pendant quelques jours au moins, aller mieux. Si Lucille et Piero devaient trouver un sens à leur présence à Gulu en ces temps de terreur, il était là, dans ces enfants condamnés qui, grâce à leur entêtement et à leur imprudence, vivraient.

Piero communiquait régulièrement par radiotéléphone avec l'ambassade d'Italie, qui, par mesure de sécurité, lui avait demandé d'appeler à heures fixes; un rendez-vous raté supposerait un événement fâcheux. La voix de son interlocuteur, sifflant, naviguant sur des ondes en fuite, semblait chaque fois provenir d'une autre planète. Kampala n'était qu'à quelques heures de route, mais le ton de la conversation trahissait le gouffre qui s'était creusé entre la capitale en paix et le Nord en sang. Un beau jour, l'ambassadeur en personne, Salvatore Zotta, prit la parole pour faire comprendre à Piero que la présence de ressortissants italiens dans les environs de Gulu le préoccupait énormément.

— Docteur Corti, si je puis me permettre un conseil, fermez l'hôpital. Ce n'est qu'un conseil, mais vous devriez savoir qu'il n'est pas exclu que le ministère des Affaires étrangères intervienne pour me demander de le faire fermer. À vous.

Piero, un moment bouche bée, ne pouvait être insensible à cet argument. Principal bailleur de fonds de l'hôpital, Rome pourrait l'obliger à le fermer. Il suffisait, s'il refusait d'obtempérer, de menacer de lui couper les vivres. En revanche, si Piero prenait l'initiative de fermer l'hôpital de son propre chef, il restait libre de le rouvrir à sa guise... Si au moins Matthew avait été là, il lui aurait demandé conseil, comme il le faisait si souvent.

Kony, qui semblait placide, se cala dans le fauteuil en bois qu'un porteur venait de poser derrière lui. Il toisa Matthew.

— Vous croyez que nous sommes possédés par de mauvais esprits, affirma Kony. Vous vous trompez. Notre rôle est d'obéir au Saint-Esprit et de lutter contre ceux qui font obstruction à sa volonté. Notre seul but est de combattre le mal, c'est-à-dire l'armée et l'État.

— Vous faites toutefois d'innocentes victimes, répliqua Matthew. C'est pour cela que certains vous croient possédés par de mauvais esprits et vous craignent.

— Vous n'avez rien à craindre de nous. Nous vous avons amenés ici uniquement parce que l'hôpital refuse de nous donner des médicaments. Nous en avons besoin pour soigner nos blessés et nos malades, mais aussi pour les distribuer dans les zones que nous contrôlons. Nous vous avons aussi amenés ici pour vous permettre de comprendre qui nous sommes, pour faire votre éducation.

— Mais nous avons du travail à faire à l'hôpital !

— Peut-être, mais il vous faudra rester encore quelque temps avec nous...

D'un simple regard, Kony donna l'ordre à ses hommes de ramener Matthew, qui se sentait de plus en plus mal. Il commença à avoir de la fièvre, une fièvre qui monta si rapidement qu'il comprit qu'il souffrait d'une crise de paludisme. Sans chloroquine, il n'avait qu'à attendre que la fièvre retombe. En arrivant au camp des rebelles, il s'était dit qu'il serait sans doute libéré rapidement. Maintenant qu'il était malade, il n'aurait pas la force de marcher jusqu'à l'hôpital si on le libérait sur-le-champ. Mais il n'en serait probablement pas question dans l'immédiat, de toute façon. Kony avait parlé de faire son éducation. Cela pouvait être long, d'autant plus que l'armée, qui contrôlait l'approvisionnement en médicaments, n'allait pas en donner à la rébellion de sitôt. S'évader ? Impossible. Matthew avait vu trois périmètres de sécurité autour du camp, et d'autres lui avaient peut-être même échappé. Une évasion ne serait viable qu'en cas d'attaque par l'armée. Abruti par la fièvre, bercé par les frissons, Matthew devait, s'il voulait dormir, cesser de rêver.

En l'absence de Matthew, dont il demeurait sans nouvelles depuis quatre jours, Piero décida de fermer l'hôpital, y compris le service des urgences. Une goutte avait fait déborder le vase : une bande de rebelles cherchant de la nourriture avaient cambriolé les petits commerces qui se trouvaient à l'entrée de l'hôpital. C'en était trop. Puisqu'il était impossible de communiquer avec les ravisseurs et impossible également de compter sur la protection de l'armée, l'hôpital fermerait ses portes. Lucille et Piero resteraient toutefois sur place, pendant quelques jours encore, pour attendre le retour de Matthew et empêcher le saccage de l'hôpital, où se trouvait maintenant un matériel médical extrêmement coûteux qui pourrait encore servir.

Lucille et Piero passèrent prendre le thé chez les Dalla Bernardina en fin d'après-midi. Ils y apprirent que des rebelles armés de mitraillettes avaient attaqué le camion-citerne qui venait de ravitailler l'hôpital en diesel. Deux passagers avaient été tués, le conducteur avait été enlevé, et son assistant, blessé. Des médecins pouvaient toujours, en choisissant de rester sur place, mettre leur vie dans la balance, mais pouvaient-ils décemment risquer celle de leurs fournisseurs ?

Un inconnu frappa à la porte et demanda à parler à Lucille et à Piero. À voix basse, à demi-mot, le jeune homme leur proposa de rencontrer des émissaires chargés de leur transmettre un message de Kony. Oui, immédiatement. Sans hésiter ni discuter, ravis d'avoir enfin un interlocuteur, ils sortirent et le firent monter dans leur voiture. Il fallait toutefois faire vite car il ne saurait être question de rouler après la tombée du jour. Mais ce n'était pas très loin, les assura leur mystérieux passager. À peine dix minutes plus tard, après qu'ils eurent emprunté une route qui débouchait sur des chemins de plus en plus étroits, il leur dit d'arrêter.

— Ici ? demanda Piero.

— Oui, oui, c'est là.

Il n'y avait là qu'une hutte dont sortirent deux enfants, qui semblèrent intimidés par les deux médecins. C'étaient eux, les émissaires des redoutables guerriers du Saint-Esprit ?

— Nous avons un message pour vous, murmura l'un des gamins.

— Qu'est-ce que c'est? s'enquit Piero.

— Matthew va bien, et il sera libéré dans quelques jours avec les infirmières.

— Mais où sont-ils? demanda Lucille.

— Nous ne le savons pas, dit le second garçon.

Et les deux enfants, à l'instar de leur guide, s'enfuirent.

Lucille et Piero, qui n'avaient plus qu'à rentrer à l'hôpital, ne savaient que penser. Malgré la bizarrerie de la rencontre, ils se sentaient tout de même rassurés. Ils n'étaient pas entrés en contact avec les rebelles, mais ces derniers, s'il s'agissait véritablement d'eux, n'auraient pas fait ces démarches sans avoir l'intention de libérer leurs otages. Il fallait attendre, attendre encore.

Deux jours plus tard, Lucille et Piero reçurent les Dalla Bernardina à dîner. Hormis les missionnaires, il ne restait presque plus d'étrangers à l'hôpital. La conversation, comme toujours, porta sur Matthew et les infirmières, dont la libération tardait. Ils étaient séquestrés depuis sept jours maintenant. Soudain, on frappa à la porte. Le gardien, tout sourire derrière la porte vitrée, attendait impatiemment qu'on lui ouvre. Pendant que Piero l'invitait à entrer, une silhouette se détacha de l'obscurité : Matthew! Devançant tout le monde, Lucille se lança à son cou et laissa éclater sa joie. Elle l'embrassa, le serra dans ses bras et pleura, soulagée, heureuse, comme si elle avait retrouvé son propre fils.

Matthew, qui semblait être en bonne santé, était toutefois affaibli et amaigri. Malgré la malaria, il avait été contraint de marcher beaucoup. Chaque nuit, tout le groupe, composé d'au moins deux mille personnes, changeait d'emplacement pour éviter d'être repéré par l'armée. Matthew avait été relâché avec les infirmières après que Kony lui eut annoncé que le Saint-Esprit avait ordonné leur libération. Matthew, quant à lui, pensait plutôt que d'autres rebelles, d'anciens officiers d'Idi

Amin Dada qui avaient peut-être été soignés à l'hôpital, étaient probablement intervenus en leur faveur. Il s'excusa de tomber de fatigue, et promit de leur donner plus de détails après une bonne nuit de sommeil. Tous l'embrassèrent de nouveau et lui souhaitèrent une bonne nuit. Avant de les laisser, Matthew remit à Lucille et à Piero un cadeau de la part de Kony, un trousseau complet de clefs dérobées à l'hôpital.

Pour Lucille et Piero, il fallait maintenant mettre Matthew à l'abri, peut-être même l'envoyer à l'étranger. Il refusa toutefois de s'exiler, préférant rentrer dans sa famille, à Kitgum, où il se sentirait en sécurité. Ils devaient eux aussi quitter l'hôpital, qui avait cessé de fonctionner. L'ambassade d'Italie ne leur laissait guère le choix. Des gardiens resteraient sur place, mais eux devaient partir. Chargée par Piero de faire leurs bagages, Lucille avait commencé par errer, se sentant soudain désemparée, égarée, dans cette grande maison abritant vingt-huit ans de souvenirs. Les livres et les agendas, les têtes d'antilope empaillées et les jouets de Dominique. Que fallait-il emporter? Que fallait-il laisser là? Que fallait-il donner? Lucille vida les armoires et fit don de presque tous les vêtements aux domestiques. La machine à écrire et les livres de médecine seraient entreposés dans un conteneur qu'on confierait aux militaires. La batterie de cuisine serait donnée aux sœurs de Vérone. Mais les livres? Elle parcourut les rayons. Il y avait beaucoup de romans policiers, une vieille édition du *Deuxième Sexe* de Simone de Beauvoir, et les sept livres de sa vieille amie Michèle, qui avait pris le nom de son mari, Mailhot, et était devenue romancière.

Lucille constata qu'elle avait aussi conservé tous ses agendas. Elle prit le premier, dont la tranche était couverte de fine poussière rouge, et où figuraient, en caractères typographiques démodés, les quatre chiffres de la première année passée entièrement en Ouganda : 1962. Elle le feuilleta. Ce carnet, simple liste de rendez-vous, d'engagements, d'opérations, de fêtes et d'anniversaires, lui fit réaliser combien elle avait vieilli, certes, mais combien l'Ouganda avait vieilli plus vite qu'elle; les vingt-huit dernières années l'avaient transformée, mais pas autant que son pays d'adoption. Telles des pièces d'horlogerie, ses agendas marquaient avec précision le passage du temps. Jadis extrêmement méticuleuse, Lucille avait même consigné chacune des lettres qu'elle avait reçues ou envoyées. Les lettres! Que faire des lettres?

Lucille sortit le carton où elles étaient rangées pêle-mêle, des centaines de lettres qui remontaient aux années quarante, et elle se plongea dans leur lecture. Il ne fallait conserver que les plus importantes. Tout ce qu'avait écrit ou dessiné Dominique, évidemment, les missives de François Laroche, celles de Jacques Asselin, les plus sérieuses, en tout cas; les rigolotes iraient au panier. Elle tria les lettres de sa famille. Ses sœurs l'avaient tenue au courant de ce qui se passait. Mais elle eut beau chercher, elle ne retrouva pas une seule lettre de sa mère.

Il fallait partir. Hésitant à se rendre à Kampala par voie terrestre, les Dalla Bernardina s'étaient envolés pour Entebbe; l'armée avait autorisé le Cessna qui était passé les prendre à se poser sur la piste d'atterrissage de Gulu. C'était maintenant au tour de Lucille et de Piero.

Ce dernier rédigea un tract qu'il fit distribuer dans les rues de Gulu, le 10 avril 1989 : l'hôpital fermait ses portes.

«L'hôpital ne rouvrira que lorsque la sécurité des patients et du personnel sera assurée. [...] En raison de la guerre, des milliers et des milliers d'enfants meurent de rougeole, de malnutrition, et par manque de soins médicaux. [...] La paix aurait permis d'éviter toutes ces morts et combien d'autres encore. [...].»

Dès le lendemain, un mot d'ordre circula parmi la population de Gulu : il fallait manifester! Quelques jours plus tôt, une quinzaine d'élèves de l'école des infirmières, transférées à Gulu pour y terminer leur cours, avaient défilé dans les rues de la ville. Tenant timidement des pancartes mais arborant fièrement leur uniforme, elles avaient paradé en silence pour réclamer des autorités une protection accrue pour l'hôpital. Maintenant, c'était au tour des femmes de Gulu de se préparer à manifester. Pour la défense de l'hôpital, pour la défense de Lucille et de Piero.

Quelques-unes s'étaient rendues sur la place du marché pour rameuter clientes et commerçantes, avaient sillonné les camps de personnes déplacées. Ensemble, elles pourraient faire quelque chose. Leur hôpital fermait! Pour pousser l'armée à intervenir, elles se donnèrent donc rendez-vous pour manifester dans les rues de Gulu. À l'heure convenue, accompagnées de nuées d'enfants, les femmes convergèrent devant l'Hôtel de Ville par centaines. On n'avait jamais vu dans les rues de Gulu un rassemblement animé d'un tel sentiment, d'une telle dignité. Toutes celles qui redoutaient de se retrouver un jour seules et démunies face à la maladie avaient tenu à être là. La santé de leurs enfants, de leurs proches était en jeu.

Les autorités, qui acceptèrent de les rencontrer, s'engagèrent, puisque l'armée était débordée, à créer une milice d'une trentaine d'hommes chargée de protéger l'hôpital. Dans le Nord, de telles «brigades d'archers» prêtaient de plus en plus souvent main-forte aux militaires. Cette milice patrouillerait les environs de l'hôpital.

21

Au cœur des ténèbres

> *Le but n'est pas d'arriver « à faire »*
> *une intervention mais au contraire*
> *de savoir en réaliser* de façon fiable,
> parfaite *des centaines.*
>
> Jean-Pierre Bex,
> *Principes et techniques de base*
> *de la chirurgie moderne.*

E<small>N CE TRISTE AVRIL</small>, les pamplemoussiers donnaient leurs premiers fruits, mais Lucille remarqua que ces derniers étaient à peine plus gros que des oranges. Même la nature semblait se rebeller contre cette guerre civile de plus en plus cruelle. C'est ainsi qu'une femme se présenta un jour au service des urgences avec un bébé gravement brûlé. Elle expliqua que les maquisards les avaient battus, elle et ses huit enfants, avant de les enfermer dans leur propre case. Ils avaient ensuite incendié le toit en herbes séchées, qui s'était écroulé, ce qui lui avait permis de s'enfuir avec le plus jeune. Les sept autres avaient péri.

Cette femme avait raconté son histoire avec retenue, presque embarrassée d'importuner le personnel de l'hôpital. Son récit avait horrifié Lucille, qui, après avoir examiné l'enfant, avait toutefois eu une mauvaise nouvelle à lui annoncer : le bébé se remettrait vite de ses brûlures, mais les coups de rondin qu'il avait reçus à la tête le laisseraient paralysé du côté gauche.

L'hôpital, que Lucille et Piero ne se résignaient pas tout à fait à abandonner, était officiellement fermé. Hormis les urgences, tous les malades étaient dirigés vers l'hôpital public de Gulu. Ses rares médecins, qui exerçaient principalement en pratique privée pour arriver à joindre les deux bouts, ne faisaient qu'y passer. Les médicaments manquaient et les patients y séjournaient en attendant que leur cas devienne assez urgent pour qu'ils soient admis à l'hôpital de Lacor. C'est ainsi que, après quarante-six heures de travail et une épisiotomie, une jeune femme qu'on n'arrivait pas à accoucher fut emmenée à l'hôpital de Lacor par sa mère. Piero appliqua une ventouse qui permit l'expulsion du fœtus. Hélas, le bébé, atteint de la maladie bleue, était mort. Une autre patiente de l'hôpital de Gulu avait gagné, moribonde, celui de Lacor en taxi. Mais pour cette femme atteinte de cachexie, l'extrême maigreur des mourants, il était déjà trop tard. À l'hôpital de Gulu, on aurait dû être en mesure de l'aider, mais la pénurie de médicaments était telle qu'on n'avait rien pu pour elle. Lucille et Piero donnèrent à leurs collègues de Gulu des médicaments dont ils n'avaient eux-mêmes plus besoin dans un hôpital «fermé».

Au service des urgences, les choses se passaient plutôt bien lorsque les blessés s'y présentaient individuellement, mais elles se compliquaient terriblement lorsqu'ils arrivaient en groupe. Un soir, huit personnes, toutes passées à tabac par la rébellion parce qu'un de leurs proches s'était enrôlé dans une «brigade d'archers», furent amenées en même temps. Par laquelle commencer ? Par la mère qui avait subi de multiples fractures après avoir vu son bébé se faire assassiner sous ses yeux ? Ou par le garçon de sept ans dont le crâne avait été fracassé ?

L'armée ougandaise ne se comportait pas toujours mieux. En juillet 1989, des soldats arrêtèrent deux cent soixante-dix-neuf personnes dans une opération de «triage» visant à identifier des insurgés. Soixante-neuf d'entre elles furent enfermées dans un wagon sans aucune aération, à la gare d'Okungulo, dans le district de Teso. La plupart périrent asphyxiées. Quand les militaires firent ouvrir les portes, ils repérèrent toutefois six survivants, qui, quoique trop faibles pour bouger, furent achevés.

Malgré la cascade de mauvaises nouvelles, la détermination de Lucille ne vacilla jamais. Les violences, au contraire, provoquaient chez elle un sursaut d'indignation qui lui donnait la force de continuer. Quand on lui amena un patient sur lequel les insurgés avaient ouvert le feu parce qu'il avait refusé de leur donner sa bicyclette, Lucille recommença à tonner. Elle ne pouvait s'empêcher, comme toujours, de se sentir directement concernée. Les voleurs de bicyclette avaient enfoncé cinq projectiles dans son patient *à elle*. Sur au moins une chose, elle ne ferait aucune concession : elle conserverait intacte sa faculté de s'indigner. Elle serait hargneuse, amère peut-être, mais cynique, désabusée, résignée, jamais !

L'hôpital, comme la vie elle-même, devenait de plus en plus précaire. Certains, même gravement malades, n'osaient plus s'y aventurer. Quand le capitaine de la «brigade d'archers» fut blessé par les rebelles, il fut emmené à la caserne, où l'on appela un médecin, plutôt qu'à l'hôpital de Lacor, où on craignait qu'il pût être retrouvé et achevé. Si même les mourants n'osaient plus s'y faire soigner, se demandèrent Lucille et Piero, à quoi bon rester ?

Depuis que l'hôpital recrutait des internes ougandais, la charge de travail de Lucille s'était quelque peu allégée en salle d'opération. Après avoir effectué l'essentiel de l'intervention, elle laissait aux internes le soin de refermer la plaie. Rien de plus normal. Elle avait soixante ans, combattait le sida depuis une dizaine d'années, et se fatiguait plus facilement. C'était aussi la meilleure façon de permettre aux jeunes médecins de se faire la main. Depuis la fermeture de l'hôpital, toutefois, Lucille réalisait de nouveau toutes les opérations du début à la fin. Un cancer du col de l'utérus l'avait même retenue au bloc opératoire pendant plus de trois heures.

Le soir, pour se détendre, Lucille et Piero se permettaient parfois de regarder des vidéocassettes. Pas très souvent, cependant, car ils devaient ménager la génératrice s'ils voulaient être assurés de la voir fonctionner le lendemain. Les films ne réussissaient pas toujours à leur changer les idées. Le visionnage de *La Déchirure (The Killing Fields)*, le long métrage de Roland Joffe sur les massacres de Pol Pot au Cambodge, avait été accompagné par le crépitement des armes à feu, une vraie fusillade ayant lieu au même moment non loin de la maison.

Le 29 avril 1989, vingt-huit ans presque jour pour jour après leur départ pour l'Ouganda, Lucille écrivit à sa sœur Lise à l'occasion de son anniversaire. Elle n'avait pas toutefois le cœur à la fête et laissa échapper son désarroi : «Nous nous sentons tellement isolés et abandonnés de Dieu et des hommes.»

Jamais leur solitude ne leur avait semblé si grande. Ils demeuraient prêts à partir, mais avaient décidé de rester encore un peu plus longtemps. À quel prix cependant! Cloîtrés dans un hôpital dont ils ne sortaient rigoureusement jamais, ils se sentaient isolés du monde, entourés d'une poignée d'êtres vivants — la sœur Lina, le frère Elio, quelques infirmières ougandaises —, guettés par une légion d'êtres malades et moribonds. Au moins, ils n'étaient pas seuls. Ils resteraient encore un peu plus longtemps. Mais pendant combien de temps encore allaient-ils tenir au cœur des ténèbres?

Le 17 mai 1989, Lucille inscrivit sur son journal une petite phrase en majuscules mal assurées tout à fait inhabituelles : «J'AI TRÈS PEUR.» Le lendemain, on lui amena un jeune milicien blessé par les rebelles. Il disait avoir quinze ans, mais sa voix de garçonnet révélait qu'il était encore impubère. Cet «archer», qui n'avait pourtant aucun caractère sexuel masculin, démontrait l'horreur d'une guerre qui s'appuyait maintenant sur les enfants. Les «brigades d'archers» recrutaient des enfants soldats. Les rebelles kidnappaient des enfants otages. Et des enfants collaborateurs étaient exécutés.

Pour obliger les écoles à fermer leurs portes, les insurgés menaçaient d'assassiner les instituteurs. La rumeur voulait qu'ils aient déjà tué un enseignant et obligé ses élèves à le manger. C'était faux, mais cette histoire de cannibalisme, souvent répétée, terrorisa les familles, qui retirèrent leurs enfants de l'école. À la misère viendrait s'ajouter un peu plus d'ignorance.

Un beau jour, un homme qui se disait envoyé par Kony demanda à voir Piero. L'hôpital, disait-il, ferait l'objet de représailles s'il ne rouvrait pas ses portes. Des représailles? Mais Piero, qui ne voyait pas très bien comment la situation pourrait encore s'aggraver, se dit que c'était probablement bon signe. Les insurgés mesuraient enfin la portée de la campagne de harcèlement dont l'hôpital avait fait l'objet. Les aînés avaient peut-être eu raison de prôner la méthode forte, c'est-à-dire la fermeture, il y avait déjà longtemps.

La ligne des combats se déplaçait vers l'est, et les malades commençaient à revenir à l'hôpital de Lacor. Après une «fermeture» de six semaines, l'hôpital envisageait de rouvrir ses portes. Des médecins ougandais, Matthew le premier, revinrent progressivement, et on put enfin recommencer à s'intéresser à des problèmes de santé autres que les blessures par balle. En pédiatrie, on administra des tests de dépistage du sida à trois mères et à cinq enfants; six d'entre eux se révélèrent séropositifs.

Un jour, un soldat se présenta à l'hôpital pour demander de subir un test de dépistage.

— Pourquoi? demanda Lucille.

— Parce que mes camarades et moi, balbutia le militaire, on s'est dit qu'on pourrait se marier si on n'avait pas le sida, mais que si on l'avait déjà, on ne changerait pas.

Ce soldat était en train d'expliquer à une femme qui avait le sida qu'il ne voulait pas contaminer une éventuelle épouse mais qu'il se sentait autorisé à infecter n'importe quelle autre femme. Autrement dit, s'il devait mourir, d'autres mourraient avec lui. Lucille lui donna son congé.

Le travail au service des urgences avait ragaillardi Lucille, lui redonnant le sentiment d'être utile, voire indispensable. L'exercice de la médecine lui semblait, dans ces circonstances, plus gratifiant que jamais. Elle avait sauvé vie après vie. Chaque jour, malades et blessés lui avaient été amenés agonisants, et elle les avait soignés, les avait aidés à tenir tête à la mort. Sans le savoir, ils lui avaient rendu la pareille.

Elle avait retrouvé l'enthousiasme d'antan, même si le travail l'épuisait plus que jamais. Si elle prenait sa cortisone plus assidûment, lui rappelait souvent Piero, elle se sentirait moins accablée par son insuffisance surrénale… Mais Lucille, enfin libérée de la fièvre et du muguet, traversait une période de rémission qui lui faisait par moments carrément oublier «sa maladie». Elle songeait même à entreprendre un long voyage à l'étranger qui lui faisait de plus en plus envie…

La fondation Sasakawa, qui avait honoré Lucille et Piero à l'O.M.S., les avait invités à donner une conférence au Japon. Ils acceptèrent, en se disant qu'ils en profiteraient pour faire un peu de tourisme et pour essayer d'oublier l'Ouganda pendant deux semaines. Il suffirait de confier la responsabilité de l'hôpital, où se trouvaient déjà soixante-quinze patients, à Matthew, à la tête d'une équipe comportant désormais six médecins ougandais. La direction de l'hôpital serait donc laissée pour la première fois à un médecin africain, ce qui n'allait pas sans soulever un vieux problème.

Piero s'en ouvrit au nouvel évêque, Mgr Martin Luluga, lui disant que Matthew était le mieux placé pour lui succéder un jour. Outre ses compétences professionnelles, ce médecin faisait preuve de qualités humaines exceptionnelles. Tous les collègues s'entendaient là-dessus.

— Avez-vous à l'hôpital un médecin plus compétent que lui? demanda l'évêque.

— Non, répondit Piero. Il est notre meilleur médecin et, à mon avis, l'un des meilleurs de tout l'Ouganda!

— Alors, je ne vois pas le problème. Considérez la question comme réglée.

— Permettez-moi quand même de vous rappeler, monseigneur, que Matthew est protestant. J'ai entendu dire que certains prêtres ne verraient pas d'un bon œil que la direction d'un hôpital catholique soit confiée à un médecin protestant.

— Docteur Corti, nous savons tous que Matthew est protestant. C'est mon médecin personnel, et il soigne la plupart des prêtres du diocèse, peut-être même ceux dont vous rapportez les inquiétudes. Il est vrai, néanmoins, que la question de la foi est importante et qu'ils n'ont pas tort de la soulever. Je vous pose donc la question directement : comptez-vous à l'hôpital un médecin plus chrétien que Matthew?

— Non, monseigneur, répondit Piero en souriant.

L'évêque avait dit «chrétien»! Piero était autant ravi que soulagé. À une époque pas si lointaine, les médecins protestants n'auraient même pas pu exercer chez les catholiques. Mais l'Ouganda changeait, parfois aussi pour le mieux, et ce vieux conflit se résorbait. L'hôpital de Lacor avait beau être catholique, Piero en avait fait un hôpital œcuménique où on avait mieux à faire que de se chamailler sur la religion du futur directeur. Même l'évêque était d'accord!

Craignant d'être attaqués sur la route Gulu-Kampala, Lucille et Piero prirent un Cessna qui les mena, le 27 mai 1989, à l'aéroport d'Entebbe. Ils s'envolèrent pour Nairobi et Milan, où ils passèrent quelques jours avant de repartir pour Tokyo en compagnie de Dominique. À leur arrivée au Japon, il pleuvait sur la capitale nippone, et Lucille commença à avoir de la fièvre et à tousser. Souffrante, elle devait rester à l'hôtel. Mais la perspective de rater l'occasion de s'initier à l'Asie, qui l'avait fait rêver, enfant, de lointaines missions chinoises et, adolescente, d'engagement en Inde, la poussa à surmonter cet obstacle en moins de quarante-huit heures.

Après la conférence à la fondation Sasakawa, Lucille, Piero et Dominique se lancèrent avec candeur et ravissement à la découverte du Japon. Après Gulu, impossible d'imaginer un dépaysement plus grand ! Le métro de Tokyo, le Temple d'or à Kyoto, le Palais impérial, les temples bouddhistes... Lucille trouvait son plaisir tant dans les ors, les splendeurs et les cerisiers qu'en la compagnie de Dominique. Ils étaient tous convenus de ne pas parler de ses études. Le simple fait de la côtoyer avait, comme d'habitude, contribué à revivifier Lucille. Sa fille demeurait pourtant pour elle une énigme. Bien qu'elle fût d'une amabilité, d'une affection, d'une gentillesse irré- prochables, Dominique ne donnait plus signe de vie quand elle était loin de ses parents.

Cela n'empêchait pas Lucille de l'admirer. Elle l'avait vue évoluer parmi les participants à la conférence et elle avait constaté que, bien que Dominique fût la plus jeune du groupe, elle avait fait très bonne impression. Polyglotte, elle passait avec aisance d'une langue à l'autre et parlait de médecine avec une assurance qui avait fait défaut à sa mère. Lucille, qui aurait voulu faire preuve du même brio, ne s'embarrassait pas pour dire qu'elle trouvait sa fille plus intelligente qu'elle. Elle la vénérait, et se demandait souvent comment une mère devait aimer sa fille. Ne pouvant guère s'inspirer de l'exemple de sa propre mère, elle aimait Dominique comme elle le pouvait.

Leurs retrouvailles donnaient parfois lieu à des scènes cocasses. Plusieurs années auparavant, Lucille, de passage en Italie, avait insisté, un soir, pour border Dominique, qui avait presque... dix-huit ans. Mais comment au juste une mère devait-elle faire preuve d'affection envers sa fille ? Dans l'incertitude, Lucille préférait en faire trop, quitte à paraître gauche, que pas assez. En définitive, elle était reconnaissante que Dominique n'ait pas coupé les ponts comme elle-même l'avait fait avec sa propre mère. Elle admettait que Dominique, qui ne reprochait jamais à ses parents de l'avoir «sacrifiée» au bénéfice de leur hôpital, aurait pu le faire, et peut-être même avec raison. Mais, malgré la distance et les difficultés, Dominique avait compris que sa mère l'aimait.

Après deux semaines idylliques au Japon, Lucille et Piero rentrèrent à l'hôpital de Lacor, pour constater que le nombre de patients avait quadruplé. On y trouvait désormais quatre cents malades, pour trois cents lits! Une paix précaire régnait dans les environs de la ville de Gulu. La ligne des combats s'étant déplacée vers l'est, les malades avaient recommencé à déferler sur l'hôpital, où, sous la houlette de Matthew, les médecins ougandais s'étaient bien tirés d'affaire. Un «nouveau» allait désormais leur prêter main-forte. Isaac Alidria Ezati, qui venait de terminer sa spécialisation en chirurgie à Mulago, reviendrait bientôt à l'hôpital de Lacor. C'était un homme grand et fort, qui dégageait une autorité naturelle. Il dirigerait désormais le service de chirurgie, devenant le premier Ougandais à occuper ces fonctions.

Un nouveau bloc opératoire comprenant trois salles d'opération fut inauguré le 12 juillet 1989, pour la plus grande satisfaction du frère Elio. Lucille y réalisa une première intervention dès le lendemain. L'hôpital comptait désormais trois cent cinquante lits.

Le calme relatif permit à Lucille de recevoir Deborah Cowley, une journaliste d'Ottawa qui souhaitait leur rendre visite. Cette journaliste avait entendu parler de Lucille lorsque celle-ci avait été honorée par l'Association médicale canadienne, et elle avait convaincu *Reader's Digest* de l'envoyer en Ouganda. Première journaliste canadienne à se rendre à l'hôpital de Lacor, elle y passa cinq jours pendant lesquels elle pressa Lucille de questions, à commencer par le nombre d'opérations qu'elle avait faites depuis 1961. Quelle drôle de question! Lucille ne s'y était jamais arrêtée. Elle consulta donc les registres du bloc opératoire et se rendit compte qu'elle ne pourrait jamais les compter, car il y en avait beaucoup trop.

Elle devait bien en avoir fait deux par jour en moyenne, ce qui lui permettait d'arriver à environ vingt mille opérations, sans compter les petites chirurgies, dont le nombre tournait autour de dix mille. Deborah Cowley l'accompagna au service des consultations externes et fut frappée par un détail : autant Lucille était sèche et expéditive avec les adultes, autant elle était souriante et chaleureuse avec les enfants.

Pendant que la journaliste revêtait une blouse, un bonnet et un masque pour pouvoir la suivre à la salle d'opération, Lucille mentionna qu'elle avait le sida. Elle l'avait dit avec une telle nonchalance que Deborah Cowley pensa qu'elle avait sûrement mal entendu. La journaliste comprit vite qu'elle ne s'était pas trompée.

— Surtout ne dites pas à Piero que je vous l'ai dit, ajouta Lucille. Ça le rendrait furieux.

Deborah Cowley partit dès le lendemain matin pour le Burundi, où elle devait interviewer Jane Goodall, la spécialiste britannique des chimpanzés, et se demanda si elle devait faire figurer cet aveu dans son article. Quelles en seraient les répercussions en Ouganda? Pourrait-on aller jusqu'à interdire à Lucille l'exercice de la médecine? La journaliste réfléchit longuement à ces questions, en discuta avec son rédacteur en chef, et décida d'écrire un article qui mettrait plutôt l'accent sur ce qui lui était apparu comme le principal mérite de l'hôpital. Son titre serait : «L'hôpital de l'espoir». Il n'y serait aucunement question de la maladie de Lucille.

Un jour, des soldats se présentèrent chez Lucille et Piero pour réquisitionner leur radio à ondes courtes. Piero plaida qu'il l'utilisait pour communiquer avec l'Europe, en l'absence de service téléphonique.

— Un hôpital ne peut pas se permettre d'être complètement coupé du reste du monde! dit-il.

— Nous avons des ordres, se fit-il répondre.

Furieux, Piero se rendit dès le lendemain à la caserne pour voir un officier, qui lui expliqua que les rebelles utilisaient le même type de radio. L'armée, dit-il, devait donc faire preuve de la plus grande prudence… Piero était sidéré. Son interlocuteur insinuait que l'hôpital aurait pu être utilisé comme un centre de communications de la rébellion. Les insurgés avaient toujours soupçonné l'établissement d'être à la solde de l'armée ; on y soignait effectivement des militaires. Voilà que l'armée le soupçonnait d'être à la solde des insurgés !

Exaspéré, Piero plaida sa cause auprès de l'officier. La radio était un instrument de travail essentiel qui permettait de sauver des vies. Il lui raconta l'histoire d'un garçonnet de trois ans qu'on avait un jour amené à l'hôpital. Atteint d'hydrocéphalie, une accumulation de liquide séreux dans le crâne, il devait subir une opération visant à installer une « soupape » permettant l'évacuation du liquide, qui menaçait de lui comprimer le cerveau. Il était impossible d'en trouver une en Ouganda. Grâce à la radio, Piero avait pu communiquer avec Arshad Warley, à Londres, qui avait trouvé un neurochirurgien pour expédier la « soupape » en question par avion avec un « mode d'emploi » destiné à Lucille, qui avait pu ainsi réaliser cette difficile intervention.

L'officier l'écoutait patiemment, mais sa patience avait des limites que Piero, très volubile, menaçait de dépasser. Pour se débarrasser poliment de son interlocuteur, l'officier eut l'idée d'un compromis.

— Je propose qu'on vous rende la radio, mais que vous ne communiquiez plus qu'en anglais.

Piero pouvait admettre volontiers que les autorités veuillent écouter et comprendre ses conversations, qui se déroulaient normalement en italien. Si c'est ce qu'il fallait pour les rassurer, soit. Il n'avait rien à cacher.

Bien que précaire, la paix qui régnait dans les environs de Gulu donna à Lucille un répit qu'elle mit à profit pour écrire à des amis à qui elle n'avait pas donné signe de vie depuis longtemps. Elle renoua ainsi avec Colette Dion, avec qui elle s'était enrôlée dans les cadets de l'air, et qui habitait maintenant la banlieue de Washington. Dans une lettre datée du 29 avril 1990, Lucille lui donna des détails sur sa santé, «un chapitre très long et très pénible», sans lui dire explicitement qu'elle avait contracté le V.I.H. Elle espérait que Colette le devinerait puisqu'elle parlait de son taux de lymphocytes CD4, les cellules qui fabriquent les anticorps à la base du système immunitaire. Lucille avait du mal à dire «j'ai le sida». Ces trois mots, moins une petite phrase qu'une sentence, lui semblaient brutaux, fatals. Elle craignait moins la mort, de toute façon inéluctable, que la réaction des gens, qui risquaient de changer de comportement. Par-dessus tout, elle appréhendait leur pitié. Nul ne dirait jamais qu'elle était pitoyable!

Devenue psychologue, Colette ne comprit rien au jargon médical mais devina que quelque chose n'allait pas. Elle s'empressa de demander des éclaircissements à Lucille. Alitée en raison d'un nouvel épisode de zona qui avait provoqué une légère paralysie de la main, rendant son écriture difficile à lire, Lucille fut on ne peut plus claire.

«Pour éviter toute autre équivoque, disons que je suis affectée par la maladie appelée sida. […] En somme, je vis sur le fil du rasoir. Entre deux complications, je continue de mener une vie normale et à travailler de huit à dix heures par jour. […] Pour moi, le plus terrible, c'est l'alternance entre des périodes de dépression (alors, je suis convaincue que je suis finie, qu'il n'y a rien à faire, et j'espère avoir déjà entamé la phase terminale) et des périodes d'angoisse (alors, je suis convaincue d'être en train de devenir comme ma mère, hypocondriaque et névrotique).»

Vingt-huit ans après avoir quitté Montréal, le spectre de sa mère la hantait encore.

Une nuit qu'elle était seule à la maison, un étrange fracas la réveilla. Au salon, le vase en cristal s'était fracassé sur le plancher. En allumant, elle vit la coupable. Une chouette qui s'était glissée entre les barreaux d'une fenêtre l'avait fait tomber. L'oiseau blanc, identique à celui que Dominique avait recueilli naguère, était aveuglé par la lumière, pétrifié par la peur. Lucille s'empressa de lui rendre sa liberté.

Dominique… À elle aussi, Lucille devait rendre sa liberté. Sa fille était libre de lui donner des nouvelles quand elle le souhaitait, libre d'étudier à son rythme, libre de mener ses affaires comme elle l'entendait, libre d'être heureuse. Lucille devait l'accepter. Elle aimerait Dominique comme Dominique l'aimait : sans conditions. Même si elle continuait de lutter avec le fantôme de sa propre mère, Lucille ne transmettrait pas à sa fille ce triste héritage d'amertume, de ressentiment et de culpabilité. Entre Lucille et Dominique, le legs du passé s'était brisé. Comme le cristal contre le carrelage italien.

Le 18 juin 1990, Lucille releva dans son journal que l'électricité, après une panne qui avait duré quatre ans, était enfin revenue. Pour l'hôpital, c'était une excellente nouvelle. Jusque-là, il avait fallu faire fonctionner une génératrice, qui s'était révélée aussi prohibitive qu'aléatoire. Pour Lucille, qui noterait désormais minutieusement la moindre panne de courant, la lumière pourrait enfin jaillir.

22

Un air d'opéra

*S'il est classique de dire que
les chirurgiens ont un profil
psychologique particulier,
qu'ils sont très sensibles au côté
« performance », en fait, il leur
est nécessaire de s'acharner,
par un travail permanent,
à être parmi les meilleurs,
dans le peloton de tête.*

Jean-Pierre BEX,
*Principes et techniques de base
de la chirurgie moderne.*

LUCILLE n'aimait pas l'Italie en hiver. Elle y supporterait mal un mois aussi gris et pluvieux que décembre, mais elle ne voyait pas comment elle pourrait y échapper. Au nom d'une association médicale féminine, le ministre italien de la Santé souhaitait lui remettre, le 1er décembre 1990, journée mondiale du sida, un prix récompensant son travail auprès des sidéens. Le ministre des Affaires étrangères souhaitait par ailleurs décerner une médaille d'argent pour *« merito civile »* à Piero, qui venait officiellement de prendre sa retraite, à soixante-cinq ans. Pour éviter tout impair, Lucille et Piero acceptèrent de se rendre en Europe pour une visite éclair.

Comme à chaque retour en Italie, ils en profitèrent pour voir le plus de gens possible. Mais, cette fois-ci, leur programme était encore plus chargé que d'habitude, car Piero tenait à présenter à ses amis et collègues Matthew, invité à Milan pour y prononcer une conférence sur les tumeurs liées au sida. Aux yeux de Piero, son successeur ne pouvait qu'inspirer confiance en l'avenir de l'hôpital.

Lucille et Piero devaient aussi se ménager du temps pour la famille, qui multipliait les invitations à dîner. Après un copieux repas chez une des sœurs de Piero, Caterina, ils rentrèrent en voiture au pavillon que la famille Corti mettait à leur disposition à Besana. La ville somnolait déjà, il était presque minuit. À une intersection, Piero oublia de faire un stop et la voiture fut emboutie par un véhicule qui avait la priorité. Le bruit de la collision fit croire à Lucille, l'espace d'une seconde, qu'une bombe venait d'exploser, et elle se mit à crier. Mais lorsque la voiture, qui avait pivoté sur elle-même, s'immobilisa enfin, elle comprit son erreur. Elle ne fut guère soulagée pour autant, car elle et Piero étaient blessés. À première vue, elle avait un hématome à la cuisse gauche, qu'elle espéra ne pas voir dégénérer en infection majeure, et Piero avait une côte fracturée.

Deux jours plus tard, elle éprouva une douleur au côté gauche.

— Tu t'es probablement fracturé une côte toi aussi, suggéra Piero.

— J'ai plutôt l'impression que la douleur est interne. Cela ne m'étonnerait pas si j'avais une lésion à la rate.

Piero lui conseilla de rester au lit et lui prescrivit des antibiotiques. Elle ne se sentait toujours pas mieux quand il fallut, quelques jours plus tard, repartir pour l'Ouganda.

Après le vol de nuit à destination d'Entebbe, Lucille et Piero s'entassèrent, avec quatre autres personnes attendues à l'hôpital, dans leur nouvelle voiture, une Land Cruiser. Pour gagner Gulu, il fallait compter au moins six heures. Encore ponctuée çà et là de carcasses de véhicules blindés, lugubre legs de la guerre civile, la chaussée se détériorait au fur et à mesure qu'on s'éloignait de la capitale. Le conducteur devait zigzaguer à vitesse réduite entre les trous creusés par les mines, et le trajet était rude, même pour les passagers les plus robustes.

À une vingtaine de kilomètres de Gulu, Lucille ressentit soudain une douleur fulgurante au côté gauche. Saisie de nausées, elle fit arrêter la voiture, descendit et s'effondra dans l'herbe sur le bas-côté. Piero constata qu'elle respirait et qu'elle était encore consciente, mais qu'elle n'avait plus de pouls! Du moins, celui-ci était imperceptible. Après une heure de repos, sa tension artérielle étant revenue à la normale, Lucille remonta dans la voiture. Dès qu'ils furent parvenus à l'hôpital, on lui administra trois litres de solution intraveineuse, et elle subit un examen à ultrasons qui révéla la cause du problème. La rudesse du voyage avait fait éclater un «kyste» de sang, un hématome, qui s'était formé sur la rate par suite de l'accident de Besana. L'hémorragie fut endiguée après une transfusion de sang, que lui donna le frère Elio, et quelques jours de repos absolu. Mais Lucille dut garder le lit encore un mois, soignée par la sœur Lina, plus attentionnée que jamais. Elle savait qu'elle supporterait mal de garder le lit plus longtemps. Même si une légère fièvre persistait, elle n'en pouvait plus d'être alitée. Convaincue que les consultations externes la remettraient d'aplomb, elle mit une fin abrupte à sa convalescence.

À l'hôpital, Lucille et Piero avaient toujours côtoyé des médecins étrangers, ce qui les avait en quelque sorte dispensés de nouer des relations plus intimes avec des Ougandais. Maintenant que les médecins étrangers se faisaient de plus en plus rares, le professeur Dalla Bernardina ayant quitté l'Ouganda en 1989, à soixante-quatorze ans, et Matthew, qui servait d'intermédiaire entre eux et les Acholis, étant reparti pour l'Europe, où il ferait une spécialité en pédiatrie tropicale à l'université de Liverpool, ils se sentaient quelque peu isolés. Ils avaient souhaité, planifié l'«africanisation» de l'hôpital, mais ils n'avaient jamais imaginé qu'elle déboucherait sur une telle solitude.

Leurs relations avec les Acholis passaient presque exclusivement par les patients, dont ils n'étaient pas toujours prêts à accepter le comportement. Il était arrivé que sept enfants soient hospitalisés dans la même journée pour des complications provoquées par l'*ebino*. Lucille et Piero ayant toujours refusé d'assimiler leur présence en Afrique à un échange culturel, considérant qu'ils étaient là en tant que hérauts de la médecine occidentale, ils en payaient maintenant le prix. Ils étaient seuls. Mais combien de temps auraient-ils eu de toute façon à consacrer à d'éventuels amis? Depuis plusieurs années, ils ne sortaient presque plus de l'hôpital.

Lucille regrettait parfois — c'était, au fond, son seul regret — de ne pas avoir adopté un enfant acholi, qui aurait pu grandir près d'elle. Peut-être serait-il même là aujourd'hui, à ses côtés. Elle s'était laissé influencer par des idées à la mode dans les années soixante, où l'on affirmait que les Noirs adoptés par des Blancs risquaient d'être rejetés autant par les Noirs que par les Blancs. Aujourd'hui, elle voyait bien que les familles où les races se mélangeaient, en Ouganda et ailleurs, devenaient monnaie courante. N'avait-elle pas elle-même épousé un étranger?

L'isolement de Lucille et de Piero était régulièrement rompu par des visites de diplomates. Ils avaient reçu les ambassadeurs d'Italie, de Grande-Bretagne et de France, et même un responsable du Pentagone. Étonnés de découvrir que l'hôpital avait pu résister aux assauts de la guerre civile, ces visiteurs avaient toujours des commentaires laudatifs. Lucille et Piero se disaient par moments qu'ils avaient torts d'être si perfectionnistes, si critiques, et que l'hôpital était peut-être, comme on le leur répétait sur tous les tons, un modèle pour l'Afrique rurale.

En avril 1991, Lucille se rendit à Ottawa pour être décorée de l'Ordre du Canada par le gouverneur général, Roy Hnatyshyn. Elle demanda à Dominique, pour qui ce pays se résumait à Repentigny, de l'y accompagner. Les deux Canadiennes iraient chercher le prix ensemble. Piero resterait à l'hôpital.

Dans l'autocar qui les emmenait de Montréal à Ottawa, traversant des forêts où les dernières neiges résistaient vainement au printemps, Lucille se réjouissait déjà à l'idée de recevoir cette distinction. Après ses collègues de l'Association médicale canadienne, voilà qu'Ottawa soulignait à son tour son dévouement exceptionnel. Elle se sentait enfin reconnue dans son pays, après trois décennies en Afrique. Il est vrai qu'elle n'avait jamais rien fait pour se faire connaître au Canada. Elle n'avait jamais sollicité l'attention des médias. Au contraire, craignant de mettre en danger la vie des journalistes, elle avait plutôt cherché à les dissuader de lui rendre visite. Deborah Cowley, par exemple, avait dû insister avant qu'elle accepte de la recevoir. Lucille se voyait d'ailleurs décorée de l'Ordre du Canada parce que cette journaliste avait présenté sa candidature, ce que la confidentialité du processus de sélection l'empêchait toutefois de lui révéler.

Cette médaille lui faisait chaud au cœur. Il ne s'agissait pas pour elle d'assouvir une quelconque soif d'éloges. Les compliments suscitaient plutôt sa radicale modestie. Il s'agissait plutôt de contenter un besoin presque inavouable, celui de se sentir moins seule. Cette distinction signifiait que quelqu'un avait pensé à elle. Non pas à l'avenir de la coopération italienne en Ouganda, non pas à la tragédie du peuple acholi, non pas au calvaire des sidéens d'Afrique, mais à elle. Elle en tirait beaucoup de bonheur, et un brin de fierté. Elle détenait enfin la preuve qu'elle avait triomphé des obstacles, les uns après les autres, en tant que femme d'origine modeste et francophone. Elle avait réussi, à l'instar du Québec se lançant dans un vaste mouvement de réformes au moment où elle l'avait quitté, sa «révolution tranquille».

À Ottawa, elle goûta ces quelques jours passés avec Dominique, visitant le Parlement et les nouveaux musées, et chercha à oublier l'hôpital, l'espace d'une cérémonie officielle. Mais vint un moment où elle dut retourner en Ouganda et à de nouvelles difficultés.

Piero l'attendait à l'aéroport d'Entebbe. Constatant qu'elle tardait à franchir la douane, il demanda qu'on l'autorise à la rejoindre près du tapis à bagages. Lucille, hagarde, regardait dans tous les sens. Il l'avait souvent vue en colère, mais jamais il ne l'avait vue ainsi. Elle était défaite et elle pleurait. Il ne comprenait pas ce qui se passait.

— Ils ont perdu ma valise ! s'écria-t-elle.

— Ce n'est pas grave, dit Piero. Ils vont bien finir par la retrouver.

— Mais j'ai aussi perdu mon sac ! Je l'ai perdu ou on me l'a volé ! Mon passeport et mon argent étaient dedans !

— On te fera faire un autre passeport.

Piero ne comprenait pas l'attitude de Lucille. Cette crise était-elle provoquée par son retour en Ouganda, par la séparation d'avec Dominique, rentrée en Italie, par « sa maladie » ou par ses médicaments ? Quelle qu'en fût la cause, Lucille n'allait pas du tout. Piero se demanda s'il n'avait pas tort de l'encourager à rester en Afrique. Même si elle allait mieux quand elle travaillait, la médecine était peut-être désormais au-dessus de ses forces. Elle persévérait, certes, pour les bonnes raisons, mais peut-être aussi pour les mauvaises.

La valise de Lucille fut livrée trois semaines plus tard à l'hôpital de Lacor. Elle y retrouva, soigneusement rangé à l'intérieur, le sac qu'elle croyait perdu, de même que son passeport et son argent, dont pas un seul billet ne manquait.

Lucille voyait bien elle aussi qu'elle allait de mal en pis et elle s'en ouvrit dans une lettre datée du 16 juin 1991 à son amie et confidente Colette Dion.

« J'ai vécu pour de nombreux mois une période noire terrible. Je me sens dégradée, physiquement, mentalement et professionnellement. »

356

Le sida l'accablait comme jamais. Elle se sentait dépérir irrémédiablement. Le docteur Pinching lui avait conseillé de prendre de l'azidothymidine, l'A.Z.T., qui freine la multiplication du virus et les infections opportunistes, mais cette substance provoque aussi l'anémie et la nausée. Peu convaincue de son efficacité, Lucille n'en prit que pendant deux mois, puis abandonna le traitement. Elle préférait encore combattre une à la fois les infections qui l'assaillaient. Même si, à soixante-deux ans, c'était de plus en plus difficile.

Ses lymphocytes CD4 chutaient vertigineusement. On en trouve normalement, dans le sang d'une personne en bonne santé, de cinq cents à mille six cents au millimètre cube. Lorsque leur nombre passe sous la barre des deux cents, les risques d'infection grave augmentent dangereusement. Quand Lucille fit analyser son sang en mai 1991, ils étaient déjà descendus à cent dix. En septembre 1992, elle fut stupéfaite de découvrir qu'ils étaient tombés à moins de cinq. Autant dire à zéro. À ce niveau minimal, la vie ne serait plus longtemps possible.

Lucille se procura la dernière édition de *The Medical Management of AIDS*, l'ouvrage des Américains Sande et Volberding sur le sida, et fut touchée de lire, à la première page, qu'ils ne l'avaient pas oubliée...

«Ce livre est dédié aux professionnels de la santé partout dans le monde qui ont soigné avec compassion et générosité les personnes infectées par le V.I.H., et surtout aux professionnels [...] qui se sont infectés en soignant des sidéens. Nous avons tous une grande dette à leur endroit pour leur véritable héroïsme face à l'épidémie.»

Héroïsme? Il fallait à tout le moins une bonne dose de stoïcisme pour résister à ce qu'elle avait affronté. Sande et Volberding avaient dressé une liste de vingt-trois maladies et symptômes associés au virus. Au stylo, Lucille en souligna dix qui l'avaient jusque-là affectée : fièvre, pharyngite, malaise, anorexie, perte de poids, maux de tête, muguet, nausée, diarrhée, exanthème...

Sa peau exsudait les maux qui la minaient. Des plaques rouges apparaissaient périodiquement sur ses bras, sur ses jambes et sur son torse, provoquant des démangeaisons qui la rendaient parfois folle de rage. Même si elle savait très bien qu'elle ne faisait que les aviver, elle se grattait, littéralement jusqu'au sang, dans le vain espoir de les calmer. Si Piero n'était pas là pour la freiner, elle s'abandonnait à cette fureur de racler comme si ses ongles pouvaient parvenir, eux, à extirper le virus.

Seule l'eau l'apaisait. Le matin, au sortir du lit, avant même l'arrivée des domestiques, Piero lui faisait couler un bain où elle se délassait. Il laissait couler l'eau sur sa peau comme il avait jadis, avant le sida, avant les guerres, laissé couler ses doigts. Et pendant qu'elle se prélassait dans la baignoire, il se douchait, tout à côté, derrière un muret. Les vieux amants goûtaient la chaleur moite et parfumée qui caressait leurs corps nus. Piero se demandait parfois pourquoi il n'était pas lui aussi séropositif. Il n'avait pas la réponse.

La situation s'améliorait en Ouganda. Des élections législatives avaient eu lieu en février 1989. Bon an, mal an, l'économie progressait d'environ six pour cent. L'inflation avait été jugulée. Ces résultats économiques ne passaient pas inaperçus à l'étranger et l'aide de la communauté internationale recommença à affluer. Élu président de l'Organisation de l'unité africaine, Yoweri Museveni fut même le premier chef d'État africain invité à s'adresser au Parlement européen à Strasbourg, en avril 1991.

En revanche, le climat ne s'était guère amélioré dans le Nord, où la guerre civile se poursuivait. À l'hôpital, Piero travaillait désormais sans salaire, à l'instar de Lucille, ce qu'il accepta de bonne grâce; tel l'ouvrier envoyé à la vigne, il avait déjà touché son dû. Mais la situation lui semblait de plus en plus intolérable. Il en parla à son frère Francesco dans une lettre datée du 31 mai 1991.

«La misère et les morts de tout genre, de tout âge, mais surtout des jeunes, des malades du sida, des blessés par balle, sont de plus en plus difficiles à supporter. Suis-je en train de devenir pessimiste, ou de ramollir? Je ne le sais pas. Je dois résister à l'exaspération d'une vie faite d'attente, l'attente d'une paix que nous ne verrons probablement jamais. Nous avons envie de partir, du moins pour un bon moment. Nous avons besoin d'échapper à cette atmosphère.»

Piero se ressaisit. Il se souvenait que l'escalade du mont Cervin, dix ans plus tôt, lui avait fait le plus grand bien. Pourquoi ne pas rééditer cet exploit en gravissant les sommets enneigés du Ruwenzori, le plus important massif de l'Ouganda? S'étant fixé un objectif, il commença à s'entraîner. Le matin, il se remit à faire des longueurs dans la piscine, que le frère Elio avait retapée, et le soir, à marcher à un rythme soutenu d'un bout à l'autre de la maison, refusant de s'arrêter avant d'avoir fait un kilomètre et demi.

Face à cette nouvelle expédition, Lucille avait d'abord protesté, comme son cardiologue de Milan. Les changements de pression atmosphérique, lui écrivit ce dernier, lui seraient nocifs. Mais, toujours aussi déterminé, Piero n'accepta de faire qu'une seule concession : il subirait un test d'effort, et, si ses résultats étaient mauvais, il n'irait pas.

À la lisière du Zaïre et des montagnes de la Lune, le parc national du Ruwenzori, qui portait anciennement le nom de la reine Élisabeth, avait jadis été parcouru par les bêtes sauvages. La rébellion et l'armée, qui avaient successivement occupé la zone, avaient toutefois décimé ses troupeaux, à commencer par les éléphants, dont les défenses rapportaient gros, et les rhinocéros, dont la corne était exportée au Yémen, où l'on s'en servait, disait-on, pour confectionner des manches de poignard très prisés. Les touristes devaient désormais se contenter des hippopotames. Les amateurs d'alpinisme savaient cependant que ses sommets, moins hauts et moins célèbres que ceux du Kilimandjaro (cinq mille huit cent quatre-vingt-quinze mètres), étaient les plus difficiles à escalader du continent africain. Le Ruwenzori était célèbre de par le monde pour ses brouillards, ses pluies et sa boue.

Les résultats du test d'effort de Piero furent encourageants. Son cœur n'était finalement pas si mal en point. Piero se souvenait toutefois de la tempête que sa précédente expédition avait provoquée, et il demanda explicitement la permission à Lucille avant de s'y rendre.

— Je peux y aller?

— Si tu n'y vas pas maintenant, maugréa-t-elle, tu n'iras jamais.

D'une logique toujours aussi implacable, Lucille ne réagissait pas de façon aussi négative que lors de l'ascension du mont Cervin. La nouvelle équipée ne l'obligeait pas à quitter l'Ouganda, et, surtout, ne le privait pas de voir Dominique.

Piero souhaitait escalader le plus élevé des sommets du Ruwenzori, le mont Margherita, qui culmine à cinq mille cent neuf mètres. Il entreprendrait cette ascension avec son ami Paolo Della Porta, qui l'avait accompagné sur le mont Cervin, deux neveux, Guido Corti et Giuseppe Riva, ainsi que deux de leurs amis. Il s'agissait bien d'une expédition. En partant pour au moins une semaine, les six alpinistes devaient obligatoirement prendre chacun deux porteurs. Il fallait les rémunérer, leur fournir cigarettes, chandails et couvertures, et payer un supplément au-dessus de quatre mille quatre cents mètres pour amortir le coût de leurs chaussures. En deçà de cette altitude, les porteurs allaient pieds nus.

Si leur épaisseur variait, les brouillards et les brumes ne se dissipaient jamais tout à fait, et une bruine froide et insidieuse imbibait tout. Levés chaque matin à l'aurore pour reprendre leur chemin, d'abord dans la boue, puis dans la neige boueuse, les alpinistes avaient moins l'impression de gravir des montagnes que des nuages. Plus âgés mais plus motivés, Piero et Paolo marchaient d'un pas alerte. Moins habitués à la marche en altitude, les plus jeunes commencèrent à douter, après quatre jours d'efforts soutenus, de l'intérêt de se lever en pleine nuit pour arpenter des sentiers boueux, surtout quand ils se rappelaient qu'ils se trouvaient, en latitude, à quelques minutes à peine de l'équateur.

Après cette exténuante quatrième journée, les six ascensionnistes parvinrent à un refuge situé à quatre mille cinq cents mètres et tombèrent dans un sommeil comateux. Piero se réveilla à quatre heures et, sans faire de bruit, sortit de l'abri où les autres dormaient encore. Il constata que le miracle s'était produit. Après des jours et des nuits de brouillard, toute brume avait disparu et les étoiles scintillaient avec insolence. Jamais un ciel si noir n'avait été si blanc, et Piero aperçut le pic qu'il rêvait de toucher. Le sommet du mont Margherita était là, juste derrière le mont Stanley, dernier glacier, dernier obstacle. Encore quelques heures de marche et ils y seraient. Piero s'empressa de réveiller ses jeunes coéquipiers, qui le supplièrent de les laisser dormir encore une heure.

Quand ils quittèrent le refuge, quatre heures plus tard, les rayons du soleil appelaient déjà les nuages qui étreignaient le sommet que Piero avait furtivement aperçu. Ils atteignirent le mont Stanley, à environ quatre mille sept cents mètres, et s'enfonçaient à chaque pas dans la neige molle. De plus en plus découragés, ils décidèrent de faire demi-tour au début de l'après-midi. Ils seraient ainsi de retour au refuge avant la tombée de la nuit. Piero comprit qu'il ne devait plus insister. Il n'avait peut-être pas atteint le pic espéré, mais il n'avait pas été trahi par son corps, ni même par son cœur. Il rentra la tête haute, le 19 décembre 1991, à Gulu.

Lucille s'était morfondue en son absence. Elle s'était immergée dans le travail, qui ne manquait pas car une épidémie de méningite sévissait dans la région. En fait, l'hôpital battait tous ses records. Le mouvement continua de prendre de l'ampleur, et c'est ainsi que, le 25 janvier 1992, sept cent vingt personnes étaient hospitalisées. De deux cents à trois cents autres se présentaient par ailleurs chaque jour au service des consultations externes. C'est donc dire que l'hôpital accueillait en tout temps un millier de malades. Heureusement que Matthew était revenu d'Angleterre. Ravis de le revoir, Lucille et Piero avaient été surtout soulagés d'apprendre qu'il avait refusé le poste que l'université de Liverpool lui avait proposé à la fin de son stage. Il avait préféré rentrer.

Dominique avait annoncé à ses parents par radio qu'elle aurait bientôt une bonne nouvelle à leur communiquer. Mais c'est sa tante Paola, qui l'hébergeait à Milan, qui l'annonça d'abord à Piero. De passage à Kampala, il lui avait téléphoné et elle n'avait pas pu s'empêcher de lui révéler que sa fille avait un *amoroso*, un amoureux.

À l'hôpital San Giuseppe de Milan, où elle était stagiaire, Dominique avait fait la connaissance d'un jeune chirurgien, Contardo Vergani. À l'exception de la médecine, ils avaient peu de choses en commun. L'aîné d'une famille qui s'était rarement aventurée hors du Milanais, Contardo se passionnait pour le chant choral et l'art lyrique. De sa voix de baryton, il chantait des airs d'opéra, quoique moins bien que son père, et il portait encore le deuil de Verdi.

Dominique avait longtemps hésité à s'engager avec un homme. À trente ans, elle n'avait jamais eu de véritable liaison amoureuse. Avec Contardo toutefois, elle s'abandonna comme avec aucun autre. Malgré la dissemblance de leurs itinéraires, ils seraient réunis, moins personnages de Verdi que de Puccini, dès la fin du premier acte. Car ils s'aimaient.

23

Le pape

Le chirurgien a besoin de prestige
aux yeux de ses collaborateurs.

Jean-Pierre BEX,
Principes et techniques de base
de la chirurgie moderne.

L A NOUVELLE se propagea comme le feu dans la savane à la saison sèche : Jean-Paul II allait visiter Gulu ! Paul VI s'était déjà rendu en Ouganda, mais un pape ne s'était jamais aventuré jusque dans le Nord.

Au sein de l'Église, les négociations allaient bon train pour établir l'emploi du temps du souverain pontife. À Kampala comme à Kasese, à la frontière du Zaïre, il visiterait des hôpitaux missionnaires. Lucille et Piero supposaient donc qu'en s'arrêtant à Gulu il rendrait visite, là aussi, à l'hôpital catholique, c'est-à-dire l'hôpital de Lacor. Le pape pourrait peut-être même inaugurer le pavillon des tuberculeux, la dernière réalisation du frère Elio, dont les quatre-vingt-dix lits portaient désormais le nombre total des lits de l'hôpital à environ quatre cent cinquante. Une bénédiction papale suffirait peut-être à éloigner les zélateurs du Saint-Esprit à tout jamais ! Jean-Paul II leur apporterait peut-être la paix. Par-dessus tout, Piero souhaitait que le souverain pontife passe voir Lucille, comme il l'expliqua à Corrado dans une lettre datée du 11 novembre 1992.

«Peu de médecins, missionnaires ou non, ont "guéri" autant de malades en Afrique en donnant autant d'eux-mêmes que Lucille. C'est même sa vie, ou plutôt sa mort, qu'elle est en train de donner à l'Afrique et à ses patients.»

Mais, à sa plus grande stupéfaction, le programme de la visite papale, dont on était encore en train de régler les détails, ne prévoyait aucun arrêt à l'hôpital de Lacor.

Pour rallier prêtres et évêques à sa cause, Piero rédigea un document où il rappelait que l'hôpital de Lacor avait été, à toutes fins utiles, le seul des environs à être resté ouvert pendant les années de guerre civile. Mais cela ne suffisait pas. Il avait souvent vanté l'extraordinaire travail que Lucille avait abattu depuis trente-deux ans. Vu les enjeux, il fallait, cette fois-ci, aller plus loin. Piero décida qu'il fallait dire toute la vérité et révéler que Lucille avait le sida. Peut-être alors serait-il entendu.

Lucille s'y était d'abord opposée. Sa maladie, la maladie, relevait de la vie privée. Elle respectait la confidentialité de ses patients et estimait avoir droit à la même discrétion. Elle hésitait donc à mettre en évidence son état de santé pour attirer Jean-Paul II à l'hôpital. Il aurait dû suffire de signaler l'injustice d'une telle omission aux organisateurs de la visite papale. Mais, de toute évidence, cela ne suffisait pas. Lucille accepta alors de divulguer son sida.

Piero avait perçu les réticences des uns et des autres. Certains affirmèrent que des ultracatholiques lui faisaient payer son coup de force contre Communion et Libération, qui avait désormais le vent en poupe en Ouganda comme à Rome. D'autres prétendaient que le pape ne pouvait se rendre dans un hôpital catholique dont la direction serait bientôt confiée à un protestant, Matthew. Piero n'en croyait pas un mot. Ses relations avec ses collègues, même ceux de Communion et

Libération, étaient bonnes, les épreuves de toutes sortes ayant réconcilié les adversaires d'hier. Et l'œcuménisme demeurait, dans l'Église de Jean-Paul II, à l'ordre du jour.

Quand Lucille comprit que le pape visiterait Gulu mais pas son hôpital, elle se vexa. Combien de médecins catholiques avaient travaillé en Ouganda aussi longtemps qu'elle et Piero? Qui d'autre avait formé des dizaines de médecins, des centaines d'infirmières? L'Église n'avait certes pas de comptes à leur rendre, mais Lucille se sentait victime d'une injustice, et, comme à chaque fois dans ces cas-là, elle réagissait avec véhémence.

— Je vais me faire baptiste! claironna-t-elle.

Elle voulait cesser d'être catholique, comme elle avait voulu cesser d'être canadienne. Elle savait qu'elle exagérait et qu'elle le regretterait, mais c'était plus fort qu'elle. Elle devait exprimer son très vif mécontentement. Sa fureur alimentait peut-être sa fièvre. Depuis plus d'un mois déjà, sa température ne descendait jamais au-dessous de trente-huit degrés. Quelle mystérieuse infection pouvait donc cette fois-ci être en train de la miner? La fièvre pouvait-elle avoir été provoquée par le muguet, dont l'ironie ne lui avait pas échappé : cette infection se présentait normalement chez les enfants souffrant de malnutrition... Il est vrai que Lucille, qui avait de plus en plus de mal à avaler, mangeait de moins en moins. Si au moins tous les aliments, à l'exception du sorbet aux fraises, n'avaient pas si mauvais goût!

Piero envoya un fax au docteur Pinching pour lui demander si le muguet pouvait être à l'origine de la fièvre. Ce n'était pas à exclure, lui répondit le docteur Pinching, mais il ne fallait pas non plus écarter l'hypothèse d'une nouvelle attaque de tuberculose. Piero s'inquiétait. Encore la tuberculose. Lucille prenait déjà quatre médicaments pour la prévenir. Piero craignait que, secrètement résignée à mourir, elle ne se laissât dépérir. Il se demandait parfois si la fin n'était pas arrivée et il se cachait pour pleurer. Il envisageait même de demander à

Dominique de venir d'urgence en Ouganda pour voir Lucille, peut-être pour la dernière fois. Mais il devait au moins essayer de la convaincre d'aller, au moins une fois encore, en Angleterre.

Elle commença par refuser, croyant que la fièvre était liée à la présence du virus. Elle n'avait plus la force de faire un autre vol de nuit Entebbe-Nairobi-Heathrow. Mais quand la fièvre commença à monter, Piero réussit à la convaincre. Il fallait découvrir l'origine du mal, que la simple présence du virus ne suffisait pas à expliquer. Une fois le foyer d'infection identifié, on pourrait, comme par le passé, le combattre.

Arrivée à Londres le 15 décembre 1992, Lucille fut admise dès le lendemain à l'hôpital Saint Bartholomew's, que tout le monde appelait «*The Barts*», où le docteur Pinching exerçait désormais. Elle ne pesait plus que quarante-quatre kilos, et son taux de lymphocytes CD4 traînait à dix, autant dire à zéro encore une fois.

Cet hôpital londonien disposait de technologies de pointe comme la résonance magnétique nucléaire, mais c'est en se palpant le cou, un peu par hasard, que Lucille détecta elle-même, sous la clavicule, un ganglion qui lui avait échappé. La biopsie révéla qu'il s'agissait d'une infection tuberculaire.

Outre Arshad et Irene Warley, les amis commencèrent à débarquer dans sa chambre d'hôpital, qui prenait des airs de salon scientifique où se retrouvaient des autorités en matière de sida, dont le docteur Pinching et le docteur Carswell, le professeur de Makerere récemment rentré à Londres. Non seulement ces médecins n'avaient pas accepté de percevoir des honoraires, mais ils n'avaient même pas permis qu'il en fût question. Lucille en fut profondément touchée. C'était la preuve tangible qu'on l'appréciait, qu'on voulait faire quelque chose pour elle, pour son hôpital.

Il ne manquait plus que Dominique. Elle était attendue le 23 décembre à Londres, où elle fêterait Noël avec ses parents avant de rentrer à Milan pour fêter le nouvel an dans la famille de son fiancé.

Quand Lucille la vit entrer dans sa chambre d'hôpital, elle la trouva changée. Dominique se jeta à son cou. Auprès de sa mère, elle avait toujours aimé jouer les boute-en-train, car il fallait impérativement lui remonter le moral. Mais, cette fois-ci, Dominique exprimait aussi sa joie de la revoir par des caresses et des baisers. L'amour qu'elle éprouvait pour Contardo déteignait sur tout son comportement, nettement plus chaleureux, plus affectueux.

Après trois semaines à l'hôpital, Lucille put rentrer à Gulu. Mais dès son retour, elle fut assaillie par une pléthore de nouvelles maladies. C'était donc cela, le sida : un carrousel dont il était impossible de descendre et qui, aussitôt interrompu, recommençait à tourner. Son corps criait grâce.

Des abcès dans les muscles de sa cuisse provoquèrent de brusques accès de fièvre. Des taches firent leur apparition dans sa bouche et, même privée de soleil, sa peau donnait en permanence l'impression d'être bronzée. Lucille souffrait aussi d'une autre attaque de tuberculose et d'énigmatiques maux de dos.

Elle combattait « sa maladie » grâce à un cocktail de médicaments qu'elle ingurgitait chaque jour : la rifampicine, l'éthambutol et la rifabutine contre la tuberculose, le kétoconazole contre le muguet, et la ciprofloxacine contre les infections intestinales. Entre autres. Elle se consolait en songeant que Dominique serait bientôt là. Celle-ci tenait à présenter Contardo à ses parents et elle avait fait coïncider la date de leur voyage en Ouganda avec celle de la visite de Jean-Paul II. Persuadée que les Acholis réserveraient à ce dernier un accueil grandiose, elle pourrait ainsi présenter à Contardo sa ville natale sous un jour favorable, une terre où la foi était synonyme de résistance, un lieu où se poursuivait quotidiennement le combat pour la vie et la dignité.

Contardo fit la meilleure impression à Lucille et à Piero. Ce jeune homme sérieux était de toute évidence très amoureux. Il se délectait de la présence de Dominique. Bien qu'ayant tous les deux passé le cap de la trentaine, ils se tenaient par la main et se regardaient comme des adolescents enamourés. En voiture, ils ne se laissaient pas la main non plus, Dominique, qui conduisait la plupart du temps, préférant plutôt laisser le volant, l'espace d'un changement de vitesse ! S'ils affichaient leur romantisme, ils savaient très bien ce qu'ils désiraient. Ils annoncèrent à Lucille et à Piero qu'ils se marieraient le 17 juin 1993, deux ans jour pour jour après leur première rencontre. Ils n'étaient nullement apeurés par le chiffre dix-sept, c'est-à-dire XVII, l'anagramme de VIXI («je vécus», en latin), qui, dit-on en Italie, porterait malheur.

Les tourtereaux tentèrent par tous les moyens de convaincre Lucille de les accompagner à la messe en plein air que Jean-Paul II célébrerait à Gulu. Presque toute la population s'y rendrait. Mais Lucille refusa.

— Il faut qu'un médecin reste à l'hôpital, trancha-t-elle.

Le pavillon des tuberculeux, qui avait vu le jour grâce au financement de l'Union européenne, fut donc inauguré en l'absence de Jean-Paul II. Presque inexistante à Gulu quand Lucille et Piero s'y étaient installés, la tuberculose y avait réapparu en force avec le V.I.H. On y soignait déjà des familles entières de tuberculeux séropositifs. Le désespoir se lisait sur le visage des malades, contagieux et tenus à l'écart des autres patients. Ce pavillon, véritable monument au sida, brillait comme un sou neuf mais était aussi accablant qu'un mouroir.

Son inauguration fut toutefois égayée par la présence de deux visiteuses que Lucille attendait depuis trois décennies, ses sœurs Lise et Yolande, venues de Montréal. Lise, qui gardait et soignait des personnes très âgées, explora l'hôpital dans ses moindres recoins. Yolande, qui était quincaillière, fut si bouleversée par ce qu'elle voyait qu'elle n'insista pas. Après une excursion au parc national du Ruwenzori, Lise et Yolande purent accompagner Lucille et Piero en Italie, où ils se rendaient pour le mariage de Dominique et Contardo.

Après une cérémonie religieuse, à laquelle avait participé notamment un père de Vérone, les invités se rendirent à Robecco, à l'ouest de Milan, où ils étaient attendus dans les somptueux jardins d'une villa louée pour l'occasion. Transportée de joie, Lucille oublia même la seule chose dont Dominique lui avait demandé de s'occuper : les pralines qu'elle souhaitait remettre aux invités, comme le voulait la tradition, à la fin de la réception.

Sur cent cinquante invités, on ne trouvait qu'une seule Africaine, Irene Warley, venue de Londres. Arshad, souffrant, n'avait pas pu se déplacer. Lucille et Piero avaient vécu et travaillé pendant plus de trente ans en Ouganda, mais avaient noué peu de liens avec les Africains. En ce jour où se mariait leur seule fille, leur solitude n'en était que plus patente.

Après le mariage de Dominique, ils passèrent l'été en Italie. Leur départ pour l'Ouganda fut maintes fois retardé. Piero avait commencé de rocambolesques démarches administratives pour créer une fondation visant à assurer l'avenir de l'hôpital. Les patients payaient pour s'y faire soigner, mais leur contribution n'assurait qu'une partie des frais d'exploitation. Il fallait donc combler le manque à gagner par des fonds provenant de pays développés. Jusque-là, Lucille et Piero avaient pu s'en charger. Mais qui s'en occuperait quand ils ne seraient plus là, comme disait Piero, ou quand ils seraient morts, comme disait Lucille ? Les médecins ougandais qu'ils avaient formés pouvaient prendre le relais dans tous les domaines sauf celui-là.

L'idée de base était simple. Il fallait recueillir en Italie quelques milliards de lires dont les intérêts serviraient en Ouganda à assurer l'essentiel des frais d'exploitation. La création d'une telle fondation supposait toutefois de longues démarches culminant par l'approbation du président de la République.

Piero avait lancé une offensive tous azimuts pour faire aboutir son projet. Il ne connaissait pas toutefois les multiples règlements régissant les fondations, et il commença vite à s'emporter quand il vit que les choses n'allaient pas assez vite, qu'on égarait des pièces de son dossier ou qu'on le lui renvoyait, pas toujours à la bonne adresse, parce que incomplet. Piero faisait connaissance avec la bureaucratie d'un pays développé. Il est vrai que les choses étaient plus simples en Ouganda ! Mais le fond du problème était ailleurs : pour les fonctionnaires romains qui traitaient son dossier, la *Fondazione Lucille e Piero Corti* n'était qu'un dossier de plus. Pour Piero, c'était l'œuvre d'une vie, de deux vies. Et il s'impatientait de plus en plus facilement, s'emportant pour un non ou pour un peut-être.

C'est alors qu'il fit son deuxième infarctus, à Besana.

Il était presque vingt-deux heures, le 19 septembre 1993, quand il ressentit une vive douleur au cœur et s'écroula. Immédiatement hospitalisé, il subit un électrocardiogramme confirmant ce qu'il savait déjà. Sauf que cet infarctus était beaucoup plus fort que le premier. Si la douleur disparut en quelques heures, Piero devait absolument garder le lit et ralentir ses activités. Il n'était autorisé qu'à recevoir trois visites de dix minutes par jour. Dès le lendemain de son admission, c'est-à-dire moins de vingt-quatre heures après son infarctus, il commença à dicter à Lucille une liste de commissions qu'elle devait faire pour lui ! Il en fut ainsi pendant quatre jours, où il dressa quotidiennement des listes de plus en plus longues, jusqu'au moment où il débusqua, à l'étage supérieur, un téléphone public. Sa convalescence venait de se terminer.

Son cardiologue lui conseilla de subir un triple pontage coronarien. Sur son lit d'hôpital, face à Lucille qui lui rendait visite chaque soir, Piero s'autorisa une plaisanterie qu'il allait regretter.

— Je vais gagner, avait-il glissé à Lucille.

— Qu'est-ce que tu veux dire ?

— Je vais mourir avant toi.

Lucille explosa. Comment pouvait-il parler de se laisser mourir ? Que savait-il du commerce intime de la mort, de l'âpre

370

négociation qui permettait de la faire reculer, du moins provisoirement ? Lui qui ne l'avait guère fréquentée, il menaçait de s'y abandonner, presque de s'y livrer. Mais surtout, surtout, comment pouvait-il menacer, après le mont Cervin, après le massif du Ruwenzori, de la laisser seule à tout jamais ?

— Ne dis plus jamais cela ! tonna Lucille.

En sortant de l'hôpital un beau soir, Lucille, se dirigeant vers la voiture de Dominique passée la prendre, trébucha, tomba et se fractura le col du fémur.

Lucille et Piero n'accordaient pas d'importance aux signes, mais ils comprirent, lui relevant d'un pontage, elle marchant péniblement avec des béquilles, qu'ils devaient impérativement s'arrêter. La fondation et l'hôpital attendraient. Ils furent admis dans une clinique de San Pellegrino, au pied des Alpes, où ils s'imposèrent dix-huit jours de repos absolu. Les téléphones à faire, l'argent à quêter, les lettres exigeant une réponse urgente, ce serait pour plus tard. Lucille se souviendrait de ces vacances, ses dernières, comme des plus belles de sa vie.

24

«*Alors, vis!*»

C'EST PAR HASARD que je suis tombé sur l'article que le *Reader's Digest* avait consacré à «l'hôpital de l'espoir». Qui était donc ce médecin québécois dont je n'avais jamais entendu parler? Journaliste intéressé par l'actualité international, j'aurais dû connaître l'existence de cette femme dont les exploits renvoyaient à des figures légendaires de l'histoire du Canada. Elle était chirurgienne de guerre, comme le docteur Norman Bethune, qui avait œuvré dans les rangs des républicains pendant la guerre d'Espagne avant de rejoindre l'Armée rouge de Mao Zedong. Et, qui plus est, elle avait établi un hôpital, à l'instar de Jeanne Mance, la Champenoise qu'on considérait comme la fondatrice de Montréal, avec Paul de Chomedey de Maisonneuve. Comment une femme de cette trempe pouvait-elle avoir échappé aux médias de notre pays?

J'ai réussi à joindre la journaliste Deborah Cowley, qui m'a appris que Lucille avait le sida, tout en me prévenant qu'elle n'accepterait peut-être pas d'en parler publiquement. Elle m'a donné les coordonnées de Yolande, la sœur de Lucille. Yolande m'a expliqué que Lucille était de passage à Milan et que je pourrais la trouver facilement. Elle m'a aussi dit que sa sœur se remettait d'une fracture et qu'elle avait le sida. La famille était donc au courant… J'avais déjà prévu d'aller en Italie pour un reportage. J'en profiterais pour voir Lucille à Milan.

Elle m'accueillit avec beaucoup de simplicité. Elle semblait plutôt en forme et elle répondit de bonne grâce à mes questions, précisant toutefois qu'elle ne voulait pas parler publiquement de «sa maladie». J'avais à peine eu le temps de soulever une objection quand elle m'interrompit.

— Vous savez, moi, je suis bien prête à en parler. Ce n'est pas une maladie honteuse! Des millions d'Africains ont le sida. C'est plutôt pour ménager ma belle-famille. Ils ont horreur d'entendre parler de maladie. Mais, bon, si vous voulez en parler au Canada…

La question était réglée.

Un incident allait toutefois marquer cette première rencontre. Par inadvertance ou par habitude, j'ai répété une question, plutôt anodine, que je lui avais déjà posée. Au lieu d'y répondre de nouveau, comme le font normalement les personnes interviewées, elle répliqua, sur un ton glacial :

— J'ai déjà répondu à la question.

Et elle se tut.

J'ai souri car la situation, franchement cocasse, m'en disait long sur le personnage. Les personnes avides de publicité cherchent toujours, d'une façon ou d'une autre, à plaire aux journalistes, et non pas à se les mettre à dos. J'avais devant moi une femme un peu naïve qui ignorait le pouvoir des médias ou s'en moquait et qui était prête à déplaire aux journalistes. Une femme donc tout à fait rafraîchissante.

Refermant mon calepin, je lui ai expliqué qu'elle avait probablement raison, que je lui avais peut-être déjà posé la question, mais qu'elle ferait mieux de s'y habituer tout de suite, car c'était encore la meilleure façon d'éviter les erreurs, surtout quand l'information était destinée, par le truchement des médias, à des millions de personnes. Je lui reposai donc la question pour la troisième fois, et elle y répondit de bonne grâce. Je crois que c'est à ce moment-là que Lucille, que j'appelais encore docteur Teasdale, a commencé à me faire confiance.

Quelques mois plus tard, en février 1994, je débarquais à Gulu avec une équipe de télévision. Lucille venait d'avoir soixante-cinq ans, et, pas tout à fait remise de sa fracture, elle marchait encore avec des béquilles. Depuis son retour en Ouganda, elle avait recommencé à perdre du poids. Une inflammation de l'œil, provoquée par l'interaction de deux de ses médicaments, la rifabutine et la clarithromycine, voilait son regard. Elle était de toute évidence beaucoup moins bien qu'à Milan.

Pendant que l'équipe tournait des images de l'hôpital, elle me montra le texte d'un entretien qu'Arthur Ashe, le tennisman américain qui avait contracté le sida, avait accordé au magazine *People*. Dans un passage que Lucille avait souligné, il évoquait l'importance pour les sidéens de témoigner de leur maladie. Sur une des photos accompagnant le texte, Ashe avait l'air en très grande forme, et Lucille me fit remarquer qu'il était mort quelques jours plus tard. Je me demandais ce que je devais en conclure.

J'ai demandé à Piero si je devais essayer de limiter mes conversations avec Lucille, parce que j'avais l'impression, en la bombardant de questions avant même l'enregistrement des interviews, de l'épuiser. Il me rassura en m'expliquant que ces entretiens, au contraire, lui faisaient sûrement du bien. J'ai choisi de le croire, mais, en présence de la femme affaiblie qui n'avait plus la force de se rendre au service des consultations externes le matin, j'avais des doutes.

Quand la caméra commença à tourner, ils se dissipèrent toutefois rapidement. Lucille se métamorphosa. Elle qui était abattue, elle se fit souriante, radieuse même. Il n'y avait rien de forcé, rien de faux dans son attitude, mais elle tenait à se donner une contenance assurée et ferme. La femme volontaire et forte relevait la tête. Elle en avait beaucoup à dire et voulait que le message soit clair : la médecine était une «vocation», le sida, un «risque du métier». Elle ne voulait surtout pas qu'on la plaigne! L'Ouganda était un choix qu'elle assumait, un devoir qu'elle suivait, et Piero, l'homme qu'elle aimait. Elle ne comprenait pas mon étonnement. «Vous avez opéré combien de dizaines de milliers de personnes? Vous avez été prise en otage? Des infirmières ont été kidnappées? Idi Amin Dada a visité l'hôpital?» Elle ne savait pas non plus où elle avait puisé la force de faire tout cela. Elle ne s'était jamais posé la question, car tout ce qu'elle avait fait lui semblait normal. Elle n'avait rien fait de particulièrement remarquable. Sa dernière réponse, la plus spontanée, fut peut-être la plus juste. Je lui avais demandé jusqu'à quand elle comptait rester en Ouganda.

— Piero ne peut pas vivre sans l'hôpital. Je ne peux pas vivre sans Piero. Tirez vos conclusions. Ça répond à votre question?

Et elle s'était autorisé un sourire désarmant d'espièglerie qui clôtura le reportage.

La veille de mon départ, nous sortîmes, après le dîner, pour faire quelques pas autour de la maison. Les arbres, dont les fleurs roses, rouges, jaunes et mauves jonchaient le sol comme des confettis, embaumaient l'air du soir. Lucille me confia qu'elle avait du mal à rester en relation avec ses amis et ses collègues de Montréal, qu'elle avait l'impression d'avoir été un peu oubliée, qu'elle avait du mal à suivre ce qui se passait chez elle. Avais-je entendu, moi, cette chanteuse canadienne-française dont elle avait eu des échos dans la presse internationale, Céline Dion? Elle jeta un coup d'œil sur le ciel étoilé, où scintillait la Croix du Sud, et ajouta qu'elle ne voulait surtout pas se plaindre; à Montréal, à ce temps-ci de l'année, en mars, il y avait encore de la neige.

Lucille n'avait pas été oubliée; elle n'avait simplement jamais été célèbre. Mais la diffusion du reportage, en français et en anglais, à la télévision publique canadienne changerait tout cela. Elle s'en rendrait compte à l'occasion des brèves vacances qu'elle envisageait de passer à Repentigny en juillet 1994.

Elle avait plus que jamais besoin de marquer un temps d'arrêt. Elle écrivit une lettre, qu'elle oublia de dater, à sa sœur Lise pour lui donner des nouvelles.

«Je continue avec des hauts et des bas. Ma fracture est bien guérie et je marche sans béquilles. J'ai recommencé à travailler cinq, six heures par jour aux consultations externes, ce qui me plaît beaucoup. Il y a des jours, mais surtout des heures, où je me sens tellement mal que je suis convaincue que je n'arriverai pas à l'été pour aller au Canada. Mais la plupart du temps je suis plutôt bien, sereine et contente de pouvoir profiter encore des petits plaisirs de la vie : une belle journée de soleil, une lettre inattendue, dire deux mots à Dominique à la radio, lire quelques bons livres.»

Avant de se rendre à Montréal, Lucille et Piero s'arrêtèrent d'abord à Paris, car Lucille avait rêvé de revoir la ville à laquelle elle avait renoncé. C'était maintenant à mon tour de les héberger. Ils furent ravis de jouer les touristes, heureux de pouvoir oublier pendant quelques jours les rebelles qui, ils venaient de l'apprendre, avaient tendu une embuscade à un véhicule de l'hôpital. Une infirmière avait été blessée. À Paris, Lucille retrouva même provisoirement l'appétit. Hélas, elle commença aussi à tousser et à avoir de la fièvre. Elle dut rentrer plus tôt que prévu à Milan, où on diagnostiqua une pneumocystose, l'une des plus graves maladies provoquées par le V.I.H. Respirant à l'aide d'un respirateur, elle ne s'était jamais sentie aussi mal. Elle ressentait, entendait l'air qui forçait ses bronches pour essayer de gonfler, tant bien que mal, ses poumons. Elle souffrait.

Après avoir été hospitalisée pendant deux semaines, elle quitta l'Italie dans l'espoir de se reposer à Repentigny. En débarquant à l'aéroport de Mirabel, épuisée par le long voyage, elle s'aperçut toutefois que quelque chose avait changé. Après les formalités d'usage, une douanière lui rendit son passeport et lui demanda en souriant :

— Comment va la santé, docteur Teasdale ?

— Beaucoup mieux, répondit Lucille, étonnée. Merci !

— Bienvenue chez vous !

Lucille rentrait chez elle et, pour la première fois, elle était attendue. On lui réclamait des interviews. On la reconnaissait dans les rues de Montréal et on lui demandait même des autographes. Avec tous, elle utilisait des mots que les Québécois, qui s'étaient massivement détournés du catholicisme après son départ en 1960, avaient perdu l'habitude d'entendre, des mots comme «vocation» ou «devoir». Mais cette femme d'action le faisait sans prêchi-prêcha, et avec un tel enthousiasme que le public ne se lassait pas de l'entendre. Elle avait conservé l'idéalisme d'une époque certes plus naïve mais moins cynique. Enfin écoutée, elle pouvait exprimer le fond de sa pensée, ses sentiments. Oui, proclamait-elle, il était possible de rêver, d'accomplir, d'aimer. Il ne fallait pas avoir peur de vivre. Même avec le sida.

Sa franchise alla droit au cœur de ceux auxquels elle n'avait jamais cessé de penser, les «chers siens», comme son enseignante avait appelé les petites gens dont elle était issue. C'est pour cela que Lucille n'avait jamais cessé d'aimer Édith Piaf. Au nom des «chers siens», de tous les siens, on allait maintenant lui tendre la main.

Le 22 juin 1995, elle fut décorée de l'Ordre national des Québécois par le Premier ministre du Québec, Jacques Parizeau, qui profita de l'occasion pour lui faire la bise, ce qui l'étonna beaucoup. Elle ignorait que cette forme de salutation, considérée jadis comme trop familière, s'était largement répandue depuis son départ.

Les distinctions et honneurs de toutes sortes commencèrent à affluer. Elle fut nommée «associée honoraire» du Collège royal des médecins et chirurgiens du Canada, une association professionnelle qui récompense normalement des contributions exceptionnelles dans l'enseignement et dans la recherche. Pour la première fois, sur proposition de Pierre-Paul Collin, l'ancien collègue de Sainte-Justine, le Collège décernerait cet honneur à un chirurgien pour des raisons humanitaires. La cérémonie eut lieu à Montréal, à la salle Wilfrid-Pelletier, où le gratin de la médecine canadienne s'était donné rendez-vous. Vêtue d'une toge rouge, Lucille se leva de son fauteuil pour se diriger vers le lutrin tandis que la salle se levait pour l'applaudir. Heureusement que l'illustre assemblée ignorait ce qu'elle envisageait de faire de leur médaille! Dans une lettre à sa sœur Lise, elle l'avait écrit en toutes lettres :

«Espérons qu'elle (la médaille) soit en or et assez lourde pour qu'on puisse la vendre au profit de la fondation!»

Lucille ne plaisantait qu'à moitié. Les hommages, les interviews, les conférences auxquels elle se pliait de bonne grâce n'avaient qu'un but : faire la promotion d'une fondation Lucille-Teasdale qui servirait, comme en Italie, à collecter des fonds pour assurer l'avenir de l'hôpital de Lacor.

C'est toutefois l'Italie qui remettrait à elle et à Piero la plus prestigieuse et la plus profitable distinction de leur carrière.

L'Académie nationale des lynx, une société scientifique fondée en 1603, décernerait à l'hôpital de Lacor le prix Feltrinelli récompensant «une initiative exceptionnelle de grande valeur morale et humanitaire», doté d'une bourse de trois cents millions de lires, soit environ deux cent mille dollars. Lucille et Piero avaient cru comprendre qu'un membre émérite de cette académie, Rita Levi Montalcini, prix Nobel de médecine, avait soutenu la candidature de leur l'hôpital. Ils obtenaient ainsi un prix dont les lauréats précédents comprenaient Coretta Scott, la veuve de Martin Luther King, et le mouvement Pugwash, qui venait de se voir remettre, également, quelques mois plus tôt, le prix Nobel de la paix.

Lucille et Piero étaient donc attendus au siège romain de l'Académie nationale des lynx, au *palazzo* Corsini, un hôtel particulier qui a hébergé Michel-Ange à la Renaissance. Il fut presque entièrement refait au XVIIIe siècle, et ses couloirs sont aujourd'hui bordés de bustes d'anciens membres, dont le plus illustre, Galilée.

Des carabiniers en tenue d'apparat montaient la garde devant la salle, bondée d'admirateurs, d'amis et de collègues venus assister à la cérémonie. Mais, sous les fresques et les lambris du *palazzo* Corsini, Lucille pensait au caractère tout à fait exceptionnel de cette vacance romaine. La veille, 17 novembre 1995, elle avait pu fêter l'anniversaire de naissance de Dominique en sa compagnie, pour la première fois depuis plus de vingt ans.

Parmi les distinctions dont elle fut honorée, Lucille reçut un «prix d'excellence» d'un organisme dont elle n'avait jamais entendu parler, le Centre international pour la cause africaine, de Montréal. Par la suite, elle reçut une lettre du siège des Nations unies à New York, dans laquelle on la félicitait, au nom de la communauté internationale, de s'être mérité cet honneur dont elle n'avait su, jusqu'alors, que penser.

«Votre identification à la souffrance de gens dont la vie est bouleversée par le sous-développement, la maladie et la guerre civile est admirable en soi. Le fait que vous ayez vous-même contracté le V.I.H. et le sida, ainsi que votre force d'esprit en tant que médecin et patient, confère une autorité morale plus grande encore, sans parler d'un côté poignant, à l'œuvre de votre vie. Votre courage de lutter contre ce virus mortel et de dire publiquement comment il vous affecte, vous et des millions d'Africains, est un exemple et une source d'inspiration pour nous tous.

«Votre travail en Ouganda est la preuve éloquente que les gens qui contractent le sida peuvent mener une vie riche et productive. Votre incessante défense du droit à la santé de vos patients et votre engagement personnel ont permis de toucher d'innombrables Africains infectés par le V.I.H. et ont laissé une trace indélébile. Je suis persuadé que les générations futures et un grand nombre de nos contemporains profiteront de vos efforts et de votre exemple.

«Nous saluons donc la formidable contribution que vous et votre mari et partenaire, le docteur Piero Corti, avez apporté et continuez d'apporter à l'Afrique face à l'une des épidémies les plus dévastatrices de l'histoire du monde.»

C'était signé Boutros Boutros-Ghali, secrétaire général. Lucille n'en croyait tout simplement pas ses yeux.

Plus on la félicitait, plus elle se faisait modeste. La gloire était encore la meilleure école de l'humilité. C'étaient peut-être les compliments les plus simples qui l'émouvaient le plus. C'est ainsi que, sous la houlette de leur enseignante, une vingtaine d'élèves de Sainte-Louise-de-Marillac, une école primaire de son ancien quartier, lui expédièrent en Ouganda des mots d'encouragement et des vœux de prompt rétablissement. C'était un devoir, mais ces enfants de neuf et dix ans s'étaient appliqués et leurs lettres, dessins et photos lui firent aussi plaisir qu'un bouquet de sourires. Deux lettres l'émurent particulièrement.

Chère Lucille Teasdale,
Je suis Ana Cristina Pires Lagarto et j'habite à Montréal. Je suis née au Portugal. Je suis vraiment triste que tu sois malade parce que tu as sauvé la vie à beaucoup de monde. Moi, je te soigne avec mon cœur. Alors, vis!
Gros bisou,
Ana Cristina Pires Lagarto.

Bonjour, Lucille,
Je m'appelle Audrey et j'ai dix ans. Plus tard, je voudrais être pédiatre, et quand j'aurai de l'expérience, j'irai sûrement dans un pays pauvre soigner des enfants malades.
Une admiratrice,
Audrey Martel.

Ces mots d'enfant lui allaient droit au cœur. Ils n'utilisaient pas les paroles qu'elle-même aurait employées mais exprimaient, avec à peine plus de candeur, les idéaux qui l'avaient motivée. Bien sûr, ces gamins avaient encore le temps de changer d'avis sur leurs projets d'avenir, mais elle se reconnaissait en eux. Comme eux, elle avait rêvé.

Apprenant que Lucille était de passage à Montréal, l'école Sainte-Louise-de-Marillac l'invita à rencontrer des élèves, et elle s'empressa d'accepter. Elle irait voir les enfants, à l'instar des religieuses missionnaires qui étaient passées la voir un demi-siècle plus tôt, à leur retour de Chine. Lucille et Piero, qui s'attendaient à faire face à une simple classe, furent sidérés de voir qu'on avait convoqué au gymnase l'école tout entière. Les cinq cents enfants étaient sûrement ravis de manquer quelques heures de classe, mais ils lui posèrent tellement de questions que leur intérêt, leur enthousiasme ne pouvaient être feints.

De l'Afrique, ils voulaient tout savoir, y compris ce qui concernait le sida, car ils savaient que Lucille avait le sida et savaient ce qu'était le sida. Cela n'empêcha pas un garçonnet, perplexe face à ses lèvres violacées comme un genou écorché, de lui demander si elle était tombée sur la bouche…

— Non, expliqua-t-elle. C'est du bleu de méthylène pour guérir une infection que j'ai à la bouche et qui s'appelle un muguet.

Une fillette prit son courage à deux mains et lui demanda si elle embrassait encore Piero.

— Mais bien sûr ! répondit Lucille. Pourquoi je ne l'embrasserais pas ? Ça ne se transmet pas par la salive, le sida !

Constamment interrompue par les applaudissements, Lucille se demandait comment les enfants pouvaient bien la percevoir. Voyaient-ils en elle la fillette du quartier qui s'en était beaucoup éloignée ? Probablement pas. Ils captaient mieux son message que les adultes, en tout cas. Oui, on pouvait, si on le souhaitait vraiment, devenir vétérinaire au pays des éléphants et des fauves…

En guise de remerciement, les écoliers, qui avaient organisé une collecte pour l'hôpital, remirent à Lucille une centaine de dollars. Le plus touchant des honneurs était d'être fêtée, loin d'un palais romain ou onusien, par des enfants qui n'hésitaient pas à casser leur tirelire pour lui confier des pièces aussi précieuses que leurs rêves.

25

La réussite d'une vie

Il faut que le chirurgien
« se connaisse » au sens
de « se juger ».

Jean-Pierre BEX,
Principes et techniques de base
de la chirurgie moderne.

VINT UN MOMENT où Lucille et Piero durent tourner le dos aux éloges et aux cérémonies pour retrouver Gulu. Pendant leur longue absence, la situation s'était considérablement dégradée, et l'Armée de résistance du Seigneur de Joseph Kony avait recommencé à sévir dans les environs de l'hôpital.

Un beau matin, on amena à l'hôpital un garçonnet d'une dizaine d'années dont les membres avaient été déchiquetés par l'explosion d'une mine. Même Lucille, qui côtoyait pourtant la guerre depuis des années, en fut bouleversée. L'enfant dut être amputé des deux jambes et du bras droit. Son cas était si grave qu'un médecin fit une photo qui figurerait peut-être un jour dans un manuel de chirurgie, mais certainement pas dans les journaux, parce que trop atroce à regarder.

Cet enfant, prénommé George, avait survécu à l'explosion de la mine, mais à quelle vie était-il désormais condamné?

385

Il circulait dans un fauteuil roulant que lui avaient offert les pompiers de l'aéroport Linate de Milan, qui avaient eu vent de son histoire. Avec un amputé pour mille cent habitants, l'Ouganda comptait déjà, selon le Comité international de la Croix-Rouge, parmi les pays les plus atteints du monde. En fallait-il vraiment un de plus ? Comment pouvait-on fabriquer, exporter et utiliser des armes aussi cruelles ? Une simple pression du pied provoquait l'explosion des mines dites antipersonnel, parfois faites entièrement de plastique pour éviter leur détection. Elles arrachaient les pieds, les jambes, très souvent les parties génitales, parfois même les bras. Si au moins les victimes avaient eu droit à des premiers soins avant d'arriver à l'hôpital ! Mais non. En général, si premiers soins il y avait, on posait le garrot trop haut sur la jambe, ou on le laissait trop longtemps en place sans le relâcher. La gangrène s'installait. Même si la victime s'en sortait après plus d'un mois à l'hôpital, elle risquait alors d'être emportée par le tétanos, contre lequel elle n'avait probablement pas été immunisée.

On croyait qu'environ huit cents rebelles se trouvaient au Soudan, où ils maintenaient une base arrière et échangeaient contre des munitions le bétail volé en Ouganda. Le bruit courait même qu'ils y troquaient aussi des prisonniers, parfois même des enfants, qui se voyaient ainsi réduits à l'esclavage au Soudan. Pour prouver qu'il était encore possible d'y acheter des esclaves, des journalistes américains du *Baltimore Sun* en avaient acheté deux…

L'Afrique désespérait Lucille par moments. Depuis son arrivée en Ouganda, le nombre de médecins avait chuté dramatiquement, passant de un pour onze mille habitants en 1965 à un pour vingt-deux mille en 1995. Toujours autant scandalisée, elle se disait qu'au moins elle était un de ces médecins-là. Vingt-deux mille personnes comptaient sur elle.

Elle dressait malgré tout un bilan nuancé de ses trois décennies à l'hôpital de Lacor. Elle constatait simplement que beaucoup de gens seraient morts si elle et Piero n'avaient pas été là. Cette vérité, la plus flagrante, lui semblait aussi la plus gratifiante. Grâce à eux, des condamnés avaient échappé à leur sort. En revanche, elle et Piero n'avaient jamais réussi à enrayer l'*ebino*, une pratique qui gagnait maintenant les tribus voisines et dont ils ne diraient jamais assez de mal.

Ils étaient heureux de léguer à l'Ouganda un hôpital — quelques bâtisses, du matériel médical, une génératrice — qui pourrait être encore utile. Mais un hôpital, en Afrique rurale comme ailleurs, c'était aussi et même surtout des hommes et des femmes animés d'une volonté de résister. Ils avaient donné l'exemple du dévouement, démontrant qu'il était possible de tenir tête au destin. Qu'en subsisterait-il? En tout cas, leur contribution avait été remarquée. Le président de l'Ouganda, Yoweri Museveni, avait assisté, le 1er mai 1995, à l'inauguration du pavillon qui abriterait désormais le service des consultations externes, une autre réalisation du frère Elio, et salué en eux les bâtisseurs qui, grâce à leur courage et à leur détermination, avaient bravé le Nord et ses avatars pendant trois décennies. Ils avaient été flattés.

Lucille acceptait ces hommages avec une réserve de plus en plus grande. Parfois, elle se demandait si on l'aurait ovationnée si, au lieu de combattre le sida, elle avait combattu le cancer du sein, par exemple. Elle se demandait aussi, redoutant toujours autant d'être prise en pitié, si on réalisait à quel point elle s'était plu en Ouganda. L'Afrique lui avait permis d'être fidèle à son idéal de jeunesse. Était-ce bien François Mauriac qui avait écrit qu'il s'agissait là du baromètre de la réussite d'une vie? Elle n'avait jamais eu l'impression de se sacrifier. Au contraire, elle avait aimé l'Afrique, sa liberté, et même son soleil. Elle avait été consciente de ses privilèges, qu'elle avait appréciés. Des domestiques lui avaient permis toute sa vie d'échapper à la cuisine! C'est à l'âge de soixante-quatre ans qu'elle utilisa pour la première fois le livre de recettes que lui avaient donné les sœurs des Saints-Noms-de-Jésus-et-de-Marie. L'Afrique lui avait aussi permis de vivre vingt-quatre heures sur vingt-quatre aux côtés de l'homme qu'elle aimait. Elle se sentait comblée «au-delà de toutes ses espérances», comme elle l'écrivit à son amie Colette Dion, d'avoir connu un tel amour, un homme auquel elle tenait plus qu'à la vie.

Leur aventure africaine n'avait pas toujours été facile. Mais était-ce la faute à l'Afrique si elle avait dû se séparer de Dominique alors que celle-ci était encore si jeune; si elle n'avait pas pu avoir d'autres enfants; si elle avait contracté le sida? En réponse à toutes ces questions, les plus importantes, Lucille était catégorique : non. Elle avait consenti, s'était engagée, était restée. Sa mère, la femme dont elle n'avait jamais tout à fait réussi à s'affranchir, avait été une victime. Pas elle. Bien sûr qu'elle lui avait ressemblé. Elle s'était laissé envahir par sa mélancolie et son pessimisme. Mais elle n'avait pas été une victime. Et, surtout, elle avait aimé.

Lucille allait de moins en moins bien. Elle ne pesait plus que trente-trois kilos, à peine le poids d'une adolescente, et chaque repas en compagnie de Piero prenait des allures de duel. Il l'encourageait à manger. Elle refusait. Il la suppliait. Elle s'obstinait.

— Allez...
— Non!
— Encore quelques bouchées pour me faire plaisir...
— Je n'ai pas faim!
— Bon Dieu de bon Dieu! Lucille!
— Tu es fatigant!
— Ça, tu le savais avant de m'épouser! Allez, mange!

Au déjeuner, cette rengaine se poursuivait jusqu'au moment où Piero se levait de table pour une conversation radio quotidienne avec Kampala. Lucille profitait alors de son absence pour faire retirer son assiette, à peine entamée. Quand il revenait à table pour le dessert, il devait se contenter de vérifier si elle prenait tous ses médicaments, de plus en plus nombreux, et la discussion reprenait de plus belle.

Lucille criait de plus en plus. Tellement, en fait, que son entourage s'inquiétait lorsqu'elle se faisait tout miel. On se disait alors que quelque chose n'allait pas. Lorsqu'elle recommençait à tonner, tous comprenaient qu'elle allait mieux. Sa voix, son esprit, sa capacité de s'indigner, sa rage de vivre étaient intacts. Mais Lucille allait de mal en pis. Son cinquième épisode de zona l'accabla presque autant que le traitement; trois fois par jour, son corps devait s'imbiber d'un demi-litre de soluté renfermant un médicament qui lui donnerait la force de s'accrocher.

Cela ne l'empêchait pas de travailler chaque matin au service des consultations externes. Elle ne faisait presque plus de chirurgie, n'en ayant plus la force physique. Elle n'effectuait que les interventions les plus délicates. Elle avait cru naguère que l'abandon de la chirurgie signerait son arrêt de mort, mais elle s'était trompée. Elle prenait maintenant autant de plaisir, sinon plus, à examiner les malades, qui, préoccupés par leur rhume ou leur sida, lui demandaient un comprimé ou un conseil. Lucille expédia à sa sœur Lise une lettre datée du 4 février 1996, qui laissait planer peu de doute sur le lien presque charnel qu'elle avait développé avec ses patients.

«Il y a tellement de travail ici et si peu de médecins. La semaine dernière, nouveau record de trois cent vingt-cinq personnes en une journée pour moi et un infirmier. Mais je dois dire que plus ils sont nombreux, plus je suis contente.»

Les patients, et non la chirurgie, étaient sa vie.

Matthew avait représenté l'hôpital à la conférence internationale sur le sida qui avait eu lieu à Kampala. Il avait divulgué les résultats d'une enquête montrant que plus de soixante-dix pour cent des patients admis en médecine, soit l'ensemble des spécialités à l'exclusion de la chirurgie et de l'obstétrique, étaient séropositifs. La situation n'était cependant pas désespérée. L'hôpital s'était adjoint des chercheurs européens pour trouver, sous l'égide de l'O.M.S., une façon de réduire les naissances d'enfants porteurs du virus. On nourrissait un espoir en forme d'hypothèse : les femmes enceintes séropositives risquaient moins de transmettre le virus à leur bébé si on leur administrait de l'A.Z.T. et trois autres médicaments antiviraux à trois moments précis, soit au moment de l'accouchement, une semaine avant et une semaine après. En Europe, ces quatre médicaments étaient donnés à des femmes enceintes pendant les trois derniers mois de leur grossesse. En Afrique, les chercheurs espéraient que des doses beaucoup moins importantes, et moins coûteuses, viendraient également à bout du virus. L'O.M.S. estimait à huit millions et demi le nombre cumulé de personnes atteintes du sida en 1996, et à plus de vingt-deux millions le nombre de personnes séropositives.

Lucille dépérissait. Faute de manger, elle s'affaiblissait et son cœur présentait des signes d'arythmie. Sa température frôlait parfois trente-neuf degrés. Un nouvel épisode de tuberculose ou de paludisme? Obligée de garder le lit en fin d'après-midi, elle recevait peu de visiteurs. Piero lui transfusait chaque jour un soluté, d'abord aux bras, ensuite aux jambes. Heureusement que la sœur Lina lui apportait parfois une grappe de raisin bleu, le même qu'on avait cultivé dans sa famille. Sous ce soleil, c'était une prouesse, et Lucille réussissait à le manger sans se faire prier. Elle se sentait mal quand elle était seule. Pour se remonter le moral, il lui arrivait de relire la dédicace d'une thèse de doctorat en sociologie que le fils de sa sœur Lise, François Boudreau, venait de soutenir à l'université du Québec à Montréal.

À Lucille Teasdale Corti
héros de notre jeunesse
femme forte dans un monde d'hommes

pionnière oubliée chez elle
a donné sa vie pour la vie
a fait reculer la misère et la mort
inspiration profonde pour nous tous
à qui l'on pensera encore longtemps
sur au moins trois continents

Les pluies s'éternisaient en ce début de mars. Il faisait moins bon que d'habitude à ce temps-ci de l'année, et Lucille s'étiolait. C'était dimanche, sa seule journée de congé, et elle se sentait beaucoup trop faible pour quitter le lit. Demain, lundi, elle irait sûrement mieux. Il y aurait du monde au service des consultations externes. Elle devrait peut-être même faire une opération.

Le 16 mars 1996, Lucille réalisa, aux côtés de Jacob Meri, un interne ougandais né quarante ans après elle, une ultime intervention chirurgicale, sur un Acholi de vingt-deux ans souffrant d'une péritonite généralisée. Et elle inscrivit ses initiales dans le registre du bloc opératoire, tout au bout de la ligne consacrée à cette opération, pour la toute dernière fois.

Épilogue

Il y a parfois des moments où
la difficulté du geste ou
la gravité de la situation imposent
le silence absolu.

Jean-Pierre BEX,
Principes et techniques de base
de la chirurgie moderne.

L E 1ER AOÛT 1996, Piero m'a téléphoné de Besana vers vingt-
deux heures. Sa voix était brisée. Sans trop d'espoir, je
lui ai demandé comment il allait.

— Moi, ça va, mais Lucille est morte peu après huit
heures.

Ils étaient rentrés en Italie à la mi-avril. Lucille avait été
hospitalisée d'urgence. Lorsque ses médecins admirent qu'ils
ne pouvaient plus rien pour elle, ils lui donnèrent son congé.
Elle s'accrochait à l'espoir de se rétablir pour aller recevoir, à
Montréal, un diplôme convoité. Non pas la maîtrise en spécialité qu'elle avait tant regrettée, mais mieux, beaucoup
mieux : un doctorat honorifique de l'université de Montréal.
Prévue pour le 31 mai 1996, la collation des grades approchait,
et Lucille n'allait toujours pas mieux. Trop malade pour faire
le voyage, elle demanda à sa sœur Lise de s'y rendre à sa place.
En inaugurant la cérémonie à l'auditorium Ernest-Cormier,
là où Lucille s'était vu remettre son diplôme de médecine

393

quarante et un ans plus tôt, le doyen de la faculté de médecine, Patrick Vinay, affirma que Lucille avait dressé en
Ouganda «l'étendard de l'humanité».

«Son action et sa personne témoignent de l'infinie valeur
des personnes, de l'universalité des drames qui se jouent dans
chaque vie humaine, de la fondamentale égalité de tous les
hommes, et de la joyeuse espérance qui naît du don de soi.»

Ovationnée au nom de Lucille, Lise reçut le parchemin,
qu'elle enfouit soigneusement dans ses bagages avant de
s'envoler pour Milan. Elle était attendue d'urgence à Besana,
où elle soignerait et veillerait Lucille durant les dernières
semaines de sa vie. Son humour provocateur de petite sœur
espiègle lui serait d'un grand réconfort.

Afin de permettre à Lucille d'appeler en tout temps, Lise
posa à son chevet le couvercle d'une casserole en métal. En
le frappant avec une louche, elle pourrait s'en servir comme
d'un gong. Lise ne pouvait s'empêcher de rigoler ; il fallait
bien avoir exercé la médecine toute sa vie pour être traitée
ainsi en phase terminale ! Cette trouvaille permit toutefois à
Lise de rappeler à sa sœur comment leur mère dorlotait ses
enfants quand ils avaient le moindre rhume. Les petits malades avaient alors droit, non pas à un couvercle de casserole,
mais à une clochette qu'il leur suffisait de faire tinter pour
qu'apparaisse aussitôt leur mère. Lucille l'avait oublié.

Elle souffrait et, dans un moment d'exaspération, avoua
à Lise qu'elle avait hâte de retrouver leur père, et qu'elle le
suppliait même de «venir la chercher». Sa sœur, toujours aussi
provocatrice, lui conseilla de le demander plutôt à leur mère.
Lucille sourit.

Piero lui lut des passages du *Seigneur* de Romano
Guardini, un écrivain et théologien qu'il affectionnait. Il y
avait trouvé une méditation qui conciliait leurs différentes
philosophies de la vie ; elle mettait l'accent sur la justice alors
qu'il le mettait plutôt sur la bonté.

«L'homme n'est capable d'exercer la justice qu'après
avoir appris à l'école de l'amour divin à regarder les hommes,

y compris lui-même, comme ils sont réellement. Il faut apprendre à aimer pour pouvoir être juste.»

Oui, Lucille avait appris à aimer; peut-être pas à l'école de l'amour divin, mais elle avait aimé, même son prochain le plus faible, le plus malade. Oui, elle s'était regardée comme elle était réellement, faisant sans cesse preuve d'un impitoyable sens critique. Ayant appris à aimer, s'étant vue telle qu'elle était, avait-elle été juste? À d'autres de le dire.

Ses proches lui téléphonèrent. Françoise Lahaise, son amie d'enfance, Pierre-Paul Collin, son ancien collègue de l'hôpital Sainte-Justine, ses frères et ses sœurs, tous l'appelèrent pour prendre des nouvelles. Elle ne leur en donna guère. Elle leur posait plutôt des questions : «Et toi? Et la santé? Et les enfants? Et leurs enfants?» Lucille était extrêmement affaiblie. Trop même pour tenir son journal, abandonné le 8 avril 1996, une semaine avant son départ pour l'Italie. Ses derniers commentaires avaient été, comme d'habitude, succincts : «Visite de la vice-présidente de l'Ouganda, le docteur Speciosa Wandira Kazibwe.» Une autre femme, un autre médecin.

Piero reçut à Besana un fax du frère Elio. Les nouvelles étaient calamiteuses. À Parabongo, au nord-ouest de Gulu, les rebelles avaient enlevé dix-sept hommes, qu'ils avaient ligotés, forcés à s'agenouiller et décapités. À Lacor, ils avaient kidnappé vingt-trois jeunes filles de l'école secondaire *St. Mary's*. Et à l'hôpital… Le frère Elio expliqua qu'il avait été réveillé en pleine nuit par des tirs d'artillerie. Il avait d'abord cru à des tirs de harcèlement, mais il avait fini par comprendre que les obus visaient les militaires de faction à l'entrée de l'hôpital. Pour appeler à l'aide, les soldats avaient eu recours à un code préétabli : deux tirs de mortier. Les renforts, accourus à bord de véhicules blindés, avaient mis des heures à repousser les insurgés. Le lendemain matin, le frère Elio avait recueilli les cadavres de deux jeunes combattants et les avait fait inhumer.

La fatigue, moins épuisement qu'abattement, se faisait sentir parmi les employés, qui manquaient cruellement de sommeil, mais pas de travail. Les blessés arrivaient aux urgences par dizaines. Heureusement que Matthew avait les choses bien en main, organisant régulièrement des réunions pour tenir le personnel au courant de la situation. Il avait pour l'instant réussi à empêcher l'exode. L'hôpital était encore l'endroit le plus sûr. Jusqu'à cinq mille personnes s'abritaient chaque nuit sur ses vérandas et sur son terrain. Le frère Elio écrivit qu'il se sentait gagné par l'anxiété.

«La nuit tombe, et la lune est pleine et rouge sang. Triste présage. Les gens des environs dorment désormais tous à l'hôpital. Avec la peur croît l'angoisse, qui empêche de dormir. [...] J'ai demandé à mes ouvriers si, à leur avis, les rebelles allaient venir à l'hôpital. Ils m'ont répondu qu'ils avaient entendu dire que non puisqu'ils m'étaient reconnaissants d'avoir enterré deux des leurs. Je n'y crois pas trop.»

Piero lut et relut le dernier fax du frère Elio, mais n'eut ni le temps ni le courage d'en faire part à Lucille.

Elle l'appela pour lui annoncer qu'elle était en train de mourir. Il songea alors à lui dire et à lui répéter qu'il l'aimait et l'avait toujours aimée, mais il n'osa pas. Une cascade de «je t'aime» bruirait comme un torrent d'adieux. Il ne voulait pas lui faire croire qu'il avait perdu, lui, tout espoir. Elle pouvait encore lutter, encore vaincre. Il lui dit «je t'aime» une fois, soupçonnant déjà qu'il regretterait sa réserve.

Croyant que Lucille serait plus à l'aise, Lise essaya de lui caler la tête dans l'oreiller. Mais Lucille fit un ultime effort pour la redresser. Elle mourrait comme elle avait vécu.

Quand je suis arrivé à la gare de Besana, le jour des funérailles, le temps était lourd et orageux. D'ordinaire peu animée,

396

la ville semblait, en ce poisseux samedi d'août, abandonnée. Les volets étaient clos, les cafés, fermés, et les rues, propres et irréelles comme un décor de cinéma. Je n'ai pas croisé un seul passant en marchant de la gare à la rue Santa Caterina, chez Lucille et Piero. Je connaissais la maison. J'y étais passé, l'été d'avant, pour les interviewer. C'est un pavillon plutôt modeste, qui fait partie d'un lotissement de la banlieue milanaise. À l'entrée, on avait accroché une *coccarda*, un ornement en ruban que les Italiens mettent encore parfois à la porte des maisons en deuil. Au centre de ce médaillon figurait un nom que je connaissais : Lucille Teasdale *in* Corti. Sa disparition me parut alors réelle. Lucille était morte.

Dominique vint m'ouvrir. Elle semblait, malgré le deuil et la douleur, avoir pris les choses en main, comme sa mère l'aurait elle-même fait en pareilles circonstances. Elle était en train de régler avec Contardo les derniers détails concernant le transfert de la dépouille. Lucille serait inhumée près de l'hôpital de Lacor.

Son cercueil avait été installé au salon. À sa tête, on avait posé un crucifix sur pied. Au mur, on avait accroché un batik représentant une scène de marché africain, rapporté d'Ouganda. Sur les rayons d'une petite bibliothèque, Lise avait disposé quelques photos de sa sœur, à Gulu, à Besana, à Repentigny, ainsi que son dernier diplôme. Piero, soudain vieilli, se préparait à accueillir les parents et amis.

Aux frères et sœurs de Piero succédèrent des sœurs de Vérone qui, après avoir œuvré aux côtés de Lucille, étaient maintenant à la retraite dans le nord de l'Italie. Des collègues, notamment le professeur Dalla Bernardina, Gigi et Mirella Rho, se présentèrent à leur tour. Rapidement, la maison fut remplie, et les gens envahirent le jardin, puis la rue. Quand le prêtre arriva, il dut se frayer un passage parmi trois cents personnes. Dans la tradition italienne, elles suivraient à pied le cercueil jusqu'à l'église.

Même si elle n'avait pas passé beaucoup de temps à Besana, Lucille y était connue et appréciée. Même les employés du bureau de poste avaient envoyé un télégramme de condoléances à Piero. Il est vrai qu'un avis de décès avait paru dans le *Corriere della Sera,* où était précisée en quatre lettres la cause du décès : sida. Lucille en était morte, comme un million et demi d'autres personnes en 1996.

Le cortège funèbre se mit en branle sous la pluie qui commençait à tomber. Empruntant des rues étroites, il défila devant la maison où Piero était né et où Lucille s'était fiancée. Après avoir traversé la rue Alessandro Manzoni, il parvint à la plus grande église de Besana. En franchissant ses portes, les trois cents personnes qui avaient suivi la dépouille découvrirent que l'église était déjà presque pleine. Plusieurs centaines de personnes s'y étaient assemblées pour faire leurs adieux à *la dottoressa.* On fit de la place aux nouveaux et neuf prêtres commencèrent à concélébrer la messe pendant que, dehors, la foudre annonçait l'orage.

Le premier officiant, un médecin espagnol qui avait connu Lucille en Ouganda, lut d'une voix étranglée ce passage de l'Évangile où les justes, craignant le Jugement dernier, interrogent le Christ :

« "Seigneur, quand nous est-il arrivé de te voir affamé et de te nourrir, assoiffé et de te désaltérer, étranger et de t'accueillir, nu et de te vêtir, malade ou prisonnier et de venir te voir?" Et le Roi leur fera cette réponse : "En vérité je vous le dis, dans la mesure où vous l'avez fait à l'un de ces plus petits de mes frères, c'est à moi que vous l'avez fait[1]." »

Le prêtre se mit toutefois à sangloter pendant l'homélie et il dut s'interrompre à plusieurs reprises. Le dernier des officiants à prendre la parole adopta un ton plus revendicateur. Il compara Lucille à Mère Teresa de Calcutta et au père Maximilien Kolbe qui, arrêté par la police nazie et interné au

---

1. Matthieu, 25, 37-40.

camp de concentration d'Auschwitz, sacrifia sa vie pour sauver un père de famille juif.

— L'Église reconnaît des martyrs de la foi, lança-t-il. Il est temps qu'elle reconnaisse des martyrs de la charité!

Et l'assemblée applaudit longuement, chaleureusement, pour dire l'émotion que lui avaient inspirée la vie et l'œuvre de Lucille. À la fin de la messe, alors que l'orage s'éloignait, tous ressortirent sous un soleil éclatant.

Les messages de condoléances affluèrent, du président de l'Ouganda au Premier ministre du Canada. Corrado, retenu en Afrique, composa une prière qu'il fit parvenir à Piero par télécopieur, une prière que seul un homme ayant bien connu Lucille pouvait rédiger.

«Accorde-lui, Seigneur, la longue et perpétuelle paix, à elle si souvent inquiète jusqu'à la souffrance, la même joie que Tu lui avais accordée dans les moments heureux, la joie de la communion avec sa famille et avec tous ceux qu'elle a rencontrés, aidés et sauvés.»

Piero reçut aussi une lettre de Colette Dion, la confidente à qui Lucille avait écrit pour la dernière fois en mai.

«Elle me disait qu'elle était épuisée et qu'elle allait abandonner la lutte pour survivre à sa maladie. Je lui ai répondu aussitôt pour essayer de l'encourager, sachant bien que mon geste était futile. Mais je dois avouer que, la plupart du temps, c'était Lucille qui m'encourageait et non l'inverse. Elle et moi avons partagé une période de notre jeunesse qui fut très intense. Nous étions vulnérables, l'une et l'autre, et connaissions des déceptions amoureuses qui nous engouffraient totalement.

«Maintenant que j'ai soixante-cinq ans, je constate que c'était un peu fou de s'engouer à ce point d'hommes qui n'en valaient pas le coup, bien sûr. Mais cela faisait partie de cette époque romantique des années cinquante, des pressions sociales qui s'exerçaient alors sur les jeunes filles, de notre vie d'étudiantes, etc. Lucille me consolait, je la consolais, et nous avons fait notre vie.»

Quelques jours plus tard, Piero prit l'avion pour Rome, Nairobi et Entebbe, refaisant seul le trajet qu'il avait si souvent fait en compagnie de Lucille. Dominique, qui poursuivait ses études de médecine, resta à Milan. Contrairement à son habitude, Piero ne gagna pas Gulu en voiture, mais en Cessna. Le nord de l'Ouganda était en pleine effervescence, et la route était risquée. On avait fait le nécessaire pour que le petit appareil, avec le cercueil de Lucille à son bord, puisse se poser sur la piste d'atterrissage de Gulu.

Avant que le cercueil soit exposé dans la chapelle de l'hôpital, le frère Elio y perça une fenêtre pour que tous puissent voir le visage de Lucille. Pendant quatre jours, des milliers de personnes venues de Gulu, d'Opit, d'Amuru, de Pabo défilèrent devant la dépouille de cette femme qui avait vécu parmi eux. Après une longue cérémonie religieuse, le cercueil fut porté par six médecins ougandais en blouse blanche et placé au pied du figuier servant de parasol à la petite tombe d'Emmanuel Rho. Lucille serait inhumée aux côtés d'un enfant qui n'avait jamais grandi.

Avant d'être enterré, son cercueil serait couvert de fleurs. Suivant un protocole complexe, Piero fut la première d'une longue série de personnes à déposer une couronne dans la fosse. La deuxième fut une «représentante des patients», l'une des dernières femmes à avoir été soignées par Lucille. Après l'hommage des notables de Gulu, des représentants de l'autorité civile et militaire, l'évêque prononça une dernière prière. Les Acholis pouvaient maintenant, à leur façon, dire adieu à *Min Atim.*

Ils le feraient, comme le voulait la tradition, en exécutant la danse funéraire des Acholis, la *myel lyel.* Armés de lances et de boucliers, affublés de plumes d'autruche et de peaux de chèvre, un premier groupe de danseurs formèrent un cercle autour de quelques pleureuses et de quatre tambourineurs. La «mère tambour», la *min bul*, signala le début de la cérémonie, l'adieu au défunt qui s'embarque pour une dernière expédition, un dernier safari, à destination de Pagak, lieu mythique d'où l'on ne revient pas. Un premier danseur, appelé «président», imposa son rythme à l'aide des clochettes, les *ndege*, qu'il portait à la cheville. Il dirigea aussi les chants. Il était question de détruire Pagak, où habite la mort, par le feu.

Les femmes, des rameaux d'arbre et d'arbuste à la main, entourèrent les hommes en poussant des youyous. À quelques reprises, le «président» se précipita brusquement vers la fosse, où il martela le sol et brandit sa lance et son bouclier. Il fallait apeurer la mort pour qu'elle rentre au plus vite à Pagak.

Épuisé par toutes les cérémonies, Piero rentra ensuite chez lui. Il devait se reposer, car, le lendemain, il reprendrait le chemin de l'hôpital.

On trouve dans l'est de Montréal, en bordure de la rue Sainte-Catherine, une toute petite place dont les arbres rendent hommage à des milliers de personnes parties elles aussi pour Pagak. À leurs branches sont noués des milliers de rubans roses et coquelicot, rouges et écarlates, rubis et vermeils qui volettent par temps venteux, même l'hiver, comme des papillons que n'effraierait plus la neige. À ce mémorial aux victimes du sida, j'ai ajouté un ruban blanc.

Remerciements

L ES FAITS rapportés ici sont véridiques, tous les documents cités, authentiques. Les dialogues ont été reconstitués à partir de divers témoignages. Si aucun personnage n'est fictif, quelques noms (la sœur Joseph, François Laroche, Malcolm Carmichael et Osvaldo Carafa) le sont.

Ce livre repose principalement sur deux séries d'entretiens avec Lucille Teasdale et Piero Corti, qui ont eu lieu à Besana en août 1995 et à Gulu en février 1996. Après le décès du docteur Teasdale, j'ai eu l'occasion de m'entretenir encore avec Piero Corti à plusieurs reprises.

J'adresse mes plus vifs remerciements à Michel Bouchard, qui sait pourquoi son nom figure en premier, Francine Allaire, Jacques Asselin, François Blain, Jean-François Chicoine, Pierre-Paul Collin, la famille Corti, Claude Couture, Elio Croce, Osvaldo Croci, Lino Dalla Bernardina, Anna Pia De Marchi, Claude Desjardins, Michel Dolbec, Jean-Claude Germain, Anne-Marie Gingras, Ed Hooper, Françoise Lahaise-Lévesque, Ben Lukwiya, Matthew Lukwiya, Michèle Mailhot, Patricia Mounier, Helen Oringo, Gigi Rho, Lina Soso, la famille Teasdale, Arshad et Irene Warley, et Hilligje van't Land, qui sait pourquoi son nom figure en dernier. Merci également au service des archives de l'université de Montréal et au ministère de la Défense nationale du Canada.

Je tiens à exprimer ma reconnaissance aux éditions Masson (Paris), qui ont autorisé la reproduction des passages de

Principes et techniques de base de la chirurgie moderne du docteur Jean-Pierre Bex, chirurgien à l'Institut méditerranéen de cardiologie de Marseille, placés en exergues aux chapitres de ce livre, et aux éditions James Currey (Oxford), qui ont autorisé la reproduction, au chapitre 19, d'un passage d'un article de l'anthropologue Heike Behrend publié dans *Changing Uganda* (sous la direction de H. B. Hansen et Michael Twaddle).

Enfin, un merci tout spécial aux très nombreux internautes qui m'ont permis de vérifier quantité de détails, à commencer par l'identification de la «vache volante» :-)

Bibliographie

ABBRUZZESE, Salvatore. *Comunione e liberazione, identité catholique et disqualification du monde.* Éditions du Cerf, Paris, 1989.

AMNESTY INTERNATIONAL. *Ouganda. Les droits de l'homme en danger.* Paris, 1992.

—— *Ouganda. Droits de l'homme. Les premiers pas. 1986-1989.* Paris, 1989.

BEX, Jean-Pierre. *Principes et techniques de base de la chirurgie moderne.* Masson, Paris, 1989.

Campbell's Operative Orthopaedics. The C.V. Mosby Company, 1956.

CORTI, Eugenio. *Le Cheval rouge.* L'Âge d'homme, Paris, 1997.

DALLA BERNARDINA, Lino. *Ne vale la pena?* Concordia Sette, Pordenone, 1995.

DAVEY, W. W. *Companion to Surgery in Africa.* E. & S. Livingstone, Édimbourg, 1968.

DESJARDINS, Claude, DESJARDINS, Suzanne. *Aider la mère africaine des régions rurales à bien soigner son enfant.* Le Centre d'études et de coopération internationale, Montréal, 1980.

FASANA, Fortunato. *Al sud delle nubi.* Jaca Book, Milan, 1986.

GARNIER, Marcel (*et al.*). *Dictionnaire des termes de médecine.* Maloine, Paris, 1995.

GREENHILL, J. P. *The Handbooks of Operative Surgery : Surgical Gynecology.* The Year Book Publishers Inc., Chicago, 1955.

GUARDINI, Romano. *Le Seigneur.* Éditions Alsatia, Paris, 1945.

HANSEN, Holger Bernt, TWADDLE, Michael (sous la direction de). *Changing Uganda.* James Currey, Londres, 1991.

—— *Religion and Politics in East Africa.* James Currey, Londres, 1995.

HOOPER, Edward. *Slim.* The Bodley Press, Londres, 1990.

LAHAISE, Robert. *Guy Delahaye et la modernité littéraire.* Hurtubise HMH, Montréal, 1987.

OBERLIN, S. *Traité de technique chirurgicale.* Masson et Cie, Paris, 1955.

OKOT p'BITEK. *White Teeth.* Heinemann Kenya, Nairobi, 1989.

—— *Two Songs.* Heinemann Kenya, Nairobi, 1988.

—— *Song of Lawino. Song of Ocol.* Heinemann, Oxford, 1984.

PROLONGEAU, Hubert. *Une mort africaine.* Seuil, Paris, 1995.

PRUNIER, Gérard, CALAS, Bernard (sous la direction de). *L'Ouganda contemporain.* Karthala-IFRA, Paris, 1994.

SANDE, M. A., VOLBERDING, P. A. *The Medical Management of AIDS.* W. B. Saunders Co., Philadelphia, 1992.

VAUGEL, M. *Médecine tropicale.* Flammarion, Paris, 1952.

LA FONDATION
LUCILLE TEASDALE ET PIERO CORTI

En Ouganda, un rêve est devenu réalité.
Une chirurgienne canadienne et un pédiatre italien
y ont consacré trente-cinq ans de leur vie.

Ils nous demandent de contribuer pour assurer
le maintien de l'hôpital St. Mary's Lacor à Gulu.

Les dons doivent être faits à l'ordre de :

Fondation Lucille Teasdale et Piero Corti
3200, de la Pépinière, app. 313
Montréal (Québec) H1N 3R3
Téléphone : (514) 253-1737
Télécopieur : (514) 253-9050
ou
Téléphone : (514) 281-6666
Télécopieur : (514) 281-6699

Les coprésidents, le docteur Gloria Jeliu et le docteur Jean-François Chicoine, ainsi que les membres du conseil d'administration et du comité d'honneur de la fondation tiennent à remercier sincèrement l'éditeur, M. André Bastien, des éditions Libre Expression, d'avoir permis l'ajout de cette requête.

Table

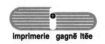

imprimerie gagné ltée

IMPRIMÉ AU CANADA